Art of Freedom

지은이 **버나데트 맥도널드**Bernadette McDonald

버나데트 맥도널드는 『산의 전사들Alpine Warriors』(2015)과 『Freedom Climbers』(2011) 등 10권의 산서를 쓴 작가다. 그중 『Freedom Climbers』는 밴프국제산악영화제 그랑프리, 보드맨-태스커 상, 미국산악회의 H. 애덤스 카터 문학상을 받았다. 그녀의 다른 작품으로는 『토마주 휴마르Tomaž Humar』(2008), 『로프로 이어진 형제애—찰스 휴스턴 전기Brotherhood of the Rope: The Biography of Charles Houston』(2007)와 『엘리자베스 홀리—히말라야의 영원한 등반 기록가Keeper of the Mountains: The Elizabeth Hawley Story』(2012) 등이 있다. 그녀의 작품은 모두 12개 국어로 번역 소개되었다. 그녀는 지난 20년간 캐나다 '밴프 센터'에서 산악문화 부문 부위원장을 지내며 밴프국제산악영화제를 이끌어왔다. 2016년 울주세계산악영화제 심사위원장으로 한국을 방문한 바 있는 그녀는 한국산서회의 명예회원이기도 하다.

옮긴이 **김영도**

1977년 한국에베레스트원정대 대장, 1978년 한국북극탐험대 대장, 한국등산연구소 소장 등을 지냈다. 그는 『우리는 산에 오르고 있는가』, 『나는 이렇게 살아왔다』, 『산에서 들려오는 소리』, 『서재의 산악인』 등을 집필했으며, 『검은 고독 흰 고독』, 『제7급』, 『8000미터 위와 아래』, 『죽음의 지대』, 『내 생애의 산들』, 『세로 토레』, 『무상의 정복자』, 『나의 인생 나의 철학』, 『RICCARDO CASSIN』, 『하늘에서 추락하다』, 『산의 비밀』, 『太陽의 한 조각』 등을 우리말로 옮겼다. 현재는 한국산서회 고문을 맡고 있다.

Art of Freedom
Copyright © 2017 by Bernadette McDonald All rights reserved.
First Edition

published in Canada by RMB | Rocky Mountain Books Ltd.
Korean Translation Copyright © Haroojae Club 2020

* 이 도서의 국립중앙도서관 출판예정도서목록(CIP)은 서지정보유통지원시스템 홈페이지(http://seoji.nl.go.kr)와 국가자료종합목록 구축시스템(http://kolis-net.nl.go.kr)에서 이용하실 수 있습니다. (CIP제어번호 : CIP2020041207)

Art of Freedom

히말라야 미니멀리즘의 개척자
보이테크 쿠르티카

버나데트 맥도널드 지음
김영도 옮김

하루재클럽

차례

산은 나의 야망을 채우는 경기장이 아니라 종교를 구현하는 대성당이다.
- 아나톨리 부크레예프Anatoli Boukreev 『등반The Climb』

모순이라는 값비싼 대가를 치러야 좋은 결과를 얻을 수 있다.
- 프리드리히 니체Friedrich Nietzsche 『우상의 황혼Twilight of the Idols』

———

보이테크 쿠르티카는 일찍 일어났다. 커피 한 잔을 내려 들고 그는 창가로 다가가 서서히 밝아오는 여명을 지켜보다 파스텔 색조가 진주 빛으로 바뀔 때쯤 책상으로 돌아왔다. 늘 그렇듯 거래처들로부터 온 이메일들과 늦어도 그날 내로는 처리해야 할 폴란드의 통관 문제들이 그를 기다리고 있었다. 그런데 루트 정보에 대한 클라이머들의 문의와 함께, 크리스티앙 트롬스도르프Christian Trommsdorff라는 사람으로부터 온 뜻밖의 메시지가 있었다. "귀하를 2009년 4월 22일부터 25일까지 샤모니에서 열리는 황금피켈상 행사의 심사위원으로 위촉하고 싶습니다."

산악계의 오스카상으로 알려진 황금피켈상은 한 해 동안 가장 대담하고 혁신적인 알파인 등반에 대해 수여하는 상이다. 시상식에서는 평생공로상 수여식도 함께 진행된다. 샤모니의 가이드이자 황금피켈상 조직위원회 집행위원장인 크리스티앙 트롬스도르프는 가장 존경받는 알피니스트 중 한 사람인 보이테크가 최고의 등반을 선정하는 일에 참여해주기를 바랐다. 그러나 그는 보이테크로부터 기대한 답장을 받지 못했다.

> 황금피켈상 심사위원으로 초청해주셔서 대단히 고맙습니다. 하지만 유감스럽게도 나는 그 일에 관여하고 싶지 않습니다. … 나는 오늘날의 산악계가 상과 영예를 위해 지나치게 경쟁하는 기이한 구도에 휘말려 있다고 생각합니다. 그러나 이런 구도는 진정한 예술을 욕보이는 것입니다. 상과 영예라는 것은 무엇이며, 진정으로 예술이 끝나는 곳은 과연 어디일까요? 등반은 클라이머의 육체적·정신적 행복감과 지혜를 키워주지만, 상과 영예는 클라이머의 허영심과 이기심만 키워줄 뿐이라고 나는 믿습니다. 게임에 몰입하게 되면… 클라이머는 위험에 빠집니다. 나는 이런 종류의 게임에 참가할 준비가 되어 있지 않습니다. 따라서 나는 귀하의 제안을 받아들일 수 없습니다.

'게임'에 대한 철학적 불편과 달리, '기이하고 지나친 경쟁' 속에 등반을 순위로 매기는 양상을 보이테크는 도저히 이해할 수 없었다. 프랑스 클라이머 피에르 베긴Pierre Béghin의 마칼루Makalu(8,485m) 트래버스와 일본 클라이머 미나미우라 다케야쓰南裏健康*가 40일 동안 단독으로 오른 트랑고 타워의 등반을 어떻게 비교할 수 있단 말인가? 또한 크지슈토프 비엘리츠키Krzysztof Wielicki의 동계 에베레스트 등정과 에라르 로레탕Erhard Loretan이 같은 산에서 펼친 소위

---

* 1957~ . 1990년 9월 9일 트랑고 네임리스 타워를 40일에 걸쳐 단독등반하고 패러글라이딩을 시도했으나 바뀐 풍향 때문에 추락했다. 미나미우라는 정상 밑 90미터 지점에서 바위 모서리에 매달리게 되었는데, 파키스탄 육군 헬기로는 구출이 불가능하다고 판단되자, 그레이트 트랑고 타워 등반을 마친 동료 키모토 사토시木本哲, 호시나마 사나리保科雅則 두 사람이 9월 13일부터 2,000미터를 등반한 끝에 9월 15일 마침내 그를 구출했다. [역주]

'한밤중에 벌거벗기'를 비교할 수는 없다. 개척자의 정신을 가진 라인홀드 메스너Reinhold Messner와 슈퍼맨의 강인함을 가진 예지 쿠쿠츠카Jerzy Kukuczka를 놓고 순위를 매기는 것 역시 불합리해 보인다. 보이테크는 이렇게 말한다. "이런 시도는 섹스와 크리스마스 중 어느 것이 더 좋은지 묻는 것과 별반 다를 바가 없다."

보이테크는 순위를 매기거나 서로 비교하기에는 알피니즘이 매우 복잡하다는 입장을 유지했다. 알피니즘에는 너무나 많은 측면, 즉 심미적이고, 육체적이고, 형이상학적이고, 전략적이며 창의적인 측면이 있다는 것이다. 또한 엄청난 고통도 존재한다. 클라이머들이 겪는 고통을 어떻게 측정할 수 있단 말인가? 그는 이에 대해 이렇게 말했다. "(자신들의 목적을 위해) 스타를 만들어 내려는 미디어의 압력은 알피니즘을 일차원의 세계로 축소시키려는 시도일 뿐입니다. 그리고 그것은 등반의 불명예를 의미합니다."

크리스티앙은 강력한 어조의 이메일을 보고 웃었지만 그렇다고 낙담하지도 않았다. 이듬해 그는 훨씬 더 대담한 편지를 썼다. 이번에는 보이테크에게 황금피켈상 평생공로상을 받아달라고 요청하는 내용이었다. 그러자 보이테크는 한 번 더 다음과 같이 대답했다.

크리스티앙, 안녕하십니까?
악마 같은 제안이군요. 나는 언제나 일상의 사회적 모순이 싫어 산으로 탈출했습니다. 이제 당신은 나에게 그 모순된 사회 안으로 들어오라고 제안하네요. 나는 언제나 상과 영예의 사회적 구속에서 벗어날 수 있는 용기를 얻기 위해 산으로 탈출했습니다. 이제 당신은 나에게 구속을 제의하네요. 나는 언제나 나 자신의 나약함을 극복하고자 산으로 달려갔습니다. 이제 당신은 나를 가장 큰 위험, 즉 내가 영예로운 인간이라는 환상에 빠뜨리려하네요. 나는 지금까지 그런 환상과 싸워왔습니다. 나는 상과 영예를 향한 열망이 우리를 자만심에 빠져들게 하는 가장 큰 함정이며 허영심의 발로라는 것을 분명히 자각하고 있습니다. 나는 그 상을 받아들일 수 없습니다. 솔직히 말하면, 나는 내심 상당히 걱정하고 있습니다. 그 상을 거절하면서 내가 또 다른 어떤 것에 빠져들지도 모르기 때문입니다. … 무슨 말인지 알지 않습니까? 불행하게도 그것 역시 또 하나의 허영심입니다. 나를 치켜세우려 하지 말아주십시오. 클라이머들은 자유를 소중하게 여기고 있습니다. 그런 대단한 영광과 맞서는 나의 편치 않은 심정을 이해하리라 믿습니다.

이런 편치 않은 심정에 직면한 사람은 클라이머들뿐만 아니라 시인들도 있었다. 레너드 코헨Leonard Cohen은 자신의 평생 업적을 기리는 캐나다의 한 상을 받을 수 없다며 이렇게 썼다. "이런 것들을 피하고자 하는 이유 중 하나는 이런 것들이 정말 깊은 감정적 반응을 불러일으키기 때문이다. … 이런 일이 예술가나 작가에게는 아주 드물게 일어나는데, 이렇게 되면 자신의 작품을 무조건적으로 받아들이려는 자기 자신과 마주하게 된다." 그러나 레너드 코헨은 결국 그 상을 받아들이고 말았는데, 후에 청중들에게 이렇게 말했다. "우리는 우리의 노래 뒤에 숨어 발을 질질 끌며 명예의 전당으로 들어가고 있습니다."[1]

크리스티앙 역시 고집이 무척 셌다. 보이테크가 부끄러워한다고 생각한 그는 한 번 더 시도해보기로 했다. 2010년 크리스티앙은 평생공로상을 제안하는 세 번째 편지를 보냈다. 보이테크는 혼란스러웠다. 그가 분명하게 의사를 전달하지 못했던 것일까? 그는 답장에서 더 확실하게 자기 생각을 밝히기로 했다.

크리스티앙,
정말이지 이것은 받아들일 수 없는 제안입니다. 내가 이것을 받아들인다면 나는 나 자신과 정면으로 배치하게 됩니다. 나는 … 우정과 사랑을 나누고 싶습니다. 그러나 나는 그들의 존경이 두렵습니다. 고백컨대, 존경을 받게 되면 나는 공작새와 같은 자긍심을 가질 것입니다. 바로 그 이유 때문에 나는 그 위대한 상을 받을 수 없습니다. … 이런 상들은 신성모독에 가깝습니다. 오랫동안 정신수양을 하는 은둔자를 대중 앞에 세워 상을 주고 싶습니까? 물론 우리는 은둔자가 아닙니다만, 우리의 경험은 때때로 우리 인생을 변화시키는 일종의 깨달음과 가깝습니다. … 나는 그런 소중한 순간들을 그대로 간직하고 싶습니다. 나는 그런 순간들을 대중적 영광과 바꾸지 않겠습니다. … 크리스티앙, 당신의 제안은 정말 고맙지만, 나는 그것을 받아들일 수 없습니다.

우정을 담아

보이Voy

하지만 보이테크가 알지 못했던 것은 그에게 이 상을 주려는 사람이 크리스티앙 혼자만이 아니라는 사실이었다. 세계적으로 유명한 알피니스트들은 보이테크가 아직 그의 성과에 걸맞은 인정을 받지 못했다는 사실을 알고 놀랐다. 그들은 황금피켈상 조직위원회가 상황을 바로잡도록 압력을 가했다. 2012년 크리스티앙은 또 다시 그 상을 제안하는 편지를 썼다. 그러자 보이테크는 인내심을 잃고 말았다.

크리스티앙,
미안합니다. 절대, 절대 안 돼요! 나는 더 이상 황금피켈상 평생공로상에 대해 말하지 않겠습니다. 이유는 이미 밝혔습니다. 나를 바보로 만들려 하지 마십시오. …

보이

도대체 누가 동료들의 궁극적 존경의 표시를 이토록 여러 차례나 거절한단 말인가? 더욱이 황금피켈상 평생공로상은 영화 제작자나 정치인 또는 산악회 회장에 의해 결정되는 것도 아니지 않는가? 그것은 알피니스트가 알피니스트를 인정하는 상이다. 그렇다 해도 보이테크는 대중의 존경에 따른 함정을 피하고 싶다는 이유로 수상을 거절했다. 그의 자세는 존경받아 마땅했지만, 동시에 예의에 어긋난 것이기도 했다. 여하튼 보이테크의 수상 거절은 분명 흥미로운 사건이었다. 왜냐하면 더 이상 적합한 수상자를 상상하기가 쉽지 않기 때문이다.

보이테크 쿠르티카는 세계의 고산에서 소수정예로 어려운 루트를 등반하는 것이 가능하다는 것을 보여주며 1970년대에 히말라야 등반의 궤적을 바꾸었다. 힌두쿠시, 히말라야, 카라코람에서 거벽등반 기록을 열한 번이나 세웠는데, 그중 여섯 번이 8천 미터급 고봉이었다.

처음 산을 바라보고, 바위의 감촉을 느껴본 이후 보이테크는 등반을 거의 언제나 색다르게 접근했다. 대부분의 히말라야 클라이머들이 전통적인 방식으로 산을 대할 때 그는 그 산들을 알파인 스타일로 — 또는 그의 표현대로 하자면 '탯줄을 끊어버리고' — 등반했다. 그리고 거대한 산맥에서의 알파인 스타일이 표준이 되었을 때 그는 이미 당일 등정이라든가 8천 미터급 고봉의 연등으로 옮겨가 있었다. 폴란드 내의 인공등반 루트들을 그가 자유등반으로 오르기 시작하자, 위험의 수준을 보다 정교하게 나타내는 새로운 난이도 체계가 발전했는데, 그런 기준은 지금까지도 적용되고 있다. 폴란드의 다른 클라이머들이 로프와 장비를 사용해 암벽등반의 수준을 끌어올리고 있을 때 그는 아주 어려운 루트들을 로프 없이 단독으로 오르고 있었다. 그의 스타일은 미래지향적이었으며, 그는 언제나 자신의 이상에 충실한 클라이머였다. 그는 자신의 가치를 정상과 맞바꾸려 하지 않았다. 자신의 꿈이었던 K2조차 보이테크는 흥미가 없는 루트로 등정하는 대신 미련으로 남겨놓았다.

산에 대한 보이테크의 접근은 결코 일차원적이지 않았다. 그는 등반의 육체적이고 체력적인 면을 끌어안으면서도, 그에 못지않게 등반이 요구하는 지적 도전, 끊임없는 판단, 문제 해결과 전략적 대응에도 커다란 흥미를 느꼈다. 그에게 훨씬 더 중요했던 것은 알피니즘의 심미적 측면이었는데, 이것이 어떤 등정에서는 정신적 수준까지 승화됐다. 야심찬 클라이머였던 그는 거대한 빙벽, 까다로운 암벽 그리고 고소에서의 중단 없는 종주에 매력을 느꼈다. 그는 넋을 빼놓는 그런 봉우리들에서 새로운 등반선을 찾을 때도 아름다움과 대담성을 주시했다. 그는 이렇게 말한다. "아름다움이란 또 다른 세계로 들어가는 관문이다."[2]

폴란드 클라이머들에 대한 내 책을 위해 그가 인터뷰에 동의했던 2010년의 첫 만남을 나는 기억하고 있다.[3] 나는 산악계, 특히 저널리스트를 기피하는 그의 성향을 잘 알고 있던 터라 걱정을 많이 했다. 그러나 그는 공손했고 적극적이었으며 친절하기까지 했다. 그는 나에게 (인스턴트) 커피를 연달아 내주며 자신의 등반 이야기를 오랫동안 들려주었다. 많은 이야기를 주고받은 끝에, 나는 마침내 그에게 그의 자서전을 쓰고 싶다는 말을 꺼냈다. 우리는 더 많은 커피를 — 그때부터는 반짝반짝 빛나는 새로운 에스프레소 기계에서 뽑아 — 마시며 지난날의 사진과 잡지들을 하나하나 들춰보았다.

보이테크는 일흔에 들어선 이제야 예의와 격식을 차리는 우아한 사람이 된 것 같다. 그는 조각한 듯 날씬하고, 조금 작아 보이기는 하지만 믿을 수 없을 정도로 강인하다. 하지만 언제나 사뿐히 걷는다. 지독히 개인적이며 가끔은 수줍어하기까지 한다. 자신의 말과 행동과 사고에 신중하며, 스스로 인정하는 완벽주의자이다. 잔인할 정도로 자신을 절제하지만 때로는 어린아이처럼 자연스러운 면을 보여주기도 한다. 깊이 생각하지만 유머감각은 결코 피상적이지 않다. 그는 세계적으로 존경받는다. 그러나 그가 가장 크게 가치를 두는 것은 우정이다. 모순덩어리라고나 해야 할까. 오랜 시간에 걸친 대화를 통해 느낀 것인데, 그에게는 자신을 불안정하게 만들 수도 있는 집요함과 힘이 있었다.

보이테크의 자서전을 쓰면서 겪은 어려움은 그의 인생에서 꼭 필요한 세부적인 자료를 모으거나 그것들을 논리적인 결과로 표현해내는 것이 아니라, 오히려 그가 의존하는, 자유를 벗어나지 않는 핵심적인 가치를 드러내는 방식에 그런 사실을 형상화하고 의미를 부여하는 것이었다.

기억 역시 유연하고 불완전한 상상력의 산물일지 모른다. 보이테크가 오래전에, 아니 수십 년 전에 일어난 중요한 순간들의 기억을 더듬는 것은 선별적일 수밖에 없다. 때때로 그의 기억은 날짜가 고정되어 있지 않은 축제일 같은 것이었다. 그리고 그런 기억에서 진실 혹은 본질을 찾아내는 것이 그의 성격을 이해하는 열쇠였다. 그로부터 7년이 지난 후, 그런 것을 찾고자 했던 긴 여행이 종착역에 이르러 마침내 이 책이 발간됐다. 그 여행은 자유로운 예술을 추구하는 보이테크의 '길'에서 겪은 문학적 비박이었다.

1
—

바위의 동물

가까운 곳에 삶의 터전이라 할 수 있는 자연이 있어도 그 진면목을 알려면 진지
한 자세를 가져야 한다.

라이너 마리아 릴케Rainer Maria Rilke, 『시간의 책The Book of Hours』

—

신화는 일찍부터 시작된다. 거의 70년 동안 보이테크 쿠르티카Voytek Kurtyka
는 1947년 9월 20일에 태어났다고 잘못 알려져 왔다. 그러나 솔직히 말하면,
그것은 보이테크의 잘못이 아니다. 폴란드의 1947년은 격동의 시기였다. 제
2차 세계대전으로 6백만 명 이상의 사람들이 죽고 나라가 혼란에 빠지고 폐
허가 되었는데, 출생 일자를 정확하게 등록하는 것이 가능하기나 했을까? 그
리하여 축하도 제대로 받지 못한 채 1947년 7월 25일 스크진카Skrzynka라는
작은 마을에 도착한 어린 보이테크는 그해 9월 20일이 되어서야 출생 등록이
되었다. 그럼, 두어 달 동안은 어떻게 된 걸까? '헨리크 보르첼Henryk Worcell'이
라는 이름의 유명작가이기도 한 보이테크의 아버지 타데우시 쿠르티카Tadeusz
Kurtyka는 재기가 넘치지만 때로 산만하여 이런 문제를 하찮게 여겼다.

타데우시는 1909년에 태어났다. 곧이어 폴란드는 제1차 세계대전의 격랑 속으로 휘말려 들어갔지만, 이 어린 소년은 개울이 굽이쳐 흐르고 경사가 완만한 너도밤나무 숲에 둘러싸인 농가에서 자랐다. 그는 고기를 잡고 열매와 버섯을 따며 마음껏 뛰어놀았다. 호기심 많은 그는 매우 총명했으나 규제가 심한 학교에 반항했다. 또한 힘든 일을 시키는 아버지의 요구에도 반발했는데, 아버지는 그가 집안일을 도우면서 학교 공부도 잘 하기를 바랐다. 타데우시는 집안일도 공부도 몹시 싫어했다. 그는 열여섯 살에 고향을 떠나 인근의 크라쿠프Krakow로 갔다.

전쟁의 참화에 폴란드의 대부분이 파괴되었지만, 유명한 대학과 성당, 박물관, 기념관, 미술관이 고스란히 남은 — 물론 지금도 남아 있는 — 도시 크라쿠프는 지식인들과 권력자들을 불러들였다. 그리고 그곳 엘리트 계층의 사교는 화려한 거리를 따라 산재한 레스토랑을 중심으로 이루어졌다. 타데우시는 그중 가장 인기 있는 모임장소인 '그랜드호텔 레스토랑Grand Hotel Restaurant'에서 접시닦이로 사회에 첫발을 내디뎠는데, 그 도시의 잘나가는 사업가들과 권력을 좇는 사람들이 문화적 우상들과 함께 요리를 즐기고 술을 마시며 세상 돌아가는 이야기를 나누는 곳이 바로 그 레스토랑이었다.

보이테크 쿠르티카의 아버지 타데우시 쿠르티카가 웨이터로 일했던 그랜드호텔 레스토랑. 타데우시는 그곳에서 보고 들은 크라쿠프 고위층에 대한 이야기로 자신의 첫 책『정신 나간 모임』을 썼다. (보이테크 쿠르티카 컬렉션)

좌: 보이테크 쿠르티카의 어머니
안토니나 모슈코브스카 쿠르티카
(보이테크 쿠르티카 컬렉션)
우: 문학적 재능을 한껏 발휘하던
시절의 보이테크 쿠르티카 아버
지 타데우시 쿠르티카(필명 헨리크
보르첼) (비키미디어Vikimedia)

얼마 후, 늠름하고 잘 생긴 타데우시는 웨이터가 되었다. 그리고 인생의 색다른 전기를 맞이한다. 동료 웨이터인 미하엘 호로마니스키Michael Choromański가 쉬는 시간에 톨스토이의『크로이처 소나타Kreutzer Sonata』같은 고전을 읽는 타데우시를 본 것이다. 작가이기도 했던 호로마니스키는 타데우시에게 책을 읽는 것에 그치지 말고 글을 써보라고 부추겼다. 타데우시는 그러기로 했고 곧 그의 숨은 재능이 드러났다. 그는 그랜드호텔에서 보고 들은 흥미진진한 이야기에 자신의 상상력을 입히기 시작했고, 창피를 무릅쓰고 남의 이야기를 엿들어 그들의 대화를 생동감 넘치는 디테일로 재구성했다. 그리하여 헨리크 보르첼이라는 필명으로 작은 단행본 하나가 탄생한다. 1936년에 발간된『정신 나간 모임Bewitched Circles』은 폴란드에서 상당한 반향을 불러일으키며 한 젊은 작가가 문학계에 등단하는 계기가 되었다. 하지만 살짝 베일에 가린 가명을 사용했음에도 불구하고, 고위층의 사생활에 대한 가십성 뒷이야기들은 크라쿠프에서 타데우시의 안전을 위협했다. 그는 폴란드 타트라에 있는 산간마을 자코파네Zakopane로 피신했고, 그곳에서 보헤미안 예술가 사회의 일원이 되었다.

제2차 세계대전 이전에 작가로 명성을 얻은 타데우시는 크라쿠프 인근에서 결성된 지하조직에 가담했다. 그들의 목표는 독일군 고위 장성을 암살하는 것이었는데, 계획이 발각될 것을 염려한 타데우시는 폴란드에 남지 않고 독일의 노동자수용소로 잠입하는 방법을 택해, 폴란드 국경 가까이에 있는 마이센 노동자수용소Meissen Labour Camp에 자발적으로 들어갔다.

그 나라의 아주 먼 동쪽, 그러니까 지금은 우크라이나 동부로 그 당시 소비에트 연방이었던 곳에서는 또 하나의 가족 이야기가 펼쳐지고 있었다. 안토니나 모슈코브스카Antonina Moszkowska는 1922년 폴란드인 가정에서 6남매 중 하나로 태어났다. 그녀는 집안이 어려워 정규교육을 받을 수 없었다. 그지역은 폴란드인들과 우크라이나인들이 섞여 살던 곳이었는데, 제2차 세계대전 중 독일군이 쳐들어와 그녀는 마이센 노동자수용소로 보내졌고, 그곳에서 1945년까지 억류됐다.

동북쪽에서 온 천사 같은 용모의 사려 깊은 시골처녀 안토니나와 남서쪽에서 온 젊은 청년 타데우시 — 이즈음 그는 자신의 본래 이름을 버리고 프로작가로서 헨리크 보르첼로 행세하는데 — 는 만나자마자 사랑에 빠졌다.

결혼에 성공한 그들은 전쟁이 끝난 직후 폴란드로 돌아오지만 할 일도 없고 살 곳도 없는 딜레마에 빠졌다. 그 당시 폴란드는 독일과 러시아가 비밀리에 합의한 국경으로 이주 문제가 발생해 혼란의 소용돌이 속에 있었다. 전후조약에 따라, 독일의 동쪽 영토가 — 오데르Oder강까지 — 이제는 폴란드로 귀속됐다. 따라서 그 지역에 거주하던 독일인들은 자신들의 터전을 떠나야 했으며, 동시에 폴란드의 동쪽 끝에 살던 폴란드 시민들은 이제 그곳이 소비에트의 지배하에 놓임에 따라 거주지를 옮겨야 했다. 그들은 새롭게 폴란드 영토가 된 곳을 향해 서쪽으로 밀려들었고, 독일인들은 그보다 더 서쪽으로 쫓겨났다. 그리하여 이전에 독일인들이 차지했던 가옥과 농토가 이제는 폴란드인들의 손에 넘어가게 되면서, 떠나는 독일인들이 남긴 재산을 일시적으로나마 차지하려는 폴란드인들이 마구 쏟아져 들어오는 놀라운 현상이 발생했다. 헨리크는 바로 이런 비정상적인 현상을 창작의 소재로 삼았다. 겉으로 보면 그의 글은 섬세함의 극치를 이룬 것 같지만 사실은 정치·문화적 복선이 깔린 어색하기 짝이 없는 작품이었다. 허나 좀 더 깊이 파고 들어가면 그가 가축의 이동 방목 같은 이런 상황에서 정서적으로 황폐화되지 않기 위해 고군분투했다는 것을 알 수 있다. 사람들은 공포의 세월 속에서 감정이 메말라버렸고, 이전의 고국에 대한 기억이 희미해져가는 속에서 하루하루를 보냈다.

헨리크와 안토니나는 이전에 독일이었던 폴란드 남서부 지역 마을 스크진카 외곽에서 농장을 하나 발견했다. 전원풍의 그곳은 완만한 야산들과 푸른 숲, 송어가 뛰노는 강 그리고 긴장을 푸는 데 도움이 되는 온천으로 생기 넘치는 곳이었다. 사실 독일의 노동자수용소에서 갓 나온 그 둘에게 그곳은 낙원이나 다름없었다. 그들이 들어간 농장은 시설이 좋았는데, 처음 몇 개월간은 이제 곧 떠날 독일인 소유주와 함께 지냈다. 그러나 농장이 그곳에 들어간 사람의 소유가 되지 못한다는 것이 문제였다. 그 농장은 엄연히 당국의 재산이었다.

그들은 곧 자식을 낳았다. 첫째인 보이테크에 이어 3년 터울로 얀Jan과 안드제이Andrzej라는 두 아들을 본 것이다. 헨리크는 글쓰기와 (당연히) 농사일에 몰두했다. 젖소 두 마리에 수소 한 마리, 말 한 필, 망아지 한 마리와 송아지 두 마리, 염소 셋, 양 둘, 병아리 스무 마리, 거위 다섯, 토끼 열여섯 마리, 새끼돼지 두 마리와 땅 10에이커가 그들의 것이 되자 해야 할 일이 상당히 많아졌다. 헨리크는 언어와 아이디어의 마술사였지만 농사일은 서툴렀다. 처음 4년 동안 그들 부부는 온힘을 다했으나 농사일이 자신들과 맞지 않는다는 사실을 깨달았다.

그들은 도로로 이어진 트셰비에쇼비체Trzebieszowice 마을로 내려가, 튼튼하게 지어진 두 가구용 2층짜리 흰색 가옥에 둥지를 틀었다. 쿠르티카 가족들은 1층을 차지했고, 헨리크는 그곳에서 자신에게는 사뭇 도전적인 주제로 글쓰기를 이어갔다. 그는 공정과 평등에 대한 이상이 강해, 자신이 생각하기에 형편없이 취급받는 사람들의 입장을 변호했으며 때로는 그 과정에서 곤란에 빠지기도 했다. 그러다 어떤 사건에 휘말려 죽도록 얻어맞은 끝에 한쪽 눈을 실명하고 말았다. 그리고 또 한 번은 칼에 찔리기도 했다. 그의 가족들은 그가 확고한 신념 때문에 고난을 당하고 있다고 생각하면서 그런 그를 큰 자랑으로 여겼다. 하지만 그런 일들은 단순히 전후 공산주의 폴란드의 복잡하고 혼탁한 시대상일 뿐이었다. 배경에 깔린 폭력이나 공산주의 당국이 헨리크 보르첼이라는 작가에게 궁극적으로 바라는 바가 무엇이었는지 알기는 어렵다.

도처에 잠재된 팽팽한 긴장에도 불구하고 그의 가족은 1957년까지 트세비에쇼비체에 눌러앉았다. 이제 헨리크는 작품 활동에만 전념하며 문학계의 반응을 고대했다. 폴란드문학연맹Polish Literary Federation이 자유롭게 글을 쓸 수 있도록 브로츠와프Wrocław 인근에 아파트를 제공하겠다고 했을 때 그는 주저 없이 받아들였다. 그리하여 그의 가족은 새로운 삶을 위해 폴란드에서 네 번째로 큰 도시로 이주했다.

브로츠와프는 문화적 역사가 깊은 우아한 도시다. 바로크와 고딕, 보헤미안, 프로이센의 전통은 다양한 기념물들과 성당들로 빼곡한 건축물의 만화경을 보여준다. 그러나 1957년에는 그다지 아름다운 도시가 아니었다. 제2차 세계대전이 막바지에 이르렀을 때 그곳은 붉은 군대와 독일군이 벌인 최후의 결전장이었다. 전쟁이 끝나기 이틀 전 마침내 독일군이 항복했지만, 그때는

쿠르티카 가족은 보이테크가 열 살이 될 때까지 트세비에쇼비체에 있는 이 집의 1층에서 살았다.
(보이테크 쿠르티카 컬렉션)

보이테크 쿠르티카의 부모인 안토니나 모슈코브스카와 타데우시 쿠르티카
(보이테크 쿠르티카 컬렉션)

이미 도시의 절반이 무참히 파괴된 후였다. 거의 2만 명이 탈출에 실패해 죽었고, 집에서 발견된 시체만도 4만 구가 넘었다. 전쟁이 끝났을 때 그 도시에서 살아남은 사람들은 독일인들이 20만 명이었던 데 비해 폴란드인들은 2만 명도 채 되지 않았다. 그 후 2년 정도 지나 그 도시는 폴란드 정부로 다시 넘어갔고, 독일인들의 대규모 엑소더스로 생긴 빈 공간은 폴란드 시민으로 채워졌다. 물론 대부분은 폴란드 북동지역에서 이주한 사람들이었다. 그러나 쿠르티카의 가족처럼 인근에서 온 사람들도 있었다.

쿠르티카 가족에게는 의지할 만한 고정수입이 없었다. 따라서 아파트를 공짜로 제공받은 것은 커다란 행운이었다. 그들은 헨리크의 원고료로 먹고 살았는데 그마저도 들쭉날쭉했다. 인세가 좀 들어오면 한동안은 시름을 잊을 수 있었다. 문제는 쿠르티카 가족의 호주머니에 돈이 있다손 치더라도 가게에서 식료품을 사기가 힘들다는 것이었다. 보통은 긴 줄에 서서 끝없이 기다려야 했다. 그들에게는 채소를 조금 길러 먹을 수 있는 텃밭이 아파트 근처에 있었다. 따라서 아주 굶주리지는 않았지만, 그렇다 해도 실상은 먹을 것이 거의 없었다. 그 당시 폴란드 가족들이 대개 그러했듯 그들의 주식은 감자와 양배추였다. 결국 안토니나가 접수 담당자 자리를 하나 얻어 수입을 보충했다. 소박한 생활에도 불구하고 헨리크는 작가들과 출판사들이 많은 브로츠와프에서의 문화생활에 만족했던 것 같다.

그들이 브로츠와프로 들어갔을 때 보이테크는 겨우 열 살이었는데 일종의 유년기 우울증에 빠졌다. 보이테크는 숲을 싸돌아다니거나 야산을 날렵하게 뛰어오를 때 가장 행복했다. 아파트 3층에 있는 자신의 방 창문에 기대어, 건물 잔해들이 널브러진 길거리와 타버린 빌딩들에 크게 뚫린 검은 구멍들을 내려다보며 숲의 색깔과 향기를 갈망했다. 그는 이렇게 회상했다. "브로츠와프로 갔을 때 난 트라우마를 겪었습니다. 나에게 너무나 소중한 그 무엇을 잃어버리고 말았다는 상실감이 강했습니다. 창문 밖으로 길거리를 하염없이 응시하며 눈물을 흘렸습니다."

가끔 그는 무시무시한 악마의 영혼을 가진 유령 같은 존재와 마주치는 악몽에 시달렸다. 꿈속에서 보이테크는 그 환영에 반항적으로 맞섰다. 그쪽으로 한두 걸음 내디디려 하다가 비명을 지르며 꿈에서 깨어나곤 했다. 매일 밤 한 걸음 더 내디디려 했지만 그럴수록 꿈이 더욱 생생해 원초적인 공포를 느꼈다. 한 걸음을 더 가까이 갔을 때 그는 쓰러졌다. 아마 두 걸음이었다면 죽었을지도 모른다.

그는 점차 도시생활에 적응해나갔다. 달리 선택의 여지가 없었다. 작은 시골 마을에서 살던 어린 시절, 그는 보수적이고 뿌리 깊은 전통을 확실하게 교육받았다. 그러나 상상력이 뛰어났던 그는 이제 조금씩 자신만의 생활을 찾아나가기 시작해 아이디어와 경험을 축적했다. 도시는 그 자체로 끔찍했지만 그에게 전통과는 다른 인식과 새로운 친구들을 만들어주었다.

보이테크의 탈출로 중 하나가 여름캠프였다. 그 무렵의 캠프라는 것은 장소도 그렇고 단순하기 이를 데 없었다. 빈 학교로 가서 2층 침대에서 자고 식당 밥을 먹고 단체 운동을 하는 것이 전부였다. 보이테크는 달리기와 투포환, 복싱, 펜싱 등 운동을 몹시 좋아했다. 그리고 자신이 좋아하는 만큼 경쟁력도 있었다. 그러나 그의 마음을 사로잡은 것은 캠핑 장소, 즉 발트해와 산과 폴란드의 호수 지역이었다. 보이테크는 매년 여름 3주 동안 여름캠프에 가서 신선한 시골 공기를 들이마시고 바닷가에서 뛰어놀며 자신의 영혼을 새롭게 가다듬었다. "환상적이었습니다." 그가 말했다.

작가로서의 명성이 높아지자 헨리크의 재산도 불어났다. 이제 2년에 한 번 꼴로 책을 내게 됨에 따라 그의 인세 수입도 늘어났고 강연 요청도 폭주했다. 공산주의 정권은 그를 문학연맹 브로츠와프 지부장 자리에 앉혔다. 그는 전국을 돌며 강연도 하고 책 사인회도 했다. 그 시절의 사진은 고개를 들고 담배를 꼬나문 자신감 넘치는 사람의 이미지를 보여준다. 그는 당당한 자세로 자신을 추종하는 사람들과 대화를 나누었다. 그 모든 것을 통틀어 그는 여전히 신앙심이 두터운 사람이었지만 주정뱅이 신세를 벗어나지는 못했다. 사흘 낮밤을 폭음하는 것도 전혀 낯선 일이 아니었다. 따라서 아이들을 돌보는 것은 순전히 보이테크 어머니의 몫이었다. 그녀는 세 아들에게 무한한 애정을 쏟아부으며 안정된 일상이 되도록 애썼다.

헨리크가 교회에 헌신하자 그와 장남 사이에 커다란 벽이 생겼다. 어린아이였을 때조차 보이테크는 성당의 우아한 건축미를 찬양한 반면 설교에 대해서는 진저리를 칠 정도로 싫어했다. "설교를 통해서는 어떤 영성도 찾을 수 없었습니다. 그리고 성당음악이 때로는 지나치다 싶을 정도로 슬프고 무섭기까지 했습니다. … 인간의 고통과 신을 향한 탄원만 너무 자주 등장할 뿐 신과의 교감에서 오는 기쁨 같은 건 거의 없었습니다. 두려움이라는 감정에 휘둘린 거죠. 왜? 종교에 지옥의 위협이 드리워져 있기 때문입니다. 성당음악은 그

잠재적 위협을 표현합니다. 그래서 나는 그 성당음악을 통해 지옥이 나의 운명이라는 강력한 예감을 가졌습니다. 네다섯 살 때부터 나는 철저히 억압받고 있다고 느꼈습니다. 나는 그것을 종교적 테러로 생각했습니다."

그렇다 해도 온순했던 그는 처음에는 마을에서 그리고 나중에는 도시에서 열여섯이 될 때까지 매주 미사에 참석했다. 그는 최초의 성찬예식에서 자신의 죄를 고백하는 고해성사를 했는데, 때로는 그런 의식을 편하게 느꼈던 것 같다. 하지만 결국 그는 고해성사를 그만두었다. 그리고 곧이어 성당에 나가는 것도 거부했다. "대단히 반항적인 행동이었습니다." 그는 그때를 회상하며 말했다. "항명이었죠! 난 부모님께 선언했습니다. 더 이상 가지 않겠다고. 다 쓸모없는 허튼소리일 뿐이라고. 난 천당과 지옥에 관한 그런 메시지를 더 이상 듣고 싶지 않았습니다. 믿을 수도 받아들일 수도 없었습니다." 충격을 받은 그의 아버지는 화를 냈고, 어머니는 슬퍼했다. 비록 그들 부자는 그 상황에 대해 심금을 털어놓고 대화를 나누지는 않았지만, 보이테크는 성당에 가서 설교를 듣고 찬송가를 부르고 성찬예식을 하고 믿는 척하는 가식적 행위가 너무나 힘들다고 어머니를 설득했다. "그건 대단히 교묘한 술수에 불과했기 때문에 나의 정직성이 그것을 받아들일 수 없었습니다." 그는 이렇게 설명했다. 안토니나는 마지못해 아들의 고집스러운 결정을 받아들였다. 물론 로마 가톨릭이 폴란드의 문화와 전통에 깊이 배어 있어, 그녀는 아주 힘들었을 것이다.

먼 훗날, 가끔 성당에 나간 보이테크는 교구민들의 헌신에 감동받는다. 그러나 그는 기독교 신앙의 기본적인 교리, 즉 천당과 지옥, 신의 은총, 신의 존재 — 그에 따르면 이 신은 무한한 권력에 대한 인간의 가장 일반적이고 기본적인 욕망과 맹목적 충성, 잔인성까지도 가지고 있는데 — 를 이성적인 인간 심성에 해로운 것으로 여겼다. 그는 다음과 같이 선언했다. "인간의 욕망을 최소한으로 보여주는 것이 신이다."

그러나 10대였음에도 불구하고, 그는 인간 주위를 맴도는 영성靈性의 자발적 의식과 그에 다가가려는 원초적 욕망을 이해했으며 단순한 이해를 넘어 그것을 느끼기까지 했다. 성당에서가 아니라 자연에서, 그것도 자주. 물론 성당음악을 들을 때도 그랬고, 사실 예술적 표현을 경험할 때도 그랬다. 그는 그후의 산행을 통해 영적 느낌을 자각하기 시작했다. 그리고 산과 등반은 그런 감동과 교감하는 도구가 되었다.

보이테크와 그의 아버지는 팽팽한 긴장관계에도 불구하고 공통점이 많았다. 헨리크는 어린 시절의 보이테크처럼 이지적인 사람이었다. 그가 작가여서 보이테크 역시 궁극적으로는 그 재능을 이어받을 터였다. 그러나 반항적이었던 그의 아들 보이테크는 도시에서 살 때부터 이미 자신만의 세계를 단단히 구축했다. 이런 문제들에도 불구하고 그들 부자 사이를 잇는 유일한 끈은 영성이라는 주제였다.

헨리크는 전통적인 기독교인이었지만 신비스러운 성향도 있었는데, 그것은 로마 가톨릭 철학자 피에르 테야르 드 샤르댕Peirre Teilhard de Chardin, 특히 『현상으로서의 인간The Phenomenon of Man』이라는 그의 저서로부터 영향을 받았기 때문이다. 샤르댕의 우주이론은 진화론적 접근을 포용했다. 그로 인해 샤르댕은 탈교를 고려했고, 결국 가톨릭에서 추방당했다. 그는 모든 자연이 신의 마음과 영혼에 의해 지배되고 있다고 느꼈다. "자연 속에 있는 게 내게는 아름다움이었습니다. 날 둘러싸고 있는 모든 게 영적이었으며 이루 말할 수 없이 아름다웠습니다. 그리고 이런 아름다움을 경험함으로써 난 샤르댕에게 비전을 제시한 신을 쉽게 받아들일 수 있었습니다."라고 보이테크는 말했다. 이로써 그는 불교적 사상 — 로마 가톨릭 철학자들과 예수회 성직자들에 의해 표현된 것에 불과했을지라도 — 과 처음으로 조우하게 된다. 그들 부자에게 우연히도 사상적 우상이 된 사람이 바로 그 예수회 성직자였다. 어린 나이에 불과했지만 보이테크는 자연의 영적인 현상을 의도적·적극적으로 경험함으로써 전통적인 기독교 관념을 자신 있고 권위 있게 비판할 수 있었다.

그의 이단적 태도는 기독교에만 국한된 것이 아니었다. 그의 아버지가 왕년에 그랬던 것처럼 보이테크는 학교에 대해서도 반항했다. 교복을 입는 것이 의무였지만 보이테크는 이를 거부했다. "맞아요. 사실입니다." 그가 웃으며 말했다. "하지만 상당히 너그러웠습니다. 아마 러시아라면 꿈도 꾸지 못했을 겁니다. 꼭 군복 같은 그걸 안 입고 등교해도 쫓겨나진 않았습니다." 보이테크는 매우 총명한 학생이었지만 숙제를 하는 데 있어서는 게을렀다. "폴란드어라 불리는 과목이 가장 큰 문제였습니다." 사실 그것은 조금 복잡했다. 보이테크에게는 남보다 우월할 수 있는 문학적 소양이 있었다. 어렸을 때부터 그에게는 글을 쓰고자 하는 강력한 욕망이 내재되어 있었다. 초등학생이었을 때 그는 학교에서 에세이를 발표했는데, 혹시 아버지가 쓴 것 아니냐는 의심을 받았다. 그는 그것을 칭찬으로 받아들였다. 한껏 고무된 그는 폭넓은 독서를 하고 꾸준히 글을 쓰면서 자기 자신에 대한 기대를 키워나갔다. 그러나 창작 기교는 상당히 발전했지만 문법과 철자, 구문 실력은 뒤떨어졌다.

그는 고등학교에서 좀 괴팍한 선생님을 만났다. 여선생 바볼스카Bawolska는 작문과 문법에 까다로웠다. '전형적인 좀비'라고나 할까. 그녀는 궤도를 벗어나는 글쓰기에 대해 전혀 감각이 없었다. 그것이 어떤 것이든 '해괴한' 것으로 본 것이다. 그녀는 보이테크의 아버지가 저명한 작가이며 폴란드문학연맹 내의 영향력 있는 인물이라는 것을 알고 있었는데, 아마도 이것이 그녀의 성깔을 돋운 것 같았다. 그녀는 보이테크에게 화풀이를 했다. "난 그 선생님으로 인해 전혀 쓸모없는 학생이 되고 말았습니다. 배운 게 하나도 없었습니다. 난 끝내 노이로제에 걸릴 정도로 혼란스러웠습니다. 그 선생님은 글을 쓸 수 있다는 내 믿음을 파괴했습니다. 그리고 그건 오래도록 지속됐습니다. 어쩌면 지금까지도!" 그가 저주 담긴 어조로 말했다.

그런데 이상하게도 그는 글을 쓰고 싶다는 열망을 아버지에게 말하지 않았다. 단 한 마디의 조언도 구하지 않았다. 그 대신 자신의 문학적 꿈을 가슴

깊숙이 묻었다. 아들 보이테크의 예술적 재능을 알아채지 못한 헨리크는 좀 더 현실적으로 도움 될 수 있게 대학에서 인문학보다는 기술을 배우라고 강요했다. 그는 세계가 곧 현대화될 거라고 주장했다. 따라서 보이테크는 과학 분야에서 빛나는 경력을 쌓을 수도 있었다. 아들이 과학자가 되길 바라는 헨리크의 기대가 부자지간을 멀어지게 만들었다. 점차 그는 자신의 아들이 상당히 총명할지는 몰라도 통찰력이나 영성, 감정 등 — 이 모든 것은 헨리크가 중요하게 생각하는 것들이었는데 — 이 부족하다고 판단했다. 훗날 보이테크는 이렇게 말했다. "아버진 날 거의 이방인처럼 취급했습니다. 아버지와 사이가 벌어지기 시작했죠. 사실 난 아버지를 존경했습니다. 하지만 가깝게 다가가진 못했죠." 그들 사이의 비극은 보이테크가 실제로는 감정과 감수성이 넘쳐났지만 그의 아버지가 전혀 알아차리지 못했다는 것이다.

보이테크의 내면에서는 아버지가 미처 알지 못한 또 다른 것이 꿈틀거리며 들끓고 있었다. 보이테크는 고등학교 때 폴란드 타트라로 갔던 하이킹에서 산다운 산을 처음 만났다. "아직도 기억이 생생합니다. 산을 올라간 게 아니고 바라만 봤었는데 그만 마음을 빼앗기고 말았습니다. 산이 살아 있다는 느낌이 들었습니다. 산에 가고 싶었습니다. 그 일부라는 느낌이 들었으니까요. 난 산의 부름을 몹시 듣고 싶었지만 아무런 응답이 없어 서글펐습니다." 그는 풍경 — 자신의 지성을 넘어서서 먼 곳에 있는, 그리고 부자지간보다도 거리가 훨씬 더 먼 것이 분명한 — 과 감정적으로 연결되는 자신을 발견했다.

보이테크는 아버지로부터 오해를 받고 있었지만 어느 정도는 아버지의 말을 들었다. 그는 대학에 들어가 5년 동안 전자공학을 공부해 학위를 받았다. 그러나 그 과목에 흥미를 느끼지 못했다. 수업을 거의 듣지 않았고, 시험은 벼락치기로 해치웠다. "시험을 보고 나오면 머릿속에 남은 게 하나도 없었습니다." 그가 웃으며 말했다.

대신 그 자리를 새로운 지식, 즉 암벽등반이 채우고 있었다.

1968년 그는 첫 바위를 경험한다. 엘라Ella라고도 알려진 엘지비에타 바가Elżbieta Waga는 같은 대학에서 약학을 공부하고 있었다. 그녀는 인근 암장에서 보조교사와 함께 등반을 하자며 보이테크를 초청했다. 등반보다는 엘라에게 관심을 더 가진 것이 분명한 그 보조교사는 보이테크가 나타나자 쓸쓸한 표정을 지었다. 그러나 브로츠와프 인근에 있는 화강암 침봉 소콜리키Sokoliki에서 등반에 몰입하면서 그들은 기쁨에 빠져들었다. 소콜리키는 그 도시의 클라이머들이 등반기술을 익히는 곳이었다. "바위를 처음 손으로 잡았을 때의 그 어색한 느낌, 그러나 이상하게도 끌리는 느낌이 들었습니다. 몇 번 동작을 해보고 나서 앞으로 등반을 계속하리라 다짐했습니다." 보이테크가 그때를 회상하며 말했다.

그는 그렇게 했다. 아니, 그 이상을 했다. 암벽등반은 보이테크에게 일종의 덫이 되었다. "그 덫이 얼마나 심각한 건지 몰랐습니다." 그는 훗날 이렇게 인정했다. 그것은 분명 그의 모든 생각과 감정을 사로잡은 어떤 것을 위해 따분한 전자공학 수업을 포기한 대가로 얻은 위안이었다. 생태학자 E. O. 윌슨Wilson이 『통섭Consilience』에서 밝힌 바와 같이 사람들은 유전적 성향을 보상하는 환경에 끌린다. 보이테크가 암벽이라는 수직의 세계에 끌린 것은 타고난 운명이었던 것 같다.

1960년대 후반, 브로츠와프산악회는 반다 루트키에비치Wanda Rutkiewicz, 보그단 얀코브스키Bogdan Jankowski, 크지슈토프 비엘리츠키Krzysztof Wielicki 등 산악계의 미래 스타들로 넘쳐났다. 그리고 보이테크가 곧 이 무대에 화제의 인물로 등장했다. 날렵한 청년이었던 그는 마치 금방이라도 튀어나갈 듯한 용수철처럼 강렬함을 물씬 풍겼다. 사실적이고 구체적일 뿐 아니라 섬세하고 감성적인 그의 호기심은 끝이 없었고, 관찰력은 인상적이었다. 그는 예민한 감수성을 가진 사람이었지만, 사회적으로는 히피의 헤드밴드를 두르고 화려한 셔츠로 변장된 다소 건방진 태도를 보였다. 그의 타고난 재능과 빼어난 외모는 강렬한 인상을 만들어냈다.

보이테크는 훗날 가장 유명한 폴란드 여성 알피니스트가 되는, 아름답고 몸매가 탄탄한 젊은 학생 반다를 그 지역 암장에서 만난다. 그는 그녀의 깊은 눈매와 발랄한 미소에 넋을 잃었지만 그것마저도 잠시뿐이었다. 보이테크의 마음은 손가락 끝으로 느끼는 까칠한 화강암의 감촉에 가 있었다.

보이테크는 — 적어도 그때까지는 — 산악회의 주요 멤버가 아니었다. 산악회는 엄격한 규칙이 있었지만, 보이테크는 이미 그 선을 넘어 있었다. 산악회원들은 이론과 실기 교육을 받아야 했고, 더불어 전문지식의 수준을 가늠하는 시험도 봐야 했다. 그리고 일정한 시험에 통과해야만 감독 없이 등반할 수 있었다. 따라서 젊은 클라이머들은 등반 상황과 파트너가 누구였는지 기록하는 일지를 가지고 다녔다. 이것은 초보자에서 전문가로 차근차근 나아가기 위한 합리적 접근법이었다. 전문지식이 일정한 수준을 넘으면 감독 없이 타트라에서 등반할 수 있었다. 그리고 그곳을 넘어 알프스에서까지도.

보이테크는 이런 것들을 견디지 못했다. 그의 유일한 관심은 균형을 잡고 부드럽게 위로 올라가며 따뜻한 바위의 질감과 동시에 저항을 느끼는 등반뿐이었다. 그는 수직과 오버행 바위에 필요한 기술을 연마했다. 자신의 몸을 날렵하고 팽팽하게 조각했고, 새롭게 발견한 그 열정 안에서 자신의 몸이 도구며 매체라는 것을 이해했다. 그는 등반하고 또 등반하고 그리고 또 등반했다.

그가 이토록 완벽함을 추구하자 곧 폴란드등산연합회(PZA)의 레이더망에 걸렸다. 그들은 그를 가르친 적도 테스트를 해본 적도 없었다. 게다가 그들이 그에게 클라이머 자격을 부여한 적은 더더욱 없었다. 그럼에도 불구하고 원치도 않은 전자공학 학위를 따서 대학을 떠날 때쯤 보이테크 쿠르티카는 폴란드 최고의 암벽등반가가 되어 있었다. 그는 등반을 우아하고 직관적이며 자연스럽게 접근해 곧 '바위의 동물'이라는 별명을 얻었다.

2

알피니스트 훈련

산을 알고 싶다면 그곳에서 자는 수밖에 없다.

톰 롱스태프Tom Longstaff, 『나의 여행This My Voyage』

날마다 비가 내려 보이테크는 얇은 담요를 뒤집어쓰고 텐트 안에서 죽칠 수밖에 없었다. 그는 낡아빠진 배낭에 머리를 올려놓고, 비가 잦아드는지 확인하기 위해 간간이 텐트 문 밖으로 시선을 던졌다. 그러나 비는 그칠 줄 몰랐다. 1968년 여름 폴란드는 기록적인 폭우가 내렸다. 스물한 살의 청년 보이테크가 폴란드와 슬로바키아 국경에 형성된 장엄한 산 타트라에서 자신의 첫 '시즌'을 맞이한 것이 바로 이때였다.

 타트라는 카르파티안Carpathian 산군 중에서도 가장 높은 산맥으로, 국경의 양쪽이 국립공원으로 보호받고 있다. 깊은 계곡에는 울창한 너도밤나무가 숲을 이루고, 경사가 심한 산비탈에는 가문비나무와 소나무가 자라며, 점차 위로 올라갈수록 고원 목초지가 국경을 갈라놓는 톱니 모양의 험준한 능선까지 물결치듯 펼쳐진다. 타트라에는 깊은 계곡을 통해 높고 좁은 고개로 이어지는 등산로가 많이 있다. 그러나 이런 길들이라 할지라도 험준한 산에 비하면 아무것도 아니다. 타트라의 송곳 같은 봉우리들은 계곡으로 곧장 뚝 떨어진다.

폴란드 타트라의 등반 중심지는 모르스키에 오코Morskie Oko 계곡이다. 그곳에는 므니흐Mnich(승려)와 카잘니차Kazalnica(설교대) 같은 인상적인 봉우리들이 찬란하고 다채로운 색상의 모르스키에 오코 호수 위로 마치 원형극장처럼 솟아 있다. '바다의 눈'이라는 의미의 모르스키에 오코 호수는 신비스러운 지하 통로로 바다와 연결되어 있다는 오래된 전설에서 그 이름이 유래했다. 타트라 산맥은 계절마다 색채의 향연을 펼친다. 소나무 숲의 생동감 넘치는 초록색이 있는가 하면, 고원 목초지의 따사로운 황금빛과 황갈색이 있고, 인상적인 화강암의 짙은 암회색도 있다. 그러나 보이테크는 1968년 여름 동안 이런 아름다움을 만끽하지 못했다. 그의 눈에 들어온 것은 오직 비였다.

전설이 깃든 모르스키에 오코 산장으로부터 800미터 떨어진 곳에서 야영하던 그는 텐트 안에서 찾을 수 있는 안락함과 따뜻함을 갈망했다. 그가 그시즌에 타트라 산맥에서 여름을 보낼 수 있었던 것은 — 물론 저축한 돈으로도 어느 정도 충당은 되었지만 — 학생들에게 수학을 가르쳐주고 받은 돈 덕분이었다. 그렇다 해도 그는 모르스키에 오코 산장에서의 비교적 우아한 생활을 누릴 처지가 아니었다.

그는 주머니를 털다시피 해 계곡으로 왔다. 따라서 그에게는 로프도 안전벨트도 없었다. 그러나 경험이 더 많은 타트라 클라이머들이 점차 그의 열정과 재능에 감탄하며 로프와 상단 안전벨트 등 그가 필요로 하는 것을 빌려주었다. 보이테크는 이미 브로츠와프 인근의 화강암에서 등반기술을 익힌 터라 타트라의 순수한 화강암에는 자신이 있었다. 이제 '바위의 동물'인 보이테크가 대담하고 강력하게 등반할 수 있는 훨씬 더 넓은 놀이터를 만난 것이다. 그는 그것을 '가장 즐거우면서도 동물 같은 본능적 게임'이라고 불렀다. 그가 그토

주로 크라쿠프산악회 출신의 젊은 폴란드 클라이머들. 뒷줄 맨 왼쪽이 보이테크 쿠르티카이다.
(보이테크 쿠르티카 컬렉션)

록 즐거워했던 것은 아마도 자신이 계곡 내에서 가장 뛰어난 클라이머라는 사실을 알았기 때문이었을 것이다.

그 당시의 등반 난이도는 훨씬 낮았다. 최고 난이도가 VI급으로, 오늘날로 따지면 대략 프랑스 난이도로 5C, 요세미티 난이도로는 5.9에 해당한다. 보이테크와 같이 타고난 재능을 가진 사람에게 계곡에 있는 루트들은 큰 문제가 되지 않았다. 그는 그 루트들을 간단히 오르내렸다. 최고가 되자 그는 기분이 좋았다. "솔직히 고백하면 좀 우쭐대긴 했습니다." 훗날 그는 이렇게 말하고 다음과 같이 덧붙였다. "사람들이 날 우러러봤죠. 물론 그럴수록 욕심을 냈습니다만, 그게 함정이었습니다. 나는 점점 더 함정에 빠져들어 갔습니다." 그러나 고작 스물한 살이었던 보이테크는 곧 걸려들 함정을 전혀 알아차리지 못했다.

당시 암장에서의 일반적 관행은 톱 로핑top roping 방식이었다. 그러나 타트라에서는 자신이 직접 눈앞에 펼쳐진 지형을 파악하여 등반하고, 추락에 대비한 확보물 설치법을 익혀야 했다. 어디로 올라가야 하나? 크랙의 어느 지점에 피톤을 박아야 하나? 보이테크의 적응 속도는 빨랐다. "그 방법을 익히는 데 그리 오래 걸리지 않았습니다. 피톤을 크랙에 박아도 어려운 동작을 하기 전에 박아야 합니다. 나에겐 그런 것들이 아주 자연스러웠습니다." 보이테크가 말했다.

보이테크는 1968년의 시즌을 악천후로 망쳐버렸지만, 그것이 자신의 미래라는 사실을 깨달았다. 그는 결코 외롭지 않았는데, 폴란드 산악계가 놀라운 속도로 발전하고 있었기 때문이다. 그 당시 활발하게 활동했던 또 다른 클라이머인 루드비크 빌치인스키Ludwik Wilczyński는 전후 공산주의 시대 폴란드에서 등산이 얼마나 중요했는지 이렇게 말했다. "그 시절에는 열정과 빈곤 그리고 감금될지 모른다는 두려움과 사회적인 안전보장 — 그래봐야 별 볼 일 없는 것이었지만 — 이 묘하게 어우러지는 경험을 했습니다. 우리 세대도 1960년대 세대도 스탈린주의자들의 폭력에 영향을 받지는 않았습니다. 우리 주변의 세계가 너무나 극심한 나머지 몸으로 느낄 수 있을 만큼 따분했습니다." 바로 이런 점으로 인해 등산이 인기를 끌었다. "처음에 등산은 탈출구였습니다. 자유를 향한…. 그런 갈망은 등산을 처음 경험한 사람들에게 자연스럽게 녹아들었습니다. 더욱이 자기표현이 제한된 세계였기 때문에 그 갈망이 더욱 간절했습니다. 충격과 깨우침, 사회주의의 현실에 대한 어렴풋한 인식이 우리가 등산에서 처음 거둔 성취였습니다."[4]

곧 클라이머들은 폴란드 사회 내에서 하위문화를 형성했다. 20세기 초 폴란드 산악계의 정신적 지주였던 유명한 산악작가 J. A. 슈체판스키Szczepański는 이렇게 말했다. "등산은 상징이나 인생의 시적 은유가 아니다. 그것은 인생 그 자체이다."[5] 보이테크는 이런 사상에 쉽게 빨려 들어갔다. 슈체판스키의 철학은 마치 짜맞추기라도 한 것처럼 그에게 꼭 들어맞았다. 그는 비효율적인 환경을 무시하고, 실현 가능성이 낮은 희망의 끈을 붙잡으려는 직업적 열망도 포기한 채 산과 모험을 향한 에너지를 열정에 숨긴 사람들로 이루어진 독자적인 그룹에 합류했다. 그들에게 산은 자아를 채우고 의미 있는 삶을 창조할 수 있는 피난처였다. 그곳에서 그들은 전체주의 국가를 앞서는 원칙, 즉 모든 클라이머들의 공통 가치를 따를 수 있었다.

1969년 여름 보이테크는 계곡으로 돌아와 미친 듯이 등반했다. 그리하여 시즌이 끝날 무렵 폴란드 타트라에 있는 VI급 루트들을 모두 해치웠다. 이제 그곳에는 더 이상 어려운 루트들이 없었다. 그녀에게 눈길이 간 것이 바로 모르스키에 오코 산장이었다. 보이테크보다 네 살이나 많은 그 까만 머리의 미인은 크라쿠프에서 등반을 즐기려고 온 클라이머였다. 조각처럼 멋진 얼굴, 여성스러운 외모, 온화한 미소 그리고 빛나는 눈동자. 그녀의 이름은 에바 발데츠크Ewa Waldeck였다.

　에바는 어머니가 폴란드인이었으나, 아버지는 제2차 세계대전 동안 크라쿠프에 주둔한 독일군 의사이자 장교였다. 상당히 비정상적인 상황에서, 폴란드 여인과 독일군 장교는 사랑에 빠졌다. 그리고 외동딸 에바가 태어났다. 전쟁이 끝나갈 때쯤 그녀의 아버지는 전투 현장에서 한쪽 다리를 잃고 독일로 돌아갔다. 하지만 그녀의 어머니는 남편을 따라가지 않았는데, 그가 여전히 독일군으로 활동하고 있어 폴란드 여성인 자신이 적으로 비쳐질 것을 두려워했기 때문이다. 결국 얼마간 혼자 크라쿠프에서 지낸 그녀는 위험을 무릅쓰고 남편과 합류하기로 결심했다. 그러나 문제는 돈이었다. 버스 탈 돈이 없었던 그녀는 어린 에바를 유모차에 태우고 크라쿠프에서 독일까지 걸어갔다. 일이 잘 풀렸다면 아름다운 이야기가 되었을 것이다. 그녀는 곧 독일인의 사고방식이 자신과 맞지 않는다는 것을 깨달았다. 마지못한 그녀는 에바를 데리고 크라쿠프로 돌아왔고, 그곳에서 이상한 행적을 수상히 여긴 폴란드 당국의 조사를 받았다.

첫 만남 이후 에바와 보이테크는 타트라에서 자주 만나 모르스키에 오코 계곡에서 등반도 하고, 슬로베니아 쪽으로 국경선을 슬쩍 넘어가기도 했다. 그들은 모르스키에 오코 호수에서 함께 카약도 탔다. 그리고 모르스키에 오코 산장에서 만난 지 2년도 되지 않아 결혼했다. 스물네 살의 보이테크는 몇 개의 가방에 짐을 담아 에바와 장모가 살고 있는 크라쿠프의 아파트로 들어갔다. 그는 결혼생활이 행복했지만 직장생활을 놓고 고민에 빠졌다. 고등학교에서 몇 년 동안 보조교사로 일했는데, 그러다 보니 등반을 제대로 할 수 없었던 것이다. 그는 학교를 그만두고 근처의 철강공장에서 기술 장비를 시험하는 직업에 지원했다. 그러나 그것 역시 시원치 않았다. 그는 다시 텔레비전 수리공으로 변신했지만, 후에 자신의 텔레비전이 고장 났을 때는 직접 수리하는 대신 수리공을 불렀을 정도로 그 일을 싫어했다.

그가 살아가는 태도는 공산주의 체제하에서 불만을 품은 채 살아가는 그 당시 대부분의 폴란드 사람들과 크게 다르지 않았다. 생산성과 상관없이 임금이 고정되자 흥미를 잃은 그들은 나라가 거의 멈추다시피 할 정도로 은근히 저항했다. 사람들은 야간 부업이나 친구들, 가족들을 위해 직장에서 힘을 아꼈다.

직업의 전망이 밝지는 않지만 보이테크와 에바는 때때로 서로가 서로를 보호하며 사랑을 키워나갔다. 어느 날 그들은 크라쿠프 인근 암장으로 등반을 하러 갔는데, 보이테크가 친구들과 등반을 계속하는 동안 에바는 숲속을 이리저리 돌아다녔다. 그녀는 나무를 베는 한 무리의 젊은이들을 보자 그들에게 다가갔다.

"여기서 뭐 하는 거에요? 멈추세요. 당신들의 나무가 아니잖아요."

뻔뻔스럽고 건방진 그들은 욕을 해대며 그녀를 상스럽게 불렀다. 그러자

진지한 표정의 젊은 보이테크 쿠르티카
(에바 발데츠크 쿠르티카Ewa Waldeck-Kurtyka)

그녀는 씩씩거리며 암장으로 돌아왔다.

"보이테크, 어떻게 좀 해봐." 그녀가 애원했다.

어쨌든 그녀가 모욕과 위협을 당했기 때문에 보이테크는 행동에 나서지 않을 수 없었다. 그래서 그 둘은 그들을 찾아 나섰지만 그들은 이미 사라지고 없었다. 에바와 보이테크는 크라쿠프에서 그리 멀지 않은 자비에르주프 Zabierzów 역까지 4킬로미터를 쫓아갔다. 그러는 동안에도 에바는 분을 삭이지 못했다.

"그 녀석들이 날 보고 창녀라고 불렀단 말이야." 그녀가 불평했다. "그리고 위협까지 했다니까."

"좋아. 끝장을 내주지. 진정해." 보이테크가 그녀를 달랬다.

그 둘이 기차역에 들어서자 에바가 소리쳤다. "보이테크, 보이테크! 저기. 그 녀석들이 저기 있어. 나를 모욕한 녀석들이."

그곳에 그들 다섯 명이 있었다.

보이테크는 가만히 있을 수 없었다. 그는 그들에게 다가가 말했다. "이봐, 너희들이 내 아내를 욕보였지? 사과해." 그러자 그들 중 셋이 주먹을 불끈 쥐고 보이테크를 향해 덤벼들 태세를 취했다. 체구도 작고 삐쩍 마른 그를 얕본 것이다. 그를 때려눕히는 것은 시간문제라고 생각하는 것 같았다. 그들이 보이테크의 권투 실력이나 민첩성 또는 힘을 알 리 없었다.

곧 그들 셋은 바닥에 나뒹굴었고 나머지 둘은 줄행랑을 쳤다. 그들 중 하나가 기타를 가지고 있었는데, 보이테크가 그를 제압할 때 그 기타가 벽에 부딪쳐 커다란 울림이 역사를 가득 메웠다. 꽈아아아앙! 그들은 이제 몹시 화가 났다. 자존심이 상한 데다 기타까지 망가진 것이다. 그러나 운이 좋게도 바로 그 순간 현장을 지켜보던 지역 청년들이 도움을 자청하며 다가왔다.

"당장 꺼져." 그들은 그 불량배들에게 호통을 쳤다. "그렇지 않으면 후회할 거야." 그러자 그 녀석들은 망가진 기타를 주워 모아 슬그머니 역사를 빠져

나갔다.

훗날 보이테크는 크라쿠프로 기차를 타고 돌아가던 때를 회상하며 이렇게 말했다. "물론 에바가 엄청 감동받았지요."

1970년 보이테크는 에바와 함께 타트라로 돌아왔다. 그러나 이번에는 출입이 금지된 슬로바키아 지역이었다. 그들은 모르스키에 오코 계곡 가까운 능선을 넘어 고원의 목초지와 키 작은 소나무 숲을 이리저리 헤치며 내려갔다. 그리고 긴 능선을 하나 더 넘어 너덜지대를 힘들게 횡단했다. 그러자 높이가 300미터인 마우이 무이나시Mały Młynarz(작은 방앗간) 벽이 나타났다. 그 둘과 함께 있었던 사람은 보이테크의 등반 파트너 미하우 가브리엘Michał Gabryel 과 바르샤바 클라이머이자 올림픽 수준의 펜싱선수 야누시 쿠르차프Janusz Kurczab였다. 보이테크보다 열 살 많은 야누시는 이목구비가 뚜렷한 미남이었다. 어두컴컴한 가운데 그들 셋은 '작은 방앗간'의 동벽을 이루는 음울한 바위에서 미지의 등반선을 찾아 올라갔다. 마의 VI급 수준을 넘어 6+급을 이루는 그곳은 타트라에서 가장 어려운 루트였다. 그 당시 보이테크의 멘토였던 야누시는 뒤에서 리더 역할을 했고, 보이테크는 자신의 등반기술을 한껏 뽐내며 그 등반선을 헤치웠다.

'작은 방앗간'을 등반한 지 1년도 지나지 않아, 초창기 시절의 또 다른 멘토이며 절친한 친구의 죽음으로 보이테크는 정신적 충격을 받아 휘청거렸다. 야시우 프란추크Jasiu Franczuk가 파키스탄 카라코람 산군의 지맥인 히스파르 무즈타그Hispar Muztagh에 있는 쿠냥 키시Kunyang Chhish에서 초등을 시도하다 죽은 것이다. 덕망 있는 원정대장 안드제이 자바다Andrzej Zawada가 이끈 그 원정대는 폴란드 클라이머들의 재능과 힘을 전 세계에 한껏 보여주며 히말라야에서 중요한 초등 하나를 기록하는 데 성공했다. 야시우가 그 산의 낮은 곳에서 크레바스에 빠졌을 때 원정등반은 거의 끝난 것이나 다름없었다. 그러나 그들은 슬픔을 감추지 못하면서도 등반을 이어나갔다. 보이테크는 야시우의 등반기술보다 그의 인간적 면모를 높이 샀다. "그는 아주 특별한 사람이었습니다. 세상을 보는 올바른 시선을 가지고 있었지요. 남다른 정의감, 믿을 수 없을 정도의 겸손… 아주 자연스러웠습니다." 보이테크보다 세 살 많은 야시우는 진실에 직접적으로 다가가는 단순함과 성실함을 가진 듯했다. 보이테크는 그를 몹시 그리워했다. 크라쿠프로 거처를 옮기면서 야시우 아버지의 특별한 당부에도 불구하고 야시우의 가족과도 연락이 끊기자, 보이테크의 마음은 더욱 애달팠다.

그는 등반과 여행으로 공허한 마음을 달랬다. 그런데 마침 폴란드등산연합회(PZA)가 프랑스 샤모니를 터전으로 하는 프랑스국립스키등산학교École Nationale de Ski et d'Alpinisme(ENSA)와 협력해 알프스 등반을 추진하고 있었다. PZA는 뛰어난 클라이머들을 선발해 여행 경비를 대주고 현지에서 쓸 비용으로 개인당 미화 200달러 정도도 지원해줄 계획이었다. 폴란드 클라이머들은 한 달을 머물러야 해서 기본 식량을 폴란드에서 가져가고 불법적으로 야영을 하는 내핍 생활을 해야 할 터였다. 캠핑 비용까지 지불하면 그들의 돈이 금방 바닥난다는 것은 불을 보듯 뻔했다. 그들은 폴란드를 떠나기 전에 여권 사무소에 안전하게 보관되어 있는 여권을 돌려받아야 했다. 물론 여권은 공적인 업무를 위한 해외여행이라야 돌려받을 수 있었고, 그 과정 또한 만만치 않아 한 달 이상이 걸리는 경우가 허다했다. PZA가 모르는 사실이 하나 있었는데, 그것은 보이테크의 알프스 등반 참가가 완전한 규칙위반이라는 것이었다. 그는 그 연합회가 만들어낸 융통성 없는 시스템에 의하면 '자격 미달'의 알피니스트였다.

타트라로 돌아간 보이테크는 폴란드와 슬로바키아 국경을 제멋대로 넘나들며 불법적인 방법으로 등반을 계속 이어갔다. 국경을 넘을 때마다 죄를 짓는 셈이었다. "우린 고개를 몰래 넘은 다음 서너 시간을 내려가 등반 대상지에 도착하곤 했습니다. 그리고 그곳 오버행 바위 밑에서 잠을 잤죠." 그가 설명했다. 자연스럽게 반항적인 집단이 되어버린 폴란드 클라이머들은 금지된 영토 안에서 등반하기 위해 호시탐탐 기회를 노렸다. 그러나 국경을 경비하는 군인들 역시 만만치 않았다. 따라서 그들에게 한두 번 걸리지 않은 클라이머가 없었고, 보이테크 역시 예외가 아니었다.

"한번은 더 쉽게 넘어가기로 작정하고 강을 따라 내려갔습니다." 그가 이야기를 꺼냈다. "강물을 이리저리 가로지르다 정확히 그 한가운데에 있었는데 폴란드 국경 경비대원의 고함이 들렸습니다. '동작 그만, 동작 그만, 동작 그만. 움직이지 마!'" 도망쳐봐야 소용없는 짓이었다. 보이테크는 장비를 내려놓아야 했다. 그런 상황에서 어디로 도망친다는 말인가? 돌아서서 항복한 그는 그다음 이틀 밤을 유치장에서 지내야 했다. 그 정도야 견딜 만했지만, 석방된 후에 당국이 요구하는 끊임없는 진술서는 정말 골치 아팠다. 그는 그다음 두 달 동안 일주일에 한 번씩 브로츠와프 경찰서로 불려갔다. 그는 더 이상 브로츠와프에 살지 않았다. 더욱이 등반장비 역시 타트라의 캠프사이트에 그대로 방치되어 있어, 산과 브로츠와프를 왔다갔다하며 별 수 없이 일주일에 이틀씩 허비해야 했다. 그 아까운 돈, 그 아까운 시간이라니! 그러나 조사를 끝내기는 해야 해서, 보이테크는 마지못해 그들의 부름을 따랐다.

그런 와중에 경찰은 무단월경이 아니라 해외여행을 문제 삼기 시작했다. 그들은 친절했다. 아니, 아주 친근하게 굴기까지 했다. 그러면서 동료들의 활동이나 행동에서 '불편하게 느낀' 것이 없는지 알려달라고 채근했다. 보이테크는 고개를 끄덕였지만 그들의 의도를 순순히 따를 생각은 없었다. 보이테크가 아무런 정보도 제공하지 않자 경찰의 태도가 조금 냉랭해졌다. 그들은 해외여행을 위한 여권 접근을 금지하는 흔한 수법을 동원했다. 사실 클라이머들은 얻는 것이 더 많아 유혹에 빠지기 쉬웠다. 협조를 하면 자유로운 여행을 할 수 있지만, 그렇지 않으면 폴란드 내에 감금되는 우울한 전망이 기다리기 때문이었다.

보이테크는 이것이 자유를 미끼로 한 은근한 협박이라는 것을 알았다. 어떻게 해야 하나? 이것은 해외로 나갈 수 있도록 해주는 대가로 당국이 그에게 바라는 것이었다. 그러나 자신의 파트너를 감시할 수는 없는 노릇이었다. 그때 절묘한 해결책이 그의 머리에 번개처럼 스쳤다. 타트라를 이리저리 돌아다니며 등반하면 굳이 파트너를 관찰하거나 보고하지 않아도 될 것 같았다. 낙관적으로 생각하면 이것이야말로 지루한 소환을 끝낼 수 있는 기막힌 아이디어였다. 경찰서에서의 곤란한 처지를 털어놓자 그의 동료들은 그의 아이디어를 대체로 받아들였다. 허나 한 가지 조건이 있었다. 그것은 바로 밀담은 전혀 없었던 것으로 해야 하며 내용도 절대 발설하지 않는다는 것이었다.

물론 보이테크는 그렇게 약속했다. 그리고 물론 경찰의 뜻에 불복종했다. 그는 그런 제안을 받는 사람이 자신만이 아니라는 사실을 알고 있었다. 해외 여행을 하는 많은 알피니스트들은 경찰의 회유를 받았다. 자유세계를 계속 드나드는 동료들이 '폴란드 밖에서' 하는 언행을 관찰하고 감시하라는 것이었다.

보이테크는 그다음 두 번에 걸친 동계 시즌에 타트라로 돌아와 등반 기준을 한껏 높였다. 그는 모르스키에 오코 산장 아래에 위치한 그저 그런 곳에서 지냈다. 때마침 크리스마스 연휴와 겹쳐 그곳은 폴란드 각지에서 몰려온 알피니스트들로 발 디딜 틈이 없었다. 복도 바닥은 냄새 나는 침낭들로 뒤덮였고, 방은 마치 장작을 쌓아놓은 듯 클라이머들로 꽉 채워져 있었다. 방의 한가운데에는 장작을 때는 난로가 있어 그런대로 따뜻했지만, 구석은 바람이 들어오고 추웠다. 그러나 분위기만은 아늑하고 왁자지껄했다. "그 당시 폴란드 클라이머들은 반목하지 않았습니다." 보이테크가 설명했다. "물론 소소한 갈등은 있었지만, 대체로 폴란드 산악계는 서로 잘 어울렸습니다. 다들 친구처럼 지냈으니까요." 오래된 나무 바닥이라 스토브 사용이 금지되어 있었지만, 그런 것에 아랑곳하지 않고 그들은 알코올 냄새가 물씬 나는 차를 끓이고 몸을 따뜻하게 녹일 수 있는 겨울용 수프를 만들었다. 그러나 더운 물로 샤워를 하고 싶으면 산장지기에게 부탁을 해야 해서 대부분은 얼음장처럼 차가운 찬물 목욕을 택했다.

타트라에서의 동계등반이 낯선 것은 아니었다. 오랫동안 폴란드 클라이머들은 자신들의 기량을 키우기 위해 몹시 힘든 조건에서 좋지 못한 날씨와 싸우며 이끼와 잡초에 얼음이 달라붙은 벽에서 등반을 해온 터였다. 그런 등반으로 이름을 떨친 사람들로 안드제이 헤인리흐Andrzej Heinrich, 에우제니우시 흐로바크Eugeniusz Chrobak와 야누시 쿠르차프가 있었는데, 그들은 동계의 고통을 아름다운 예술로 받아들이면서 장차 히말라야나 힌두쿠시 그리고 카라코람에서 빛을 발휘하게 될 능력을 키우고 있었다. 사실, 타트라에서의 동계등반은 하계등반만큼 인기가 있었다. 그래서 그들은 "누가 동계초등을 했지?"라고 묻지 않고 그냥 "누가 초등을 했지?"라고 물었다. 보이테크가 첫 동계등반을 했을 때 그는 자신의 고난이도 하계기술을 적용해 가능성의 한계를 산산이 부서버렸다.

주로 믹스등반은 바위와 얼음 등반기술을 수시로 바꾸어야 하는 화약고나 마찬가지였다. 이런 타트라 등반은 여러 가지 이유, 예를 들면 확보물 설치가 곤란하다든지, 확보를 믿을 수 없다든지, 또는 루트 파인딩이 어렵다는 이유로 잔인한 악명을 떨치며 만만찮은 심리적 도전을 불러일으켰다. 보이테크의 말처럼 그곳의 루트들은 여름철에도 사뭇 까다로웠는데, 겨울철에는 그보다 훨씬 더 심했다.

두꺼운 장갑을 낀 손으로 우선 깃털처럼 가벼운 눈을 털어내 그 밑에 있을지도 모르는 무엇인가를 찾아내야 한다. 그러면 크램폰으로 디딜 수 있는 아주 작은 바위 턱이나 피톤을 박을 수 있는 수직의 작은 크랙이 나올지도 모른다. 다음에는 그 위로 올라서서 피켈을 휘둘러야 하는데, 이때는 얼음이나

얀 무스카트Jan Muskat가 타트라에서 동계등반을 하고 있다. (보이테크 쿠르티카)

얼어붙은 잡초에 피크가 잘 박히는지 그 소리로 판단해야 한다. 만약 피크가
잘 박히지 않으면, 한 번만 기회를 더 달라는 절박한 심정으로 타트라의 푸석
거리는 화강암에 애원하다시피 하며 안 좋은 지형을 장갑 낀 손으로 더듬어
잡아야 한다. 그다음에 아이스해머를 휘두르면 작은 베개처럼 뭉쳐진 눈 밑에

숨어 있던 돌멩이가 튕겨 나올지도 모른다. 이때 클라이머는 아주 잠깐 동안 균형감각을 잃을지 모르는데, 어떻게든 균형을 잡고 다음 스윙을 해야 한다. 그리고 분명하게 드러난 스탠스 위로 크램폰을 살짝 올려놓고 몸을 끌어올려야 한다. 이런 동작들을 할 때 클라이머는 체중을 재배분하고, 균형을 잡으며, 벽과의 꾸준한 접촉을 유지해야 한다. 그러면서도 다음에 나아갈 곳을 찾아야 한다. 이런 방식으로 클라이머들은 그 짧은 겨울의 낮 시간 동안 아주 조금씩 벽을 올라간다.

　잘 얼어붙은 폭포의 등반은 여전히 미래의 스포츠였지만, 얼음으로 뒤덮인 바위와 얼어붙은 잡초 덩어리들 속에서도 거의 수직에 가까운 얼음을 만나는 것은 예사로운 일이었다. 크램폰을 차고 한 손에는 피켈을, 다른 손에는 아이스해머를 쥔 보이테크의 전진 역시 고통스러울 정도로 느렸다. "나는 피켈로 인내심 있게 스텝 커팅을 하고 홀드를 만들었습니다. 그런 다음 조금 더 위로 올라가 그런 동작을 반복했죠. 수도 없이." 보이테크가 말했다. 그런 작업이 지루하기 짝이 없었지만 그는 경사가 더 가파른 얼음에 끌렸다. "보통 때와는 다른 등반이었고 도전적이어서 흥미진진했습니다. 애매모호할수록 더 유혹적이었지요."

　보이테크의 친구들은 그가 카잘니차 미엥구쇼비에츠카 벽Kazalnica Mięguszowiecka Wall에서 동계 첫 디레티시마direttissima를 노릴 것이라는 사실을 눈치 채고 있었다. 그것은 당시 타트라에 있는 동계 대상지 중 가장 도전적인 것이었다. 그 디레티시마는 등반 조건이 나쁘고 확보가 제대로 되지 않는다는 점에서 악명이 높았다. 그 벽의 하단부는 대부분이 얼어붙은 잡초로 바위가 드러난 곳이 별로 없다. 그리고 위로 올라가면 그 비율이 바뀌어, 얼어붙은 잡초 대신 검은 화강암이 많아진다. Ⅵ급에 인공등반 난이도 A2~A3의 그 음울한 벽에서의 등반은 어려웠다. 이런 요소들이 함께 작용해 그 루트는 보이테크에게 매력적으로 다가왔다. 하지만 그곳에 눈독을 들이고 있는 사람은 보이테크만이 아니었다.

1971년 3월 그와 파트너 3명이 모르스키에 오코 계곡에 도착했을 때 디레티시마 루트에는 이미 한 팀이 붙어 있었다. 그 팀의 리더는 유레크Jurek로 더 많이 알려진 예지 쿠쿠츠카Jerzy Kukuczka였다. 자신의 계획이 새어나간 것은 아닌지 의구심이 든 보이테크는 그들이 한 발 앞선 것에 조금 불편함을 느꼈다. 이제 어쩔 수 없이 보이테크도 끼어들게 된 디레티시마에서는 피할 수 없는 경쟁이 벌어질 터였다. "디레티시마가 유행이었는데, 난 그런 흐름을 알고 있어서 오히려 더 디레티시마에 끌렸습니다." 훗날 그는 이렇게 고백했다.

유레크는 날씨의 도움을 받지 못했다. 등반 첫 날 눈이 내리기 시작한 것이다. 벽은 곧 눈이 흘러내리는 물결로 넘쳐났다. 따라서 유레크의 팀은 할 수 없이 후퇴할 수밖에 없었다. 다음 날 날씨가 갰지만 이제는 유레크 일행이 쉬어야 하는 상황이 벌어졌다. 보이테크가 올라갔다. 유레크는 등반을 하면서 두 피치에 고정로프를 남겨놓았는데, 보이테크는 그 로프들을 사용하지 않았다. 다만 그는 그곳에 설치된 몇 개의 피톤에 카라비너를 걸어 확보용으로 썼다. 등반 둘째 날 보이테크와 그의 파트너는 이미 벽의 중간을 넘어섰다. 그때 아래를 내려다보니 유레크의 팀이 다시 올라오는 모습이 보였다. 보이테크는 그 루트의 오버행 구간을 넘었다. 그리고 기술적으로 아주 까다로운 그 위쪽의 슬랩을 살금살금 올라갔다. 날씨가 다시 나빠지고 있었다. 눈과 바람이 몸을 때리고 눈보라가 그를 매끄러운 바위에서 쓸어가 버릴 듯 위협했다.

유레크가 아래쪽에서 소리쳤다. "이봐, 날씨가 아주 나빠. 로프 좀 내려줄 수 있어? 우리가 사용할 수 있도록." 유레크의 팀이 곤경에 빠진 것은 분명해 보였다. 두 팀은 우호적 경쟁을 펼치고 있었지만, 그렇다고 거절할 수도 없는 노릇이었다. 보이테크는 그의 요구에 응한 다음 등반을 계속했다. 점점 더 세력이 커지는 눈사태가 바로 옆으로 흘러내리는 상황 속에서 미묘한 균형을 요구하는 슬랩을 오르고 있을 때 한참 아래쪽에서 이상한 소리가 들렸다. "소름끼치는 소리였습니다. 거의 동물과 같은 날카로운 고성. 그리고 나서 두세 번 둔탁한 소리가 들렸습니다." 아래쪽에서 무엇인가 심상치 않은 사태가 벌어진 것 같았지만, 그렇다고 해도 그 순간에 그가 할 수 있는 일은 아무것도 없었다. 보이테크의 위치는 위태로웠다. 아래쪽의 확보물들이 불안했을 뿐만 아니라 마지막 피치는 확보도 없이 아주 길게 올라가야 했기 때문이다. 만약 그가 추락한다면 모든 확보물이 뽑혀 나갈 터였다. 실수하지 않기를 바라는 것 외에 그가 할 수 있는 것이 없었다. "짐짓 무관심한 체하면서 내 머릿속에 들어 있는 재앙에 대한 생각을 떨쳐버리려 노력했습니다." 보이테크가 말했다. 얼마 후 좀 더 안정적인 자리에 들어서게 된 그는 파트너인 타데우시(테디) 기비인스키Tadeusz(Teddy) Gibiński에게 소리쳤다.

"이봐, 테디! 무슨 일이야? 어떻게 된 거야?"

"젠장, 나도 몰라." 테디는 말을 얼버무렸다.

자신들이 처한 드라마틱한 상황으로 인해 그것이 무엇인가를 숨기는 거짓말 같다는 의심이 들기는 했지만 보이테크는 등반을 계속해 그 피치를 끝내고 그다음 확보물을 설치했다. 테디가 올라왔지만, 통제할 수 없는 폭풍 속에서 등반을 계속하느니 차라리 그곳에서 밤을 새우기로 했다. 그곳에는 앉을 자리가 없어 둘은 조금이라도 따뜻하게 해보려고 덜덜 떨면서 선 채로 서로를 껴안았다. 아래쪽에서는 밤새 고함이 몇 번 더 들려왔다. 보이테크는 무슨 일이 있었는지 테디를 조용히 추궁했다. 새벽이 밝아오기 전, 마침내 테디가 사실을 털어놓았다.

"표트르 스코루파Piotr Skorupa가 죽었어. '검은 호수Black Lake'로 추락해서…."

표트르는 주마가 발명되기 전인 그 당시에 주로 하던 방식대로 유레크의 로프를 프루지크Prusik 매듭으로 올라오고 있었다. 프루지크 매듭은 위로는 올릴 수 있지만 아래로는 흘러내리지 않는다. 그는 둥근 슬링으로 만든 매듭을 위로 올리고, 그 슬링에 길게 이은 또 다른 슬링에 체중을 옮긴 다음, 두 번째 프루지크 매듭을 밀어 올리는 방식으로 올라오고 있었다. 그런 식으로 그는 발을 바위에 대지 않고 조금씩 올라왔다. 표트르가 유레크의 손이 닿을 만한 곳까지 올라왔을 때 안전한 확보지점까지 올라온 그를 환영하고 머그잔에 뜨거운 수프라도 줄 요량으로 유레크가 팔을 내밀었다. 그런데 웬일인지 표트르가 푸르지크 매듭을 밀어 올리는 대신 그것을 손으로 잡았다. 그가 그렇게 하자 매듭이 마찰력을 잃고 흘러내리기 시작했다. 그는 파랗게 질렸다. 그는 프루지크 매듭 — 이 매듭은 즉시 멈추게 되어 있는데 — 에서 손을 떼는 대신 그것을 계속 잡았다. 그러자 그는 보이테크가 그때까지 들은 가장 원초적인 비명을 내지르며 얼음이 잔뜩 달라붙은 로프를 타고 계속 미끄러졌다. 결국 로프 끝까지 미끄러진 그는 얼어붙은 호수 속으로 빠지고 말았다. 유레크의 등반 파트너가 추락 사망한 것은 그 사고가 처음이었지만, 그것이 마지막은 아니었다.

벽의 높은 곳에 매달린 보이테크는 곤란한 상황에 처했다. 그들이 오버행 위에 있었기 때문에 로프를 타고 그 루트 아래로 내려가는 것이 불가능했던 것이다. 여명이 벽을 따라 도둑처럼 밝아오자 몸이 꽁꽁 얼어붙은 그와 테디는 계속 위로 올라갈 수밖에 달리 도리가 없다는 사실을 깨달았다. 힘을 몹시 써야 하는 두 피치면 루트가 끝날 것 같았다. 그들은 비극으로 정신이 혼미했다. 그리고 몹시 놀랐다. 등반이 고통스러울 정도로 느려 할 수 없이 벽에서 하룻밤을 더 지새워야 했다. 5일에 걸친 등반 끝에 마침내 그 루트를 끝낸 그들이 모르스키에 오코 계곡으로 내려와 산장에 도착하자 슬픔에 빠진 클라이머들이 그들을 맞으며 감싸 안아주었다. 등반을 무사히 끝냈다는 안도와 동계 초등이라는 달콤함은 슬픈 분위기에 묻혀버렸다.

그해 12월 보이테크는 그 카잘니차 벽에 있는 '시치에크Sciek(하수관)' 루트를 동계 초등할 결심을 굳히고 타트라로 돌아왔다. 그가 모르스키에 오코 계곡에 도착해 자신의 의도를 내비치자, 다른 팀 하나가 자신들의 계획도 같은 것이라고 선언했다. 묘하게도 또 다른 경쟁이 시작된 것이다. 보이테크는 그때의 분위기를 이렇게 기억하고 있었다. "클라이머들이 많이 있어서, 그런 등반에 대한 경쟁이 치열했습니다. 그러나 한편으로 보면 그것은 스포츠에 따르는 건전한 경쟁이었습니다." 훗날 그의 등반 파트너가 되는 루드비크 빌치인스키는 경쟁이 동계초등에만 국한되지 않았다고 회상한다. 예를 들면 한 손으로 팔굽혀펴기 시합이 산장 안에 있는 클라이머들 사이에서 인기가 좋았다는 것이다. 보이테크는 아주 잘했는데, 어쩌면 그 이상이었을지도 모른다.

보이테크의 팀이 '하수관'을 동계 초등하는 데는 6일이 걸렸다. 그들은 나흘 동안 고정로프를 설치하고 이틀 동안 등반했다. 그들이 비틀거리며 산장으로 돌아오자 안에서 떠들고 고함치고 노래를 부르는 소리가 들렸다. 커다란 음악소리가 어둠 속으로 울려 퍼졌다. "산이 흔들리는 것 같았습니다." 보이테크가 웃으며 말했다. 그날이 바로 새해 전야였던 것이다. 모르스키에 오코 산장을 꽉 채운 클라이머들은 보드카를 마시고 노래를 불렀다. 그들은 자신들의 등반을 '완전히 폴란드적인 방식'으로 자축했다. 물론 다음 날 모두가 뻗어버려 산장이 쥐 죽은 듯 고요했던 것은 두말할 나위가 없다.

그다음 시즌 그는 VI, A3 난이도인 파야키Pajaki(거미들)를 동계 초등했다. 그리고 1973년에는 V, A2 난이도에다 얼음 경사가 90도에 이르는 수페르시치에크Superściek(대형 하수관)를 해치웠다. 그 루트는 단단하고 긴 얼음 구간으로 사뭇 위협적이었다. 벽의 그 구간은 여름이면 끊임없이 떨어지는 물방울로 축축이 젖는데, 그것이 겨울이면 얼음장으로 바뀌는 것이다. 그 당시의 등반 장비는 아주 원시적이었다. 그들은 너트nut나 프렌드friend가 없어 아이스피톤ice-piton을 사용했는데, 그것은 바늘에 실을 꿴 것과 같은 형태였다. 또한 그 루트에서 두 번째로 위협적이었던 것은 그들이 성역이라고 부른 협곡에 들어갔을 때 그 위에 매달려 있던 어마어마한 눈덩어리였다.

폴란드의 다른 클라이머들처럼 보이테크 역시 자신의 등반을 기록하는 일지를 가지고 다녔다. 처음에 보이테크는 모든 등반을 꼼꼼하게 기록했지만, 곧 흥미를 잃어버렸다. 그리하여 단 한 번도 기록을 하지 않은 해도 여러 번 있었다. 그러나 신기하게도 그는 자신의 비박 — 산에서 어디 들어갈 데도 없이 노출된 채로 밤을 지새우는 것 — 만큼은 꾸준히 기록했다. 왜 그랬을까? "등반보다도 오히려 더 재미있었으니까요." 그가 이유를 설명했다. 보이테크는 비박이 재미를 넘어 배워야만 하는 소중한 경험이라는 사실을 깨달았다. "타트라의 동계등반에서 배운 가장 소중한 경험은 추위를 견디는 것이나 기술이 아니었습니다." 그리고 이렇게 말을 이었다. "등반이 보통 3일 이상 걸리기 때문에 비박을 안락하게 하거나 안전하게 하는 방법은 어떻게든 배웁니다. 이런 경험으로 쌓인 지식을 가지고 우린 힌두쿠시와 히말라야로 갔습니다. 보통 난 편안한 마음으로 눈앞에 펼쳐지는 장관을 감상했습니다. 그래서 비박을 좋아하게 되었지요."

비박을 즐기는 사람은 그만이 아니었다. 폴란드의 톱클래스 클라이머들 사이에서는 비박이 유행처럼 번져 누가 가장 많이 하는지 경쟁이 붙기까지 했다. 그러자 일련의 조건들이 제시되었다. 텐트 안에서의 비박은 쳐주지도 않았다. 비박색을 쓰면 점수가 깎였다. 그리고 다리만 배낭 안에 집어넣는 경우가 가장 대단한 것으로 여겨졌다. 결국 '비박 시합'의 승리자는 안드제이 헤인리흐였는데, 그는 100번의 비박 기록을 세운 아주 터프한 히말라야 등반가였다.

타트라에서의 동계등반은 폴란드 내에서 가장 경이로운 등반 형태였다. 그런 등반은 하계등반보다 한층 더 높은 수준의 체력과 정신력을 요구했다. 그 당시에 이용 가능한 장비를 가지고 겨울에 그토록 도전적인 벽을 빠르게 올라가는 것은 불가능했다. 더욱이 그렇게 내달릴 이유도 없었다. 보이테크는 안전과 관련된 소소한 것들, 그러니까 수직 세계의 모험과 탐험에서 느끼는 감정 같은 것과 자신의 한계에 대한 인식을 소중하게 간직했다. 비록 비박 왕이 되지는 못했지만, 보이테크는 타트라의 하늘 높이 치솟은 음산한 벽들에서 보낸 겨울밤을 보물처럼 여겼다.

3

—

힌두쿠시—탯줄을 끊어버린 산

날개처럼 활짝 펴진 땅이 첩첩산중을 이루었다.

케이트 해리스Kate Harris, 『경계를 잃어버린 땅Lands of Lost Borders』

—

아프가니스탄에 도착하자 마치 중세 시대로 돌아간 듯한 기분이 들었다. 흙으로 된 벽들과 대단히 이국적이고 복잡한 무늬가 있는 다채로운 색조의 카펫들이 널려 있는 진흙 바닥들. 음식점의 메뉴는 달랑 두 개뿐이었다. 양고기로 만든 팔라우palau와 케밥. 길모퉁이마다 해시hash 요리 냄새가 코를 찔렀다. 오랜 시간이 흐르는 동안 길모퉁이의 모서리가 둥그렇게 변한 아프간 마을들은 슬픔과 퇴색이라는 말이 어울리는 고풍스러운 분위기였다. 사람들은 실제보다 나이가 더 들어 보였으며, 땅은 햇빛과 바람과 먼지로 건조하고 척박했다. 황량한 지역에 사는 사람들은 마치 진흙으로 구워진 듯했다. "그때까지의 경험 중 가장 이국적이었습니다." 보이테크가 말했다.

1972년, 스물다섯의 보이테크는 리샤르드 코지우에Ryszard Kozioł가 이끄는 10명의 크라쿠프 클라이머들 중 하나로 원정등반에 참가했다. 전기기술자로 2년 남짓 보이테크의 상관이기도 했던 리샤르드는 교수이자 작가로 뛰어난 경력을 쌓으며 승승장구하고 있었는데, 이제는 힌두쿠시의 고봉으로 향하는 원정대의 대장이 되었다. 그 원정은 보이테크의 첫 고산등반이었다. 하지만 뛰어난 등반기술에도 불구하고 그의 경험은 고작 타트라와 알프스에서 쌓은 것이 전부였다. 고산등반에 대한 기록을 읽은 그는 캠프를 하나씩 설치하며 차근차근 전진해나가는 전략을 어렴풋이 이해했다. 그는 사방에 펼쳐진 아름다움 속에서 희박한 공기에 자신의 육체를 적응시켜야 한다는 사실을 알고 있었다. 그러나 순수한 열정을 가진 그는 고국에서 등반할 때와 똑같은 방식으로 그 산들을 대할 계획이었다. 즉, 캠프를 미리 설치하거나 산소와 고정로프를 사용하지 않고. "정말 바보 같았습니다. 아무런 생각도 없이 상상에 따라 움직였으니까요. 오직 어떻게 등반할 것인가에 대한 계산과 상상만 했습니다." 그가 어색하게 웃으며 말했다. 그는 자신의 접근방법이 '알파인 스타일'로 불린다는 사실을 후에 알았다.

그들은 우르군트 에 발라Urgunt-e-Bala 계곡으로 들어갔다. 그곳은 1962년 7,015미터의 코 에 테즈Koh-e-Tez 초등에 성공한 폴란드 클라이머들이 이미 다녀간 곳이었다.[6] 보이테크의 팀은 7월 27일 베이스캠프를 설치했다. 그러고 나서 아케르 키오크Acher Chioch 북벽 밑의 '크라쿠프 플라토'로 알려진 넓은 설원에 전진 베이스캠프를 설치했다. 그들은 기술 수준이 서로 다른 자유로운 분위기의 그룹이었기 때문에 등반의 목표가 대원들에 따라 다르다는 것을 처음부터 서로 이해하고 있었다.

그들 폴란드 클라이머들은 이 등반을 위해 장비를 잘 준비했지만, 중세의 산간지역 방랑자처럼 보이는 것은 피할 수 없었다. 보이테크는 자신들을 러시아의 강제노동수용소에서 살아남은 사람들로 묘사했다. 그는 자신의 모직 바지를 '1971년 굴락Gulag* 모델'이라고 불렀다. 그것은 에바의 재봉틀 솜씨가 드러나는 제품이었다. 좀 오래되고 닳아빠진 목화 플란넬 셔츠는 '1968년 굴락'으로, 단열재가 잔뜩 들어간 매트리스는 '1968년 굴락 오션'으로 불렸다. 굳이 '오션ocean'이라는 말을 쓴 것은 습기를 무한대로 빨아들일 수 있다는 의미였다. 그럼에도 아프간 마을들을 지나갈 때는 너덜너덜하게 닳아빠진 그들의 옷이 유명 디자이너가 만든 고급스러운 보물처럼 보였다. 특히 보통의 신발보다도 훨씬 큰 펠트 등산화 — 1972년 펠트 굴락 모델 — 는 지역주민들의 선망의 대상이 되어, 원정대가 마을을 떠날 때 이상하게도 한쪽만 사라지는 사건이 발생했다. 그들은 한쪽 등산화로 무엇을 하겠다는 것인지 도저히 이해하지 못했다.

비록 굴락에서나 입을 법한 꾀죄죄한 복장이지만, 그들은 상당한 주의와 많은 노력을 기울인 끝에 그것들을 모았다. 1972년의 폴란드 가게에서는 텐트나 침낭, 다운으로 된 바지나 아노락anorak, 또는 등산화를 구경할 수도 없어, 그런 것들을 살 수 있는 상황이 아니었다. 따라서 모든 물건은 — 예를 들면 — 천은 이 사람에게, 다운은 저 사람에게 구해 조각을 이어 만들어야 했다. 그리고 어머니나 여자친구가 다양한 재료들로 텐트와 옷, 침낭을 바느질해 만들었으며, 자코파네의 제화공이 등산화를, 크라쿠프의 대장장이가 피켈을 만들었다. 폴란드에서 원정대를 꾸리려면 힘이 몹시 드는 것은 물론이고 대인관계의 폭도 넓어야 했다.

몇 주 동안 근처 봉우리에서 고소순응을 한 보이테크와 아담 레반도프스키Adam Lewandowski, 야체크 루시에츠키Jacek Rusiecki는 그들의 첫 번째 목표물에 도전장을 내밀었다. 그들은 7,017미터의 아케르 키오크와 코 에 테즈 사이에 있는 미답의 북서쪽 측면을 통해 아케르 키오크 서릉으로 올라가기로 했

---

* 굴락gulag은 소련의 강제노동수용소를 말한다. [역주]

다. 보통은 주변에 클라이머들이 수십 명씩 있는 타트라나 알프스와 다르게, 아프가니스탄과 파키스탄 국경 사이에 있는 그 오지는 진정한 모험의 영역처럼 느껴졌다. "미지의 세계에 들어가려니 마음이 설렜습니다." 보이테크가 말했다.

그때의 등반 중 가장 생생한 기억은 북서쪽 측면에서의 비박이었다. 작은 텐트 안에 비집고 들어간 클라이머 세 명은 자신들의 다운 침낭 속으로 파고들어 조금이라도 더 안락해지려 '1968년 굴락 오션' 위에서 꿈틀거리고 있었다. 그날 밤은 바람이 텐트를 지속적으로 두드려대는 통에 몹시 불안했다. 그런데 이상한 소리가 들렸다. 누군가 텐트 주위를 서성거리고 있는 것이 분명했다. 놀라 몸을 일으킨 보이테크가 야체크를 조용히 내려다보았다. 그는 포커를 칠 때, 부드럽지만 결연한 미소를 지으며 상대방의 눈을 응시하는 것으로 유명한 천재 포커꾼이었다. 그 미소는 상대방을 무시하는 것도 아니고 격려하는 것도 아니었다. 야체크가 녹색 테이블 위에서 공격적인 플레이를 한다고 해서 그의 눈빛이 달라지는 것도 아니었다. 혹여 상대가 허세를 부린다 해도 약 올리는 듯한 희미한 미소는 변함이 없었다.

"들었지?" 보이테크가 걱정스러운 목소리로 야체크에게 물었다. "밖에 누군가 있어."

하지만 야체크는 한마디 대꾸도 하지 않았다. 보이테크는 혼란스러웠다. 산에는 분명 우리만 있는데…. 바로 그때 발자국 소리와 함께 숨소리까지 들렸다.

"틀림없다니까. 누군가 있어." 보이테크가 말했다. "어떻게 하지?"

그러나 여전히 대꾸가 없는 야체크는 안색조차 변하지 않았다. 텐트 밖으로 얼굴을 내밀어볼 용기를 가진 사람은 아무도 없었다. 그들은 슬그머니 침낭 속으로 돌아가 미동도 없이 누워 있었다. 그리고 마침내 애처로운 잠에 빠지고 말았다.

다음 날 아침 그들은 텐트 주위의 눈을 조사했지만 발자국 같은 것은 전혀 없었다. 그렇다고 환각을 느낄 만한 고도도 아니었다. 그렇다면 도대체 어떻게 된 것일까? 그들 셋 모두 그 소리를 들었었다. 보이테크는 그 이상한 소리를 바람에 의한 속임수로 돌릴 수밖에 없었다.

다음 날, 정상까지 1시간 정도 남은 곳에서 아담은 잠깐 차를 끓여 마시자고 주장했다. 그는 그들 셋 중 가장 낙천적인 성격으로, 그토록 힘든 원정등반을 평온한 9월의 어느 날 7,017미터 산 정상 부근에서의 소풍과 같은 소소한 행복과 절묘하게 조화시키는 달인이었다. 그들은 멈추어 차를 끓여 마시며 끝없이 펼쳐진 지평선의 아름다움을 만끽했다. 힌두쿠시는 정말 광활했다. 휴식을 취한 그들은 정상에 올랐다. 그 등반은 3일 만에 이룬 신루트로의 초등이었다.

그들의 다음 목표는 미답의 코 에 테즈 북쪽 리지로, 정상 공격조는 보이테크, 리샤르드 코지우에와 경제학자 알리치아 베드나시Alicja Bednarz였다. 훗날 보이테크는 코 에 테즈에서의 경험을 「3인조Trio라는 제목의 에세이로 발표했다. 1972년의 등반에 대한 가장 인상적인 사진 중 하나가 정상에서 내려오며 지옥 같은 비박을 견딘 그들이 베이스캠프로 귀환할 때 보인, 눈이 쑥 들어간 장면이었다. "평생 동안 그보다 더 힘든 비박은 없었습니다." 보이테크가 말했다.

또 하나의 모험은 리샤르드와 알리치아 그리고 다른 두 사람이 그 산의 6,600미터에서 고립되며 시작됐다. 그들과는 3일 동안 연락이 두절됐다. 보이테크와 야체크 루시에츠키는 아케르 키오크에서 신루트를 개척한 후 베이스캠프에 있었다. 야체크는 그곳에 갇힌 클라이머 중 한 사람인 자신의 아내 마그다Magda로 인해 불안에 떨었다. 그는 구조가 필요한지 알아보기 위해 보이테크가 코 에 테즈의 북쪽 리지로 함께 올라가리라 믿었다. 아케르 키오크 등정 후 단 하루를 쉬었을 뿐인데도 보이테크와 야체크는 2,000미터를 뛰듯이 올라갔다. 다행히 그들은 모두 살아 있었고, 아무런 부상도 없이 날씨가 좋아지기를 기다리고 있었다.

마그다에게 별 일이 없어 안심한 야체크는 그녀를 데리고 즉시 하산할 준비를 했다. 그러나 리샤르드의 파트너인 알리치아는 야체크, 마그다와 함께 내려가려 하지 않았다. 속내를 알 수 없는 여성인 알리치아는 자신을 '그'라고 칭했다. "그는 커피를 좋아하지 않아… 차를 좋아하지." 그녀는 이렇게 말하곤 했다. 보이테크와 야체크가 그들을 구조하러 고소캠프에 도착하자 알리치아는 이렇게 선언했다. "그는 베이스캠프로 내려가지 않을 거야. 정상에 가고 싶어 하거든." 그러나 그곳은 언쟁을 벌이기에 좋은 장소가 아니었다. 그래서 보이테크는 알리치아와 리샤르드에게 함께 팀을 이루어 다음 날 정상 도전에 나서자고 제안했다. 그의 제안을 따른 그들은 북쪽 리지를 통해 초등에 성공했다. 결국 보이테크는 순전히 알파인 스타일로 이틀 만에 정상에 오르게 되었는데, 그것도 아케르 키오크를 오른 지 단 사흘 만이었다. 그리하여 보이테크는 그야말로 환상적인 힌두쿠시 체질임이 확인되었다.

그들이 하산 길에 들어서자 날씨가 악화됐다. 어둠이 내려앉을 무렵 그들은 언제 무너져 자신들을 덮칠지 모르는 무시무시한 세락들의 미로 한가운데에 갇히고 말았다. 그들은 설동을 파고 그 안으로 숨어들었다. 차가운 안개로 칙칙해진 공기는 그들의 '굴락 모델' 모직 바지와 목화 셔츠의 기능을 뚝 떨어뜨렸다. 초현실적인 세계에서나 볼 수 있는 안개가 그들을 감싸자 그렇지 않아도 오들오들 떨던 그들은 체온을 빼앗겼다. 자정 즈음 용기 있고 의지가 굳은 알리치아마저 절망에 주저앉았다. "남성적이었던 그녀가 여성으로 변하더니 울기 시작했습니다." 보이테크가 그 순간을 회상하며 말했다. 알리치아가 달라진 것을 보고 스트레스를 받은 리샤르드는 그러다가 모두 차디찬 송장이 되겠다며 저주를 퍼붓기 시작했다. "그녀를 동정으로 대해야 할지, 아니면 진정한 정체성을 찾아 슈퍼우먼의 역할로 돌아오라고 기도해야 할지 내 감정을 다스릴 방법을 찾지 못했습니다." 보이테크가 말했다.

날이 밝아 왔지만, 깜깜한 밤이 유령처럼 하얀 안개로 바뀌었을 뿐 위안이 되는 것은 하나도 없었다. 그들은 차갑고 딱딱하게 굳은 몸으로 설동에서 기어 나와 간신히 일어섰다. "우리는 굴락 스타일의 옷에 달라붙은 얼음 조각들을 떼어내려 서로를 흔들어댔습니다." 보이테크는 그때를 이렇게 회상했다. 그들이 어지럽게 뒤섞인 세락의 미로를 빠져나가려 하자 바람이 마치 그들의 몸을 찢어버리기라도 할 것처럼 불어왔다. 보이테크가 탈출로를 찾으며 앞장섰다. "세락이라는 장애물이 치명적인 함정이었습니다. 사방에서 하얀 안개가 허리케인처럼 불어와 나는 자주 멈추어야 했는데, 화이트아웃 상태에서 그만 길을 잃어버리고 말았습니다. 굴락 모델의 옷들이 몸에 달라붙어, 체온과 힘의 마지막 자투리가 몸에서 빠져나가는 듯한 느낌이 들었습니다." 보이테크가 말했다. 깊은 눈을 허우적거리며 내려가던 그는 짙은 안개로 파트너들을 시야에서 놓쳐, 그들의 존재를 오직 로프의 느낌만으로 알 수 있었다. 그는 빠져나가는 길을 찾아 희미하게 틈이 벌어진 크레바스를 이리저리 돌아야 했다.

오른쪽으로 좀 떨어진 곳에서 무언가 보였을 때 그는 그만 희망의 끈을 놓칠 뻔했다. 시커멓고 무서운 것이었다. 그러나 그는 그 알 수 없는 형상에 이끌리고 있었다. 안개가 하도 짙어 그것이 빙벽인지, 크레바스인지, 아니면 바위인지 분간할 수 없었다. 그것이 오직 시커멓다는 것만 알 수 있었는데, 끊임없이 이어지는 하얀 안개 속을 무작정 내달리는 것보다 그편이 훨씬 나아보였다. 검은 잉크처럼 까만 그 모습이 점점 더 커졌다. 그러다 갑자기 그것이 보이테크의 눈앞에 쩍 갈라진 형태로 나타났다. 그것은 두 개의 얼음 타워 사이에 있는 거대한 틈, 즉 희미한 얼음 터널이었다. 보이테크는 무턱대고 그 안으로 들어갔는데, 그곳은 완만한 내리막이었다. 그는 터널을 따라 내려갔다. 그러나 어디로 이어진 것일까? 마치 산속으로 쑥 빠져 지하의 무덤 세계로 들어가는 기분이 들었다. 그렇다 해도 그는 걸음을 멈출 수가 없었다. 조심스럽게 한 발 한 발을 내디디며 전진을 하던 그는 무엇인가 상황이 바뀌고 있다는 사실을 깨달았다. 허리케인이 잦아드는 대신 불길한 적막이 사방을 에워싼 것이다. 무덤은 소름이 끼칠 정도로 적막할 것이라고 그는 생각했다. 죽음 역시 마찬가지일 터였다. 그러나 그때 적막이 구원으로 바뀌었다. 그 산의 얼음으로 된 심장 안으로 들어가자 허리케인이 더 이상 난폭하게 굴지 않은 것이다.

보이테크가 터널 입구 쪽을 뒤돌아보자, 알리치아가 거센 폭풍설에 발목을 붙잡힌 듯 극도의 고통을 호소하며 몸을 구부리고 있었다. 그의 상상력은 걷잡을 수 없이 커졌다. 보이테크는 그 장면을 이렇게 기억했다. "그녀는 마치 교수대의 시신처럼 안개에 매달린 모습을 하고 있었습니다. 축 늘어진 그녀 옆에는 리샤르드가 있었는데, 더 작아지고 옆으로 퍼진 모습의 그는 마치 성큼성큼 걸음을 옮기는 거미처럼 이리저리 움직이고 있었습니다." 마침내 보이테크가 있는 곳까지 내려온 알리치아는 '진정한 정체성'을 찾았는지 명령을 내리기 시작했다. "그는 저기로 가고 싶어 해." 그녀는 터널 끝을 가리키며 그들에게 지시했다. 새롭게 되찾은 자신감으로 무장한 알리치아는 곧 그 삼인조를 얼음의 무덤 밖으로 끌고 나왔다. 그제야 리샤르드가 저주하던 입을 다물었고, 보이테크 역시 안도했다.

훗날, 「3인조」라는 에세이에서 보이테크는 악몽 같은 하산 끝에 베이스캠프로 귀환한 굴락 팀의 대단히 흥미로운 장면을 독자들에게 다음과 같이 멋지게 소개했다.

리샤르드 코지우에, 알리치아 베드나시와 보이테크 쿠르티카가 악몽 같은 하산 끝에 코 에 테즈 베이스캠프에 도착했다. 그들은 아프간 힌두쿠시에 있는 7,015미터의 그 봉우리를 신루트, 알파인 스타일로 등정했다.
(보이테크 쿠르티카 컬렉션)

녹초가 된 이 사람들을 보면 영웅주의나 영광 또는 기쁨 따위가 떠오르지는 않을 것이다. 그러나 그들의 내면에는 일종의 평화와 일말의 자존심이 있을지도 모른다. 바람과 눈이 할퀸 그들의 얼굴을 자세히 보라. 왼쪽에 있는 저 사람(리샤르드)은 마치 사형선고를 확신이나 한 듯 고개를 떨구고 있다. 그러나 그가 땅을 내려다보는 이유는 사형선고를 두려워해서가 아니다. 왜냐하면 그 선고가 방금 전에 연기되었기 때문이다. … 내가 아는 비밀스러운 사실을 솔직히 털어놓으면, 그가 땅을 응시하는 이유는 오히려 가운데에 있는 사람과 지난밤에 나눈 심각한 대화가 가져온 일종의 심리적 회한이다.

그는 그 이미지에 대한 분석을 계속했다. "오른쪽에 있는 저 사람(보이테크)은 약간 자만심에 찬 듯 보인다. 의기양양한 표정. 우쭐해하는 모습. 자신이 마치 중요한 사람이나 되는 것처럼…. 그러나 다시 한번 내가 아는 비밀스러운 사실을 언급하자면, 그것은 자긍심의 발로가 아닐까. 가운데에 있는 저 사람(알리치아)만이 정상이라고 할 수 있다. 그러나 가운데에 있는 그는 '그'가 아니라 '그녀'이다."

그는 독자들에게 그 이미지를 마지막으로 한 번만 더 보라고 애원한다. "이제 왼쪽에 있는 저 사람(리샤르드)이 양처럼 온순하게 아래를 응시하는 이유를 이해하는가? 가운데에 있는 이 사람(알리치아)이 내보이는 자긍심의 흔적이 보이는가? 미안하지만, 오른쪽에 있는 사람(보이테크)의 확신에 찬 표정을 용서해주길. 이런 얼굴들의 표정 뒤에는 한계상황에서만 얻을 수 있는 인간의 무한한 자긍심이 숨어 있다. 한계상황에서만이란 …." 보이테크는 문장을 끝내지 않았다. 그것이 함축하는 바는 이렇다. 즉, 한계상황에서만 사람은 가치 있는 어떤 것이나 중요한 메시지 또는 소중한 지식 같은 것을 얻을 수 있다는 것이다.

그러나 우르군트 에 발라 계곡에서의 모험은 아직 끝난 것이 아니었다. 보이테크는 자신의 굴락 모델 옷들과 물에 흠뻑 젖은 매트리스를 말린 다음, 훨씬 더 야심찬 프로젝트를 위해 다시 한번 아케르 키오크로 향했다. 그의 목표는 '힌두쿠시의 아이거'라는 미답의 북벽이었다. 그의 파트너는 야체크 루시에츠키, 마레크 코발치크Marek Kowalczyk와 표트르 야시인스키Piotr Jasiński였다. 그들은 사흘이라는 시간을 효과적으로 사용하며 알파인 스타일로 — 보이테크의 표현대로라면 '탯줄'을 끊어버리고 — 멋진 루트를 등반했다. "어쨌든 나에겐 명백한 문제였는데, 우린 고소순응이 잘 되어 있어서 캠프를 설치하려는 의도는 전혀 없었습니다. 하루의 등반이 끝나는 곳에서 잠을 자는 게 그냥 비박이었으니까요." 그가 말했다.

아케르 키오크 북벽 등반은 7천 미터 이상의 거벽에서 펼쳐진 최초의 알파인 등반이었을지 모른다. 이탈리아의 알피니스트 라인홀드 메스너Reinhold Messner와 오스트리아 산악인 페터 하벨러Peter Habeler의 1975년 가셔브룸1봉Gasherbrum I 등반은 8천 미터에서 펼쳐진 최초의 알파인 등반으로 평가받는다. 그러나 난이도 기준으로 보면 7,017미터의 아케르 키오크 북벽이 훨씬 더 세다. 클라이머들은 1,800미터 정도 되는 루트에 Ⅵ+의 난이도를 부여했다. 그곳은 완벽한 수직은 아닐지 모른다. 하지만 가장 중요한 것은 루트가 믿을 수 없을 정도로 아름답다는 것이다. "고산지대에 있는 아이거였습니다." 보이테크는 선언했다. "우린 자긍심을 갖고 돌아왔습니다. '탯줄'을 끊어버린 다음 맛본 자유가 나로 하여금 다시는 복잡하게 얽힌 그물망에 빠져들지 못하게 했습니다. 그리하여 난 산과의 강한 유대감을 느꼈습니다. 난 산이 나를 좋아한다는 조용한 희망을 안고 돌아왔습니다."

그런 희망과 함께 우르군트 에 발라 계곡에 있었던 파트너들 사이에는 일종의 영원한 유대감이 형성되었다는 믿음이 생겼다. 사실 그들은 서로 진정한 친구가 되어 폴란드로 돌아왔다. 그것은 굴락 모델의 의류, 깊은 얼음 터널,

아프간 힌두쿠시에 있는 7,017미터의 아케르 키오크. 1972년 보이테크 쿠르티카는 야체크 루시에 츠키, 마레크 코발치크, 표트르 야시인스키와 함께 신루트, 알파인 스타일로 이 북벽 등반에 성공했다. (보이테크 쿠르티카 컬렉션. 루트 개념도: 표트르 드로지치Piotr Drożdż)

귀신에 홀린 듯했던 비박 그리고 정상 바로 근처에서 즐긴 소풍을 통해 단련된 우정이었다. 그러나 그런 유대감은 보이테크의 기대만큼 오랫동안 지속되지는 못했다.

처음에는 모든 것이 잘 되었다. 그들은 자주 만나 아프가니스탄의 황량한 봉우리에서 겪은 모험을 기억으로 더듬었다. 그런데 이상한 일들이 벌어지기 시작했다. 그로부터 27년 후인 1999년 7월 28일, 사진(60쪽)의 왼쪽에서 깊은 회한으로 땅을 내려다보고 있었던 바로 그 리샤르드가 그때처럼 고개를 떨구고 횡단보도에 들어섰다가 달려오는 차에 치여 그 자리에서 즉사했다.

30년 후인 2002년 6월에는 그들 중 가장 낙천적이며, 정상을 지척에 둔

곳에서 소소한 행복에 감사하는 시간을 갖자고 했던 바로 그 아담이 크라쿠프의 대로에서 빨간 신호등이 들어왔는데도 불구하고 서둘러 길을 건너다 그만 차에 치여 죽고 말았다.

그리고 냉정한 두뇌의 도박사이며, 꾸준히 모든 상황을 관찰하고, 계산적이며 부드럽기까지 한 바로 그 야체크가 어떤 이유에서였는지 차들이 마구 내달리는 크라쿠프의 거리를 가로질러갔다. 어떤 종류의 도박이 위태로웠을까? 아무도 모를 것이다. 그는 자신을 덮친 차에 치여 그 자리에서 사망했다.

알리치아만이 유일한 생존자였다. 세월이 꽤 흐른 어느 날 무릎도 좋지 않고 기억도 희미해진 그녀가 씩 웃으며 보이테크를 반갑게 맞이했다. "오! 악마 같은 인간. 보이테크, 잘 지내?"

보이테크의 대답은 어땠을까? "물론, 아주 잘 지내. 내가 사랑한 '그 남자'인 당신은?"

요즘의 보이테크는 그들 사이에서 자신이 너무나도 분명하게 신경질적으로 굴었다는 것을 인정하며 슬픈 체념의 한숨을 내쉰다. 그러나 (아마도) 그런 예민함 덕분에 수많은 위기를 넘겼을지도 모른다. 사업을 위해 인도와 폴란드를 오가며 그는 차량의 방향을 끊임없이 확인했다. 왼쪽과 오른쪽 그리고 다시 왼쪽으로 고개를 돌리며 아담과 야체크, 리샤르드에게 그랬던 것처럼 자신의 생명을 꺼버릴지도 모르는 차량들에 대해 그는 주의를 기울였다. 그리고 번잡한 도로들을 안전하게 건널 때마다 신비스러운 기분에 사로잡혔다. "야체크가 날 지켜주는 것 같았습니다." 그가 말했다.

아프가니스탄에서 돌아오고 얼마 지나지 않아 보이테크는 폴란드등산연합회 소속 단체인 크라쿠프산악회가 보낸 편지를 받고 깜짝 놀랐다. 그 안에는 타테르니크Taternik 카드가 들어 있었다. 그 회색의 공식적인 카드보드는 연합회가 보이테크를 최고 수준의 클라이머로 인증한다는 의미였다. 그는 어안이 벙

벙한 표정으로 그 인증서를 들여다보았다. 그러다 문득 자신이 이제껏 '불법적으로' 등반해왔다는 사실을 깨달았다. 정식적인 절차나 위임받은 권한도 없이 산악계 내에서 '사생아 같은 존재'로 지내온 셈이었다. 그런 줄도 모르고 있었으니 얼마나 웃기는 일인가! 이제 타테르니크 카드를 가진 그는 타트라의 지정된 등산로를 당당하게 걸을 수 있고, 타트라에서 떳떳하게 등반할 수 있으며, 한 사람의 알피니스트로서 합법적으로 해외여행을 할 수 있게 되었다. 마침내 연합회가 오랫동안 계속돼온 자신들의 실수를 알아차리고 보이테크의 존재를 재빨리 정당화시킨 꼴이 되었는데, 그는 이미 그 사이 협회의 자금과 지원을 받으며 등반여행을 해온 터였다. 카드를 발급한 협회 사람들은 분명 안도의 한숨을 내쉬었을 것이다. 그러나 '합법적인' 존재가 된 보이테크는 약간 실망했다. 재미의 조그만 부분이 사라졌기 때문이다. "그렇게 해서 나는 산악계의 합법적인 존재가 되었고, 오늘날까지 그 합법적인 상태를 어렵사리 이어오고 있습니다." 그가 웃으며 말했다.

4

트롤 월

당신에게 모든 일이 일어나기를. 아름다움과 두려움까지도.
가던 길을 계속 가세요. 감정은 끝이 없답니다.

라이너 마리아 릴케, 『시간의 책』

노르웨이의 유명한 트롤베겐Trollveggen(트롤 월Troll Wall)에서 하루를 보낸 보이
테크는 더 좋은 안전벨트의 필요성을 절감했다. 이론적으로 자유등반은 체중
을 발에 실을 수 있기 때문에 간단하게 만들어진 그의 안전벨트는 자유등반을
하는 데는 큰 문제가 없었다. 그러나 로프에 매달릴 때는 안전벨트가 몸에 닿
는 부분인 가슴을 체중의 상당 부분이 압박해 불편하기 짝이 없었다. 익숙하
고 오래된 그의 안전벨트는 인공등반을 할 때 몸이 아래로 자꾸 흘러내렸다.
그러면서 고정 확보물에 매달려 올라갈 때마다 그의 전 체중이 안전벨트에 실
려 상체를 압박했다. 물론 구간이 짧으면 그런 불편쯤은 견딜 수도 있겠지만,
보이테크가 붙은 트롤 월은 몇 피치가 아니라 몇날 며칠 동안 인공등반으로
올라가야 하는 거벽이었다. 안전벨트가 상체를 압박해 그는 숨을 쉬기조차 힘

들었다.

온달스네스Åndalsnes 마을로 내려온 그는 동료들과 함께 안락한 캠핑용 밴에 틀어박혀 바느질을 하기 시작했다. 체중을 편안하게 잡아줄 수 있는 기발한 새 디자인의 안전벨트를 테이프 슬링으로 만들어 시험해보면서 어느덧 바느질에 능숙하게 되었다. 그는 어깨를 감싸고, 허리도 받쳐주면서 허벅지를 잡아주는 편안한 안전벨트를 만들었다. 그러나 그 작업 과정에서 가장 좋았던 성과는 편편한 나무판으로 궁둥이를 받쳐주는 완벽한 빌레이 시트를 만든 것이었다. 그는 네 귀퉁이에 구멍을 뚫고 가는 슬링을 통과시켜 안전벨트와 연결했다. 자유등반을 할 때는 그냥 덜렁덜렁 놓아두면 되고, 인공등반을 할 때는 재빨리 궁둥이 밑에 받치면 될 터였다. "완벽했습니다." 그가 웃으며 말했다. "로프로 고통받지 않고 편안하게 나무판 위에 걸터앉을 수 있었으니까요. 난 그 나무판을 이용해 몇 시간이고 인공등반을 할 수 있었습니다."

1974년 2월 하순, 보이테크는 트롤 월에 있는 유명한 '프랑스 루트'의 동계초등을 노리고 노르웨이에 머물렀다. 1967년 프랑스 팀이 그 루트를 초등했을 때는 21일이 걸렸었다. 그것도 하계에. 1,100미터의 그 벽은 유럽에서 가장 높은 수직벽이라는 명성을 가지고 있다. 노르웨이의 서쪽 해안에 있어 물이 줄줄 흘러내리는 그 벽은 무시무시한 암회색 편마암으로, 들쭉날쭉한 코너와 어디로 이어질지 모르는 크랙, 가끔은 언제 떨어져 내릴지 모른다는 공포감이 드는 툭 튀어나온 오버행으로 이루어진 복잡한 형태이다. 트롤 월은 경사가 너무나 심해 날카로운 정상 리지가 어떤 곳에서는 마치 50미터쯤 위에 걸려 있는 오버행처럼 보인다. 게다가 클라이머들 사이에서 악명이 높은 것은 그 벽의 낙석이다.

노르웨이 언론은 폴란드인들의 동계등반 낌새를 알아차리고 그들의 대담함에 놀랐다. 그 클라이머들을 취재하는 데 성공한 『노르웨이 NTB 통신사 Norsk Telegrambyrå』의 기자들은 다음 날 신문의 전면 헤드라인을 확실히 부정

1974년 겨울 트롤 월에서 보이테크 쿠르티카가 자신이 새로 만든 빌레이 시트를 시험하고 있다.
(다누타 표트로브스카Danuta Piotrowska 자료집)

적 견해를 나타내는 다음과 같은 표현으로 장식했다. "불가능한 과제다. 이것은 세계에서 가장 만만찮은 등반 중 하나다. 폴란드인들의 프로젝트는 현실적이지 못하다." 가장 널리 읽히는 일간지 『다그블라데트Dagbladet』는 그들의 계획에 놀라움을 표시했다. "낭만적인 죽음을 맞이하러 등반에 나서는가? 폭풍설은 알피니스트들의 자살에 알맞은 재앙이 될지도 모른다."[7]

심각한 경고에도 불구하고 보이테크는 동요하지 않았다. 1974년의 보이테크는 알프스에서 몇 번 인상적인 동계등반도 하고 타트라에서도 동계등반의 새로운 기준을 세운 터라 컨디션이 아주 좋았다. 타데우시 표트로브스키Tadeusz Piotrowski를 포함한 4명의 뛰어난 클라이머들과 함께 그는 노르웨이에 머물렀다. 보이테크의 친구로 타데크Tadek라 불리는 타데우시는 폴란드 내에서 대단히 존경받는 클라이머였다. 금발의 턱수염이 상징인 그는 자신의 실력을 7,492미터의 노샤크Noshaq 동계등반에서 유감없이 발휘했다. 더구나 그는 트롤 월 우측에 있는 '피바 루트Fiva Route'를 이미 등반한 경험이 있어 그 벽과도 익숙했다. 타데크는 노르웨이의 선배 클라이머인 아르네 란데르스 힌Arne Randers Heen은 물론이고 마음씨가 따뜻한 그의 부인 보딜Bodil과도 친구처럼 지내왔다. 전설적인 클라이머인 아르네는 노르웨이의 명물이었다. 그는 트롤 월 가까이에 통나무집을 하나 가지고 있었는데, 그것을 폴란드인들에게 제공해주었다. "그들이 너무나 친절해서 환상적이었습니다." 보이테크가 말했다.

며칠 동안 보이테크와 타데크는 다른 대원들, 즉 카지미에시 글라제크Kazimierz Glazek, 마레크 켕시츠키Marek Kęsicki, 리샤르드 코바레프스키Ryszard Kowalewski와 함께 아르네의 통나무집에서 겨울 폭풍이 지나가기를 기다렸다. 그들은 아슬아슬하게 달라붙은 오버행 벽들을 조사했는데, 처음 250미터를 제외하고는 한밤중처럼 균일하게 검은색이었다. 그 모습이 검은 바위에 레이스를 장식한 듯 서리와 퍽퍽하고 축축한 눈으로 만든 조각보 이불 같았다. 밑에서부터 250미터 위 첫 번째 비박을 할 수 있는 바위 턱까지 무거운 짐을 끌어울리기 위해서는 하단부에 고정로프를 설치할 필요가 있어 보였다. 북해로부터 폭풍이 쉬지 않고 불어닥친 2주 동안 그들은 겨우 사흘만 전진할 수 있었다. 하루는 벽 밑으로 짐을 나르고, 이틀간은 고정로프를 설치한 것이 전부였다. 2주 동안 사흘이라면 전망은 결코 낙관적이지 않았다.

3월 7일, 오르고 싶어 안달이 난 그 팀은 희미한 여명 속에 벽 밑으로 접근해갔다. 역사적인 그리고 재앙이 될지도 모르는 이 사건의 일부가 되고자 하는 몇몇 기자들이 그들과 동행했다. 그들은 250킬로그램의 장비와 식량을 10개의 커다란 짐 꾸러미에 포장했는데, 로프 600미터, 피톤 200개, 카라비너 100개, 가스카트리지 40개, 그리고 18일 치 식량이었다. 이런 것들을 가지고 속도등반을 할 수 없다는 것은 너무나 명백했다. 벽에 달라붙은 그들은 새벽 2시까지 쉬지 않고 등반해 첫 비박을 하기에 알맞은 곳에 도착했다. 그들은 높은 수준의 난이도, 바위의 끔찍한 조건, 그리고 계속되는 악천후로 하루 두 피치 이상의 등반은 기대하지 않았다.

그들의 예상은 정확했다. 3일 후 그들은 여섯 피치 위의 벽에 있었다.

아래에서 그들을 지켜보던 기자들의 분위기가 바뀌었다. 그 등반에 대한 대중들의 관심이 지대해서 기자들은 극적인 드라마가 펼쳐지기를 기대하고 있었다. 믿을 수 없게도, 미친 폴란드 클라이머들은 계속해서 벽을 조금씩 올라갔다. 그들의 전진은 매일 저녁 텔레비전의 주요 뉴스거리가 되었고, 노르웨이인들은 그들이 올라가는 모습을 보기 위해 채널을 돌렸다. 온달스네스의 벨레부에호텔Bellevue Hotel에는 그 사건을 다루려고 더 많은 기자들이 몰려들었다. 그러자 곧 호텔이 기자들로 넘쳐나서, 그들 중 일부는 바닥에서 자야 하는 진풍경이 벌어졌다. 그리고 등반가들의 모습을 얼핏이라도 보고 싶어 하는 사람들이 버스로 벽 밑에 도착했다. 폴란드인들의 트롤 월 동계등반은 이제 노르웨이인들의 열광적인 스포츠가 되었다.

보이테크와 그의 팀은 아래에서 펼쳐지는 축제도 알지 못한 채 그들의 루트를 계속해서 기어 올라갔다. 그러나 사흘째가 되던 날 밤, 그들의 등반은 화재로 끝나버릴 뻔했다. 카지미에시가 바위에 켜놓은 양초 근처에서 작은 스토브의 카트리지를 갈아 끼우고 있었는데, 그 거리가 너무 가까웠던 것이다. 카트리지가 폭발해 불꽃이 튀었다. 그 바람에 카지미에시는 양손에 화상을 입었고, 공동으로 쓰던 비박색이 상당 부분 타버렸다. 그는 어쩔 수 없이 고정로프를 타고 벽 밑으로 내려가야 했다. 그리고 남은 4명은 계속 위로 올라가면서 스위스 치즈처럼 쪼그라든 비박색으로 나머지 등반을 버텨내야 했다.

3월 12일 밤늦게 두 번째 비박지에 도착했다. 그들은 벽에 새로운 안식처를 만들면서 모든 짐을 위로 끌어올리는 캡슐 스타일capsule-style로 등반을 해나갔다. 보이테크는 그 바위에서 받은 인상을 이렇게 표현했다. "커다란 타원형 얼룩이 몇 개 있는 환상적인 편마암이었는데, 바위가 아주 날카로웠지만 등반엔 그만큼 좋았습니다." 그는 칙칙한 겨울 날씨에 오들오들 떠는 동안에도, 여름철에는 부드러운 암벽화를 신고 밤늦게까지 계속되는 북극의 햇빛을 이용해 그곳을 자유등반으로 오를 수 있는 가능성이 있을까 하는 환상에 젖었다.

이제 그들은 그 벽의 세 번째 구간 바로 밑에 있었다. 그곳은 마치 일부가 벽에서 분리된 것처럼 보이는 거대한 오버행이 가로막고 있었다. 보이테크의 나무판 빌레이 시트가 진가를 발휘한 곳이 바로 그곳이었다. 그는 루트의 문제점들을 주시하며 자신에게 필요한 일련의 동작들을 구상했다. 보이테크는 마침내 더 이상 머뭇거리지 않고, 확보용으로 피톤과 앵글과 커다란 봉봉bongbong을 써가며 바위에서 떨어져 나온 듯한 거대한 천장 밑으로 긴 트래버스를 하기 시작했다. 그는 그 인공등반에서 행한 일련의 동작을 이렇게 묘사했다. "크럭스crux나 다름없었습니다. 가장 어려운 곳이었다고 말할 순 없겠지만, 가장 흥미롭고 가장 즐거운 곳이었습니다. 조금 무섭기도 했습니다. 마치 공중에 떠 있는 듯 완전히 분리된 그 거대한 바윗덩어리를 어떻게 다루어야 할지 난 알지 못했습니다. 그게 그곳에 매달려 있는 자체가 신기했습니다. 그 거대한 바윗덩어리 밑에서 커다란 봉봉을 박아야 했는데, 죽을지도 모른다는 공포심을 느꼈습니다. 그 바윗덩어리가 떨어져 나갈까 봐 봉봉을 세게 박지도 못했습니다. 난 두세 개의 봉봉을 박으며 오른쪽으로 건너갔습니다." 그 바윗덩어리를 완전히 벗어난 그는 안도의 한숨을 내쉬었다. "심리적으로 그 등반은 아주 도전적이었습니다." 그가 말했다.

일단 오버행에 붙은 그들은 더 이상 후퇴할 수 없었다. 그들이 시도하는 등반 상황을 알아차린 언론은 흥분을 감추지 못했다. 그리하여 이런 헤드라인이 노르웨이의 일간지 1면을 장식했다. "이제 퇴로가 막힌 그들 넷은 트롤 월에서 돌아올 수 없는 다리를 건너고 말았다." 벽 밑의 주변에서 올려다보는 것에 만족하지 못한 기자들은 이제 헬리콥터와 작은 비행기를 타고 트롤 월 상공을 배회했다.

벽 위에서는 오버행이 점점 더 끔찍한 각도로 변해갔다. 그들은 발을 바위에 거의 대지 못한 채 공중에 매달려 등반을 해나가야 했다. 로프 끝은 바위에서 몇 미터 떨어져 허공에 대롱거렸다. 더욱이 그들은 노르웨이의 겨울 날씨를 견디며 하루 종일 등반을 한 후에 보통 밤늦게까지 로프에 매달려야 했다. 칠흑 같은 어둠과 하염없이 쏟아지는 눈 속에서 그들은 끝을 알 수 없는 허공을 로프에 매달린 채 빙글빙글 돌며 매일 밤 자신들의 마지막 비박지로 하강해 내려왔다. 그때를 회상하던 보이테크는 폴란드의 조악한 로프를 쓴 그 하강들이 기적이었다고 말했다. 하중을 버틸 만한 속심도 없는 그 로프들이 수천 미터에 달하는 주마링jumaring은 물론이고 바위와의 마찰까지 버텨냈기 때문이다.

그들은 마침내 그 벽의 경사가 가장 심한 곳을 넘어서 반반한 슬랩으로 들어섰다. 그곳은 난이도가 V1, A2로 여전히 극도로 어려운 곳이었지만, 적어도 육체적으로 힘든 곳은 아니었다. 그곳에는 오리지널 프랑스 루트임을 알려주는 피톤이 하나 있었고, 루트는 오른쪽으로 횡단해 벽을 벗어난 다음 위로 올라갈 수 있는 쿨르와르로 이어져 있었다. 보이테크와 그의 동료들은 선택을 놓고 의견을 나누었다. 프랑스 루트를 따라갈 것이냐, 아니면 정상으로 곧장 치고 올라갈 것이냐? 여기까지는 곧장 치고 올라왔다. 따라서 진정한 의미의 디레티시마로 루트를 끝내지 못할 이유도 없었다. 이제 더 도전적인 등반이 그들 앞에 놓여 있었다. 고통스러울 정도로 느린 등반이. 그 등반은 속도가 너무 느려, 그들은 벽에서의 마지막 비박을 위해 마침내 새벽 6시에 잠자리에 들었지만, 정상은 여전히 200미터나 남아 있었다.

3월 19일 아침, 그들은 장비 대부분을 벽 밑으로 내던졌다. 장비꾸러미들이 돌팔매처럼 벽 밑으로 떨어지며, 둔탁한 소리를 내고 벽에 부딪쳐 찢어지고 있을 때 그들은 필요한 최소의 장비만 가지고 정상으로 향했다. 그리고 오후 9시 정상에 도착하자마자 발이 푹푹 빠져 몹시 힘이 드는 가파른 설사면을 통해 이스테르달Isterdal 계곡으로 내려갔다. 6시간의 힘든 투쟁 끝에 그들은 계곡 바닥에 도착했다. 그곳에는 아르네 란데르스 힌이 오븐에서 방금 꺼낸 듯 따끈따끈하고 군침이 도는 케이크와 맛이 기막힌 핫초코를 가지고 그들을 기다리고 있었다. 그리고 기자들의 환호성까지! 여명이 밝아오기 전인 어두운 새벽 시간에 사방에서 카메라 플래시가 터졌다. 기자들은 그들의 모습을 카메라에 담고, 그 놀라운 모험 이야기를 서로 먼저 들으려고 그들 주위로 몰려들었다. 5시간 후, 그곳에서 빠져나온 그들은 통나무집에서 몇 시간 동안 잠을 잤다. 그러나 오전 11시에 다시 일어나야 했다. 이번에는 텔레비전 생방송 인터뷰가 기다리고 있었다. 오슬로에 있는 폴란드 대사관은 축전을 보내왔고, 노르웨이의 클라이머들은 전보로 축하 인사를 전했다. 손님에 불과한 그 폴란드인들은 그런 반응에 깜짝 놀랐다. 노르웨이 전역이 트롤 월에서의 과감하기 짝이 없는 그 등반에 열광하는 것 같았다. 일간지『아프텐포스텐Aftenposten』은 이렇게 보도했다. "프랑스 루트에서 이룬 폴란드인들의 성공은

트롤 월 동계초등에 성공한 보이테크 쿠르티카를 아르네와 보딜 부부가 맞이하고 있다.
(보이테크 쿠르티카 컬렉션)

등반역사에서 획기적인 사건이다."[8]

　대단한 이야기였다. 그들은 계속적으로 복잡하게 이어지는 벽에서 13일 동안이나 매달렸는데, 난이도의 수준은 결코 VI급을 밑돌지 않았다. 더욱이 가장 높은 곳은 난이도가 VI+, A4였다. 그들의 모험이 더욱 아찔했던 것은 그 벽에서는 구조가 거의 불가능했다는 것이다. 그러기에는 경사가 너무 셌다. 물론 동계라는 것도 빼놓을 수 없었다. 보이테크는 그것이 타트라에서의 동계등반 같았다고 회상했다. 그러나 트롤 월은 바위의 상태가 좋고 확보물을 설치하기 쉬워 등반이 빨랐다. "타트라에서는 한 피치를 끝내는 데 하루가 꼬박 걸립니다." 그가 설명했다. "여기에선 하루에 두세 피치를 할 수 있어 타트라에서보다는 훨씬 더 빨랐습니다. 다만 더 길 뿐이죠." 사실 그들의 트롤 월 등반은 그 당시 가장 긴 동계등반의 서사시였다.

훗날 그들의 캡슐 스타일 등반에 대한 노르웨이 언론의 뜻하지 않은 과찬을 그가 좋아했는지 어떤지 털어놓으라는 압력을 받았을 때 보이테크는 "물론, 그랬습니다."라고 고백했다. 그런 다음 그는 미소를 지으며 고개를 흔들고 나서 이렇게 말을 이었다. "이젠 좀 더 성숙해졌습니다. 그래서 그게 함정이라는 걸 압니다." 세월이 흐르면서 그는 대중 앞에 노출되고 존경받는 것을 점차 경계하게 되었다. 따라서 대중들의 관심에 예민한 반응을 보이는 것이 그의 트레이드마크가 되었다. 그리고 그런 관심은 종종 스스로를 성찰하는 동기가 되었다. "자신의 영혼을 세속화시키면, 친구들은 물론이고 자신의 인생을 아름답게 만들어준 사람들과도 멀어지게 됩니다. 그런 것은 아무런 의미도 없고, 스스로를 위험에 빠뜨릴 수도 있습니다." 그러나 1974년의 보이테크는 아직 명성에 익숙하지 않았다. 그래서 친절한 노르웨이인들에게 둘러싸였을 때 스물일곱 살의 폴란드 클라이머는 그것을 순수한 즐거움으로 느꼈을지 모른다. "그 등반여행은 아주 좋았습니다. 그곳은 폴란드와 비슷하기도 했지만 사뭇 이국적이었습니다. 아르네 란데르스 힌의 가족들은 환상적이었습니다. 동료들도 대단했고 등반도 매우 도전적이었습니다. 정말 훌륭한 동계등반이었습니다."

그러나 즐거움은 오래가지 못했다. 그들이 폴란드로 돌아오자 작은 소동이 벌어졌다. 당연히 폴란드등산연합회(PZA)는 그 등반을 반겼고, 성공을 공식적으로 인정했다. 그러나 그 당시 폴란드 클라이머들은 알프스에서 아주 훌륭한 등반을 많이 해내고 있었다. 따라서 그들의 등반은 그저 시간이 많이 걸린 진부한 것으로 치부됐다.

트롤 월 등반이 관심을 많이 받지는 못했지만, PZA가 보이테크의 등반을 조사했는데, 그들은 깊은 인상을 받았다. 그다음 두 해 동안 최고의 클라이머들로 이루어진 폴란드의 주요 원정등반에 보이테크는 두 군데나 초청받았다.

첫 번째는 고상한 풍모를 지닌 안드제이 자바다가 이끄는 1974년 늦가을 원정등반이었다. 키가 큰 안드제이는 인상적인 코와 조각 같은 얼굴, 카리스마가 풍기는 미소를 지닌 인물이었다. 우아하고 지적이며 리더십을 자연스럽게 발휘하는 그는 폴란드 알피니즘에 대한 비전을 가지고 있었다. 폴란드 클라이머들이 동계등반에 대한 특별한 재능을 가지고 있다는 것이 이제 분명하게 드러났다. 그들은 고통이라는 예술로 섬세하게 다듬어졌고, 타트라는 동계등반의 완벽한 실험실이었다. 안드제이는 이미 7,492미터의 노샤크 정상에 대원을 올려 보낸 동계등반 경험을 가지고 있었다. 그래서 그가 8천 미터급 고봉을 시도하는 것은 매우 합리적으로 보였다. 무엇보다도 그런 등반은 히말라야라는 경기장에서 폴란드 알피니스트들이 확고히 자리를 잡을 수 있게 할 터였다. 그의 목표는 8,516미터의 로체였다. 안드제이는 늦가을에 네팔로 떠나 동계가 시작되는 시즌 초에 그 봉우리를 등정한다는 계획을 세웠다. 대원들은 안드제이 헤인리흐, 타데우시 표트로브스키가 포함된 폴란드의 베테랑들로 구성되었다. 젊은 보이테크는 그 초청을 즉시 수락했다. "폴란드 역사상 대단한 이벤트여서 난 전혀 망설이지 않았습니다."

보이테크와 다른 두 명(카지미에시 루시에츠키Kazimierz Rusiecki와 얀 스트리치인스키Jan Stryczyński)이 로체의 얼음 사면에 4캠프를 세우려 작은 터를 깎아내고 있을 때는 이미 하루가 저물고 있었다. 그들은 바위처럼 단단한 얼음을 찍어내고 파냈지만 텐트를 칠 만큼 충분한 터를 만들지 못했다. 따라서 텐트 폴을 세워 비박색처럼 만든 다음 그 밑에 쪼그리고 앉아 몹시 춥고 바람이 부는 밤을 보냈다. 잠을 제대로 자지 못해 체력이 고갈된 그들은 위로 올라가는 대신 아래로 내려갔다. 그들의 최고점은 7,800미터였다.

안드제이 자바다와 안드제이 헤인리흐가 그보다 훨씬 더 높이 올라가 8,250미터의 높이라는 동계 신기록을 세웠지만, 그들 역시 정상 등정에는 실패했다. 훗날 자바다는 로체 동계등정 실패가 자신의 인생에서 가장 크게 실망한 일이었다고 털어놓았다. 그러나 보이테크에게 그것은 실망이 아니라 새로운 경험에 대한 깨달음이었다. 그가 대규모의 히말라야 원정등반에 참가한 것은 그때가 처음이었다. 그리고 그는 역동성이 떨어지는 그런 등반을 좋아하지 않았다. "전술을 놓고 벌이는 끝없는 논쟁과 산에서의 느린 전진은 나와 맞지 않았습니다." 그가 말했다.

그럼에도 그는 또 한 번의 대규모 원정에 참가하라는 초청을 거절하지 못했다. 이번에는 K2였다. 야누시 쿠르차프Janusz Kurczab는 타트라와 알프스에서 함께 등반한 그의 옛 파트너로 K2 북동릉에 신루트를 개척하고자 대원을 모집하고 있었다. 그는 보이테크가 합류하기를 원했다. 클라이머들의 산이라고 할 수 있는 K2를 어떻게 거절할 수 있단 말인가? 그것도 신루트를. 그 루트를 공략하고자 하는 팀은 폴란드의 일류 알피니스트들 19명으로 이루어진 최고의 팀이었다. 에우제니우시(게네크) 흐로바크Eugeniusz(Genek) Chrobak, 레셰크 치히Leszek Cichy(후에 그는 에베레스트 동계초등에 성공한다), 안드제이 초크Andrzej Czok, 안드제이 헤인리흐, 야누시 오니스키에비츠Janusz Onyszkiewicz(후에 그는 정치활동에 가담한 일로 투옥되지만 결국에는 국회의원이 된다), 그리고 보이치에흐 브루시Wojciech Wróż 등, 그들 모두는 전설이었다.

1976년 6월 24일 베이스캠프에 도착한 그들은 거의 한 달 내내 환상적인 날씨가 이어지는 행운을 누렸다. 그들은 날마다 능선을 힘들게 오르내리며 짐을 져 나르고 고정로프를 설치하고 캠프를 설치해나갔다. 그들의 등반은 전통적인 방식, 즉 육중한 스타일의 원정등반이었다. 가파른 능선 곳곳에 안전을 위해 고정로프가 설치됐다. 그러나 그런 고정로프에도 불굴하고 때때로 작은 사고가 일어났다. 보이테크는 커니스가 무너지는 바람에 5미터를 추락하기도 했다. 7월 말이 되자 좋았던 날씨가 나빠지기 시작했다. 연이은 폭풍설로 산이 눈으로 하얗게 뒤덮이면서 고소 캠프 중 2개가 무너졌다.

1974~1975 추·동 로체 팀이 바르샤바에 모였다. 맨 앞 왼쪽이 원정대장 안드제이 자바다이고, 오른쪽에서 세 번째로 심각한 표정을 짓고 있는 사람이 보이테크 쿠르티카이다. (J. 바르치Barcz)

로체 남벽의 3캠프(7,300m)에서 날씨가 좋아지기를 기다리고 있는 타데우시 표트로브스키와 보이테크 쿠르티카. 1974~1975 폴란드 추·동 로체 원정대. (보그단 얀코브스키Bogdan Jankowski)

위: 로체 원정대의 보이테크 쿠르티카 (보그단 얀코브스키)

좌: 1974~1975 폴란드 추·동 로체 원정대의 보이테크 쿠르티카 (다누타 표트로브스카 자료집)

그러나 끈질긴 그들은 8월 13일 8,000미터 고도에 최종캠프를 설치하는 데 성공했다. 그런 다음 게네크 흐로바크와 보이치에흐 브루시가 그 능선의 마지막 어려운 곳을 돌파해 8,400미터까지 도달했지만, 오후 6시쯤 발길을 돌리고 말았다. 시야가 좋은 곳까지 올라간 그들은 끔찍한 폭풍설이 몰려오는 것을 볼 수 있었다. 그들은 눈발이 날리는 가운데 밤새 위험천만한 로프 하강을 통해 아침 7시 5캠프에 도착했다. 대원들은 피로와 자잘한 병으로 녹초가 되었지만, 야누시는 그들 중 13명을 설득해 8월 말 한 번 더 정상 공략을 시도했다. 그러나 9월 8일, 날씨가 나빠지는 바람에 결국 두 손을 들고 말았다. K2에서 그들의 영웅적인 노력은 두 달도 넘게 계속되었다.

　보이테크는 끝없이 짐을 져 나른다든가, 고정로프를 설치하는 이런 등반을 좋아하지 않았다. "나에겐 단순한 중노동처럼 느껴졌습니다. 그럴 필요가 있을까요?" 보이테크가 이해할 수 없다는 듯이 말했다. 산이 아닌 다른 것에 얽매이는 것을 그는 좋아하지 않았다. 보이테크는 야누시의 리더십에 점차 의문을 품게 되었는데, 그의 방식은 '지나친 민주주의'로 끝없는 토론과 누가 어디로 언제 누구와 갈 것이냐를 놓고 비밀투표를 하는 것이었다. "K2에서 그의 방식은 일종의 좀비 같은 리더십이었습니다. 산에 대한 아무런 감정도 없고, 어느 특정 대원의 영감과 동기에 대한 통찰 같은 것도 전혀 없었으니까요. 단지 날줄과 씨줄처럼 얽힌 물류만 있었을 뿐입니다. 이 팀은 이렇게 움직이고, 또 저 팀은 저렇게 움직이고. 모든 대원들이 참가하는 투표란…. 결국 그렇게 해서 정상 공격조가 가려졌습니다. 투표로!" 보이테크는 다른 대원들의 지지를 받았지만, 실제 선발된 선배들은 그와 친한 사이가 아니었다. 그들은 서로를 밀어주기로 담합했다. 따라서 그가 첫 번째 정상 공격조로 선발되지 못한 것은 놀랄 일이 아니었다.

　동료들에게 지지를 받지 못한 보이테크는 뜻밖의 경험을 했다. 그의 히말라야 등반 경력 중 처음이자 마지막으로 고소증에 시달린 것이다. "난 축 늘어졌습니다." 그가 말했다. "정상 공격조가 결정되었고 난 그들을 뒤따라가는 지원조였습니다. 3캠프까지는 캠프 사이를 2시간이나 2시간 반 만에 돌파할 정도로 믿을 수 없이 쉽고 무난하게 올라갔습니다." 그러나 정상 공격조의 산소통을 가지고 4캠프에서 5캠프로 올라갈 때 그는 거의 기다시피 했다. 시간이 지날수록 그는 점점 더 쇠약해졌다. 발걸음을 옮길 때마다 가쁜 숨을 몰아쉬어야 했다. "난 믿을 수 없을 정도로 쇠약해져 있었습니다. 전에 없던 일이었죠. 7,900미터 부근에서 난 너무 느려졌고 너무 지쳐 있었는데, 내 옆에 있던 대원 하나가 이렇게 말했습니다. '보이테크, 여기서 내려가.' 난 마지막 캠프를 100미터 앞두고 걸음을 멈추었습니다. 그게 8,000미터쯤이었습니다." 그는 산소통을 내려놓고 발걸음을 돌려 내려갔다.

야누시는 후에 그에게 무거운 짐을 져 나르는 동안 지친 것이 틀림없다고 말했다. 그러나 보이테크는 그런 말을 받아들이지 않았다. "그게 아니었습니다." 그가 말했다. "난 나 자신조차 어쩌질 못했습니다." 다른 원인이 있었던 것 같다. 매우 높은 고도를 마주한 경험이 별로 없는 그가 혹시 너무 빨리 움직인 것은 아닐까? 슬로베니아 클라이머 프란체크 크네즈Franček Knez 역시 고소에서 비슷한 증상을 보였다. 그는 슬로베니아 최고의 클라이머 중 하나지만, 고소에서는 때때로 너무 빨리 움직이기도 한다. 그럼에도 보이테크는 후에 8,000미터 위에서 심각한 문제 없이 여러 날 — 그리고 여러 밤 — 을 보냈다. 물론 고소증을 느끼기는 했지만, 그 어느 날도 K2의 정상으로 산소통을 운반하던 그날만큼 심신이 약화되는 탈진과 무기력을 느낀 적이 없었다. 1976년의 K2와 훗날 그가 8,000미터에서 겪게 되는 경험 사이에는 더욱 분명한 — 더 치명적일지 모르는 — 차이점이 있었다. K2에서 그는 자신의 운명을 스스로 결정할 수 없었다. 그의 운명은 야누시와 비밀투표에 의해 좌우됐다. 첫 번째 정상 공격조에 들어가지 못한 보이테크는 실망감을 감추지 못했을 것이다. 지원조의 역할에 알맞은 사람도 있지만, 보이테크는 앞장을 서야

1976년 K2 북동릉 원정대. 두 클라이머 사이의 무너진 커니스가 바로 전날 보이테크 쿠르티카가 고정로프를 설치한 곳이다. (보이테크 쿠르티카 컬렉션)

자신의 능력을 최고로 발휘하는 사람이다. 그는 야누시 쿠르차프를 존경했고, 다른 베테랑 대원들을 존중했다. 그러나 결국 그는 그런 원정대는 시간 낭비일 뿐이라는 사실을 깨달았다. 그렇다 해도, 그 원정등반은 K2와의 길고도 험난한 로맨스의 시작이었다.

로체와 K2 원정등반을 통해 보이테크는 알파인 스타일의 등반이야말로 육체적인 면뿐만 아니라 인간의 조건에서도 한 차원 높은 알피니즘이라는 사실을 깨달았다. 등반을 알파인 스타일로 접근해야만, 그는 자신의 파트너를 신중하게 고를 수 있을 터였다. 그리고 그렇게 해야만 산에서의 경험이 훨씬 더 친밀하게 다가올 터였다.

K2에서 돌아온 보이테크는 아버지의 반응이 변했다는 것을 감지했다. 헨리크는 20대의 보이테크에게 실망감을 감추지 못했었다. 그는 전자나 물리학과 관련된 전도유망한 직업을 포기하면서까지 자신의 능력을 원정등반에 낭비하는 자식을 보고 좌절했다. 보이테크가 하는 짓이라고는 등반뿐이었다. 자신의 재능은 완전히 버리고 하는 짓이라고는 등반뿐인 아들이지만, 헨리크는 희망을 버리지 않았다. 그래도 그는 자식이 분명한 잠재능력이 있음에도 불구하고 쓸모없는 사람이 될까 봐 혼란스러웠다.

그러나 보이테크로부터 한 통의 편지를 받은 그는 자신의 입장을 바꾸었다. 로체에서 동계등반을 할 때 보이테크는 순간의 느낌을 묘사한 편지를 아버지에게 보냈었다. 얼음 사면으로 둘러싸인 채 날카로운 소리로 텐트를 흔들어대는 절망적인 장소인 웨스턴 쿰의 2캠프에서의 일이다. 얼음에 붙은 커다란 바윗덩어리가 흔들리는 텐트 바로 위에 있었다. 격동의 밤 동안, 보이테크는 그 바윗덩이리가 떨어져 나와 부서지기 쉬운 텐트를 덮치지는 않을까 몹시 두려움에 떨었다. 날뛰는 폭풍설, 두려움과의 싸움에 대한 그의 묘사는 작가인 헨리크의 마음을 울렸다. 그는 보이테크의 이야기를 글로 썼고, 그렇게 함으로써 아들 보이테크가 선택한 인생에 대해 어쩔 수 없는 자긍심을 나타냈다. 마침내 그는 자신의 아들이 로체와 K2같이 대단한 원정등반에 초청받을 만큼 뛰어난 클라이머이며, 그 잔인한 동계등반에서도 살아남을 만큼 아주 강인하다는 사실을 인정했다. 그가 깨달은 것처럼 그의 아들에게는 그런 경험을 설득력 있게 묘사할 수 있는 재능이 있었다. 단단한 바위를 자유등반 하는 것은 헨리크에게 아무런 의미도 없었다. 그러나 로체와 K2는 달랐다. 그리고 오랜 고민 끝에 그는 보이테크를 인정하기 시작했다. "당연히 놀랐지요." 보이테크가 말했다. "그러나 확실히 그런 등반의 국가적 중요성이 내 가치에 녹아 있었습니다."

그에 대한 칭찬은 조금 늦은 감이 있었다. 그리고 그런 칭찬은 — 보이테크는 그것이 잘못된 것이라고 알고 있었는데 — 로체와 K2가 보이테크에게 전혀 동기부여가 되지 않았기 때문에 시기 어린 인정에 불과했다. 그는 굴락 복장으로 몇몇 사람과 함께한 아프가니스탄에서 진정한 행복과 높은 수준의 창조적 정신을 경험했다. 그곳에서는 미지의 루트를 뚫고 나가며 모든 것을 스스로 결정할 수 있었다. 고정로프와 미리 설치된 캠프에서 해방되어 산을 자유롭게 오르내린 그 등반이야말로 보이테크에게 영감을 불어넣었다. 그런 등반에 그의 미래가 놓여 있었다. 아버지가 인정을 하든 말든….

5

—

반다카—모르도르의 아름다움

우리를 사로잡는 상상력처럼 아름다움은 진실이어야 한다.
존재 여부를 떠나서.

1817년 11월 22일 존 키이츠John Keats가 벤자민 베일리Benjamin Bailey에게

—

1976년, 폴란드인들의 힌두쿠시 사랑은 서사시적인 수준에 이르렀다. 13개 원정대의 151명이 그곳으로 달려간 것이다. 이듬해에는 그 숫자가 22개 원정대에 193명에 달했다. 그리하여 그들은 정상 102개와 초등 29개를 손에 넣었다. "폴란드의 고소 등산학교였습니다." 이 방면에 정통한 야누시 마이에르Janusz Majer가 설명했다.

그해 폴란드등산연합회(PZA)는 영국등산위원회(BMC)에 힌두쿠시로의 국제적인 교환등반을 제안했다. PZA가 기차표와 장비, 식량, 등반허가를 준비하고 영국인들이 현금을 대는 조건이었다. 폴란드인들은 95퍼센트의 알코올 순도를 자랑하는 스피리투스Spiritus를 가져가고 영국인들은 위스키를 가져가기로 했다. 폴란드의 정상급 원정등반 대장인 안드제이 자바다가 조직한

그 등반 여행은 바르샤바 중앙역에 양국에서 모여든 대원들이 100여 개의 장비 통을 기차에 싣고 모스크바를 지나 그 너머로 향하는 것으로 시작되었다. 등반은 차치하고, 결국 장대한 거리에 따른 국제적 혼란과 관료적인 속임수가 진정한 모험이 되었다.

그때가 1977년이었다. 비록 폴란드와 영국 사이에는 이데올로기적인 장애물이 서서히 사라지고 있었지만, 서양인들이 소비에트 연방을 여행하는 것은 여전히 금지되어 있었다. 그것은 영국 클라이머들에게는 상당한 부담이었다. 그들 중에는 알렉스 매킨타이어Alex MacIntyre와 존 포터John Porter가 있었다. 그러나 안드제이는 문제를 푸는 재간둥이였다. 그는 영국인들에게 '포르테르비츠Porterwich'와 '매킨타이어레스키MacIntyreski'라는 이름을 붙여주고, 기차여행을 하는 동안 남의 이목을 끌지 말고 조용히 지내라고 지시했다. 그러나 그런 작전도 알렉스에게는 무용지물이었다. 검은 곱슬머리의 그는 불같은 성격이어서 슬쩍 넘어가기가 쉽지 않았다.

그들은 모스크바를 별 문제 없이 통과했다. 그러나 그들이 탄 기차가 모스크바역을 빠져나가자 붉은군대의 합창단이 부르는 군가가 머리 위에 있는 스피커에서 칸막이 방 안으로 울려 퍼졌다. 짜증 나는 소음에 마침내 인내심을 잃은 안드제이가 알렉스의 맵시 있는 새 테러닥틸Terrordactyl 아이스해머를 들고 스피커로 다가가 그것을 박살냈다. 그러자 알렉스의 카세트플레이어에서 요란하게 흘러나오는 레드 제플린의 선율이 그 자리를 대신했다.

하루 또 하루가 지나면서 그들은 볼가강을 건너 오르스크Orsk로 덜컹거리며 갔고, 이어 아랄해와 카스피해 사이로 내려가, 마침내 아무다리야Amu Darya 강변에 있는 고대도시 테르메즈Termez에 도착했다. 그 도시는 아프가니스탄과의 국경에 있었다. 테르메즈 인근의 농촌은 전원풍의 낙원이었다. 과수원, 곡식이 자라는 농토와 포도밭이 사방으로 끝없이 펼쳐져 있었다. 그러나 트럭과 탱크, 대포를 실은 비정상적인 숫자의 열차들도 테르메즈로 집결했다.

영국의 젊은 클라이머 알렉스 매킨타이어. 그는 폴란드-영국 힌두쿠시 합동원정대의 일원으로
1977년 아프가니스탄을 여행했다. 매킨타이어와 얀 볼프Jan Wolf, 존 포터, 보이테크 쿠르티카는 본
대와 헤어져 6,812미터의 코 에 반다카Koh-e-Bandaka로 향했다. (보이테크 쿠르티카 컬렉션)

아프간 힌두쿠시로 가는 도중 모스크바에서 택시를 타기 위해 협상하는 폴란드-영국 합동원정대. 왼쪽에서부터 오른쪽으로 얀 볼프, 존 포터, 하워드 랭커셔Howard Lancashire, 보이테크 쿠르티카, 안드제이 자바다, 그리고 협상에서 빠져나가는 러시아인 택시 기사. (존 포터 컬렉션)

아프간 힌두쿠시로 가는 도중 모스크바-테르메즈 기차 안에서의 보이테크 쿠르티카 (존 포터)

군사작전에 대한 준비가 이루어지고 있는 것처럼 보였는데, 그로부터 2년 후 소련은 아프가니스탄을 침공했다.

아프간 국경은 중무장한 군인들이 모든 사람의 서류를 검사해 팽팽한 긴장감이 감돌았다. 가장 큰 문제는 영국인들의 여권이었다. 국경을 통과할 수 있는 스탬프를 받은 것이 하나도 없었기 때문이다. '영국 스파이'가 된 그들은 그 도시의 한 호텔에 연금됐고, 심각한 대화가 시작됐다. 원정대가 아프가니스탄에 발을 들여놓기도 전에 국제교류는 끝장이 난 것처럼 보였다. 영국인들은 문제를 해결하기 위해 모스크바로 돌아가야 하고, PZA는 바르샤바에서 심각한 외교적 곤란에 처할 것이 뻔했다.

그들이 볼록소프Bollocksoff라는 별명을 붙여준 한 장교가 골치 아픈 그 문제를 해결해야 하는 담당자였다. 첫날의 협상이 결렬되자, 자꾸 지연되는 것에 몹시 화가 난 보이테크는 새로운 협상 카드를 꺼내들었다.

"자, 어떤 가능성이 있는지 한 번 봅시다." 보이테크가 차분하게 협상을 시작했다. "만약 당신이 이 문제를 경솔하게 보고하면, 당신은 며칠 동안 서류 작업을 해야 하고, 그러면 당신의 상관은 당신을 심하게 질책할지 모릅니다."

그러자 볼록소프는 고개를 끄덕였다. 사실 보이테크의 말은 일리가 있었다.

"모든 일을 없던 걸로 합시다." 보이테크가 제안했다. "당신은 그냥 통행을 허락해주기만 하면 됩니다. 그러면 우린 우리의 길을 갈 수 있고, 당신은 아무런 문제도 없이 멋진 하루를 보낼 수 있습니다."

그 착한 대위는 아주 잠깐 동안 두 가지 선택사항을 놓고 저울질했다. 그는 그들을 배로 데리고 가, 고개를 푹 숙인 채 카메라를 안전하게 집어넣고 강 건너편으로 시선을 돌리지 말라고 단단히 주의를 주었다.

그러나 존은 호기심을 억누를 수 없었다. 소비에트 쪽을 따라 수백 미터마다 포진한 기관총의 회전포탑에 흥미를 느낀 그는 카메라를 꺼내 들었다.

그러자 그 모습을 본 무장군인 하나가 잔뜩 화가 나 소리를 지르며 존에게 총을 겨누고 카메라를 잡아챘다. 그 장면을 목격한 보이테크가 재빨리 그 군인에게 다가갔다. 그것은 단순한 실수이기 때문에 순진한 영국인 동료는 마땅히 용서받아야 한다고 그는 그 군인을 러시아어로 설득했다. 잠시 후 보이테크는 카메라를 가지고 존에게 여유만만하게 돌아왔다. 그리고 속삭였다. "배낭 안에 깊이 집어넣어."

그 러시아 군인은 주위를 끊임없이 배회하며 보이테크에게 러시아어로 말을 건넸고, 보이테크가 폴란드인이라는 사실을 알았을 때 그는 이렇게 말했다. "아, 동무! 여기가 어떻습니까?" 보이테크는 대답을 대충 얼버무렸다. 카메라를 돌려받은 이상 그는 이제 그 군인과 대화를 나누는 데 별 흥미를 느끼지 못했다.

"여기 날씨가 덥지 않습니까?" 그 군인이 말을 건넸다.

"그렇지도 않은데요." 보이테크가 대답했다.

"정말입니까? 그렇다면 춥단 말인가요?" 대화를 계속하고 싶은 그 군인이 되물었다.

"아뇨." 보이테크가 대답했다.

그러자 실망한 그 군인은 이렇게 물었다. "그럼, 여긴 어떻습니까?"

"Но знаешь, друг, смещно и страшно как мигра еба мь. (글쎄… 이봐 친구. 재미있지만 소름끼쳐. 남을 잡아먹지 못해 안달이 난 뭣 같은 호랑이처럼 말이야.)" 단단히 무장한 러시아 군인으로부터 영국인 동료를 구출한 직후, 소비에트 연방과 아프가니스탄 사이를 오가는 배 위에서 그 순간에 가장 잘 어울린다고 보이테크가 생각한 러시아 속담은 이런 말이었다. 그 군인은 어리둥절한 표정을 지으며 고개를 가로젓고는 다른 곳으로 가버렸다.

강 저편에서는 전혀 다른 세계가 그들을 기다리고 있었다. 여자들은 모두 온몸에 부르카(머리에서 발목까지 전신을 가리는 겉옷)를 두르고 있었고 남자들은 모두 밝은 색의 터번을 쓰고 있었다. 낙타로 이루어진 카라반 행렬이 눈에 띄는가 하면 해시hash를 파는 상인들이 여기저기에 있었다. 흥분으로 들뜬 그들은 대기 중인 트럭에 올라탔다. 그리고 나머지 짐들을 기다리느라 숨 막힐 듯한 더위를 참아가며 거의 일주일 동안 마자르 이 샤리프Mazar-i-Sharif에 머물렀다. 시간이 남아돌아가자 그들은 보이테크가 기차에서 운을 뗀 은밀한 계획, 즉 힌두쿠시의 한가운데 있는 6,812미터의 코 에 반다카Koh-e-Bandaka 북동벽을 알파인 스타일로 등반하자는 계획을 논의했다. 사실 보이테크는 본대와 갈라서는 작은 팀에 대해 며칠 동안 책략을 꾸미고 있었다. 이제 그 모험에 끼어들 사람이 정해졌다. 알렉스 매킨타이어, 존 포터 그리고 얀 볼프Jan Wolf. 그 전해에 폴란드의 한 팀을 격퇴시킨 반다카의 북동벽은 무섭도록 위험한 곳으로 여겨졌지만, 그것이 오히려 그 벽의 매력이었다. 목표를 진지하게 고려하기 전에 그들은 우선 대장인 안드제이 자바다를 설득해야 했다.

안드제이는 문제점을 명확하게 집어냈다. 그들은 반다카에 대한 등반허가가 없었다. 그들이 받은 허가는 코 에 만다라스Koh-e-Mandaras에 대한 것으로, 그곳은 전혀 다른 계곡에 있었다. 대장으로서 안드제이는 모든 대원에 대한 책임이 있었다. 특히 다른 산에서, 그것도 허가 없이 들어간 산에서 만약 누군가 다치거나 죽기라도 한다면 등산조사위원회에 출석해야 할지도 모르는 일이었다. 그는 치명적인 사고가 일어난 두 번의 원정등반에서 이미 그 끔찍한 일을 겪었었다. 그리고 외국의 클라이머들까지 연루된다면 문제는 상당히 복잡해질 터였다. 보이테크와 다른 대원들이 자신들의 입장을 굽히지 않자 안드제이는 마지못해 동의할 수밖에 없었다. 그러나 세심한 협상과 약간의 뇌물에도 불구하고 그는 반다카의 등반허가를 받아내는 데 실패했다. 다른 사람들은 희망을 접었지만 보이테크는 끈질겼다. 가짜 허가서를 만들면 어떨까? 그들은 아프간 연락장교인 안와르Anwar의 도움을 받아 코 에 만다라스 허가서에 있는 '만다라스'라는 글자를 작은 종이로 가리고 사진을 찍었다. 그런 다음 '만다라스' 대신 '반다카'를 써 넣고 다시 사진을 찍었다. 그러자 허가서가 감쪽같이 만들어졌다. 그들의 속임수가 죄의식을 느낄 틈도 없이 성공한 것이다. 그리하여 반다카는 보이테크의 즐거운 '불법' 등반이라는 긴 목록에 오르게 되었다.

존 포터는 반다카 북동벽을 처음 보았을 때 '거대하고 험악하지만 마음이 끌리는' 느낌을 받았다고 한다. 하지만 보이테크의 반응은 사뭇 달랐다. "반다카의 첫인상은 아름다운 음악처럼 나의 상상력을 강렬하게 자극해, 나는 그 벽과의 어떤 연대감 같은 것을 느꼈다. 대단히 환상적이었다." 불안정한 바위와 무너질 듯한 세락들로 이루어진 2,500미터의 금지된 벽을 지켜본 그다음 며칠 동안 그들의 열정은 차갑게 식고 말았다. 소름끼치는 낙석소리가 끊임없이 으르렁거려, 존의 표현을 빌리자면 "말로는 어떻게 표현할 수가 없었다." 보통은 느긋한 알렉스도 거의 패닉 상태에 빠졌다. 그를 가장 불안하게 만든 것은 제멋대로의 궤적을 가진 낙석들이었다. 바로 왼쪽에서 낙석소리가 귓전을 때려 오른쪽으로 조금만 움직이면 머리가 박살날 것 같았기 때문이다.

고소순응을 위해 그들은 북동벽의 왼쪽에 있는 6,000미터 높이의 안부로 올라갔다. 하산을 할 때 사용할 요량으로 그곳에 식량과 가스를 숨겨두고 반대편으로 내려가 베이스캠프로 돌아왔다. 어느덧 일주일이 지났는데, 얀 볼프가 기침을 심하게 해대며 고통스러워했다. 보이테크는 그가 반다카를 등반하기에는 무리라고 보고, 비록 먼 길을 혼자 가는 한이 있더라도 만다라스에 머물러 있는 사람들에게 돌아가야 한다고 주장했다. 그리하여 얀 볼프가 떠나고 남은 세 사람이 벽을 관찰하며 오르내렸다. 그것은 복잡한 지형, 경사가 센 중단부, 끊임없는 낙석 그리고 정상 부근의 커니스에 익숙해지려는 힘들고 지루한 작업이었다.

보이테크는 텐트를 빠져나와 멀찍이 떨어진 곳을 한가롭게 걸었다. 그의 시선은 이제 곧 오르게 될 거대한 벽으로 향했다. 그것은 그의 경험을 가볍게 뛰어넘는 규모와 복잡하기 이루 말할 데 없는 2,500미터의 무시무시한 벽이었다. 그는 밀려오는 공포의 파도와 함께 자신의 주위에 있는 대지가 생생하게 살아 있는 듯한 강력한 느낌을 받았다. 산은 살아 있었다. 그는 산과 대화를 나누고 싶다는 갈망을 느꼈다. 그러나 그렇게 할 수 없었다. "코앞에 있는 산은 나에게 아무 말도 하지 않았습니다." 그가 말했다. 산도 대화를 나누고 싶지 않았을까? 산이 이미 그에게 말을 걸었는데, 그가 듣지 못한 것이었을까? 왜 그랬는지는 모르겠지만 그가 놓친 것일까? 「벽과 책」이라는 자신의 에세이에서 호르헤 루이스 보르게스Jorge Luis Borges는 그런 특별한 장소들을 "우리에게 무엇인가를 말하려 애쓰는지도 모르고, 놓쳐서는 안 될 무엇인가를 이미 말했을지도 모르고, 무엇인가를 이제 막 말하려는지도 모르는 곳들"이라고 묘사했다. 보이테크는 자연과의 강력했던 그 교감을 통해 — 비록 좌절을 겪기는 했지만 — 반다카 등반을 자신의 인생에서 가장 중요한 것으로 변모시킬 수 있었다.

그는 이전에 경험해보지 못한 독특한 감정에 휘말리면서, 그 산과의 직접적인 대화에 거의 성공할 뻔했다. 그의 고독한 산책이 달라졌다. 마침내 캠프로 돌아왔을 때 그는 그 거친 자연과 교감했다는 깊은, 다른 사람과 공유할 수 없을 정도로 깊은 감정을 느꼈다.

그때 알렉스는 똑같이 강력한 어떤 것, 즉 공포를 느꼈다. 전염이라도 된 것일까? 보이테크가 자신의 텐트로 돌아왔을 때 알렉스는 그 산을 떠날지 진지하게 고민했다. "벽으로 향하기 전에, 그 이전은 물론이고 그 이후에도 그토록 두려움을 느낀 적이 없었습니다." 알렉스가 말했다. "물론 벽에 붙으면 언제나 어렵습니다. 일단 올라가기 시작하면 감정이 진정되기는 하지만, 반다카로 들어가는 길은 내 인생에서 가장 힘들었습니다." 그는 알 수 없는 악마 같은 유령이 나타나던 어린 시절의 악몽이 떠올랐다. 한 번 더 그는 깊은 원초적 두려움을 느꼈다. 추락의 공포, 죽음에 대한 공포. 오랜 시간 동안 조용히 대

반다카 베이스캠프에서의 존 포터와 알렉스 매킨타이어, 보이테크 쿠르티카 (존 포터 컬렉션)

화를 나눈 끝에 차분하고 진지한 검은 머리의 존은 마침내 그를 안심시키는
데 성공했다. 벽을 오르더라도 살아남을 가능성이 크다고. 대화가 끝나자 알
렉스는 존의 말에 수긍했다.

　　8월 9일 오후 3시, 그들은 반다카 북동벽으로 향했다. 존은 그 벽으로 올
라가는 첫 쿨르와르를 "어둠과 공포, 그리고 공포가 계속되는 지옥의 세계로
들어가는 관문"[9]이라고 표현했다. 보이테크는 그것을 '모르도르Mordor*의 아
름다움'이라고 묘사했다. 그를 잡아끈 것은 반지의 제왕에나 있을 법한 '중간
대륙' 같은 모습의 그 사악한 특성이었다. "불가능이 오히려 야망이 되었습니
다. 그 모르도르를 나의 동맹국으로 만들자는…." 그들은 낙석사태가 일어나
면 바로 왼쪽에 있는 설원으로 폭탄처럼 떨어져 내릴 것이라는 사실을 숙지하

*《실마릴리온》,《반지의 제왕》에 등장하는 나라로, '어둠의 땅'이라는 의미이다. [역주]

고 눈이 쌓인 걸리Gully를 각자 올라갔다. 만약 한 곳에서 머뭇거리면 그만큼 위험이 커지기 때문에 빠를수록 안전할 터였다. 황혼이 지자, 우선 그들은 오버행으로 된 벽을 보호막 삼아 쿨르와르의 꼭대기에 올라섰다. 그 지점에서 쿨르와르는 좁은 협곡으로 변했다. 만약 계속 올라간다면 허공을 쌩쌩 가르는 낙석에 완전히 노출될 것이 뻔했다. 그들은 망설였다. 어둠이 사방을 잠식하자 낙석세례가 멈추었다. 그들은 신경을 곤두세우며 이리저리 춤추는 헤드램프 불빛에 의지해 좁은 협곡으로 들어가, 눈으로 된 넓은 턱 위에 재빨리 올라섰다. 거의 8시간을 쉬지 않고 등반해, 오후 10시 마침내 첫 번째 비박지에 도달했다.

그다음 날 가파른 빙벽을 두 피치 오른 그들은 그 벽에서 가장 피곤한 곳과 마주쳤다. 부서지기 쉬운 거대한 바위지대를 만난 것이다. 그곳에는 위태롭기 짝이 없는 커다란 바윗덩어리들이 매달려 있었다. 되돌아오기도 힘든 지형이었다. 보이테크는 이런 기록을 남겼다. "어떤 곳은 난이도가 III급밖에 되지 않았지만, 바윗덩어리들이 믿을 수 없을 정도로 느슨해 실질적인 확보는 기대할 수도 없었다. 등반에 대한 감각도 사라져 온 신경을 곤추세웠다." 그다음 지역은 더욱 낯설었다. 누르스름하고 스펀지처럼 무른 그곳을 보이테크는 '할바halvah'*라고 불렀다. 그들은 그곳을 크램폰과 피켈로 홀드와 스텝을 깎아내며 등반했다. 로프의 끝까지 나아간 보이테크는 할바에서 튀어나온 작은 돌출부를 다듬어 그 면에 확보물을 설치했다. 그것은 예상외로 튼튼하고 안전했다. 모르도르의 괴물도 길들여질 수 있다는 사실이 증명된 것이다.

오후 늦게 그 벽에서 가장 가파른 곳에 도달했다. 그곳은 낙석들이 마치 자석에 끌리듯 곧장 밑으로 떨어져 내렸다. 그들은 그곳을 사이클로트론cyclotron, 즉 입자가속기라고 불렀다. 태양이 서쪽으로 슬그머니 시야에서 사

---

* 깨와 꿀로 만드는 터키의 과자 |역주|

라지자, 기온이 떨어지고 북동벽도 잠잠해졌다. 낙석이 잦아든 것이다. 알렉스가 비박지를 만들기 위해 돌멩이들을 다지는 동안 보이테크와 존은 오버행 벽을 둘로 가르는 좁은 침니를 통해 사이클로트론의 처음 두 피치를 등반했다. 그들은 다음 날의 신속한 출발을 위해 고정로프를 설치해두고 돌멩이가 널린 바위 턱으로 내려왔다. 그날 밤 세 사람은 자꾸 흘러내리는 불편한 잠자리와 벽에서 가끔 떨어져 내리는 작은 돌멩이들 소리에 몸서리쳐야 했다. 다행히 큰 것은 그들에게 떨어지지 않았다.

사흘째인 8월 11일, 그들은 위협적인 소리에 퍼뜩 잠에서 깼다. 마치 그 봉우리 전체가 빛에 의해 깨어나 먹이를 찾는 굶주리고 화난 괴물로 변한 것 같았다. 그들이 돌멩이들을 떨어뜨리며 등반을 시작하자, 얼어붙은 그 벽에 태양이 흑마술을 부린 듯 허공을 가르는 돌멩이들이 맹렬한 폭격 수준으로 떨어져 내렸다. 보이테크와 존은 그날의 전략을 짰다. 존은 선등으로 나서서 그곳을 끝내고 싶어 했다. 보이테크는 조금 더 기다려보자고 말했다. 그는 후에 자신의 전략이 바람직하지 않은 것이었다고 인정했다. "고산에선 결코 오후에 출발하지 않습니다. 그러나 반다카는 동쪽으로 향하고 있습니다. 어느 정도는 직관에 의한 것이었지만, 사실 직관은 우리가 알아차리지 못하는 다양한 신호를 해독합니다. 따라서 올바른 판단을 할 수 있도록 만들기도 합니다." 보이테크는 그 전해의 폴란드 팀이 아침 일찍 벽에 붙은 탓에 낙석으로 물러서야 했다는 사실을 알고 있었다. 그는 벽에 바짝 붙어, 태양이 그 봉우리의 반대편으로 넘어갈 때까지 기다려야 한다고 주장했다.

그들은 기다렸다. 그러나 낙석이 정말 심했다. 주위를 날아가는 미사일 소리를 듣는 것은 일종의 고문이었다. 낙석 소리가 허공을 가득 채웠지만, 바닥에 떨어지는 소리는 들리지 않았다. 정오가 되자 툭툭거리는 소리들이 잦아들었고, 오후 1시쯤에는 으스스한 고요가 그들을 에워쌌다. 이제 고정로프를 타고 오를 시간이 된 것이다. 그러나 위를 쳐다보자 함정이 분명하게 보였다.

보이테크 쿠르티카와 존 포터가 반다카의 북동벽에 있는 거대한 중앙 침니 '사이클로트론' 밑에서 낙석이 잦아들기를 기다리고 있다. (알렉스 매킨타이어)

그들의 고정로프가 오전 내내 쏟아붓던 포격과 일직선상에 있었던 것이다. 수백 개의, 아니 수천 개의 돌멩이들이 사이클로트론을 타고 떨어져 내린 곳이었다. 얼마나 많은 돌멩이들이 그들의 로프에 튕겼는지 알 수 없는 노릇이었다. 그렇다면 누가 먼저 올라갈 것인가?

존은 주사위를 던져 결정하자고 말했다. 그들에게는 주사위가 없었지만 작은 성냥개비가 있었다. 끝이 노출되지 않도록 조심하면서 보이테크가 세 개의 성냥개비를 손으로 잡았다. 존이 가장 짧은 성냥개비를 뽑았다. 그러자 그는 군소리 없이 주마링을 하기 시작했고, 보이테크는 조마조마한 마음으로 그 모습을 지켜보았다. 로프는 아무런 문제가 없었다. 이어 보이테크가 고정로프를 타고 빠르게 위로 올라갔고, 짐을 끌어올리는 임무를 맡은 알렉스는 그 자리에 남았다. 고정로프 끝에 도착한 보이테크는 배낭을 벗어 매달아놓고, 아주 넓게 벌어진 곳에서는 양 다리를 쫙 벌려 딛는 멋진 모습을 연출하며 침니를 올라갔다. 그러는 동안 존은 로프를 조금씩 풀어주었다.

보이테크 쿠르티카가 반다카의 사이클로트론을 등반하고 있다. 그의 머리 15미터 위로 헐거운 바위가 쐐기처럼 박혀 있다. (존 포터)

40미터쯤 올라가자 무섭게 생긴 장애물이 보이테크 위쪽으로 튀어나와 있었다. 존은 그때 일어난 일을 다음과 같이 서술했다. "커다란 오버행 밑에서 그가 멈춘다. 침니에 박혀 있는 그것은 자동차 크기 정도 되는 정말 엄청나게 큰 촉스톤chockstone이다. 잠시 멈추어 호흡을 가다듬은 그는 우리 머리 훨씬 위쪽에 매달려 있는 그 바윗덩어리를 발레에서의 피루엣pirouette 자세*로 넘어간다. 그 순간 갑자기 공포에 질린 듯한 외침이 들리더니, 그 바윗덩어리의 반쪽이 공중으로 튀어 우리 옆으로 아슬아슬하게 떨어져 부서진다. 불가사의하게도, 보이테크는 그 바윗덩어리의 단단한 반쪽으로 간신히 뛰어오른다. 알렉스와 나는 믿을 수 없다는 표정으로 서로를 쳐다본다. 그때 화약 냄새가 코를 자극한다."[10]

그곳이 그 벽에서 가장 어려운 피치로 밝혀졌지만, 빛이 사그라질 때까지 등반은 내내 어려웠다. 다음에는 존이 이어받아 얼음으로 채워진 좁은 침니를 통해 바위지대를 오른 다음 비박지로 연결되는 마지막 크랙으로 들어섰다. 보이테크는 자신의 등반일지에 이렇게 기록했다. "오늘 하루의 등반은 다섯 피치뿐. V, A0[11], VI+, VI, Ⅲ, Ⅲ." 그들은 커피를 끓여 마시고, 누들 수프를 만들어 먹은 다음 침낭 속으로 기어들어갔다. 그들은 이제 그 벽에서 가장 어려운 곳을 넘어섰다는 자신감에 차 있었다. 특히 보이테크는 등반 출발시간을 늦춘 그날의 결정에 만족했다. "만약 일찍 출발했다면 우리는 분명 죽었을 것이다. 그 확률은 50퍼센트가 아니라 99퍼센트였다."

그날 밤은 날씨가 좋았다. 별이 총총히 박힌 밤하늘을 쳐다보던 보이테크의 눈에 먼 곳에서 번개가 반짝이는 것이 어렴풋이 보였다. 깜빡거리기도 하고 번쩍거리기도 하는 이상한 빛이 보였다 안 보였다 하면서 희미한 천둥소리가 멀리서 들려왔다. 얼마나 먼 곳에서 천둥이 일어나는 것일까? 100킬로미

* 한쪽 발로 균형을 잡거나 점프를 하여 몸을 팽이 모양으로 돌리는 자세 |역주|

벽에서 닷새째 되는 날, 보이테크 쿠르티카가 반다카의 상단부를 등반하고 있다. (존 포터)

터? 그 이상? 숨도 제대로 쉴 수 없는 밤에, 그는 몬순이 그들에게 다가오고 있는 것은 아닌지 의구심이 들었다. "나는 그 광경을 즐겼습니다." 후에 그는 그날 밤에 대해 이렇게 말했다. 그러나 그는 파닥거리는 그 불빛에 조용한 경고를 보냈다. "멀리 떨어져 있어. 우리 가까이 오지 말고!"

벽에서 나흘째 되던 날, 그들은 이어지는 슬랩과 가파른 바위지대와 작은 설원에서 시간을 줄이기 위해 때때로 동시에 등반하면서 열다섯 피치를 빠르게 올라갔다. 500미터의 고도를 확보한 그들은 등반을 일찍 멈추고, 완벽한 또 하루의 밤을 보내기 위해 편안한 바위 턱에 비박텐트를 쳤다. 날씨는 추웠지만 청명했다. 그다음 날 경사가 다시 세졌다. 그러나 보이테크와 존은 알렉스가 뒤에서 그들의 짐을 끌어올리는 동안 루트를 뚫고 나갔다. 열일곱 피치의 등반을 끝낸 그들은 정상 설원으로 들어섰고 그곳에서 차갑고 좁은 얼음 테라스를 만들었다. 이제 눈에 들어오는 것은 가까운 봉우리들뿐이었다. 그들은 먼 곳에서 희미하게 빛나는 파미르고원을 바라보았다. 그날 밤을 유일하게

반다카의 벽에서 보내는 엿새째 날이자 마지막 날 아침, 존 포터와 보이테크 쿠르티카가 아침식사를
하고 있다. (알렉스 매킨타이어)

방해한 것은 위에서 그들을 내려다보는 듯한 이상하게 생긴 얼음 구조물이었
다. 그들은 그곳을 '개구리 눈알'이라고 불렀다.

　벽에서 지낸 지 엿새째인 8월 14일 잠에서 깨어나 보니, 태양이 주위의
봉우리들을 황금빛으로 물들이는 멋진 새벽이 열리고 있었다. 보이테크는 걱
정했다. "개구리가 눈을 껌벅이면 어떻게 하지?" 여덟 피치 위에서, 그들은 별
다른 사고 없이 두 눈 사이에 있는 콧잔등이를 곧장 올라갔다. 그러나 장애물
이 하나 더 있었다. 거대한 오버행 커니스가 나타난 것이다. 보이테크와 존이
돌파 방법을 논의하는 동안 알렉스가 짐을 가지고 올라왔다. 보이테크는 그
순간을 이렇게 기억했다. "알렉스는 정말 비이성적으로 행동했습니다. 그는
기쁜 듯 미소를 지으며 말했습니다. '이봐요, 선배님들! 내가 할게요.'" 보이테
크와 존은 커니스를 올려다보고 다시 알렉스를 쳐다봤다. 그들은 놀랐다. 그
때까지 알렉스는 선두로 나서서 루트를 뚫기보다는 짐을 끌어올리는 사람이
었다. 그러나 알렉스는 진지했다. 그는 여전히 미소를 지으며 피켈을 집어

아프간 힌두쿠시의 한가운데에 있는 코 에 반다카(6,812m). 1977년 보이테크 쿠르티카와 알렉스 매킨타이어, 존 포터는 이 북동벽을 신루트, 알파인 스타일로 초등했다.
(보이테크 쿠르티카 컬렉션. 루트 개념도: 표트르 드로지치)

들고, 아이스스크루를 몇 개 안전벨트에 찬 다음 결연한 표정으로 출발했다.

그는 확보용으로 아이스스크루를 하나만 박고 프런트포인팅으로 첫 피치를 올라갔다. 그리고 존과 보이테크를 자신이 있는 곳까지 끌어올렸다. 그런 다음 다시 출발해 그들의 근심덩어리였던 오버행 커니스에 닿았다. 그리고 곧 시야에서 사라졌다.

보이테크가 소리쳤다. "어때?"

"좋습니다. 좋아요. 걱정 마세요, 선배님들. 끝났습니다." 알렉스가 아래를 향해 소리쳤다.

믿을 수 없게도, 그는 사선으로 난 통로, 즉 좁은 구멍을 발견했고, 그곳을 통해 커니스 위로 올라섰다. 아래쪽에서는 전혀 보이지 않은 그것은 얼음의 가장자리를 따라 곧장 위로 이어져 있었다. 그의 열정과 확신, 직관이 그날의 등반을 구원한 셈이었다. 커니스 위쪽으로 모습을 드러낸 그는 탄성을 내질렀다. "정말 너무나 행복했습니다. 1시간 후에 우리는 정상에 올랐습니다." 그때의 감동을 떠올리며 보이테크가 말했다.

정상 설원은 넓고 평평했다. 덕분에 오랫동안 편안하게 쉬면서 차를 끓여 마시는 호사를 누렸다. 그들은 지친 몸을 이끌고 페니텐트penitente*로 숲을 이룬 곳을 헤쳐, 식량과 가스를 숨겨둔 콜로 하산하느니 설원의 다른 쪽으로 조금 내려가 비박을 하기로 했다. 마지막 밤을 비박으로 보낸 그들은 다음 날 아침 산의 북쪽으로 내려가 그날 밤 마침내 베이스캠프로 돌아왔다.

반다카는 진정한 '오거ogre', 즉 사람을 잡아먹는다는 악마였다. 그들은 극도의 공포를 경험했다. 그 북동벽에 발을 채 들여놓기 전에도. 그러나 그 벽은 흔치 않은 등반을 경험할 수 있게 기회를 제공했다. 첫 번째 설원, '할바' 구간, 침니와 오버행과 사이클로트론 안에 있던 단단한 바위, 산꼭대기에서나 볼 수

---

* 아열대나 열대의 건조한 고산지대에 발달하는 뾰족하고 날카로운 모양의 얼음 기둥 |역주|

있는 얼음으로 된 정상 설원, 거꾸로 매달려 바라보는 듯한 신기한 세락들. 그리고 대원들 각자는 필요한 순간마다 특별한 재능을 보여주었다. 실제의 등반과 별도로, 존은 벽으로 출발하기 전날 베이스캠프에서 그들의 공포를 진정시켜주었다. 보이테크는 오후에 사이클로트론으로 들어가는 것이 가장 좋다는 사실을 정확히 예측했다. 그리고 알렉스는 정상 부근에서 환영처럼 나타나 오버행 커니스의 수수께끼를 푸는 역할을 했다. 그들은 미지의 영역이었던 2,500미터를 알파인 스타일로 훌륭하게 등반했다.

그 팀은 잠시 갈라서서, 보이테크가 베이스캠프에 남아 있는 동안 존과 알렉스는 주 계곡으로 내려가는 고개에 텐트를 쳤다. 보이테크는 오후의 햇빛으로 따뜻해진 그날이 그윽했던 것으로 기억하고 있었다. 멀리서 몇 번 낙석소리가 들려왔지만, 그에게는 전혀 상관없는 일이었다. "나의 행복한 기억은 그날 오후 내가 혼자였다는 것입니다." 그가 말했다. 그것은 그가 산과 고독하게 교감할 수 있는 또 한 번의 소중한 순간이었다.

다음 날 반디칸Bandikhan이라는 고산 초원지대에 도착했다. 그들은 이제 함께 캠프 생활을 했다. 보이테크와 알렉스는 해시 냄새가 물씬 나는 토마토수프를 잔뜩 만들었다. 그리고 곧 편안한 자세로 침낭 위에 길게 드러누웠다. 존은 신경을 곤두세우고 있었는데, 아프간 사람들 몇몇이 주위를 서성이고 있었기 때문이다. 그때 한 사람이 보이테크에게 슬쩍 다가와 청금석lapis lazuli을 거래하자고 유혹했으나 부르는 값이 터무니없이 비싸 보이테크는 당연히 거절했다.

사실 보이테크는 존이나 알렉스도 모르게 산으로 들어가기 일주일 전에 놀랍도록 푸르고 멋진 청금석 덩어리를 짐꾼으로부터 이미 사놓은 상태였다. 그는 보석이나 다름없는 그것을 주머니 속에 넣어 숨기고 있었다. 그 사람들이 청금석을 팔려고 보이테크에게 자꾸 달라붙자, 그는 웃으며 그것보다 훨씬 더 좋은 것을 샀다며 자신의 멋진 보석을 꺼내 보여주었다. 옆에 서 있던 다른 아프간 사람 — 그는 관리로 보였는데 — 이 청금석을 사는 것은 불법이라고 경고했다. 보이테크는 아연실색했다. "난 정당한 거래로 알고 있었습니다. 그래서 그 친구가 엄포를 놓고 있다고 생각했습니다." 보이테크는 보석을 관리에게 주지 않고 그 아프간 관리의 얼굴 앞으로 던져 올린 다음 다시 낚아 채 빙하 쪽으로 던졌다. 보석은 바위에 튕겨 산산조각이 난 채로 물속에 빠져버렸다.

아프간 상인은 놀란 표정으로 그 장면을 지켜보았다. 보이테크는 자신의 침낭으로 돌아와 비스듬히 누운 채 눈을 감았다. 깜빡 잠이 든 알렉스는 천만다행으로 드라마 같은 이 일을 알지 못했다. 이 돌발사고가 가져올 결과에 두려움을 느낀 존은 초조한 모습으로 서성거렸다. 한 무리의 원로들이 포함된 사람들이 모여들었다. 존은 그들이 신앙심이 없는 사람들의 운명을 결정지을 것이라는 확신을 가졌다. 그러나 몇 시간 후 그들은 마침내 흩어졌다. 그래서 존은 바짝 긴장하고 있을 자신의 동료에게 갔다. 하지만 그는 드르렁드르렁 코를 골고 있었다.

보이테크의 지나친 자신감이 그들을 화나게 했을지 모른다. 그런 태도가 가끔 건방지게 보이기도 했기 때문이다. 그는 출중하게 잘생긴 외모, 강한 체력과 활동적인 성격 그리고 어느 누구보다도 그 지역의 문화를 잘 알고 있다는 확고한 믿음으로 자신감이 있었다. 그는 손을 한 번 내젓는 것으로 그 사건을 일축했다. 그러나 가끔 그는 불안한 모습을 내보이기도 했다. 존은 반디칸에서의 그 나른한 오후에 보이테크가 그 상인에게 보인 반응으로 분명한 불안감을 느꼈다.

몇 년 후 보이테크는 반다 루트키에비치와 함께 영국 클라이머 두 명과 영국의 한 레스토랑에 앉아 있었다. 보이테크와 반다는 벅스턴 어드벤처 페스티벌BAF, Buxton Adventure Festival의 손님이었다. 웨이트리스가 손님들에게 제공할 음식접시를 가지고 다가오자 보이테크는 그녀에게 고맙다는 말을 하려고 고개를 돌렸다. 영국인 중 한 명이었던 에드 더글러스Ed Douglas는 그 장면을 이렇게 묘사했다. "그 당시 보이테크는 마치 총잡이로 누레예프Nureyev*에게 캐스팅된 것처럼 보였습니다." 언뜻 그를 본 웨이트리스는 놀라 입을 벌렸고, 음식접시 역시 바닥으로 떨어져 박살이 났다. 곧 레스토랑 종업원 여러 명이 달려왔다. 짐작컨대 사람 수가 많아야 안전하다고 생각한 것 같았다. 더글러스는 그 이야기를 계속 이어나갔다. "'뭐 하는 분들이세요?' 영화배우들이 틀림없다고 생각한 한 여성이 물었습니다. 보이테크는 그의 푸른 눈이 만들어낼 수 있는 사뭇 위협적인 표정으로 그녀를 쳐다보며 '난 러시안룰렛 전문가입니다.'라고 말했습니다. 그러자 여종업원들이 깔깔거리며 웃었습니다. 그들은 그의 말이 농담이 아니라는 사실을 이해하지 못했습니다."

아프간 상인을 물리친 것은 바로 그 거칠고 위험스러워 보이는 응시였다. 그다음 날 보이테크는 반디칸에서 그것을 다시 써먹었다.

짐꾼들이 계곡 아래로 장비를 져 나르는 데 두 배의 임금을 요구하자 팽팽한 신경전이 벌어졌다. 보이테크는 그런 강요에 굴복하느니 차라리 스스로 장비를 나르겠다며 그들의 요구를 묵살했다. 그는 자신이 나머지 장비를 챙기는 동안 존과 알렉스에게 어깨로 짐을 지고 먼저 출발하라고 했다. 물론 존도 알렉스도 그런 상황을 달가워하지 않았다. 그러나 보이테크는 위협에 결단코 굴복하지 않겠다는 태도였다. 그들은 침울하고 언짢은 표정을 지으며 느릿느릿 발걸음을 옮겼다. 그 모습을 짐꾼들은 믿을 수 없다는 듯 쳐다보았다. 보이테크는 흘끗 뒤를 돌아다보았다. 그는 그 도박이 역효과를 불러일으켜 자신들이 무거운 짐을 지고 여러 번 왕복해야 할지 모른다고 걱정하고 있었다. 그러나 그는 그렇게 되도록 내버려두지 않았다. 존과 알렉스가 200미터쯤 걸어가

---

* 루돌프 하메토비치 누레예프Rudolf Hametovich Nureyev. 소련 출신의 무용가이자 안무가. 러시아 고전발레를 서유럽에 전했다. 영국 로열발레단의 객원 무용수가 된 뒤, 당대 최고 남성 무용가의 한 사람으로 이름을 떨쳤다. |역주|

자 짐꾼들이 보이테크에게 다가와 원래의 임금에 동의했다. "짐이 많아 위험 천만한 게임이었습니다." 보이테크가 그때의 속마음을 털어놓았다.

제박Zebak에 도착하자 원정대 트럭이 기다리고 있었다. 그들은 다른 사람들이 만다라스 북벽 초등에 성공하고 근처의 다른 봉우리에서도 훌륭한 등반을 여럿 했다는 사실을 알게 되었다. 더욱이 반다카에서 몸이 좋지 않았던 얀 볼프도 자신만의 훌륭한 등반을 해냈다. 그는 만다라스 베이스캠프까지 혼자 걸어가는 모험을 감행했지만, 너무 늦게 도착한 나머지 베이스캠프에 아무도 없자 아프가니스탄 최고봉인 노샤크를 단독으로 등정했다.

보이테크가 폴란드로 돌아오자 에바가 기다리고 있었다. 보이테크가 원정등반에 나가 있는 동안 그녀는 자기네 부부의 삶에 대해 깊이 고민했다. 그리고 이제 그녀는 미래를 위한 계획 ─ 서독으로 이주하자는 ─ 을 제안하려 하고 있었다. 보이테크는 그런 계획을 미심쩍어했다. 그는 등반만 하고 싶었다. 모든 종류의 등반을. 타트라와 알프스와 힌두쿠시에서. 그는 마침내 그녀의 계획에 동의했다. 그러나 그가 독일 생활에 맞지 않는다는 사실을 깨닫기까지는 그리 오랜 시간이 걸리지 않았다. "그들은 일의 노예였습니다." 보이테크는 말했다. "한 마디로 말하면 돈의 노예라고 할 수 있죠. 근무시간은 칼같이 정확했습니다. 오전 8시부터 오후 4시까지. 나에겐 불가능했습니다. 만약 내가 독일에서 살면 일주일에 6일은 일을 해야 할 것 같았습니다. 등반을 할 시간이 없는 거죠." 먹고 사는 것과 인생을 사는 것은 보이테크에게 서로 상충되는 두 가지 문제였다. 며칠 후 그는 에바에게 자신은 독일에 있을 수가 없다고 말했다. 그에게는 자유가 필요했다. 그들은 폴란드로 돌아가야 할 터였다. 에바는 못마땅해했지만 늘 그렇듯 그날의 승자는 보이테크였다.

그들은 폭스바겐에 짐을 싣고 먼 길을 통해 고국으로 돌아왔다. 불가리아와 루마니아를 지나 아프가니스탄으로 들어갔고, 보이테크는 그곳에서 자신이 할 수 있을 것 같은 사업 아이디어를 얻었다. 그는 이미 폴란드로 밀수를 해본 경험이 있어 아프가니스탄에서 구할 수 있는 좋은 물건들을 많이 알고 있었다. 폴란드의 공식적인 경제는 폴란드 화폐 즈워티złoty를 중심으로 이루어지고 있었다. 그러나 훨씬 더 활발한 비공식 경제는 달러를 중심으로 돌아가고 있었다. 폴란드 클라이머들은 나라 밖으로 여행을 할 수 있어, 밀수를 할 수 있는 유리하고 이상적인 고지를 점령하고 있었다. 즉 물건도 들여올 수 있고 외화도 가지고 들어올 수 있었다. 수익성이 좋은 불법적인 거래 루트를 확장해감에 따라 그들은 곧 자유를 만끽하면서 등반 인생을 즐길 수 있는 자금을 마련할 수 있었다. 보이테크는 그 게임의 고수였다.

그는 아프가니스탄을 여행하며 양가죽 코트에 집중했다. "이런 코트들은 자수가 들어간 아름다운 의복으로 몸매가 멋지게 드러나 인기가 아주 좋았습니다. 장비를 담는 통에 얼마나 많이 들어가는지 알면 아마 놀랄 겁니다." 그가 이렇게 설명했다. 그는 그것들을 30달러 정도에 사와 150달러에 팔아 엄청난 이익을 남겼다. "내가 450달러에 열다섯 벌의 양가죽 코트를 산다면 믿을 수 있겠습니까? 폴란드에선 한 달에 25달러면 먹고 살 수 있습니다." 그가 의기양양하게 말했다. "난 사업가였습니다. 이상하게도 1년에 두 차례만 사업을 하는 사람." 모피 코트와 탕카thanka*, 양탄자와 청금석… 독일에서 일주일에 6일씩이나 근무하는 일 없이 그는 이렇게 해서 생활비와 원정자금을 마련했다.

보이테크는 성공적인 밀수를 통해 자신의 등반을 이어갈 수 있었다. 그리고 반다카 등반을 통해 고산에서의 알파인 등반이야말로 자신이 가장 좋아하는 것이라는 사실을 확인할 수 있었다. 고산에서의 알파인 등반은 모든 요소를 충족시켰다. 모험과 미지의 세계, 우정과 창의적인 도전. 그는 앞으로 폴란드의 대규모 히말라야 원정등반에 초청받는다 해도, 이런 대상지에 자신을 바치겠노라고 굳게 다짐했다. 그런 그에게 무엇이 제일 고민이었을까? 바로 다음 대상지를 찾는 것이었다.

그해 가을 그는 존과 알렉스에게 새롭고 대담한 대상지를 제안했다. 그리하여 그들은 인도로 날아갈 계획을 세웠다.

* 티베트 불교 탱화 |역주|

6

우정

아름다움을 찾아 나는 너무나 멀리 왔다.

레너드 코헨, 「아름다움을 찾아 너무나 멀리 온Came So Far for Beauty」

인도 가르왈 히말라야Garhwal Himalaya의 난다데비 성역 외곽에 자리 잡은 창가방Changabang은 이미 등정이 된 곳이었지만 남벽은 여전히 미등으로 남아 있었다. 1974년 영국-인도 합동원정대가 6,864미터의 그 봉우리를 초등했고, 그로부터 2년 후에는 일본 팀의 남서 리지를 통한 등정과 영국 클라이머 조 태스커Joe Tasker와 피터 보드먼Peter Boardman의 서벽을 통한 등정이 있었다. 그리고 이제 1978년, 보이테크가 이끄는 영국-폴란드 합동원정대가 놀랄 만큼 아름다운 남벽에 도전장을 내밀었다.

보이테크는 프로젝트를 시작하기 전부터 예상치 못한 장애물에 부딪혔다. 그해 4월 직장을 그만두게 된 것이다. "직업은 나에게 더 이상 의미가 없다." 보이테크는 그렇게 선언했다. 그러나 그 당시 완전고용이라는 정책을 펼친 폴란드 당국은 국민들을 철저히 감시하고 있었다. "완전히 조작된 고용이었습니다." 보이테크가 비웃듯 말했다. "서류상으로만 존재하는 회사에 고용된 사람들이 아주 많았고, 직업이 없는 사람은 사회의 기생충으로 낙인찍혔습니다. 당연히 차별도 받았지요." 그러나 차별만이 아니었다. 고용이 되지 못한 사람은 여권을 받을 수 없었다. 따라서 외국으로 나가 등반하고자 하는 클라이머에게는 가장 큰 장애물이었다. "난 고용이 '되어야' 했습니다." 보이테크가 말했다. "그래서 친구들이 날 가공의 직원으로 올려놓았습니다. 당연히 실제로 일을 한 건 아니었습니다." 그는 또한 외국으로 나가는 데 문제가 없을 만큼 충분한 외화를 가지고 있다는 증명서도 제출해야 했다. 그는 이것을 그동안 밀수품 암거래를 통해 은행에 꾸준히 적립해둔 달러로 손쉽게 해결했다.

인도로 떠나기 전, 보이테크는 창가방 등반에 재정적인 지원을 받고자 폴란드등산연합회(PZA)와 접촉했다. 그러나 그들은 이미 다른 원정등반을 지원하고 있어서 여유가 없었다. 25명으로 이루어진 대규모 원정대가 칸첸중가의 남봉과 중앙봉으로 갈 예정이었고, 반다 루트키에비치도 에베레스트 등반을 위한 지원을 바라고 있었다. 그렇다 해도 보이테크는 폴란드의 내로라하는 알피니스트였고, 아프가니스탄에서의 유명한 신루트 초등들을 등반기록으로 가지고 있었다. 그에게 깊은 인상을 받은 PZA였지만 당시에는 그를 지원하는 데 주저했다. "꿈의 대상지였는데 그들이 지원을 거절했습니다." 이렇게 말하며 그는 씩씩댔다. 그는 바르샤바에 있는 PZA 본부에서의 면담을 다음과 같이 묘사했다.

"부회장이 특유의 미소를 지으며 말했습니다. '이런, 자금을 이미 다 나눠줬는데 미안해서 어쩌지.'

'그럼 부회장님, 난 어떻게 합니까? 이 등반엔 지원이 절실합니다. 더구나 폴란드와 영국이 함께하는 국제적인 원정등반이기도 하고요. 이건 국가 차원에서도 좋은 일입니다.'

'미안하군. 귀띔을 좀 해주지. 자코파네산악회에 요청해보게.'

1978년의 창가방 팀. 존 포터, 크지슈토프 주레크, 보이테크 쿠르티카, 알렉스 매킨타이어
(존 포터 컬렉션)

'좋습니다. 그런데 왜 하필 자코파네죠?'

'그들에겐 자금이 있어. 더구나 그 산악회엔 훌륭한 클라이머가 하나 있
지. 크지슈토프 주레크Krzysztof Zurek. 그를 데리고 가.'"

크지슈토프는 대단한 명성을 가지고 있는 알피니스트였다. 그들이 함께
등반한 경험은 없지만, 보이테크는 그의 합류를 편안하게 느꼈다. 작지만 강
인한 크지슈토프는 여윈 듯한 모습의 보이테크와 대조를 이루었다. 자코파네
산악회가 지원에 동의했다. 이제 그들은 두 명의 폴란드 클라이머가 바르샤바
에서 델리까지 갈 수 있는 자금을 확보했다. 그리하여 베이스캠프 매니저인
레흐 코르니셰브스키Lech Korniszewski, 영국 클라이머인 존 포터와 알렉스 매
킨타이어가 포함된 원정대가 꾸려졌다.

인도에서 한 번 더 그들은 지휘계통의 사다리를 타고 올라가며 처음부터 다시 시작해야 했다. 델리에 있는 인도 당국이 너무나 고집불통이어서 복잡하기 짝이 없는 영국식 관료주의와 힘들게 싸워야 했던 것이다. 보이테크는 허가서만 받으면 되었는데, 그것은 이미 인도산악연맹(IMF)으로부터 약속을 받은 것이었다. 그러나 문제가 생겼다.

존 포터와 테리 킹Terry King이 서류 보관함들과 중요하게 보이는 서류들이 잔뜩 쌓여 밀실공포증을 불러일으키는 무시람 씨Mr. Mushiram의 작은 사무실에서 보이테크와 합류했다. 테리는 자신의 난다데비 허가서를, 보이테크와 존은 그 근처에 있는 창가방의 허가서를 받으려 그곳에 있었다. 두 곳 모두 유명한 난다데비 성역 안으로 들어가야 했다. 그것이 바로 문제였던 것 같다. 인도 당국은 난다데비의 어디선가 작전 중 사라진, 핵연료로 작동하는 감청 장치를 여전히 수색하고 있었다. 원정등반을 가장한 CIA가 은밀하게 설치한 그 장치는 눈사태에 쓸려나가, 신성한 갠지스강의 시원始原인 성역 안에서 그때까지도 방사능을 누출하고 있을지 모르는 일이었다. 난다데비 성역은 무기한 폐쇄됐다.

보이테크는 짜증이 나기 시작했다. 인도에 여러 번 온 경험이 있는 그는 이미 입산료를 지불한 터라 허가서 받는 것을 자신하고 있었기 때문이다. 그런데 지금 이 작은 몸집의 소심한 사람에 의해 상황이 뒤바뀐 것이다. 용납할 수 없는 일이었다.

무시람 씨는 공손했지만 단호했다. "미안합니다만, 다른 산들도 있습니다. 아름다운 산들이지요. 데비스탄Devistan은 어떻습니까? 데비스탄이라면 아무런 문제 없이 허가서를 발급해드릴 수 있습니다."

보이테크가 그를 노려보았다. 존은 초조함으로 잠시도 가만히 있지 못했다. 그러자 더 이상 참지 못한 테리 킹이 무시람 씨의 멱살을 잡아 쥐고 욕설을 내뱉으며 그를 의자 위로 내동댕이쳤다. 그 순간 보이테크의 심장이 철렁 내려앉았다.

존이 끼어들었다. "정말 죄송합니다. 무시람 씨!" 존이 얼떨떨해하는 그 사람에게 사과했다. 그런 다음 서둘러 핑곗거리를 찾아 이렇게 말을 이었다. "아십니까? 킹 씨는 유명한 셰익스피어 배우입니다. 그래서 그렇게 콧대가 높고 성질이 더럽습니다. 배우들이란 게 그렇잖아요."

무시람 씨는 고개를 끄덕였다. 보이테크는 여전히 그를 노려보았다. 존은 기다렸다. 무시람 씨가 무표정하게 앉아 있는 동안 다른 사람들은 숨을 죽였다. 마침내 그는 내무성의 싱 씨Mr. Singh라는 사람을 찾아가 도움을 요청하라고 알려주었다.

싱 씨는 셰익스피어의 팬이었다.

그리하여 일주일간 점점 더 인상적인 사무실에서 점점 더 비중 있는 관료들과 열정적인 마라톤 면담을 이어가던 어느 날 그들은 마침내 수상 집무실 밖에서 면담을 기다리게 되었다. 그것은 그들에게 주어진 마지막 기회였다. 마침내 그들은 그런 시간 낭비가 전혀 쓸데없는 일이라고 생각하는 어느 사람에게 불려갔다. 그로부터 허가서를 받은 그들은 의기양양하게 그곳을 빠져나왔다.

그들은 우여곡절 끝에 난다데비에 도착했는데, 그곳은 야생화와 물기를 머금은 잔디로 사방이 뒤덮여 있었고, 화강암 바윗덩어리들이 군데군데 박혀 있는 초원 위로 난다데비 북동벽이 위용을 드러내고 있었다. 그들은 일단 등반에 돌입하기보다는 베이스캠프에서 장비도 정리하고 음식도 배불리 먹으며 편안하게 휴식을 취했다.

본래 채식주의자인 보이테크는 창가방으로 가면서 자신의 전통적인, 그리고 가끔 하는 '공복'(단식)을 실행에 옮겼다. 이유가 무엇이었을까? 그는 공복을 위해 배고픔을 참았다. 속을 깨끗이 비우고 싶었다. 카프카의 단편 「굶주린 예술가」를 좋아한 그는 가장 기본적인 욕구를 억제하기로 결심했다. 그런 싸움에서 이길 희망이 없다는 것을 잘 알면서도 자신의 한계를 알고 싶었다. "자존감의 문제라고 생각했습니다. 한계를 시험하며 가장 기본적인 욕망에서 자유로워지려는 것 말입니다." 그가 설명했다.

하지만 그의 동기에는 자존감 이상의 것이 있었다. 일단 그는 몸을 가볍게 하고 싶었다. 보이테크는 폴란드 최고의 클라이머였다. 무용수처럼 클라이머들은 냉철하고 결코 타협하지 않는 시선으로 자신의 몸을 바라본다. 불필요한 군살을 가지고 최고 수준의 난이도를 등반할 수는 없다. 산에서는 군더더기 없이 날씬해야 한다는 규율을 그는 지켰다. 고소등반에서는 뚱뚱한 몸으로 산에 들어가 마른 몸으로 나와야 한다는, 등반 고수들이나 가능할 법한, 돈 윌런스Don Whillans의 주장에 그는 동조하지 않았다. 보이테크는 마른 몸으로 들어가 더 마른 몸으로 나왔다. "단식을 한 지 사흘 만에 가장 큰 위기가 닥쳐왔습니다." 그는 조금씩 먹기 시작했다. 약간의 과일과 야채 그리고 빵 한 조각. "그런데, 너무 좋았습니다. 환상적이었죠." 그는 그때를 이렇게 기억했다. 그러나 결국 그것은 폭식으로 끝나고 말았다. 아니면, 그것은 적어도 '그에게만' 해당되는 폭식이었을지 모른다. "공복, 폭식, 공복, 폭식으로 이어지는 일련의 흐름에 난 창피함을 느꼈습니다." 큰 등반을 앞두고 그것이 몸을 강하게 유지하는 방식이 아니라는 것을 알고 있었지만, 그는 스스로 무너지고 마는 패턴과 싸웠다. 베이스캠프에 머무는 동안 마음을 달래기 위해 창가방의 빙하를 배회하기도 하고 오랫동안 자신의 마음을 사로잡아온 창가방을 바라보기도 했다. 기하학적으로 대칭을 이룬 크리스털 같은 봉우리. 신비스럽고, 접근이 불가능해 완벽한 대상인 그 봉우리를.

마침내 그 벽에 대한 느낌을 가질, 다시 말하면 실제로 만져볼 시간이 다가왔다. 보이테크가 축축한 오버행 첫 피치를 선등으로 올라갔다. 화강암은 보기보다 단단하지 않았다. 그들은 로프를 타고 내려와 베이스캠프로 돌아온 다음 며칠 동안 날씨가 좋아지기를 기다렸다. 그 봉우리와의 시험적인 첫 교감을 끝낸 것이다.

피톤 35개, 아이스스크루 3개, 조그만 암벽등반용 빌레이 시트와 8일치 식량을 가지고 본격적인 등반에 나선 그들은 둘씩 조를 이루어 등반했다. 즉 한 조가 하루 종일 등반에 나서면 다른 조는 주마로 뒤따르면서 짐을 끌어올리는 식이었다. 처음에는 끌어올려야 하는 짐이 너무 많아 하루가 끝나갈 때쯤에는 등반조가 로프를 타고 내려와 그 작업을 도와주어야 했다. 그들은 이틀마다 역할을 바꾸었다. 짐을 끌어올리는 것은 암울한 육체적 잡일에 불과했으나, 선두에서 등반에 완전히 몰입하며 그 벽의 비밀을 캐내는 루트 개척은 누구나 원하는 것이었다. 그들의 등반은 팀워크를 바탕으로 진행돼야 해서 모든 역할이 중요했다. 처음에는 보이테크와 존, 알렉스와 크지슈토프가 같은 조로 움직였다.

보이테크와 존이 선두로 나선 둘째 날, 존이 얼떨결에 화강암 덩어리를 떨어뜨리는 바람에 크지슈토프가 어깨를 다쳤다. 그는 고통에 비명을 내지르며 자신의 다친 어깨를 부여잡았다. 그는 이제 더 이상 짐을 끌어올릴 수 없게 되었다. 따라서 역할을 바꾸어 크지슈토프가 보이테크와 함께 등반에 나섰다. 그들은 한 피치 한 피치 그 벽을 기어 올라갔다. 하루에 열 피치를 올라가면 다음 날은 여섯 피치를 올라가는 식이었다. 등반자에게는 시간이 순식간에 흘러갔지만 확보자에게는 그 시간이 고통스러울 정도로 느리게 느껴졌다. 반반한 화강암이나 얕은 크랙에서는 확보물을 거의 설치할 수 없었다. 탁, 탁, 탁! 피톤들은 그렇게 박혀 들어갔지만 핑! 하고 쉽게 빠져 나왔다. 추락을 잡아주지 못할 것이 뻔했다. 크랙들은 화강암 플레이크flake 위에 얹힌 또 다른 플레이크 사이로 미로처럼 이어져 있었다. 그리고 때로는 크랙이 끊어져 있기도 했고, 얼음이 들어찬 침니로 느닷없이 바뀌기도 했다. 그 벽은 바위와 얼음의 거대한 기하학적 모자이크였다.

로프가 얼어붙어 짐을 끌어올리는 사람들이 깜짝 놀랄 정도로 주마가 미끄러져 내렸다. 그런 상황에서 등반조 역시 루트를 뚫는 데 애를 먹었다. 등반조는 꾸준히 전진하고 있는 것일까? 그들은 올바른 결정을 내리고 있는 것일까? 막다른 골목은 아닐까? 그들은 자신들이 힘들고 냉혹한 작업을 꾸준히 해나가고 있다고 믿을 수밖에 없었다.

보이테크는 자신의 등반일지에 난이도를 기록했다. "IV, A2, V, IV, III, A1, 쉬움, V, II와 VI, A0, 인공등반 구간은 아니어도 때로는 피톤을 사용함. 스코틀랜드 난이도로 IV, VI, A3." 그는 훗날 자신의 일지를 일일이 넘겨보며 이렇게 평가했다. "맞아요. 정말 진지한 등반이었습니다."

그들은 매일 밤 침낭 속으로 들어가 좁은 턱 위에서 서로를 껴안고 자거나 해먹에 매달려 자면서 새벽이 오기를 기다렸다. 장비와 옷가지들은 떨어뜨리지 않도록 극도로 조심스럽게 다루었다. 코펠, 스토브, 장갑. 어느 것 하나 떨어뜨리면 안 되는 것들이었다.

벽에서 맞이하는 닷새째 날, 존은 위통을 느꼈고 크지슈토프는 컨디션이 상당히 안 좋았다. 존은 어려운 피치에서 세 번이나 추락했다. 두 번째 추락에서는 확보물이 대부분 빠졌는데 천만다행으로 마지막 하나가 버텨주었다. 그는 계속 올라갔지만 힘든 등반과 반복되는 추락은 위험한 상황을 연출했다. 알렉스가 신경을 곤두세우며 확보를 보는 동안 둥글게 파인 반반한 화강암을 부자연스럽게 올라가던 존은 팔 힘이 빠지는 바람에 상당한 거리를 사선으로 추락했다.

다음 날은 보이테크와 크지슈토프 차례였다. 크지슈토프가 선등자로 나섰으나, 이미 많이 지쳐 있었다. 그는 20미터쯤 올라가다 멈추고 나서는 아래로 소리쳤다.

"이봐, 보이테크. 문제가 좀 있어. 여긴 정말 까다로운 인공등반 구간이야."

"그래. 나도 그렇게 생각해."

"여기에 확보하고 멈출게. 어려워서 못 하겠어."

"안 돼, 크지슈토프! 너무 일러. 계속 올라가. 너무 이르다니까."

"아냐, 여긴 피톤을 설치하기도 좋아. 많이 박았어. 안전해."

"그럼, 좋아."

보이테크는 헷갈렸다. 피톤을 많이 박았다고? 무슨 말이지? 크지슈토프는 보이테크가 주마로 올라오면서 장비를 회수해 올 것으로 기대하고 있었다. 확보물은 그대로 놔둔 채. 그러나 알 수 없는 두려움을 느낀 보이테크는 움직이지 않았다.

"크지슈토프, 확보는 잘하고 있지?"

"그래, 그래. 피톤을 많이 박았어. 문제없어."

보이테크는 여전히 움직이지 않았다. 그는 마치 자신의 생명이 그곳에 달린 양 확보지점에서 꼼짝하지 않았다. 크지슈토프는 그가 올라오기를 기다렸다. 하지만 보이테크는 마치 마비라도 된 것처럼 아래쪽에 그대로 있었다. 그는 위로 소리쳤다.

"잘 들어, 크지슈토프. 피치가 너무 짧아. 좀 더 올라갈 수 없어? 그렇지 않으면 우린 이 짧은 피치때문에 너무 시간을 낭비하게 된단 말이야."

"그렇다면 좋아. 계속 올라가 볼게."

여전히 자신의 확보물에 의지한 채 보이테크는 크지슈토프에게 로프를 풀어주었다. 그는 '많은 피톤'이라는 말에 의구심이 들었다. 왜 그렇게 많이 박았지? 이해가 되지 않았다. 크지슈토프는 위로 기어 올라갔다. 50센티미터. 다시 1미터. 그런 다음 2~3미터 더.

"조심해, 크지슈토프."

크지슈토프는 아무런 대꾸도 하지 않았다. 그는 집중하고 있었다. 핑, 핑, 핑! 그는 추락하고 있었다. 그리고 자기 딴에는 잘 박았다는 피톤 5개가 모두 빠졌다. 크지슈토프는 망설이지 않고 다시 위로 올라갔다. 그는 추락지점으로부터 겨우 10미터쯤 더 올라가 확보물을 단단히 설치했다.

"됐어, 보이테크. 이제 올라와."

"확실해?"

"그렇다니까. 확보는 걱정하지 말고 올라와."

보이테크는 위로 올라가면서 그 이상한 상황을 곱씹었다. 처음 박은 피톤이 부실했다는 것을 그는 알고 있었을까? 어떤 직관이 보이테크로 하여금 움직임을 거부하고 확보지점에 머물도록 그를 붙들어 맸을까? 크지슈토프가 사용한 '많은'이라는 단어였을까? 피톤이 박혀 들어갈 때 울린 소리의 느낌이었을까? 피톤이 크랙 속으로 더 깊이 파고 들어가면 둔탁한 소리에서 청명한 소리로 바뀌어야 하는데, 그 소리의 울림이 이상하다고 생각했을까? 보이테크는 자신을 아래쪽에 붙잡아둔 단서를 알아내지는 못했지만, 그것이 두 사람의 생명을 구한 것은 틀림없는 사실이었다. 그가 부실한 확보물을 믿고 고정된 로프에 의지해 주마로 올라갔다면 로프에 체중을 싣는 순간 그들은 벽 아래로 휙 나가떨어졌을지도 모른다. 크지슈토프가 있는 곳까지 올라간 보이테크는 아무 말도 하지 않았다. 그리고 로프를 넘겨받아 두 피치를 선등했다.

위쪽에서 이런 드라마가 펼쳐지는 동안 존과 알렉스는 짐을 끌어올리기에 바빴다. 알렉스는 그날의 등반이 거의 끝나갈 때쯤 마지막 남은 짐을 끌어올리고 하강을 준비했다. 바람이 사방에서 불어와 로프가 출렁거리고 슬링이 위아래로 날렸다. 그는 꼬인 로프를 제대로 사린 다음, 로프가 바람에 날려 팽팽해지는 위험을 방지하기 위해 하강을 하면서 조금씩 풀고 내려갈 속셈으로 로프를 안전벨트에 매달았다. 하지만 알렉스는 실수를 하고 말았다. 그가 하강기를 피톤에 고정된 로프 위에 끼우지 않고 사린 로프의 끝에 끼운 것이다. 바위 턱에서 몸을 뒤로 기울이는 순간 그가 시야에서 사라졌다. 알렉스가 로프 끝까지 떨어지는 데는 아주 긴 시간이 흘렀다. 다행히 로프를 고정시킨 피톤이 버텨주었다. 존이 사고를 확인하기 위해 급히 로프를 타고 내려갔는데, 알렉스는 하얗게 질린 얼굴로 장비를 챙기고 있었다.

"맙소사! 알렉스, 괜찮아?"

"내 이름이 새겨진 배낭이나 차지하는 이런 게임은 하고 싶지 않습니다." 그는 반쯤 농담으로 이렇게 말을 받았다.[12]

알렉스의 추락을 건져주고, 알렉스와 존이 주마로 다시 타고 올라간 로프를 지탱해준 그 단 한 개의 피톤은 작은 플레이크 뒤에 박힌 것이었다. 존이 그 피톤을 회수하려 하자 손가락 힘만으로도 쉽게 뽑혀 나왔다.

다음 날 그들은 벽 중간에 있는 '키클롭스의 눈Cyclop's Eye'까지 올라갔다. 존이 보이테크가 있는 곳까지 올라와서 크지슈토프가 의식이 없는 사람처럼 행동하고 있다고 알려주었다. 파트너가 걱정된 보이테크는 로프를 타고 도로 내려갔다. 보이테크는 크지슈토프의 배낭을 메고, 그와 함께 주마로 키클롭스의 눈에 있는 비박지로 올라갔다. 크지슈토프는 고정로프로, 보이테크는 하강로프로. 그들이 함께 모이자, 보이테크는 존에게 비밀을 털어놓듯 말했다. "문제가 생겼어. 크지슈토프가 자긴 지금 폴란드에 있다고 생각해."

보이테크는 크지슈토프가 죽을까 봐 걱정했다. 쑥 들어간 그의 얼굴은 피로로 일그러져 있었다. 그날 밤 보이테크는 걱정으로 잠을 이루지 못했다. 그의 생각은 어두웠다. 그가 세상을 떠나면 시신은 어떻게 해야 할까? 가지고 내려가야 할까? 그것이 육체적으로 가능할까? 아니면 산에 그냥 놓아두어야 할까? 쓰러진 크지슈토프가 잠들지 않도록 달래는 동안 이런 생각들이 그의 마음을 어지럽혔다. 이것은 클라이머가 직면할 수 있는 가장 잔인한 도덕적 딜레마였다. 부상을 당하거나 몸이 좋지 않아 희망이 없는 파트너는 어떻게 해야 할까? 살아 있는 자를 버려야 할까? 아니면 함께 죽어야 할까?

그날 밤 크지슈토프의 상태는 차도가 없었다. 벽에서 보내는 여드레째 날, 보이테크는 정상 리지에 이르는 끼디로운 혼합등반 지대인 마지막 여섯 피치에 이어 정상까지 250미터의 리지를 선등했다. 그때 그들 눈에 들어오는 것이 있었다. 마치 영원처럼. 그들은 잠시 현실적인 문제를 잊고, 주위에 펼쳐

창가방에서 마지막 날에 등반하는 보이테크 쿠르티카 (보이테크 쿠르티카 컬렉션)

진 장엄한 풍경으로 눈을 돌렸다.

크지슈토프의 상태를 생각하면 머뭇거릴 시간이 없었다. 그래서 그들은 아찔한 하강을 시작했다. 첫 두 피치는 창가방과 칼란카Kalanka 사이의 콜로 이어지는 60도 경사의 리지였다. 크지슈토프는 소리를 질렀다. "글리세이딩 해! 빨리, 더 빨리!" 그런 아찔한 사면에서 그런 생각을 한다는 것은 위험한 신호였다. 그는 앞뒤가 맞지 않는 정신 상태를 드러내고 있었다. 폴란드어로 욕을 내뱉은 보이테크는 상황을 종료시키고, 어느 정도 위험을 피할 수 있는 리지에 비박지를 마련했다. 다음 날 아침 그들은 크지슈토프를 자세히 관찰했다. 그의 불안정한 행동이 그들 모두를 추락으로 이끌까 봐 걱정스러웠다. 그들은 앞으로도 이틀을 더 하강해야 했다.

콜에 도착한 그들은 칼란카 남벽을 횡단해, 입을 쩍 벌린 크레바스와 불안정한 세락의 미로로 들어섰다. 존이 어디로 가야 할지 몰라 혼란스러워하며 걸음을 멈추었다. 그러자 뒤따라오던 보이테크가 기다리라고 소리쳤다. 자기가 앞서가겠다는 것이었다. 존은 그때의 상황을 이렇게 회상했다. "길이 오른쪽으로 가다가 다시 왼쪽으로, 그리고 나서 다시 세락 밑과 크레바스 주위로 이어졌습니다. 그런 공포 속에 보이테크는 직관이라는 마술로 우리를 이끌었습니다. 나는 너무나 지쳐 한참 후에나 그것이 얼마나 위험스러운 상황이었는지 제대로 인식할 수 있었습니다."[13]

그들이 내려오는 동안 크지슈토프의 상태가 좋아졌다. 그러나 그는 물론이고 존도 등반과 고도, 원인불명의 병으로 인해 지치고 쇠약해져 있었다. 그들은 마침내 안전하게 초원지대에 도착했다. 그러나 그들의 등반은 크지슈토프가 죽음에 살짝 다가가, 달콤하면서도 씁쓸한 승리가 되었다. 후에 보이테크는 그것이 파트너를 거의 잃을 뻔한 등반이었다고 인정했다.

벽에서의 악전고투에도 불구하고 보이테크는 컨디션이 좋았다. 알렉스역시 마찬가지였다. 그들은 며칠을 쉬고 나서 난다데비로 넘어갔다. 허가서가

창가방 정상에서 오리지널 루트로 하산하는 모습 (존 포터)

창가방 정상에서 이어지는 길고 복잡한 루트 (보이테크 쿠르티카)

창가방에서 내려오던 알렉스 매킨타이어와 존 포터가 빙하 위에서 잠시 휴식을 취하고 있다.
(보이테크 쿠르티카 컬렉션)

창가방 남벽 등반 후 삐쩍 여윈 모습의 대원들. (왼쪽에서 오른쪽으로) 보이테크 쿠르티카, 존 포터, 알렉스 매킨타이어, 크지슈토프 주레크와 베이스캠프 매니저이자 의사인 레흐 코르니셰브스키
(보이테크 쿠르티카 컬렉션)

없었지만 보이테크는 아랑곳하지 않았고, BMC의 사무국장인 알렉스 역시 걱정하지 않는 것 같았다. "그는 불법적인 걸 좋아하는 인간이었습니다." 보이테크가 미소를 지으며 말했다. 그들은 북동벽을 6,500미터까지 올라가고 나서 허리케인 같은 바람으로 인해 베이스캠프로 돌아왔다.

그들은 이제 성역을 떠나기로 했다. 보이테크는 그가 캠프의 '게으름뱅이'라고 묘사한 알렉스와의 사건 하나를 회상했다. "그는 음식도 만들지 않고 캠프 정리도 하지 않았습니다." 보이테크가 분명하게 말했다. 난다데비에서의 등반을 끝내고 캠프로 돌아왔는데, 알렉스는 캠프 철수를 도와주지 않고 자신의 소지품까지 남겨둔 채 먼저 떠났다. 보이테크는 바위에 널린 채 버려진 알렉스의 바지를 발견하고, 성역을 떠나기 전에 그것을 집어넣을 곳을 찾았다. 배낭은 이미 꽉 차 있었다. 그는 빈 압력밥솥을 닦아낸 다음 그 안에 쑤셔넣었다. 그들이 그 다음 캠프지에서 다시 모였을 때 알렉스는 약간 난감한 표정을 지으며 주위를 돌아다녔다.

"바지가 없네. 누구 내 바지 본 사람 없어요?"

"하하, 당연히 내가 봤지." 보이테크가 응수했다. "어디 있는지 알고 싶어?"

"물론이죠. 어디 있는데요?"

"압력밥솥. 자기 건 자기가 잘 좀 챙겨."

"젠장, 왜 그런 곳에 바지를 처박아놓았어요?"

"고맙다고 해야지." 보이테크는 알렉스를 나무랐다. "압력밥솥은 깨끗해. 잔소리 말고 고맙다고나 해."

두 달 후, 보이테크는 알렉스로부터 변명이 섞인 메시지를 받았다. "요리학교에 등록했습니다. 앞으로 캠프에서 요리를 잘 할 수 있을 것 같습니다."

과거를 되돌아본 보이테크는 창기방 등반에 상당히 만족했다. 그들은 1,500미터의 인상적인 벽을 8일 동안 해먹에 매달려 자거나 얼음의 사면을 깎아낸 좁은 턱에서 비박하며 계속해서 치고 올라가는 방식으로 등반했다. 바

인도 가르왈 히말의 난다데비 성역 외곽에 자리 잡은 창가방(6,864m). 1978년 보이테크 쿠르티카,
알렉스 매킨타이어, 존 포터, 크지슈토프 주레크는 이 봉우리의 남벽에 신루트를 개척했다.
(보이테크 쿠르티카 컬렉션. 루트 개념도: 표트르 드로지치)

바르샤바로 돌아온 창가방 팀이 따뜻한 환영을 받고 있다. (왼쪽에서 오른쪽으로) 보이테크 쿠르티카, 크지슈토프 주레크, 존 포터, 알렉스 매킨타이어 (보이테크 쿠르티카 컬렉션)

위와 얼음의 기하학적인 덩어리인 그 벽에 붙어 있는 동안, 그는 우아하게 아치를 그린 기술적 등반선으로부터 날마다 영감을 받았다. 자유등반과 인공등반은 어려웠을 뿐만 아니라 사뭇 도전적이었다. 그러나 창가방에서 그가 가장 만족한 것은 우정이라는 감정이었다. 그는 자신들의 작은 팀이 보인 유연성, 과감한 시도, 창의성과 독립성을 높이 샀다. 물론 두려운 순간, 결정을 머뭇거린 순간, 조급한 순간도 있었다. 전체적으로 보면 그들은 함께 협력했다. "물론이죠. 그렇고말고요. 좋은 팀이었습니다." 그가 말했다. "난 환상적인 팀이었다고 말하고 싶습니다."

36년 후 보이테크가 크지슈토프로부터 한 통의 전화를 받았을 때 그들의 막강한 우정이 다시 한번 드러났다.

"보이테크, 한 번 보고 싶은데. 만날까?"

"크지슈토프, 웬일이야. 당연하지. 크라쿠프에 오면 내가 있는 곳으로와."

"안 돼. 난 차가 없어. 그리고 크라쿠프에서 100킬로미터 떨어진 곳에 살고 있어. 이리로 올래?"

"좋아, 좋아. 내가 가지. 문제없어. 영광이지."

며칠 후 보이테크는 크지슈토프가 있는 곳으로 차를 몰았다. 친구와 함께 그는 말 농장을 하고 있었다. 폐가나 다름없는 집은 금방이라도 무너질 것 같았다. 안에는 화장실조차 없었고 회벽도 너덜너덜했다. 그러나 따뜻하고 아늑했다. 환영! 그들은 보이테크를 반겼고 함께 농장을 둘러보자고 제안했다. 부슬비가 내리는 가운데 그들은 폴로 경기장처럼 매끈한 잔디와 높이 자란 너도 밤나무 숲을 산책했다. 수십 마리의 말들이 풀을 뜯어 먹기도 하고 나무 밑에서 쉬기도 했다. 몇 시간 후, 그들은 집 안으로 돌아와 허브차를 마시며 대화를 이어갔다. 이제 보이테크가 차를 몰고 크라쿠프로 돌아가야 할 시간이었다. 크지슈토프는 마음이 흔들리는 것 같았다. 그는 보이테크를 문간에서 잡아끌었다.

"보이테크, 오후에 함께 보낸 시간은 즐거웠어. 근데 말이야, 할 얘기가 좀 있어."

"좋아, 문제없어. 기회를 만들자."

몇 주일 후, 보이테크는 크지슈토프로부터 이메일을 한 통 받았다. 그는 이야기를 꺼낼 기회를 놓쳤다며 이렇게 말했다. "물과 관련된 사건(창가방에서 내려올 때) 기억하지? 물이 뽀글뽀글 솟아나는 빙하 구멍에서 막 기어 나오려고 했을 때 말이야. 얼어붙은 물통이 내 손에 있었지. 그때 네가 다가와서 말했어. '크지슈Krzysiu, 물 좀 줄래?' 내가 이렇게 말했지. '네가 알아서 마셔.' 그리고 계속 기어 나왔어. 나는 아래쪽으로 걸어 내려가는 네 모습을 보았어. 그 일이 자꾸자꾸 떠올라… 이 말을 꼭 하고 싶었거든. …"

감동을 받은 보이테크는 책상에서 일어나지 못했다. 그는 그 순간의 기억을 더듬었다. 아, 그렇지. 이제 기억이 났다. 그는 물을 건네주지 않은 크지슈토프에게 화가 났었다. 물론 모두 목이 탔었다. 그러나 그때 크지슈토프는 몹시 지쳐 있었다. 거의 죽기 일보 직전이었다. 보이테크는 물과 관련된 그 일을 마음에 담고 있지 않았었다. 그는 크지슈토프의 이메일을 다시 읽어보았다. 그렇게 고통스러운 기억으로 크지슈토프는 얼마나 오랫동안 마음이 아팠을까? 1978년부터 2014년까지. 36년이라는 세월을. 보이테크는 그 물 사건을 까마득히 잊고 있었다며, 이제는 그런 걱정을 하지 말라고 간절히 부탁하는 이메일을 크지슈토프에게 보냈다. 그는 크지슈토프의 고백이 자신들이 그 산에서 맺은 굳건한 우정의 증거라고 확신했다. 그는 그것을 자신의 소중한 추억을 위한 가상공간에 저장했다.

7

순간의 춤

사람들은 모두 꿈을 꾼다.
하지만 그 꿈은 저마다 모두 다르다.

T. E. 로렌스Lawrence, 『지혜의 일곱 기둥Seven Pillars of Wisdom』

알렉스 매킨타이어는 녹색의 3단 우편함에 들어 있는 우편물을 뒤적거렸다.
BMC의 국가 공무원으로서 그는 많은 사람들의 다양한 민원을 처리해야 했다.

"이 절망의 오브제 ─ 녹색의 3단 철제 우편함 ─ 는 초고속 증식의 특성
이 있어서, 언제든지 폐지함에 버릴 수 있다는 내부지침에도 불구하고, 산더
미같이 쌓여갔다." 알렉스는 후에 이렇게 썼다.[14] 이날 그는 다행히도 우편함
비우는 일을 신중히 했는데, 우편함 깊은 곳에 얼음과 눈으로 된 깎아지른 피
라미드 사진이 있는 매력적인 엽서가 한 장 있었기 때문이다. 엽서 뒷면에 그
벽의 이름이 있었다. 다울라기리 동벽East Face of Dhaulagiri.

알렉스,

엽서의 벽에서 멋진 나날을 보낼 수 있는 엄청난 기회.

3월 10일에 카트만두에서 보자.

너를 사랑하는 보이테크.

추신: 파트너 데려와.

해발고도 8,167미터로 세계 제7위의 고봉인 다울라기리는 네팔의 칼리 간다키Kali Gandaki강 위로 7,000미터나 드라마틱하게 솟아오른 봉우리이다. 다울라기리라는 아름다운 봉우리의 그 이름은 '눈부시게 희고 아름다운'이라는 뜻이다. 1954년 아르헨티나 육군 다울라기리원정대는 안락한 텐트 사이트를 만든답시고 걸리적거리는 바위를 폭약으로 제거하는 비정상적인 수단을 썼다. 그들은 8,000미터까지 도달했지만 폭풍설로 돌아서고 말았다. 다울라기리를 북동릉으로 초등한 것은 1960년의 유럽 팀이었다. 그러나 보이테크의 시선을 사로잡은 동벽은 여전히 미답이었다.

알렉스에게 초대장을 보내기 1년 전인 1979년, 보이테크는 연대운동 탄생지인 폴란드 동부의 그다인스크Gdańsk 클라이머들과 다울라기리 북동릉으로 갔다. 그와 발렌티 피우트Walenty Fiut는 그 팀에서 빠져나와 별도로 등반하기로 계획을 세웠다. 동벽이 그들의 목표였다. "건방져 보이기까지 하는 직등의 등반선은 믿을 수 없을 정도로 매력적이었습니다." 그가 말했다. "깨끗하고 멋진 설원은 마치 하늘에서 곧장 흘러내린 것 같았습니다."

하지만 1979년의 그 벽은 눈이 전혀 없었다. 그곳은 끝없이 펼쳐진 헐거운 바위가 아니면, 무섭도록 반반한 슬랩이었다. 그들은 희망이 없다는 것을 알 수 있었다. 그래서 그 산의 북쪽으로 가, 다른 동료들과 합류했다. 그들은 거의 8,000미터까지 올라갔지만 날씨가 나빠진 데다 한 사람의 컨디션이 좋지 않아 돌아섰다. 그리하여 미답의 동벽은 보이테크의 마음에 아쉬움으로 남았고, 그는 다시 돌아오겠노라고 맹세했다.

얼음이 열쇠였다. "다울라기리의 아름다운 동벽을 바라보며, 만약 그것이 얼음으로 이어져 있고 상태가 좋다면, 우린 등반을 빨리 할 수 있을 거라고 생각했습니다." 보이테크는 알프스의 트리올레Triolet, 레 쿠르트Les Courtes, 레 드루아트Les Droites 같은 북벽에서 이미 상당한 빙벽등반 경험을 쌓은 터였다. 그래서 그는 알프스에서의 경험을 더 큰 캔버스에 투시해보았다. "위로 올라갈수록 얼음이 점점 더 많을지 모릅니다." 그가 말했다.

그렇다면 그가 제일 좋아하는 파트너 알렉스 매킨타이어보다 함께 오르기에 더 좋은 이가 누가 있겠는가? 알렉스는 빙벽등반의 귀재였다. 검은 머리에 얼굴이 둥글넓적한 알렉스는 창백하고 각진 얼굴로 날카로운 인상을 주는 보이테크와 사뭇 대조를 이루었다. 또한 그들의 성격 역시 그만큼 달랐다. 낙석에 대한 남다른 두려움만 빼면 알렉스는 차분하고 낙천적이었다. 반면 보이테크는 초초하고 예민하고 진지했다. 알렉스와 두 번 원정등반을 한 보이테크는 자신이 그와 함께 산에 가고 싶어 한다는 사실을 깨달았다. 보이테크는 그의 유머감각과 편안한 스타일, 다양한 영국 음악을 좋아하는 취향, 그리고 당연히 그의 등반윤리까지 좋아했다. "그는 언제나 팀이 필요할 때면 나타났고, 그렇게 나타나면 특별한 재능을 보여주는 사람이었습니다." 보이테크는 반다카 정상 근처의 오버행 커니스를 그대로 뚫고 나가던 알렉스를 회상하며 이렇게 말을 이었다. "그는 비장의 카드, 즉 조커 같았습니다."[15]

무엇보다도 보이테크는 알렉스의 장난기를 소중히 여겼다. "난 놀 줄 아는 사람들을 좋아합니다." 그가 말했다. "인생을 즐길 줄 알고 재미있게 놀 줄 아는 사람이라면 주눅 들고 위축되는 상황에서도 반전을 꾀할 수 있을 겁니다." 의심할 여지없이 보이테크는 불법임을 알고도 거리낌 없이 끼어들려고 하는 알렉스의 호기로움 역시 좋아했다. 그것은 보이테크도 즐기는 것이었다. 그들의 반다카 등정은 불법이었고, 난다데비 시도 역시 마찬가지였다. 따라서 앞으로도 어쩔 수 없이 불법을 저지르는 일이 분명 더 있을 터였다. 그것은 단지 선택의 문제였을 뿐이다.

보이테크는 다울라기리 동벽에 대한 영국과 폴란드의 합동등반을 계획했다. 바로 그런 이유로 알렉스에게 파트너를 데리고 오라고 한 것이다. 외국 클라이머들은 현금을 가져오기 때문에 그들이 꼭 필요했다. 보이테크는 폴란드 파트너로 루드비크 빌치인스키를 초청했다. 그는 인상적인 알피니스트이며 재능 있는 작가이자 뮤지션이었다. 함께 등반한 적은 없어도 그들은 타트라에서 이미 친분을 쌓은 사이였다. 그러나 알렉스는 다울라기리 파트너로 영국인 동료를 선택하지 않고, 자신감이 넘치는 프랑스 가이드 르네 길리니René Ghilini를 초청했다. 알렉스는 샤모니에서 그와 함께 등반한 경험이 있었다. 훗날 보이테크는 길리니로부터 알게 모르게 영향받았고, 예지 쿠쿠츠카도 그의 영향을 받았다. 그로부터 30년 후 길리니와 보이테크가 프랑스에서 만났을 때 길리니는 그런 말에 웃으며, 보이테크가 자신이 만난 클라이머 중 가장 예민한 사람이었다고 털어놓았다.

카트만두에 도착한 그들은 늘 겪는 난관에 부딪쳤다. 다시 말하면 허가서를 받지 못한 것이다. 길리니가 폴란드식 문제해결 방법을 조금이나마 알게 된 것은 바로 그때였다. 허가서에 대한 협의가 중지됐다. 길리니는 뒤로 물러나 보이테크가 관광성의 관료와 얘기하는 모습을 지켜보았다. 보이테크는 회유하는 듯한 미소를 지으며 대화를 시작했다. 그는 진부한 이야기로 사뭇 아첨을 떨며 네팔과 외국 클라이머들 간의 협력이 가진 장점을 극찬했다. 그런 다음 거창한 몸짓과 함께 양국 간의 우호를 축하한다며 선물을 내놓았다. 길리니는 그 선물을 보고 크게 놀랐다. 낡은 트랜지스터 라디오였다. 그것은 아무 값어치가 없는 것처럼 보였다. 보이테크는 도대체 무슨 생각으로 그런 모욕적인 선물을 준 것일까? 그런데 놀랍게도 그 관료는 그것을 당연하다는 듯이 받으며 음흉한 미소를 지었다. 그는 보이테크에게 고맙다고 말하고 나서

라디오 뒤쪽에 있는 작은 뚜껑을 익숙하게 밀어서 열었다. 그러자 두툼한 달러 뭉치가 나왔다. 그는 라디오를 밀쳐놓고 그 내용물을 자신의 책상서랍에 집어넣었다. 그리고 조금의 어색함도 없이 협력과 파트너십과 국제관계에 대한 대화를 계속했다. 그리고 얼마 후에 허가서가 나왔다. 후에 길리니가 보이테크에게 물어보자 그는 어깨를 으쓱하며 이렇게 대답했다. "우린 그런 방법을 써."

허가서를 입수한 그들은 칼리 간다키 계곡의 중요한 길목에 자리 잡은 투쿠차Tukucha에서 포터를 고용한 다음 다울라기리로 들어갔다. 날씨는 끔찍했다. 그들은 5,200미터의 담푸스Dhampus 고개 몇 시간 못 미친 곳에 있었지만 벌써부터 문제가 불거지기 시작했다. 난폭하고 시커먼 구름떼가 그들 주위로 몰려들어, 고개로 이어지는 설원에 난 길을 흐릿하게 만들었다. 점점 더 생명에 위협을 느낀 포터들은 마침내 짐을 내던지고 계곡 아래로 달아났다. 보이테크는 속수무책인 상황에 절망했다. "그들의 도움 없이 식량과 장비를 고개 너머 '히든 밸리Hidden Valley'까지, 더 높은 '프렌치 콜French Col'을 너머 베이스캠프까지 옮기는 건 불가능했습니다." 그가 말했다. 그의 꿈과 그의 계획과 비싼 입산료는 모두 무용지물이 될 판이었다.

그들은 3일 동안 폭풍 속에 쭈그리고 앉아, 해시 냄새가 물씬 나는 토마토 수프를 게걸스럽게 먹으며 마리안느 페이스풀Marianne Faithful의 슬픈 노래를 들었다. "무엇 때문에 죽으려 하나요? 그건 당신의 현실이 아니에요." 그녀는 이렇게 노래를 불렀다. 조바심에도 불구하고, 보이테크는 그 이상한 여성에게 흥미를 느꼈다. "너무 심각하고 너무 슬프고 너무 처지는 노래여서 난 알렉스에게 그녀가 어떤 사람인지 물었습니다." 알렉스가 그에게 대답했다. "그녀는 폴란드 역사와 비슷합니다. 그녀 곁에 많은 사람이 있었지만 모두 거다란 상처만 주었으니까요."

날씨가 좋아지자, 동료들이 긴장성 분열증 상태로 텐트에 누워 있는 동안 보이테크는 투쿠차로 돌아가 더 많은 포터를 고용했다. 8일 후, 그들은 새로 내린 눈에 흠뻑 젖어 지치고 축 처진 채 베이스캠프에 도착했다. 그러나 적어도 그들은 자신들의 장비와 함께 그곳에 있었다. 길리니는 프랑스에서 새로운 장비들을 많이 가지고 왔다. 크램폰과 시몽Simond 피켈, 카스틴저Kastinger 부츠. 보이테크는 폴란드에서 다운으로 된 의류와 침낭들을 가지고 왔다. 길리니는 다운의 품질과 꼼꼼한 바느질 그리고 의류의 디자인에 깊은 인상을 받았다. "그런데 지퍼가 없었습니다." 그가 웃으며 말했다. "전부 단추가 달려 있었죠. 우리의 재킷과 조끼, 침낭은 모두 다 단추로 된 것이었습니다."

이제 자신들의 산에서 그들은 고소순응을 해야 했다. 장난기가 많은 알렉스는 동료들과 함께할 고소순응 전략을 짰다. "이 과정은 … 엄청난 양의 마늘을 소비하고, 두 주먹을 쥐고 팔굽혀펴기를 몇 세트 반복한 다음 섹스를 하고, 공짜 일본제 미니 카세트플레이어에서 흘러나오는 바그너의 음악에 맞춰가며 발가락 하나를 이용해 높은 언덕을 껑충껑충 뛰어오르는 것입니다. 육체는 이런 것으로 단련됩니다." 그러나 농담이 아니라, 그들은 실제로 고소순응을 할 필요가 있었다. 그래서 그들은 다른 팀 대원들의 호의에 기대기로 계획을 세웠다.

그들의 베이스캠프 사이트 근처에 북동릉을 오르려는 스위스 원정대가 있었다. 보이테크는 그들에게 다가가 고소순응을 위해 그들의 루트를 이용해도 되는지 물어보았다. 그들은 마지못해 동의했다. 보이테크와 동료들은 적당한 거리를 오르내리며 몸을 만들었다. 6,500미터, 7,000미터, 7,500미터. 고소순응을 위한 등반을 하면서, 한번은 보이테크와 루드비크가 동벽에서 빠져나올 때 쓸 요량으로 북동릉의 높은 곳에 장비와 식량을 숨겨놓았다. "정상까지는 2시간 거리밖에 되지 않았습니다." 보이테크가 말했다. "너무 쉬워 보였지만 나는 동벽을 통해 정상까지 곧장 치고 올라가는, 가슴 설레는 기쁨을 망가뜨리고 싶지 않았습니다. … 나는 벽에 대한 신뢰를 유지하고 싶었습니다.

일단 정상에 오른다 해도, 벽에서 우리가 최상의 컨디션을 유지할지 누가 알겠습니까?"

훗날 보이테크는 어떤 산이든 그 당시의 자신에게는 큰 문제가 아니었다고 설명했다. "기존 루트엔 흥미가 없었습니다. 그런 루트들은 미지의 세계를 탐험한다는 게임의 핵심적인 요소가 없습니다. 게다가 그런 것들은 대부분 기술적으로 쉽고 경사도 없어서 수직의 아름다움이 결여되어 있습니다. 날개를 활짝 펴게 하는 것이야말로 이 수직의 아름다움입니다. 날개가 없는 등반에서 무엇을 느끼겠습니까? 무엇이 남겠습니까? 그것은 그냥 고된 노동일 뿐입니다. 그런 등반은 사양합니다." 젊은 시절의 자세를 회상하며 그가 웃었다. "그 당시엔 인식이 잘못 됐던 것 같습니다. 이젠 그런 대단한 드라마를 꿈꾸지 않습니다. 산을 대하는 자세가 이젠 훨씬 더 명상적으로 바뀌었습니다. 산의 아름다움으로 가까이 다가가고자 하는…. 이제 내게 중요한 건 산의 일부가 되는 겁니다."

고소순응을 완전히 끝낸 그들은 동벽을 등반할 준비에 들어갔다. 5월 6일 오전 2시 45분, 그들은 베이스캠프를 떠났다. 알렉스는 그때를 "달빛에 휩싸여 온 세상이 훤하게 밝은 드물게 아름다운 밤"이었다고 기억했다. 크램폰 밑의 눈이 단단해 바삭거렸다. 그들이 콜에서 벽 밑까지 가는 데는 1시간 조금 넘게 걸렸다. 알렉스는 그 장면을 이렇게 묘사했다. "특별한 이벤트를 위해 잘 차려입은 듯한 동벽이 차갑고 시퍼런 모습으로 손짓했다."[18] 첫 번째 장애물은 빈틈을 찾을 수 없는 바위지대였다. 그것을 돌파하는 데만 3시간 이상 걸렸다. 그들은 얇은 얼음 층이 서리처럼 완벽하게 뒤덮인 처음의 V급 피치에서만 로프를 사용했다. 그런 다음 로프를 나누어 사리고 각자 바위지대 위로 올라갔다. 위쪽으로 이어지는 얼음의 실타래를 풀고, 벽이 드리내는 약점을 찾으며, 눈과 얼음이 들어찬 틈을 통해 루트를 만들어 나갔다. 마치 천장의 타일같이 이상하게 생긴 바위지대는 피하려고 노력했다. 대신 그들은 하얀색에 끌렸다. 그러나 대단히 실망스럽게도 그것들은 얇았다. 유리처럼 부서지기 쉬운 얼음, 수정조각 같은 얼음, 깃털처럼 길게 갈라진 눈. 흘러내리다 멈춘 듯 헐거운 바위에서는 확보를 거의 할 수 없었다.

첫 번째 날 정오쯤, 차를 마시며 쉬기 알맞은 조그만 바위 둔덕을 발견했다. 그곳에 앉아 쉬자니, 먼 곳에서 바싹 마른 손가락처럼 성긴 구름들이 하늘을 획획 지나가고 있었다. 기상예보를 접할 수 없는 그들은 산에서 느끼는 본능에 의존해야 했다. 그것은 오후가 되면 생기는 현상 같았다. 확실히 약간 문제가 될 듯했지만, 그런 산에서는 늘 있는 일이었다.

그들은 계속 올라갔다.

곧 천둥이 으르렁거리며 위협적인 구름떼가 그들을 감쌌다. 낮고 무겁고 어둡게. 차를 조금 마시는 동안 불어온 미풍이 세지더니 눈이 내리기 시작했다. 그들은 여전히 각자인 채로 계속 올라갔다. "로프를 묶을 생각은 하지 않았습니다." 보이테크가 말했다. "경사가 아주 심하진 않았습니다. 50도에서 55도, 그리고 가끔 60도 정도. 몇 군데 혼합등반 구간은 그보다 좀 더 셌던 것 같습니다." 대원들은 각자 자신의 속도와 리듬에 의존해, 20~30미터쯤 떨어진 채 루트를 찾아 올라갔다. 휘몰아치는 눈과 획획 소리를 내며 떨어지는 분설 눈사태로 인해 점점 더 줄어드는 제한된 영역 안에서 그들은 모두 혼자 움직였다.

오후도 반나절이 지나갈 때쯤 그들은 암벽 밑의 작은 공간으로 파고들어 강설과 분설 눈사태를 피했다. 이제부터는 그 벽에서 안락한 곳을 더 이상 찾기 어렵다는 것이 분명해 보였다. 그래서 6,450미터인 그곳의 좁은 터를 다듬어 대단히 편치 못한 세 번의 비박 중 첫 번째 비박에 들어갔다. 보이테크의 기억에 의하면 모두 말이 없었다고 한다. 몇 시간 동안 그들은 자리를 여러 번 깎아낸 다음 비박색을 설치하고, 마침내 어색하고 위태로운 자세로 음식 만드는 일을 시작했다. 보이테크는 희망을 잃지 않았다. "어쨌든 첫 날 이후 우린 큰 눈사태가 일어나진 않을 거라는 확신이 들었습니다." 보이테크가 그때를 회상하며 말했다. 그런 다음 현실적인 경고를 덧붙였다. "우린 여전히 1,000미터를 더 올라가야 했습니다. 따라서 큰 눈사태가 일어나 곤란에 빠질 가능성을 배제할 순 없었습니다." 비록 편치는 않았지만, 그들의 첫 번째 비박은 그 다음 날 밤에 겪게 될 고통에 비하면 5성급의 호화로운 호텔이나 다름없었다.

그들은 부드러운 눈이나 푸석한 얼음으로 된 깊은 지역을 피해 얼음이 덮인 사면을 따로따로 올라갔다. 모두 빙설에서의 등반기술이 뛰어나, 입을 굳게 다물고 각자 꾸준하고 빠르게 움직였다.

높이 올라가자 바람에 노출되어 검게 빛나는 얼음이 점점 더 단단해졌다. 천둥소리는 여전했고, 때때로 분설 눈사태가 그들 주위로 쓸려 내렸다. 어떤 곳에서는 크램폰 앞발톱에 의지한 루드비크와 알렉스가 획획 소리를 내는 눈에 갇힌 채 오도 가도 못하는 상황이 벌어지기도 했다. 그들은 벽에서 쓸려 갈까 봐 움직이지도, 확보물을 다시 설치할 수도 없었다.

온종일 등반한 그들은 이제 두 번째 비박지를 구축해야 했다. 보이테크는 그 상황을 분명하게 기억하고 있었다. "둘이 있기에도 비좁았습니다." 그가 벽에서 파낸 아주 조그만 턱에 대해 말했다. "그들(알렉스, 루드비크, 길리니)은 2인용 비박색에 간신히 기어들어갔습니다. 하지만 내가 들어갈 수 있는 공간이 없었습니다. 밖에 있던 난 침낭에조차 들어갈 수 없었습니다. 먹을 걸 만들 수도 없었고요. 경사는 60도 정도로 아주 세진 않았습니다. 하지만 20센티미터만 파 들어가도 바위가 나와 평편한 턱을 만들 수 없었습니다." 보이테크는 반쯤 무너진 작은 얼음 턱에서 슬링 더미에 털썩 주저앉아, 바람에 의해 끊임없이 날리는 분설을 피하려고 비박색을 거꾸로 해서 머리 위쪽에 뒤집어 쓴 다음, 주위의 카오스를 무시하려 애썼다. 두 번째 비바에서는 음식을 먹지도 못하고 물을 마시지도 못했다. 그들은 불안정한 자세로 꾸벅꾸벅 졸기만 했다. 폴란드의 비박 등급으로 봐도 그것은 가장 높은 수준이었다.

그들은 새벽빛이 비치자마자 탈출했다. 위로 올라가는 동안, 새로 생긴 검은 구름떼가 그들을 향해 마구 휘돌아 몰려들고 있었다. 그들은 커다란 바위 버트레스buttress에서 바람이 불지 않는 피난처를 발견하고 스토브를 켜서 차를 마셨다. 알렉스는 그 장면을 이렇게 묘사했다. "이른 아침에 졸린 눈을 비비며 따뜻한 차를 홀짝홀짝 마시는 출근길의 사람들처럼 우리는 서서 차를 끓여 마셨고, 위로 몸을 질질 끌며 움직여 마침내 마지막 저녁햇살 속에 벽을 벗어나 혼합지대에서 더듬거리다 능선 위에 있는 거대한 바윗덩어리 아래 비박지에 이르렀다. 그러자 다울라기리의 광포한 바람이 불어왔다."[19] 그들이 두 번째로 로프를 사용한 장소는 벽의 최상단부인 바로 그곳이었다. 보이테크가 노출된 바위 침니를 올라가 아래쪽 동료들을 끌어올린 다음, 그들은 벽을 벗어났다. 그리고 7,900미터쯤의 북동릉에서 세 번째 비박에 들어갔다. 그 비박에서야 비로소 각자의 침낭 속으로 기어들어갈 수 있었다고 보이테크는 기억했다. 그래도 몹시 춥기는 마찬가지였다. 모두 완전히 녹초가 되었다.

그러나 그들은 사람의 발길이 닿지 않은 북동벽에 있는 비밀의 문을 열

1980년 알렉스 매킨타이어가 다울라기리 동벽을 단독으로 오르고 있다. (보이테크 쿠르티카)

었다. 으르렁거리는 천둥, 옷을 찢을 듯한 바람, 쉬지 않고 내리는 눈에도 불구하고 그들에게 남은 마지막 희망은 정상까지 올라가는 것이었다. 5월 10일 자정이 지나고 얼마 후에 정상 등정을 준비했다. 그들은 수분을 미리 보충할 필요가 있었다. 따라서 몇 시간 동안 눈을 녹여 물을 마셨다. 새벽이 되었는데도 악천후는 수그러들 기미를 보이지 않았다. 아니, 오히려 그 사이에 더 나빠졌다. 무릎까지 빠지는 깊은 눈을 30미터쯤 헤치고 나아간 그들은 정상과 그들 사이에서 눈사태가 일어날 확률이 아주 높다는 사실을 깨달았다. 걸음을 옮길 때마다 눈덩어리들이 쿵쿵 소리를 내며 움직였다. 사면을 가로질러 불길한 균열선이 들쭉날쭉 분명한 윤곽을 드러냈다. 이제 북동릉을 통해 베이스캠프로 후퇴하는 것뿐 달리 선택의 여지가 없었다.

보이테크는 참담한 심정을 금치 못했다.

북동릉을 뛰다시피 내려온 그들은 끔찍한 날씨에 갇혀 여전히 캠프에 쭈그리고 앉아 있는 스위스 팀을 발견했다. 그들은 며칠 쉰 다음 앞으로 어떻게 할 것인가를 상의했다. "이봐, 친구들." 보이테크가 말을 꺼냈다. "우리가 정상에 간 건 아냐. 이 산을 끝낸 게 아니라고." 그는 북동벽에 다시 붙어 이번에는 기필코 정상까지 가자고 제안했다.

알렉스는 어이없어 하며 고개를 가로저었다. "어리석게 굴지 말아요. 우린 이미 북동벽을 끝냈습니다. 노멀 루트로 정상에 가도 충분합니다." 북동벽으로 돌아간다는 아이디어가 너무나 터무니없다는 사실은 보이테크도 인정했다. 그럼에도 그는 이렇게 고집을 부렸다. "이 산에서 뭔가를 해야만 해." 그는 길리나 루드비크가 등반에 전혀 관심이 없는 것 아닌가 하는 의구심이 들었다. 그러나 결국 그들은 북동릉을 통해 그 산으로 돌아가기로 했다.

북동릉에서 4일을 보낸 그들은 5월 18일 정오가 막 지난 시점에 디 울리 기리 정상에 올라섰다. 그리고 5월 20일에는 모두 베이스캠프로 무사 귀환했다. 임무는 완수했다. 그러나 완벽주의자인 보이테크는 약간의 실패라는 생각

다울라기리 동벽을 등반하고 카트만두에서 포즈를 취한 보이테크 쿠르티카 (보이테크 쿠르티카 컬렉션)

위: 네팔 히말라야에 있는 다울라
기리(8,167m) 동벽의 신루트(7,500
미터까지). 1980년 보이테크 쿠르
티카, 르네 길리니, 알렉스 매킨타
이어, 루드비크 빌치인스키는 이
곳을 알파인 스타일로 등반했다.
그들은 후에 북동릉으로 정상에
올랐다. (보이테크 쿠르티카 컬렉션,
루트 개념도: 표트르 드로지치)

좌: 보이테크 쿠르티카 초상화
(에바 발데츠크 쿠르티카)

을 떨칠 수 없었다. 그의 비전은 북동릉을 똑바로 올라 쳐 정상까지 가는 것이었다. 훗날 보이테크는 특유의 절제된 표현으로 그 등반의 성격을 재정리했다.

얼음으로 뒤덮인 50도나 55도의 경사면을 꾸준히 올라가는 것이어서 등반은 쉬웠다. 어떤 곳들은 생각보다 얼음이 단단했고, 또 부분적으로는 얼어붙은 눈이 우리를 좀 피곤하게 만들기도 했다. 우리는 피켈로 스텝을 깎아낸 다음 그 위에 서서 종아리 근육을 풀었다. 낮에는 거의 먹지 않았다. 물론 등반 중에는 전혀 먹지 않았다. 그렇게 했다면 시간이 더 많이 걸렸을 것이다. 가끔 단것을 먹었다. 아마 초콜릿이었던 것 같다. 우리는 확보용으로 아이스스크루를 박지 않았다. 그럴 필요가 없었기 때문이다. 꾸준히 등반을 하다 보면 어느 정도는 안전하다고 느낀다. 물론 추락하면 그 거리는 무려 2,000미터나 된다. 옷을 갈아입거나 배낭을 벗는 방법은 간단했다. 피켈을 단단히 박아놓고 매달리는 것이다. 고도가 고도인지라 어쨌든 우리는 2~3미터마다 멈추어야 했다. 얼음이 부서질 것 같지는 않아, 피켈이 빠질 걱정은 하지 않았다. 크램폰과 피켈만 사용해서 우리의 움직임은 거칠지 않다. 동작은 매우 반복적이었다. 그런 등반에서 문제가 되는 것은 지루함과 심리적 어려움 같은 것이다.

그 등반이 흥미 있었느냐는 질문에 보이테크는 이렇게 대답했다. "정상까지 남은 거리를 추측하고, 나의 약점을 고집스럽게 극복하는 것과 계속 위로 올라가다가 때로는 아주 만족스럽게도 내가 보기보다 더 강인하다는 사실을 알아차린 것이 흥미 있었습니다." 다울라기리 동벽은 그가 8,000미터라는 한계에서 처음으로 역할을 다한 곳이었다. 그리고 자신을 한계 끝까지 몰아붙이는 궁극적인 게임과 만난 곳이기도 했다. 보이테크는 여러 상황을 다시 검토해보고 나서, 8천 미터급 고봉 등반은 어느 곳이든 대부분 고통과의 싸움이라는

등반을 마치고 함께 모인 1980년의 다울라기리 동벽 팀. (왼쪽에서 오른쪽으로) 르네 길리니, 보이테크 쿠르티카, 알렉스 매킨타이어, 루드비크 빌치인스키 (보이테크 쿠르티카 컬렉션)

사실을 인정했다. "그게 바로 고소등반의 정수입니다." 보이테크는 주장했다. "한 걸음 한 걸음은 모두 자신의 약점을 극복하는 겁니다. 벽에 매달리는 기쁨이 전혀 없기 때문에 그런 고도에서의 창의성이란 그저 자신의 고통에 대한 것뿐입니다. 그리고 그런 고통의 극복은 아주 신나는 해방감을 가져다줍니다."

그는 유레크가 이런 게임의 대가라고 생각했다. "유레크의 야망은 오직 이런 방식으로 단련됐습니다. 그는 자신의 약점과 싸운 투사였습니다." 보이테크가 말했다. "그는 바위와의 게임, 즉 자기 육체와의 게임을 즐기진 않았습니다. 유레크에게 게임은 약점과의 싸움에서 이기는 것이었습니다. 날마다 더 멀리 전진하고 또 전진하면 그만큼 약해집니다. 그러나 대단한 결심으로 마지막 목표를 달성하려 노력합니다. 바로 정상이지요. 이게 바로 그의 게임이었고, 창의성에 대한 그의 소신이었습니다."

먹고 살아야 하는 일까지 포함해, 보이테크가 살면서 겪은 모든 문제는 창의적 접근을 요구했다. 그는 PZA로부터 다울라기리 원정등반에 대한 약간의 지원을 얻어냈지만, 비용을 모두 충당하기에는 턱없이 부족했다. 1978년 4월부터 그는 직업이 없었다. "장사로 돈을 벌었지요. 당연히 불법이었습니다만, 난 밖으로 나갈 때마다 폴란드로 짐을 부쳤습니다. 수백 박스의 네스카페 *Nescafé*를. 폴란드에선 고급이었으니까요. 보석류나 의류도요. 한 번 나갈 때마다 짐을 50개는 부쳤던 것 같습니다." 보이테크는 그때를 '폴란드가 지배한 황금 같은 10년'이라고 불렀다. 히말라야 알피니즘은 물론이고 밀수에 있어서도, "모두가 떼돈을 벌었습니다." 그가 말했다.

그러나 밀수는 말 그대로 쉽지도 않았고 우아하지도 않았다. 인도의 우체국에서는 두세 개 이상의 짐을 부칠 수 없었다. 그리고 빈번한 방문은 의심을 받았다. 이런 문제를 해결하기 위해 보이테크는 곧 델리의 우체국 직원들과 친분을 쌓기 시작했다. 그러나 그것은 보내는 사람의 일일 뿐이었다. 그렇다면 거래의 상대방인 받는 사람은 어떻게 할 것인가? 폴란드에서는 같은 주소로 너무 많은 짐을 받는 것도 문제였다. "난 폴란드에 있는 서로 다른 사람들, 즉 친척들과 친구들에게 그 짐들을 보냈습니다." 보이테크가 말했다. 모두 어느 정도의 위험을 감수했고, 모두 어느 정도 이익을 냈다. 그의 친척들과 친구들은 공산주의 폴란드에서 부수입을 올릴 수 있어 좋아했다. 그러나 그런 일, 즉 모든 거래와 그 과정의 모든 단계가 불법이었다.

보이테크는 사업을 다방면으로 확장했다. 그는 아프간의 양가죽 코트를 프랑스로 보냈는데, 그곳에서는 인기가 아주 좋았다. 그는 러시아인들이 껌을 아주 좋아한다는 사실을 알고 폴란드 껌을 러시아로 실어 보냈다. "믿지 못할 거예요. 멍청한 공산주의자들은 러시아인들에게 껌도 공급하지 못했습니다." 그는 폴란드에서 다양한 색상의 우편엽서를 사 네팔에서 팔았다. 또한 연분홍 꽃이 수놓인 스카프를 아프가니스탄에서 테르메즈로 가지고 가, 러시아 관료들이 일거수일투족을 감시하는 가운데서도 수십 배를 남기고 카자흐스탄 사람들에게 팔았다. 이렇게 해서 벌어들인 수익은 막대했다. "러시아에서 껌을 10박스 팔면 다이아몬드를 살 수 있었습니다. 그리고 그것을 다시 폴란드나 서독에서 팔았습니다." 폴란드 클라이머들의 불법 거래는 너무나 공공연해서 델리나 카트만두의 타멜 거리에 있는 많은 가게들은 이런 문구를 붙여놓기도 했다. "폴란드어 가능"

다울라기리 등반을 끝내고 알렉스와 길리니는 유럽으로, 보이테크와 루드비크는 폴란드로 돌아갔는데, 그들은 전혀 축하받지 못했다. 보이테크는 PZA에 간략한 보고서를 써냈다. 그들의 등반은 상당한 것이었지만 미디어의 관심을 끌지 못했다. 일단 그들이 거대한 설벽을 고정로프도 없이 올라갔다는 것은 대단한 성취였다. 그것은 사람의 발길이 닿지 않은 거대한 8천 미터급 고봉의 벽에서 알파인 스타일로 이루어진 인상적인 등반이었다. 히말라야의 미래 등반. 그때까지 8천 미터급 고봉의 거벽에서 이루어진 알파인 등반은 라인홀드 메스너와 페터 하벨러의 1975년 가셔브룸1봉 등반이 유일했다.

폴란드가 그들의 등반을 무시했다고 해도 그리 놀랄 일은 아니었다. 그 나라는 훨씬 더 심각한 문제에 직면해 있었다. 폴란드는 위험천만한 혼란으로 휘청거리고 있었다. 공산당이 식료품 가격을 인상하자 나라 전역에서 파업이 봇물 터지듯 일어났다. 파업은 불법이었다. 따라서 공산당은 회유와 협박이라는 통상적인 방법으로 그들을 진압하려 했다. 과거에는 그런 전략이 통했을지 모르지만, 이번에는 레흐 바웬사Lech Wałęsa가 이끄는 그다인스크 전기 기술자들의 저항까지 일어나, 아무 소용이 없었다. 바웬사는 지하활동으로 인해 이미 여러 번 감옥으로 끌려간 적이 있었다. 그러나 레닌 조선소에서 파업이 일어나자 그가 앞장섰다. 2만 명의 노동자들이 담장 안쪽에 바리케이드를 치자, 수천 명이 정문 밖에서 그들을 응원했다. 전 세계의 이목이 레닌 조선소로 쏠렸다. 그리고 그다음 며칠 동안 바웬사가 이끄는 노조는 전국의 파업에 적용되는 협상을 이끌어냈다. 그로부터 솔리다르노시치Solidarność(연대운동)라는 말이 생겨났다. "모든 산업 노동자들이여, 단결하라."라는 구호가 전국을 뒤덮었다. 자유무역의 탄생은 폴란드가 민주주의로 가는 긴 여정의 첫걸음이었다.

이런 흥분의 도가니에도 불구하고 일상은 익숙한 내핍생활의 리듬을 벗어나지 못했다. 여자들은 식료품을 사기 위해 몇 시간이나 줄을 서야 했고, 기름을 사고자 하는 남자들 역시 마찬가지였다. 몸에 익은 고난의 이런 아수라장은 물론이고 혁명적인 변화와 더불어 보이테크의 생활 역시 개인적인 일로 문제가 복잡해졌다.

"창가방에서 돌아오면서 나는 아내가 공항에서 기다릴지 어떨지를 확신하지 못했습니다." 그가 웃으며 말했다. 에바는 보이테크의 반복되는 장기 부재에 지쳐가고 있었다. 무선통신혁명 이전 시대에 원정을 하는 동안 그는 마치 달나라로 가버린 듯 이해할 수 없는 세계 속으로 조용히 사라지곤 했다. 에바는 열정적인 여인이었다. 그녀는 자기 남자가 밖으로 겉돌지 않고 자신의 생활 속으로 들어오기를 바랐다. 그들의 결혼생활은 압박을 받기 시작했다. 심지어 보이테크는 원정 중간에 과연 폴란드로 돌아갈 필요가 있는지 확신하지 못했다. 그가 네팔에서 보내는 시간은 앞으로의 등반에 대한 허가도 받아야 하고 해서 원정을 할 때마다 더 길어졌다. 그는 여러 원정을 귀국하지 않고 현지에 있으면서 비용을 아꼈고, 중요한 짐 꾸러미 모두를 배로 보내 순수입을 더 올렸다.

보이테크와 에바 사이에 균열이 생긴 것은 그의 장기 부재 때문만이 아니었다. 산에서 돌아온 그는 완전히 자신의 평온만 추구하는 다른 사람, 더 개인적인 사람이 되었다. "일상생활에서는 도달할 수 없는 수준의 내적 고요가 있습니다." 그가 말했다. "아주 조용한 상태에 있거나 자신의 마음이 정말 평온하면, 주위가 완전히 달라집니다. 평화로워지지요. 그러면 죽음까지도 받아들일 수 있습니다." 그는 이것을 에바와 공유하지 못했다. "알피니스트로서 안정적인 가정생활을 꾸리긴 힘듭니다. 등반의 꿈을 안고 한밤중에 산을 걸어 올라가는 걸 와이프는 이해하지 못합니다." 특별한 등반에 대한 꿈을 이야기하면 에바의 손에 작은 땀방울이 맺히는 현상을 그는 목격했다. 그는 그런 현상을 '마술 펌프'라고 부르면서, 에바가 점차 인내심을 잃어갔다고 덧붙였다.

그는 가족과의 생활을 갈망하면서 동시에 도망도 쳤다. 등반에 대한 심취가 결혼생활에 대한 갈망을 대신했다. 러시아 무용수 미하일 바리시니코프 Mikhail Baryshnikov가 일찍이 간파한 것처럼 예술가의 인생은 비교적 단순하다. 예술가가 가장 힘들어하는 것은 자신 곁에 있는 사람들이다. 알피니스트 역시 그렇다고 할 수 있을 것이다.

그다음 2년도 보이테크는 집에서 거의 시간을 보내지 못했다. 1981년 봄에는 알렉스를 비롯한 다른 두 명과 함께 미답의 마칼루 서벽에 도전하는 원정등반이 있었다. 알렉스, 유레크와 함께 간 가을 원정등반도 여전히 미답으로 남은 마칼루 서벽이었다. 1982년 여름의 K2 원정등반은 반다 루트키에비치의 등반 허가서를 이용했다. 그는 그해 겨울 라인홀드 메스너와 함께 초오유 남벽에도 갔다.

두 번의 마칼루 원정등반은 매우 도전적이었다. 그들은 전통적인 등반 방식이 아니라 알파인 스타일로 그 무시무시한 서벽에 도전한다는 계획을 세웠다. 프레 몬순pre-monsoon에 보이테크와 알렉스는 7,000미터쯤에서 악천후로 발길을 돌렸다. 그리고 가을에 유레크와 함께 다시 돌아왔다. 유레크는 먹을거리들을 통으로 가져왔다. 군침이 도는 소시지, 달콤한 것, 두툼한 햄 그리고 시어빠진 양배추 김치. 유레크가 가장 좋아하는 야채가 햄이라는 사실은 모두 알고 있었다. 채식주의자인 보이테크조차 고국에서 가져온 이런 먹을거리들의 유혹을 이기지 못했다.

1981년 마칼루 서벽 원정대의 보이테크 쿠르티카, 예지 쿠쿠츠카, 알렉스 매킨타이어
(예지 쿠쿠츠카 컬렉션)

9월 4일부터 10월 2일까지 그들은 노멀 루트에서 고소순응을 하며 마칼루 라Makalu La에 텐트 한 동과 식량을 남겨놓았다. 유레크가 깊은 눈을 헤치며 발걸음을 옮길 때마다 쿵쿵거리는 소리를 낸다는 사실을 보이테크가 안 것은 마칼루 라에서 설사면을 횡단할 때였다. 그는 그 소리가 마음에 걸려 소리쳤다.

"예지, 너무 위험해. 경사가 세진 않지만 눈사태 위험이 있어."

"걱정 마. 문제없을 거야." 유레크가 뒤돌아서며 말했다.

"제발, 예지. 멈춰."

"봐, 아무 일도 없잖아." 신경질이 난 유레크가 소리쳤다.

보이테크는 자신을 의심하기 시작했다. 유레크가 안이해진 것일까? "나의 공포는 동물적이었습니다." 그는 그 순간에 대해 이렇게 말했다. "절망에 가까운 그런 무서운 감정을 느끼게 되면 난 그 공포를 이겨낼 수 없습니다." 눈에

1981년 마칼루 서벽에서의 보이테크 쿠르티카와 알렉스 매킨타이어 (예지 쿠쿠츠카)

좌: 마칼루 서벽 등반 (보이테크 쿠르티카 컬렉션)
우: 마칼루 앞에서의 보이테크 쿠르티카와 알렉스 매킨타이어 (예지 쿠쿠츠카)

보이지 않던 위협이 바로 그때 현실이 되었다. 유레크의 발자국이 난 설사면 전체가 귀가 먹먹할 정도로 굉음을 내며 수많은 조각으로 잘게 부서져 흘러내리기 시작한 것이다. 균열은 그 밑에 있는 설원이 다시 갈라질 정도로 거의 1킬로미터에 이르렀다. 그들은 눈사태가 산 밑으로 쓸려 내려가는 모습을 어안이 벙벙한 표정으로 바라보았다. 그리고 위를 쳐다보았다. 유레크 위에 있는 거대한 설사면이 이제는 전혀 떠받쳐지지 않은 채 매달려 있었다.

"이봐, 이젠 모두 됐지?" 유레크가 아래로 소리쳤다.

믿을 수 없는 상황에 보이테크는 고개를 가로저었다. 어떻게 그런 생각을 할 수 있을까? 유레크는 내키지 않아 했지만, 알렉스와 보이테크는 그를 간신히 설득해 발길을 돌리게 했다.

10월 4일은 그들이 서벽에서 제대로 맞이하는 첫 번째 날이었다. 가파른 빙벽을 깎아내 만든 좁은 턱 위에 앉아서 보낸 비박은 혹독한 시련이었다. 만만찰은 그 벽을 꾸준히 치고 올라가 7,800미터쯤에 이르자 500미터의 바위 지대가 불거져 나와 있었다. 중요한 분기점이었다. "등반을 하다 보면 서로를 쳐다볼 뿐 어느 누구도 말을 꺼내지 않는 특별한 순간이 있습니다. 그럼 싸워 이기려는 의지가 서서히 사그라지는 모습이 눈에 들어옵니다." 훗날 유레크는 이렇게 말했다.[20] "그런 때는 속도가 떨어지고, 모든 것이 느려지며, 더욱 머뭇거리게 됩니다."[21] 보이테크가 침묵을 깼다. "가능성이 보이지 않아. 포기하자." 벽을 끝내려면 더 많은 식량과 장비가 필요했다. 그러나 그들은 두 가지 다 그만큼 가지고 있지 않았다. 그들은 일단 베이스캠프로 물러나 논의를 계속했다.

알렉스와 보이테크는 서벽에 완전히 집중했다. 서벽만. 알파인 스타일로. 그리고 오직 알파인 스타일만. 1년 후 알렉스는 안드제이 자바다와 그 등반을 놓고 토론할 기회가 있었다. 그 둘은 영국 북부의 벅스턴에서 열린 BAF 세미나의 토론자였다. 자바다는 자신의 생각을 가감 없이 드러냈다. 그는 마칼루 서벽과 같은 등반이 성공을 담보 받으려면 대규모 원정대가 필수라고 말했다. 8천 미터급 고봉에서의 야심찬 목표를 소규모 팀으로 도전하는 것은 실패의 운명을 피할 수 없다는 주장이었다. "왜 그 많은 자원을 낭비하면서 실패를 무릅쓰나요? 중요한 건 성공입니다."[22] 그러나 알렉스는 — 보이테크도 마찬가지지만 — '정상은 야망이고 스타일은 집착'[23]이라는 사뭇 다른 비전을 고수했다. 그들은 아마도 그 집착으로 인해 그해의 마칼루 서벽에서 실패했는지 모른다. 그렇다 해도 보이테크에게 그 등반은 자기 존중과 위엄이라는 먼 길을 가는 데 있어서 또 하나의 첫걸음이었다.

그러나 유레크는 무엇보다도 성공에 관심을 가졌다. 물론 그의 성공은 정상을 의미했다. 루트와 상관없이 환상적인 그 산은 등반할 가치가 있었을까? 보이테크와 알렉스가 시큰둥한 반응을 보이자 유레크는 혼자서 등정에 나서겠다고 선언했다. 알렉스는 카트만두로 떠났지만, 보이테크는 — 비록 자신은

좌: 1981년 알렉스 매킨타이어가 마칼루 서벽의 바위지대를 돌파하고 있다.
(보이테크 쿠르티카)

아래: 마칼루 베이스캠프의 보이테크 쿠르티카
(예지 쿠쿠츠카)

그 산과 끝났어도 — 베이스캠프에서 유레크를 기다렸다.

유레크는 그 산을 한 번 흘끗 쳐다본 다음 정오쯤 베이스캠프를 출발했다. 컨디션은 좋았다. 오후가 저녁으로 바뀔 때에도 그는 여전히 컨디션이 좋았다. 어둠이 내렸지만 산을 하얗게 물들이는 보름달로 사방이 환해 그는 등반을 계속했다. 밤 11시, 이전의 원정대가 버리고 가 일부가 눈에 파묻힌 텐트 한 동이 보였다. 그는 눈을 파내고 그 안으로 기어들어갔다. 그리고 되돌아 내려갈 생각으로 다음 날 아침 늦게까지 잠을 잤다. 흥미로운 실험이었다. 그는 차를 끓여 마신 다음 텐트 밖으로 기어 나왔다. 바람이 세게 불었지만 코발트색 하늘은 구름 한 점 없이 청명했다. 어떻게 하지? 올라가, 아니면 내려가? 그는 크램폰 끈을 조여매고 위로 향했다.

유레크는 7,410미터의 마칼루 라에서 멈추었다. 그곳은 보이테크와 알렉스가 텐트를 남겨둔 곳이었다. 다음 날 아침 그는 미답의 북동릉을 계속 올라갔다. 8,000미터에서 눈을 파 평편하게 만든 다음 자신의 작은 텐트를 쳤다. 그와 거의 동시에 불현듯 나타난 손님과 이야기를 나누는 환각에 시달렸다. 다음 날 아침 그는 등반을 계속했다. 이제 극도의 위험을 무릅쓰고 등반을 감행해야 하는 한계상황에 이르렀다. 그 높은 곳에 있는 사람은 오직 그뿐이었다. 오후 4시 30분, 정상에 올라섰다. 그는 아들의 플라스틱 무당벌레 장난감을 놓고 몇 장의 사진을 찍었다. 이제 내려가야 할 시간이었다. 그는 그날 밤 늦게 자신의 텐트로 돌아왔고, 다음 날 오후 베이스캠프로 귀환했다. 그가 야위고 피곤에 지친 잿빛 얼굴로 걸어오자 보이테크가 마중을 나가 물었다. "그래, 어땠어?"

"정상에 갔다 왔지." 유레크가 대답했다.

의미심장한 순간이었다. 알피니스트로서 그들의 미래 관계를 예갈케 하는 그 순간 유레크와 보이테크는, 비록 지구의 가장 높은 산들에서 함께 등반을 해왔지만, 서로의 가치관과 산에 대한 접근방법이 너무나 다르다는 것을 눈치 챘다. 유레크는 정상에 집중했고, 보이테크는 스타일에 집착했다. 그리고 마칼루에서의 행동과 결정은 기본적인 관점의 차이를 여실히 드러냈다. 그런 차이는 잠재적인 갈등을 내포하고 있었지만, 그렇다고 함께 등반하지 못할 일은 아니었다.

유레크와 보이테크는 1982년 여름에 반다의 K2 허가서에 이름을 올렸다. 그녀가 원정대를 조직해낸 것은 기적에 가까웠다. 폴란드가 계엄령으로 꽁꽁 얼어붙었기 때문이다. 1981년 12월 12일 밤 군대가 움직였다. 13일 이른 아침 잠에서 깬 폴란드 시민들은 길거리에 탱크가 깔려 있는 것을 목격했다. 혼란스러운 상황이 다시 펼쳐졌다. 상점과 사무실이 문을 닫았고, 전화와 버스는 과거의 일이 되었다. 따라서 원정등반을 위한 자금 확보는 거의 불가능했다. 그러나 반다는 폴란드 산악계의 스타였다. 그녀는 다른 알피니스트들과 함께 자신들이 두려움에 떨고 있지 않다는 것을 보여주리라 다짐했다. 당국에 굴복한다면 자신들의 정신이 말살될지도 모르는 일이었다. 계엄령에 저항함으로써 그들은 자신들의 가치를 지켰다. 반다는 어떻게든 해외 원정등반을 성사시키려고 노력했다.

그 얼마 전에 결혼한 반다는 의사인 오스트리아인 남편의 도움으로 새로운 친구, 즉 그녀의 K2 여성 단일팀 아이디어를 지지하는 슈퍼스타 라인홀드 메스너와 접촉했다. 반다는 고소순응을 목적으로 한다 해도 자신의 루트에 남성(유레크와 보이테크)이 있는 것을 원치 않았다. 따라서 보이테크와 유레크는 인근의 브로드피크로 고소순응을 하러 갔다. 그들은 정상까지 오르지는 않을 작정이었지만, 그 가능성을 배제하지도 않았다. 그들이 그 산에 간 공식적인 목적은 여성 팀을 위한 '사진 촬영'이었다. 그들에게는 브로드피크 등반 허가서가 없었다.

고소순응은 성공적이었다. 불법적인 정상 등정이라는 달콤함에 취해 내려오던 그들은 마침 정상으로 향하던 라인홀드 메스너와 마주쳤다. 그는 보이

1982년 목발을 짚고 K2로 향하는 반다 루트키에비치. 보이테크 쿠르티카와 예지 쿠쿠츠카는 베이스캠프로 가는 몇 시간 동안 그녀를 업어 나르다시피 했다. (반다 루트키에비치 컬렉션)

1982년 K2 베이스캠프에서의 보이테크 쿠르티카와 예지 쿠쿠츠카 (야누시 쿠르차프)

테크에게 불쑥 말을 걸었다.

"이봐, 친구, 어디에 갔다 왔어?"

"어이, 라인홀드. 반가워. 우린 그냥 고소순응을 하고 있어. K2를 위해 여기에 왔거든."

"아주 훌륭해. 얼마나 높이 올라갔지?"

"아, 라인홀드. 정상 근처까지. 꽤 높이, 사실은…."

보이테크는 말꼬리를 슬쩍 흐렸다.

그러나 라인홀드는 눈치가 매우 빨랐다. "정상까지?"

보이테크는 당황했고 유레크는 입을 다물었다. 라인홀드는 미소를 지었다. "걱정 마, 친구들. 발설하지 않을게." 그리고 그는 가던 길을 재촉했다.

보이테크와 유레크가 K2 남벽에서 신루트 개척을 준비하고 있을 때 날씨가 나빠져 그 산이 엉망진창이 되면서 반다의 팀원인 할리나 크뤼거 시로콤스카Halina Krüger-Syrokomska가 2캠프에서 갑자기 사망하는 사고가 일어났다. 그리고 원정등반은 그대로 끝이 나고 말았다.

1982년 12월로 예정된 메스너의 초오유 원정등반에 초청받은 보이테크는 전혀 망설이지 않았다. 그 등반이 알파인 스타일로 진행되리라 생각했기 때문이다. 그러나 결국 그것은 메스너의 원정등반, 즉 메스너의 꿈을 실현하기 위한 기회였다. 모든 비용은 이미 마련돼 있었다. 메스너가 만족할 만큼 (넉넉하게). 계획에 끼어들 필요도 없었다. 이미 잘 조직되어 있었으니까. 사실 그 등반은 흥미롭기까지 했다. 메스너의 원정등반은 산을 목표로 하면서도 문화적 양상까지 띠고 있었기 때문이다. 그는 시인과 화가 그리고 부인들과 여자 친구들까지 초청해 원정등반의 구색을 맞추었다. 오스트리아 클라이머 오스발드 윌츠Oswald Ölz는 자신의 공식 보고서에 그 등반을 이렇게 요약했다. "우리는 베이스캠프까지 여성 네 명과 작가 한 명 그리고 화가 한 명을 데리고 올라

1982년 라인홀드 메스너의 초오유 동계등반에 합류한 보이테크 쿠르티카 (보이테크 쿠르티카 컬렉션)

갔다."[24] 베이스캠프는 필요한 장소마다 확장형 출입구가 있는 널찍한 8각형 텐트로 장관을 이루었다. 대원들은 그 안에 앉아 사색하고 창의적인 작업을 하거나 잠을 자는 사생활을 즐겼다. "출입구 쪽으로 조용히 '물러나' 앉을 수도 있었습니다." 보이테크는 웃으며 그때를 회상했다.

보이테크가 가장 놀란 것은 그 팀이 알파인 스타일이 아니라 극지법으로 등반을 한다는 사실이었다. 베이스캠프도 셰르파들이 운영하고, 고소캠프도 셰르파들이 설치하고, 고정로프도 셰르파들이 깔았다. 그들은 7,000미터까지 올라갔지만, 비스듬히 앞으로 기울어진 거대한 버섯얼음으로 장식된 가파른 빙벽을 만나 발길을 돌려야 했다. 그 원정등반의 다양한 모습 중 가장 보이테크의 기억에 남는 것은 예술가들과 클라이머들의 교류였다. 극지법 스타일은 구태의연한 방식이었다. 보이테크에게 등반은 단순히 위로 올라가는 행위 그 이상이었다. "자신의 한계를 뛰어넘어 등반한다는 건 아주 어려운 시도입니다." 그가 솔직한 심정을 밝혔다. "자유를 향한 몸부림이기 때문이지요."[25]

그로 하여금 '탯줄을 끊어버리고' 등반하게 만든 것이 완전한 자유를 향한 이 갈망이었다. "나는 '탯줄을 끊어버린다'는 표현을 좋아합니다. '알파인 스타일'이라는 말은 보고서 용어로 들리기 때문이지요." 그가 웃으며 말했다. "게다가 그 말은 보급을 받을 수 없는 클라이머의 마음을 제대로 표현하지 못합니다." 그가 말하는 '탯줄'은 무슨 의미일까? 고정로프, 이미 설치된 캠프, 산을 거미줄같이 얽어매는 것들. "그런 것들은 등반의 감각을 죽입니다." 보이테크는 주장했다. 그러면 안전이 강화될지 모르지만 자유에 대한 감각이나 클라이머가 산과 느끼는 유대감을 해친다는 것이다. 그는 그것을 바위의 자유등반 루트에서 슬링을 잡고 등반하는 것과 같다고 말했다.

"8천 미터급 고봉에 있는 기존 루트들로는 진정한 등반의 의미를 찾을 수 없다고 지적할 필요도 있습니다." 그는 주장했다. "아브루치 능선으로 초등이 이루어진 K2조차 이제는 고정로프들이 널린 괴물 같은 파라미드로 변해 완전히 인위적인 구조물이 되어버렸습니다. 그래서 진정한 의미의 아브루치 능선은 여전히 미등으로 남아 있습니다." 그는 다른 산들과 자주 등반되는 루트들을 예로 들었다. 클라이머들이 아이스폴 지대에서 기존의 로프와 사다리를 이용하는 에베레스트도 당연히 포함됐다. 그는 자신의 주장을 한 차원 높은 수준으로 끌어올리며 이렇게 말했다. "K2와 마칼루 서벽 원정등반에서 러시아인들이 저지른 훼손 행위는 굳이 언급하지 않겠습니다."

보이테크는 산과 더 깊이 교감하기 위해 거미줄 같은 얽매임에서 벗어나려 했다. "탯줄을 끊어야만 순간순간 춤을 추듯 움직일 수 있습니다." 그와 같은 맥락에서 그는 메스너 팀과 함께한 초오유에서의 등반을 애써 무시했다. 대신 그는 다울라기리 높은 곳에서 보낸 날들과 마칼루 서벽에서 알렉스와 유레크와 함께 퍼즐을 풀려 했던 몇 주 동안을 소중히 여겼다. 다울라기리와 마칼루에서 그는 춤을 추듯 움직였다. 그와 알렉스와 유레크는 1983년을 위한 또 다른 원정등반을 이미 계획하고 있었다. 이번에는 카라코람이었다.

일단의 클라이머들이 델리에 도착했을 때 보이테크는 폴란드 대사관에 있었다. 그는 지미 핸드릭스Jimi Hendrix의 환상적인 노래를 헤드폰으로 들으며 복도를 왔다갔다했다.

안녕 친구들.

다시 만나 반가워.

난 너무 외로웠거든.

나 혼자서는 어떻게 할 수 없었어.

…

리샤르드 바레츠키Ryszard Warecki가 보이테크를 복도에서 붙잡아 세웠다. "보이테크, 알렉스 소식 들었어?"

"아니, 그가 왜?" 헤드폰을 귀에서 빼며 보이테크가 되물었다. 순간 침묵이 흘렀다. "알렉스에게 무슨 일 일어났어?" 그가 다시 물었다.

"알렉스가 죽었어." 리샤르드가 마침내 입을 열었다. "안나푸르나에서."

보이테크가 그를 마지막으로 본 것은 마칼루 원정등반이 끝나갈 때였다. 그는 마지막 시도를 한 후 카트만두로 떠났었고, 보이테크는 유레크를 기다리기 위해 베이스캠프에 계속 머물렀었다. 리샤르드의 말은 사실이 아닐 것이라고 그는 생각했다. 알렉스는 특별했고 이상적인 파트너였다. 그럴 리가 없었다. 절대. 그는 의심을 풀지 않고 리샤르드를 쳐다보았다. 리샤르드도 가만히 그를 응시했다. 보이테크는 몸을 돌리고 무작정 걸었다. 복도를 빠져나가며 그는 헤드폰을 다시 귀에 꽂고 볼륨을 크게 올렸다.

야, 옛날은 잊어버려.

모든 게 전과는 다른 법이니까.

앞으로만 걸어가.

앞으로만 걸어가.

8

말썽꾸러기

사람은 누구나 행운을 빈다.

레너드 코헨, 「모두가 알아Everybody Knows」

보이테크의 가셔브룸 계획은 뜻대로 되지 않았다. 1983년의 그 원정등반은 알렉스와 유레크와 함께 가려 한 것이었다. 상호보완적인 성격의 그들 3인조는 환상적인 호흡을 자랑했다. 보이테크는 등반 전날 밤 술을 많이 마시는 알렉스의 전략은 물론이고, 산에 대한 그의 상상력에도 감탄을 금치 못했다. 알렉스는 인생의 중대사를 늘 과음으로 접근하는 듯 보였다. 그는 고소에서 등반하기 전에 뇌세포를 대량으로 파괴하면 실제로 등반할 때는 산소 부족으로 파괴될 수 있는 뇌세포가 적어진다는 것을 그 이유로 들었다. 보이테크는 알렉스와 그의 생뚱맞은 아이디어를 재미있게 받아들였다.

그들은 산에서 많은 것을 공유했다. "알렉스와 나에게 알파인 스타일은 우리가 산과 사랑에 빠져, 종국에는 산을 우리의 운명이라고 절대적으로 믿게 만드는 삶의 방식이자 의식 상태를 의미했습니다."[26] 보이테크는 일찍이 『마운틴Mountain』 잡지에 알렉스의 독특한 자질을 이렇게 평가했었다. "그를 다시 만날 거냐고요? 물론이죠. 일주일만 지나면 난 온전한 평온과 확신에 찬 알렉스를 다시 만나게 될 겁니다. 그의 그런 모습이 내가 산과 일상으로 돌아가고자 하는 내 간절한 마음을 되돌아볼 때 언제나 내게는 부족하게 느껴 갈망한 것이었습니다."[27]

알렉스가 안나푸르나 남벽에서 낙석으로 사망하자, 유레크와 보이테크가 함께하는 원정등반도 줄어들었다. 그러나 서로 어울리지 않는 그 둘은 사실 무시무시한 팀이었다. 그들은 마칼루와 브로드피크에서 자신들의 능력을 입증했다. 다른 사람들이 목격한 바와 같이 그들은 히말라야에서 여러 주 동안 같이 있었다. '오래되어 편안한 커플'처럼. 그들은 비현실적인 비박에서 함께 음식을 만들어 먹으며 고도와 위험의 스트레스를 달랬다. 보이테크는 '아이디어맨'이었던 반면 유레크는 자신감과 체력이 대단했다. 그들은 항상 무언의 대화를 주고받는 것 같았다.

서로의 차이점을 되돌아보던 보이테크는 웃음을 터뜨렸다. "내가 온몸에 통증을 느낄 때, 유레크는 살짝 고통스러워하는 표정을 짓는 게 전부였습니다. 난 이미 깊은 두려움에 빠졌는데도, 유레크는 오랫동안 어떤 공포도 느끼지 않았습니다. 내가 지독한 공포를 경험하면, 유레크는 조금 걱정을 내비칠 뿐이었습니다." 보이테크의 꼼꼼한 계획과 전략은 유레크의 사뭇 즉흥적이고 공격적인 접근과 균형을 이루었다. 보이테크의 호리호리한 몸매와 기술적 등반 능력은 유레크의 뛰어난 체력과 인내심을 보완했다. "유레크는 정신력 면에서 거대한 코뿔소와 같았습니다. 내가 만난 알피니스트 중 고통을 이겨내는 능력과 위험을 아무렇지도 않게 받아들이는 부분에서 그에게 필적할 만한 사람은 없었습니다." 보이테크가 말했다. "동시에 그는 양자리 태생의 가장 특정적인 자질, 즉 단호하게 밀고 나가려는 맹목적인 내적 충동을 지녔습니다. 그와 같은 성격을 가진 사람이 장애물을 만나면, 그것을 부숴버리거나 아니면 자신의 목이 부러질 때까지 그것에 대항해 싸웁니다."[28] 산에서 그들을 목격한 사람들은 그들의 파트너십을 '매직'이라고 불렀다.

가셔브룸 연봉은 파키스탄 카라코람 산군의 남쪽 가셔브룸 빙하를 둘러싼 6개 봉우리들로 이루어져 있다. 히든피크Hidden Peak로도 알려진 가셔브룸1봉은 높이가 8,080미터로 그 여섯 개 봉우리 중 가장 높다. 그 봉우리는 1958년 닉 클린치Nick Clinch가 이끄는 미국 팀에 의해 초등됐다. 그 후 그 지역은 인도와 파키스탄의 국경분쟁으로 오랫동안 폐쇄되었다가 1975년 라인홀드 메스너와 페터 하벨러가 가셔브룸1봉을 알파인 스타일로 등정했다. 무산소로 이루어진 그 등반은 히말라야 등반에 새로운 기준을 제시했다. 같은 해 반다 루트키에비치 팀이 7,946미터의 가셔브룸3봉을 등정해, 그때까지 전 세계에 미등으로 남아 있던 가장 높은 봉우리를 초등하는 쾌거를 이루었다.

가셔브룸 연봉 중 두 번째로 높은 8,034미터의 가셔브룸2봉은 가셔브룸1봉보다도 더 날카로워 기하학적으로 보면 완벽에 가까운데, 그 봉우리의 초등은 1956년 오스트리아 팀에 의해 이루어졌다. 보이테크와 유레크는 가셔브룸1봉과 2봉을 목표로 하여 카라코람으로 들어갔다. 그 두 봉우리를 신루트로 등반할 작정이었다.

그들이 인도와 파키스탄 국경지대에 도착했을 때 그들의 트럭은 식량과 등반장비 통으로 꽉 차 있었다. 그 속에 판매용으로 36병의 위스키를 불법적으로 숨긴 그들은 국경을 통과하는 절차를 알고 있었다. 일단 국경까지 가서 인도의 통관을 수월하게 처리하고, 사람들이 없는 곳으로 차를 200미터쯤 몰고 가 통을 내린 다음, 다시 파키스탄 트럭에 실어 마지막으로 파키스탄 세관을 통과하면 되는 것이다.

보이테크는 통 속에 숨긴 밀수품을 감추느라 몇 시간이나 지루한 작업을 했다. "우린 싸구려 호텔에 묵었는데 무척 더웠습니다." 그가 말했다. "에어컨도 없이 선풍기 한 대가 다였습니다. 땀이 비 오듯 쏟아져 정말 참기 어려웠습니다. 그래서 그것들을 다시 포장하는 일은 결코 쉽지 않았습니다. 난 병들을 침낭이나 양말, 옷가지들이 들어 있는 잡주머니에 일일이 집어넣었습니다. 그런 다음 그것들을 다시 통의 밑바닥에 숨겼습니다." 다른 통들은 '깨끗했지만 (법적으로 문제될 게 없었지만)' 세 개의 통 안에는 각각 12병의 위스키가 들어 있었다. 보이테크가 소중한 그 병들을 단단히 싸서 3개의 통에 조심스럽게 집어넣은 다음, 통관에 문제가 생길 경우를 대비해 통의 뒷면에 쉽게 알아볼 수 있는 스티커를 붙이는 동안 유레크는 재미있어 하면서 (그리고 조금은 초조해하면서) 지켜보았다. 그들은 인도를 빠져나가는 것을 걱정하지 않았다. 그러나 파키스탄으로 들어가는 것은 까다로울지도 모르는 일이었다.

그들의 트럭이 인도 국경으로 다가갔다. 태양이 낮은 하늘에 무겁게 걸린 후텁지근한 날이었다. 인도 세관원은 무례한 태도를 보이며 수상쩍어했다. 그 관리가 검사를 하겠다며 짐을 트럭에서 내리라고 명령하자 그들은 망연자실했다. "이봐요, 우린 당신들 나라를 떠나는 겁니다. 들어가는 게 아니고." 보이테크가 항의했다. 그 세관원은 명령을 따르라는 듯이 뭐라고 중얼거렸다. 그러나 어떻게 된 일인지 그는 모든 통들의 위를 대충 훑어보고는 그의 상관에게 어기적거리며 걸어가 문제가 없는 것 같다고 보고했다. 그러자 그 상관은 업무를 대충대충 했다며 그에게 한바탕 잔소리를 늘어놓고 나서 전부 다시 검사하라고 지시했다.

이미 통들을 다시 싣고 있던 보이테크와 유레크도 아직 검사가 끝난 것이 아니라는 사실을 알게 되었다. 보이테크는 손에 땀이 났고 유레크는 불안해했다. 위스키가 '필수 식량'으로 여겨질 리는 만무했다. 물론 등반장비가 아닌 것도 당연했다. 유레크는 트럭 앞으로 가서 땅에 쭈그려 앉은 다음 담배에 불을 붙였다. 그들에게는 베이스캠프까지 함께 가는 트레커가 한 명 있었다. 그는 자신이 평생 동안 인도의 감옥에서 썩어야 할지 모른다고 걱정하며 안절부절 못했고, 마음을 가라앉히기 위해 연달아 차를 마셨다.

보이테크는 그 세관원을 도와주지 않을 작정이었다. "난 이건 아니라고 생각했습니다. 그래서 그들을 도와주지 않을 셈이었습니다. '미안합니다만, 날씨가 너무 뜨겁습니다. 우리에겐 더욱 그렇습니다. 직접 여시지요.'" 머리가 벗겨진 그 세관원은 40대쯤 되어 보였는데, 첫 번째 줄의 모든 통들을 열어 내용물들을 일일이 확인했다. "그는 내 포장작업을 망가뜨리고 있었습니다." 보이테크가 기억을 되살리며 말했다. "난 그가 통을 몇 개 뒤져본 다음 포기하리라 생각했습니다. 40°C도 넘었으니까요. 그는 정신없이 땀을 흘리고 있었습니다." 그 세관원이 첫 번째 줄의 검사를 마치자, 보이테크는 시련이 끝났다고 확신하고 난장판이 된 것들을 재포장하기 시작했다.

"다음 줄을 준비하세요." 그 세관원이 통보하듯 말했다.

보이테크는 자신의 초조함을 감추려고 애쓰며 침착함을 가장하고 이렇게 대답했다. "예, 알겠습니다. 천천히 하시지요." 그는 그때의 상황을 이렇게 묘사했다. "얼핏 보니 유레크는 담배를 세 대나 피우고 있었고, 트레커는 차를 연거푸 세 잔이나 마시고 있었습니다. 난 온몸이 땀으로 뒤범벅이었고, 그 세관원은 땀을 뚝뚝 흘리고 있었습니다."

"다음 줄." 그 세관원이 명령했다.

"정말입니까? 꼭 그렇게 원한다면, 하세요." 절망에 빠진 보이테크는 손을 위로 내저으며 숨을 헐떡거렸다. 하나 또 하나, 그 세관원은 세 번째 줄을 검사했다. 그리고 그는 이제 네 번째 줄을 요구했다.

네 번째 줄 바로 다음이 문제가 되는 다섯 번째 줄이었다. "그 안에 들어 있는 게 어떤 건지 알고 있었습니다." 보이테크가 말했다. "그래서 어떻게 했냐고요?" 그는 트럭 아래로 내려져 이미 검사가 끝난 통들과 다섯 번째 줄의 통들을 슬쩍 바꿔치기 하자는 위험천만한 계획을 생각해냈다. 그는 열심히 돕는 척하며 그 세관원을 혼란스럽게 만들고 쓸 데 없는 것에 몰두하도록 했다.

"난 그에게 물건들을 설명하기 시작했습니다. 이건 등산화고, 이건 스토브, 이건 침낭 그리고 이 무거운 캔들은 고기라고." 그러면서 보이테크는 문제가 있는 통 하나를 유레크가 있는 밖으로 떨어뜨렸다. 점점 더 좌불안석이 된 유레크는 트럭 앞으로 가서 담배를 피웠다. 그는 이제 트럭에 통이 두 개만 남았다는 사실을 알고 있었다. 그 둘 다 문제가 있었다. 뻐끔뻐끔, 후욱!

보이테크가 세관원을 도우려고 돌아왔다. "난 위스키가 숨겨진 침낭을 꺼냈습니다. 그리고 병들이 서로 부딪치는 소리를 내지 않도록 조심스럽게 트럭 바닥에 내려놓았습니다. 난 그에게 이건 내 옷이고, 저건 내 장비라고 설명했습니다." 그 세관원은 알았다는 듯이 고개를 끄덕이고 마지막 통으로 옮겨갔다. 보이테크는 너무 긴장한 나머지 폭발이라도 할 것 같았다. 그가 마치 포대기로 감싼 갓난아이인 것처럼 위스키가 들어 있는 침낭을 들어 올릴 때마다 그의 이마에는 핏줄이 섰다. 그는 다정하다 싶을 정도로 부드럽게 배낭에서 위스키가 감추어진 무거운 양말과 침낭을 꺼냈다. 기적적으로 그 꾸러미들은 온전했다.

보이테크가 유레크를 슬쩍 돌아보니 그의 담뱃갑은 이미 찌그러져 있었고, 얼굴은 푸르스름한 색을 띠고 있었다. 그리고 얼굴에 홍조를 띤 트레커에게는 마실 차가 하나도 없었다. 지친 세관원은 검사가 끝났다고 말하고 나서 비틀거리며 그곳을 떠났다.

통들을 트럭에 다시 실은 그들 셋은 인도인들로부터의 해방감을 만끽하며 파키스탄 세관으로 넘어갔다.

"술이 있습니까?"

"아뇨, 우린 술이 없습니다."

약삭빠른 그 트리오는 스탬프가 찍힌 서류를 잽싸게 낚아챈 다음 속도를 높여 달아났다. 그러자 축축한 아시아 감옥에 대한 상상이 사그라지면서 빛나는 산들이 그 자리를 대신했다.

그들은 모든 물자와 위스키를 파키스탄으로 가져가는 데 성공했다. 따라서 이제 남은 문제는 계란뿐이었다. 그들은 원정등반을 위해 카라코람으로 들어가는 관문인 스카르두Skardu에 도착해, 연락장교인 피르 사디크 샤Pir Sadiq Shah의 도움을 받아가며 신선식량을 구입했다. 신앙심이 깊고 위엄이 있는 파탄인Pathan 피르 사디크는 자기 클라이머들의 요구를 진지하게 받아들였다. 보이테크는 매일 1인당 계란이 두 개씩 필요할 것으로 계산했다. 원정등반 기간이 모두 60일이어서, 그들 두 사람에게 필요한 수량은 240개였다. 그러나 여분까지 계산하면 300개가 적당해 보였다. 유레크는 믿을 수 없다는 표정을 지으며 고개를 저었다. 왜 그렇게 많은 계란을 사야 하지? 그들에게는 맛있는 폴란드 통조림 햄이 수십 개나 있었다. 햄이 있는데 계란을 먹어야 하나? 보이테크는 계란을 고르기 위해 만져보고 들어보고 흔들어보기도 하면서 북적거리는 시장바닥을 돌아다녔다. 그는 때로 계란을 깨뜨려보기도 했다. 그가 느끼기에 계란의 품질이 엉망이었다. 많은 것들이 오래되어 상해 있었다. 유레크는 왜 그가 그토록 계란에 집착하는지 이해하지 못했다. 계란은 계란일 뿐이었다.

계란을 사러 다닌 지 며칠이 되었지만 보이테크는 마음이 심란했다. "피르 사디크, 계란을 어떻게 할까? 끔찍해. 전부 다 그런 건 아니지만 대부분이. 신선한 계란을 선별해내는 방법이 없을까? 우리에게는 신선한 계란이 꼭 필요해."

"인정합니다, 보이테크 선생님. 저 역시 계란 상태가 좋지 않아 깜짝 놀랐습니다. 우린 계란을 일일이 확인해야 한다고 생각합니다."

"계란을 확인한다고?"

"아, 계란 확인하는 방법을 모르시는군요. 세 가지 방법이 있는데, 제가 보여드리겠습니다." 우선 계란을 귀 가까이 대고 흔들어 이상한 소리가 나는지 들어본다. 탁한 소리가 나는 계란은 버려야 한다. 다음으로, 계란을 한 개씩 잡고 강한 불빛 아래로 들어올린다. 썩거나 검거나 피가 많이 응고된 계란 역시 불합격이다. 마지막 확인은 가장 좋은 것이기도 한데, 물로 하는 것이다.

"보이테크 선생님, 양동이에 물을 가득 담고 계란을 한 개씩 집어 그 안에 넣어보세요."

"왜? 난 계란을 먹으려고 하는 거지 물에 띄우려고 하는 게 아닌데."

"맞습니다. 바로 그거죠. 계란이 물에 뜨면 그건 썩은 겁니다. 그런 건 사지 마세요. 약간 가라앉거나 중간쯤 뜨면 그런 계란은 오래된 것입니다. 그런 거 역시 사지 마세요. 완전히 가라앉으면 그건 좋은 겁니다. 그게 선생님이 원하는 계란이지요. 그걸 사야 합니다."

보이테크는 그런 확인에 걸릴 시간을 걱정했지만, 그는 완벽주의자였다. 특히 계란 문제에 있어서는. 그는 유레크가 계란을 고르는 일에 시큰둥해서 그 일이 자기 몫이라는 것을 알고 있었다. 보이테크는 계란들을 흔들고, 햇빛을 향해 들어올리고, 물에 집어넣었다. 그리하여 마침내 300개의 계란을 선별했지만 크기가 작았다. 그래서 그는 작은 계란 100개를 더 구매해 그 일을 끝냈다.

이제 그는 계란을 베이스캠프까지 져 나를 강인하고 다리가 튼튼한 짐꾼이 필요했다. 다시 한번 그는 피르 사디크의 도움으로 짐꾼을 선발했다. "잘못 뽑았습니다." 훗날 보이테크는 자신의 실수를 인정했다. "그는 심하게 비틀거렸습니다. 그래서 매일 계란을 깨뜨렸습니다. 하루는 10개, 다음 날은 20개. 어느 날은 실제로 30개를 깨뜨리기도 했습니다." 그럼에도 추가 구매를 한 덕분에 그들이 베이스캠프에 도착했을 때는 꽤 많은 계란이 남아 있었다.

이제 안심한 보이테크는 그 소중한 계란 박스들을 캠프에서 위쪽으로 조금 떨어진 커다란 너럭바위 위 안전한 곳에 놓아두었다. 계란과의 싸움에서 승리한 그는 스스로 흡족해했다. 그들이 바위와 천을 사용해 서둘러 주방을 만들고 있을 때 멀리서 이상한 소리가 들렸다. 그 소리는 점점 더 커졌다. 보

1983년 발토로의 가셔브룸 산군으로 향하는 포터들 (보이테크 쿠르티카)

이테크와 유레크가 놀라 위를 쳐다보니, 산 위쪽에서 떨어진 바윗덩어리 하나
가 마치 악마에게 쫓기기라도 하는 것처럼 퉁퉁 튕기며 그들을 향해 굴러 떨
어지고 있었다. 그것은 무섭도록 속도를 내더니 이상하리만치 정교하게 계란
박스가 있는 바위 위에 안착했다. 유레크는 양쪽 어깨를 슬쩍 들어 올리며 알
듯 모를 듯 묘한 미소를 지어 보였다. 그러나 그는 한 마디도 하지 않았다. "유
레크의 독특한 액션이었습니다." 보이테크는 웃으며 그때를 회상했다. "그는
정말 참을성이 많은 사람이었습니다."

　　그들에게는 치명적인 문제가 하나 더 있었다. 그들은 두 개의 봉우리를
오르고 싶어 했지만 허가서는 하나뿐이었다. 이슬라마바드Islamabad에 있을
때 보이테크는 자신을 담당하는, 뱀장어처럼 뺀질뺀질한 관광성 관리 무니우
딘 씨Mr. Muniuddin와 협상을 벌였다. 그는 그들이 두 개의 봉우리를 염두에 두
고 있다는 것을 너무나 잘 알고 있었다. 그러나 위스키를 팔았는데도 그들은

허가서를 둘씩 신청할 여유가 없었다. 그래서 일단 가셔브룸1봉의 허가서로 만족해야 했다.

그들이 베이스캠프에서 가셔브룸1봉을 정찰하자 그 산은 오르기에 너무 위험하다는 것이 곧 분명하게 드러났다. 깊은 눈으로 하얗게 뒤덮인 그 산에서는 연신 눈사태가 일어났다. 게다가 보이테크의 최초 계획은 가셔브룸2봉을 먼저 오르는 것이었다. 그래서 그는 다음 단계의 전략을 행동에 옮겼다.

"피르 사디크, 가셔브룸1봉을 어떻게 생각해? 눈사태가 많이 일어나는 것 같은데."

"예, 선생님. 그렇습니다. 아주 위험합니다."

"나도 저런 모습은 처음이야. 우린 매우 걱정하고 있어. 우린 이 산에 대한 허가서만 갖고 있는데, 아주 위험한 것 같아. 저 위에서 죽을지도 모른다는 생각이 들 정도로. 이럴 때 가셔브룸2봉 허가서가 없다는 게 너무 안타까워. 어떻게 생각해?"

"보이테크 선생님, 허가서는 정말 안됐군요. 그러나 걱정하지 않아도 됩니다. 난 당신들의 연락장교이며 파키스탄 육군 장교입니다. 난 당신들의 가셔브룸1봉 등반을 금지합니다." 피르 사디크는 다소 권위적으로 이렇게 선언했다. "난 당신들이 저 산에서 죽게 내버려 둘 수 없습니다. 가셔브룸2봉을 오르십시오. 그게 훨씬 더 안전합니다."

"그런데 그렇게 할 수 없어. 허가서가 없잖아?"

"오늘 편지를 써서 당국으로 보내겠습니다. 당신이 베이스캠프로 돌아오면 허가서가 기다리고 있을 겁니다. 다시 말하건대, 파키스탄 육군 장교로서 난 당신에게 명령합니다."

어떻게 해야 하나? 그들은 파키스탄 육군 장교로부터 가셔브룸2봉을 오르라는 명령을 받았다. 그들은 명령에 따라야 했다. 보이테크는 그에게 진심 어린 걱정에 대한 감사를 표하고 나서 캠프를 가셔브룸2봉의 베이스캠프 사

1983년 가셔브룸2봉의 동봉 정상에 선 보이테크 쿠르티카 (예지 쿠쿠츠카)

이트로 옮겼다.

6월 12일 그들은 3일간의 고소순응에 들어가, 가셔브룸 아이스폴 지대를 통해 6,500미터의 가셔브룸 라까지, 그리고 이어 7,000미터의 정상 피라미드까지 올라갔다. 그것은 그 봉우리의 초등이었다. 6월 15일 그들은 베이스캠프로 귀환해 그다음 5일 동안 휴식을 취했다. 6월 21일 그들은 가셔브룸 라까지 한 번에 치고 올라갔다. 하루에 거의 1,500미터의 고도를 끌어올린 것이다. 이제 고소순응이 잘 된 그들은 속도가 빨랐다. 그들은 다음 날 그 피라미드를 다시 올라갔다. 그리고 6월 23일 가셔브룸2봉의 동봉 정상 바로 밑까지 계속 올라가 눈보라 속에서 비박했다. 보이테크는 그 불유쾌한 상황을 이렇게 기록했다. "유레크는 컨디션이 좋지 않았다. 눈이 계속 내려 먹을 것을 만들 수 없었다. 텐트는 눈으로 뒤덮였다. 마실 물은 코펠 하나에 든 것이 전부였다." 끔찍한 밤을 보냈음에도, 그들은 다음 날 아침 7,758미터의 가셔브룸2봉 동봉을 초등하고 7,000미터의 피라미드로 내려왔다. 그리고 다음 날 베이스캠프까지 내려왔다.

이제 날씨가 좋아졌고 그들의 몸도 강해졌다. 쉬는 동안 보이테크의 맥박은 분당 45~48로 떨어졌다. 그것은 이제 고소순응 결과가 본격적으로 나타난다는 증거였다. 그들은 베이스캠프에서 3일 동안 먹고 마시며 충분히 쉬었다. 처음에는 얼마 후 브로드피크로 떠난 스위스 팀과 함께 있었지만, 곧 베이스캠프에는 스위스 팀이 남겨놓은 여분의 식량과 함께 남은 그들 둘뿐이었다. 기쁨에 넘친 그들은 쓰레기더미를 뒤지는 까마귀와 함께 이국적인 스위스의 맛있는 음식들을 찾아냈다.

6월 29일 그들은 가셔브룸 라로 뛰듯이 올라가, 보통 1캠프로 사용되는 곳에서 잠깐 쉬며, 버려진 스위스 식량들을 더 뒤졌다. 까마귀도 그들을 따라 올라왔다. 다음 날 그들은 7,400미터까지 올라갔고, 7월 1일에는 가셔브룸2봉의 정상 리지가 시작되는 7,700미터에 식량과 장비를 숨겨두고 차를 한 잔

끓여 마시며 쉬었다. 오후 4시, 짧은 정상 리지를 오르자 바람이 갑자기 세게 불었다. 허리케인 같은 바람에 난타당하며 총알처럼 단단한 얼음에 바짝 달라붙어 정상까지 마지막 400미터를 기어 올라갔다. 그리고 오후 5시가 막 지나 정상에 올라섰다.

결코 유쾌하지 못한 하산은 이틀이나 계속됐다. 콜에 남겨둔 식량과 장비가 있는 곳까지 내려온 그들은 그날 밤을 그곳에서 비박했다. 그런 다음 가본 적이 없는 노멀 루트를 선택하는 위험을 무릅쓰며 눈보라 속에서 다운클라이밍을 시작했다. 바람이 얼굴을 거칠게 때렸고, 그들의 고글은 얼음 막으로 뒤덮여 시야를 가렸다. 그날은 불쾌한 일이 오래 이어졌다. 시계가 불량한 가운데 정상이 바위로 된 피라미드 밑의 위험한 설사면 첫 200~300미터를 횡단했다. 그런 다음 능선마루 가까이에 붙어 하산을 계속했다. 경사가 센 곳에서 로프 하강을 하자 낡은 고정로프가 눈에 들어왔다. 어느 누구도 확신을 가지지는 못했지만, 어쩔 수 없이 그 고정로프를 사용했다. 저녁 6시 스위스 팀의 1캠프에 도착한 그들은 횡단등반으로 녹초가 되어 깊은 잠에 빠졌다.

다음 날인 7월 3일, 무너질 듯한 세락, 부드러운 눈과 축 처진 스노브리지라는 함정으로 꽉 찬 악몽 같은 아이스폴 지대를 거의 8시간 동안이나 이리저리 헤쳐 베이스캠프로 내려갔다. 알파인 스타일로 가셔브룸2봉을 처음으로 완전히 종주하고, 그 고도에 있는 여러 봉우리들을 처음으로 횡단한 다음 오후 4시 베이스캠프로 돌아온 것이다. 보이테크는 자신들의 등반이 왜 그토록 대단한지 다음과 같이 설명했다. "고소에서 이루어지는 종주등반은 모험의 정수입니다. 알피니즘에서 그보다 더 예측 불가능한 종류의 모험은 찾을 수 없습니다." 이제 그들은 가셔브룸1봉에 도전할 수 있을 만큼 최상의 몸 상태가 되어 있었다.

보이테크와 유레크는 날씨가 좋아지기를 기다리며 베이스캠프에 머물렀다. 그들은 조금 더 기다렸다. 20일 동안 구름이 끼고 눈이 내렸다. 그들의 유

파키스탄 카라코람에 있는 가셔브룸2봉(8,034m). 1983년 보이테크 쿠르티카와 예지 쿠쿠츠카는 그 곳의 동남 리지에 알파인 스타일로 신루트를 개척했다.

(보이테크 쿠르티카 컬렉션, 루트 개념도: 표트르 드로지치)

일한 즐거움은 상공을 빙빙 돌며 먹이를 구걸하는 진보라색 까마귀들이었다. 보이테크는 그 까마귀들과 좋은 관계를 유지하려고 애썼다. 그들은 스위스 팀 덕분에 여분의 식량이 넘쳐났다. 그래서 그는 그놈들에게 먹이를 주었다. 까마귀들은 특히 국수와 햄을 좋아했다. 그러나 그놈들은 죽이나 콘플레이크를 주면 관심을 보이지 않고 뒤뚱뒤뚱 멀어져 갔다. 좋은 소식이 퍼졌는지 까마귀들이 떼로 몰려와, 어색하게 비틀거리며 캠프 주위를 깡충깡충 뛰어다녔고, 서로를 보고 꽥꽥거리며 그날의 특별 선물을 기다렸다. 보이테크는 3킬로그램의 폴란드 햄을 꺼내 잘게 썬 다음 밖에 있는 까마귀들에게 던져주었다. 그러면 그놈들은 급강하해서 그것들을 잡아채 갔다. 그 새들은 목에 걸려 거의 질식할 정도로 햄에 대한 탐욕을 보였다. 그것은 대단한 오락이었고, 그들이 시간을 보내는 데 도움이 되었다. 보이테크는 아름답고 총명한 그 새들에게 강한 유대감을 느꼈다.

그러나 유레크는 행복하지 않았다. "보이테크, 네가 내 말을 잘 듣지 않는다는 건 알지만, 네가 하는 짓을 보기가 좀 그래." 그가 불평했다. "우리에게 햄이 필요 없다는 건 알지만, 식량을 그렇게 다루고 새에게 그렇게 던져주는 건 좋은 방법이 아냐. 그건 식량을 그냥 버리는 거나 마찬가지야."

"하지만 유레크, 우리에겐 식량이 너무 많아. 이보다 더 좋은 방법이 있을까?" 보이테크가 반문했다. "여기서 썩게 남겨둘 작정이야? 파키스탄 사람들은 이 햄을 가져가지 않아. 잘 알잖아. 그들의 종교에 반하는 거니까."

유레크는 보이테크의 논리를 이해했다. 그러나 그는 식량을 함부로 다루는 보이테크에게 화가 났다. 특히 햄을 다루는 태도에 대해. 마음이 누그러진 보이테크는 햄을 던지는 것을 멈추었다. 그러자 까마귀들이 그를 쳐다보며 기다렸다. 점차 무료함이 더해지자 두 클라이머는 각자 자신의 텐트로 들어갔다. 보이테크는 책을 읽고 유레크는 잠을 잤다. 그들은 식사를 하러 밖으로 나왔고 날씨가 좋아지기를 기다렸다.

어느 날 영국 클라이머 더그 스콧Doug Scott과 로저 백스터 존스Roger Baxter-Jones가 그들을 찾아왔다. 인근의 K2에서 등반하던 그들은 폭풍설이 물러나기를 기다리는 동안 말동무가 필요했다. 보이테크와 유레크는 그들에게 기꺼이 공간을 제공하고 스위스와 폴란드의 식량을 대충 조합해 훌륭한 음식을 재빨리 만들었다. 치즈소스를 이용한 정어리, 초콜릿을 섞은 퐁듀, 감자를 곁들인 베이컨. 영국 손님들이 떠나자 다시 보이테크와 유레크 둘만 남게 되었다. 그들은 번갈아 음식을 준비했는데, 점점 복잡하고 이상한 메뉴가 그날의 화제가 되었다. 훌륭한 먹을거리에도 불구하고 유레크는 체중이 빠졌다. 그에 반해 보이테크는 몸이 불었는데, 따라서 각이 진 그의 모습이 사라졌다. 그는 자신이 배낭처럼 무거워진 것을 느낄 수 있었다. 자신이 원하는 체력과 체중의 비율을 다시 맞추려면 등반이 끝나고 며칠 동안 단식을 해야 할 터였다. 보이테크는 보고서에 이렇게 썼다. "주방에서 많은 시간을 보냄."

계속해서 눈이 내리고 비가 왔다.

캠프에서 보낸 긴 시간에 대해 쓴 보이테크의 글을 보면 때때로 깊은 절망감이 묻어난다. "우리만의 모레인 지대에 단둘이 완벽하게 고립된 채 20일을 견뎠다. … 텅 비고 음울한 나날이었다."[29] 그러나 악천후에는 또 다른 면이 있다. 보이테크를 포함한 대부분의 클라이머들은 그것을 아는데, 즉 스트레스를 거의 받지 않고 편안하게 보내는 명상의 시간이 바로 그것이다. "외국어를 배우고, 책을 읽고, 글쓰기와 문학을 생각하려고 노력한다. 그러나 머릿속에는 아름다운 문장이 한 줄도 떠오르지 않는다. … 집에 대한 생각뿐 …."

더 이상 무료함을 달래지 못한 보이테크와 유레크는 가셔브룸1봉의 벽 밑으로 짐을 날랐다. 그들이 짐을 내려놓고 베이스캠프로 돌아가려 할 즈음 산에서 공포스러운 저음이 들려왔다. 두 개의 거대한 눈사태가 벽 전체를 쓸어내리며 쿰cwm을 가로질러 그들의 예상 루트 시작지점으로 떨어진 것이다. 눈폭풍이 마치 원자폭탄이라도 터진 것처럼 피어올랐다. 그런 다음 하얀 눈먼지에 싸인 산은 다시 고요에 빠졌다. 그들은 몸서리를 치며 베이스캠프를 향해 무거운 발걸음을 옮겼다. 그곳에 이르자 눈사태에 대한 기억이 질식과 추락, 매몰, 죽음을 경고하는 환상으로 되살아났다. 보이테크의 등반일지에는 그의 어두운 생각이 다음과 같이 표현되어 있다. "기압이 낮다. 오늘 나는 등반보다는 하산을 더 많이 생각한다. 벽을 두려워하며. 아래쪽의 쿰이 두렵다. 포기하고 싶은 마음이 굴뚝같다."

7월 17일, 기압이 올라가며 기온이 떨어져 하늘이 청명했다. 그에 따라 그들도 낙관적인 생각이 커졌다. 그러나 좋은 날씨에도 불구하고, 그들은 심리적·육체적으로 단단히 경계했다. 보이테크와 유레크는 다음 날을 조바심 속에 보냈다. 고려해야 할 것들이 너무 많았기 때문이다. 죽음의 쿰, 신뢰할 수 없는 눈 상태, 눈사태의 위험과 정상부의 바위 장벽. 7월 19일 그들은 새벽 2시에 일어났다. 별빛은 구름에 가려 희미했고, 바람이 조금 불었지만 날씨는 따뜻했다.(-3℃) 그들은 등반을 포기하고 다시 텐트로 기어들어갔다. 그리고 그날 아침 늦게 일어났을 때는 하늘이 맑고 청명해 가시거리가 완벽했다. 기온도 서늘하고 기압도 올라갔다. 다시 말하면, 등반을 하기에 안성맞춤이었던 것이다. 그날 아침 일찍 출발하지 못한 것에 속죄라도 하려는 듯 다음 날의 시간을 아끼기 위해 그들은 벽 밑까지 눈을 뚫고 나아갔다.

흥분과 우려가 교차되는 가운데 그들은 자신들의 선택사항을 저울질했다. 이틀이 지나면 베이스캠프를 철수해 장비를 가지고 내려가기 위해 포터들이 도착할 것이다. 가셔브룸1봉을 신루트로 등정하고 이틀 만에 캠프로 돌아올 수 있을까? 절대로 그럴 수는 없을 것이다. 캠프를 비워둔 채 떠나는 것 역시 위험천만하다. 그들은 둘 다 그렇게 생각했다. 만약 포터들이 캠프에 도착했는데 비어 있다면 그들은 두 사람이 산에서 죽었다고 생각할지도 모른다. 그들이 그대로 가버리면 유레크와 보이테크가 모든 장비를 가지고 내려가야 한다. 최악의 경우, 포터들의 도덕적 수준에 따라 장비가 몽땅 없어질지도 모른다.

보이테크는 서둘러 자신의 텐트로 가 책 속에서 종이를 찾았다. 가장 큰 백지 한 장을 들고 텐트에서 멀찍이 떨어져 벽을 관찰했다. 그리고 산을 대충 스케치한 다음, 정상을 가리키는 화살표와 함께 두 명의 클라이머를 표시했다. 포터들은 분명 무슨 뜻인지 알 것이다. 아니, 그는 고개를 절망적으로 흔들었다. 그걸로는 충분치 않을 것 같았다. 그는 주방텐트가 있는 곳을 가리키는 화살표와 함께 베이스캠프에 5개의 사람 형상을 추가했다. 그러면 그들은 주방텐트를 피난처로 삼아 기다리라는 의미를 이해할 것이다. 이제 메시지의 의미전달에 자신감을 가진 유레크와 보이테크는 그 그림을 커다란 돌멩이로 눌러놓고, 자신들의 여권과 돈을 몰래 묻은 다음 배낭을 꾸렸다.

7월 20일 새벽 3시 15분 캠프를 출발한 그들은 새벽 5시 30분 쿰의 입구에 도달했다. 얼음사태도 눈사태도 없었고, 바람 한 점 없었다. 사방이 고요하자 오히려 불길하게 느껴졌다. 그들은 이제 곧 횡단해야 할 쿰 위쪽의 빙벽과 기울어진 세락의 탑들을 쳐다보았다. 훗날 보이테크는 자신들의 결정을 이렇게 묘사했다. "우리는 뇌의 스위치를 끄고 위험 속으로 천천히 들어가 10분 후 그 위로 부상했다."[30]

　　가파른 눈과 얼음에서 위로 올라가기 시작한 그들은 곧 정상 벽의 상단부 혼합지대로의 접근을 가로막는 바위 장벽에 부딪쳤고, 그것을 '포크Fork'라고 불렀다. 그때까지 전진은 좋았다. 그러나 V급 난이도의 그 피치에서 속도가 떨어졌다. 다음 날 아침 설원과 얼음 타워인 세락들의 아찔한 장면 속으로 들어갔다. 햇볕은 몹시 강렬했고, 고요는 한없이 깊었다. 그들은 발을 번갈아가며 눈덩어리들을 확인해보았는데, 무너지는 쪽이 있는가 하면 단단히 달라붙은 쪽도 있는 등 일정하지가 않았다. 불안정한 거대한 설벽을 피하기 위해 왼쪽에 있는 필라pillar 가까이로 이동했다. 어색한 그 지형에서는 크램폰이 바위에 긁히는 소리가 나면서 리듬을 유지하기가 쉽지 않았다. 그럼에도 사기는 높았다. 보이테크는 머리 위 따뜻한 곳을 날아다니는 까마귀처럼 자유를 느꼈다. 그는 까마귀들로부터 힘을 얻었다. 거의 보호받는 느낌이랄까. 보이테크와 유레크는 세락으로 장벽을 이룬 곳을 마치 터널을 뚫듯 헤쳐 나가 7,200미터쯤에 도달했고, 그곳에서 비박을 하기에 적당한 장소를 찾아냈다. 다음 날이면 정상으로 치고 올라갈 수 있을 터였다.

　　7월 22일 그들은 새벽 2시에 일어나 차를 두 코펠 끓여 마신 다음 새벽 5시 30분 텐트를 기어 나왔다. 기적적으로 고요한 날씨가 계속됐다. 아래쪽 계곡은 여전히 어둠에 잠긴 반면 산의 위쪽은 파스텔 톤의 여명으로 서서히 잠식당하고 있었다. 상단부의 설사면을 횡단하자 전혀 알 수 없는 지형, 즉 가장 높은 곳에 있는 바위지대가 나타났다. 그들은 중앙에서 약간 오른쪽에 있는

보이테크 쿠르티카가 등반 첫 날 가셔브룸1봉의 바위지대를 돌파하고 있다.
(예지 쿠쿠츠카, 보이테크 쿠르티카 컬렉션)

등반선을 선택했지만, 둘 중 누구도 그 선이 정상까지 이어지리라는 확신을 하지 못했다. 딱 한 피치를 끝내고 나서 그들은 어둡기 전에 정상에 오르지는 못할 것이라는 사실을 알았다. 좌절한 그들은 등반을 멈추고 마지막 비박했던 곳으로 되돌아가기 위해 하강 로프를 설치했다. 유레크가 먼저 내려갔다. 그가 밑으로 내려가 로프를 풀자 이번에는 보이테크가 하강을 시작했다. 그때 갑자기 유레크가 큰 소리로 욕지거리를 내뱉는 소리가 들렸다. 보이테크가 아래를 내려다보자, 자신의 크램폰 한 짝이 설사면으로 굴러 떨어지는 모습이 흘깃 보였다. 이 무슨 재앙이란 말인가! 한쪽 크램폰만 신은 보이테크를 유레크가 계속 확보하면서 그들은 비박지로 돌아왔다.

비박지로 돌아오자 상황의 심각성이 드러나기 시작했다. 그들은 8,000미터에 달하는 봉우리의 남서벽 높은 곳에 있었다. 그들 밑은 가파르고 복잡한 지형이었다. 그곳을 크램폰 한 짝으로 다운클라이밍 한다는 것은 공포 그 자체였다. 정상이 손에 잡힐 듯 가까이 있었지만, 그곳으로 올라가면 훨씬 더한 어려움에 직면하게 될 것이다. 게다가 혹시 포터들이 베이스캠프에 도착해서 자신들을 기다리다 돌아가지나 않을까 하는 걱정이 스트레스를 가중시켰다. 뜻밖에도 유레크가 자신들의 위태로운 상황을 완전히 무시한 듯한 해결책을 제시했는데 그에게만 그럴 듯해 보였다. "오른편의 남쪽 능선으로 횡단해 가면 내일 정상에 도달할 수 있을 거야." 유레크가 보이테크에게 장담했다.

"크램폰 한 짝으로? 난 그렇게 생각 안 해."

"흠, 그게 문제지. 그럼 좋아. 내가 혼자 정상에 갔다 올게. 여기서 날 기다려. 문제없어. 내가 로프를 가지고 갔다 올게. 그럼 내일이면 우린 내려갈 수 있을 거야. 내가 네 하강을 도와주면 되잖아."

보이테크는 귀를 의심하지 않을 수 없었다. 유레크가 가셔브룸1봉의 남서벽 7,200미터에 크램폰을 한 짝만 신은 자신을 로프도 없이 남겨놓으려 하고 있었다. 만약 유레크가 추락한다면? 그는 탈출할 방법도 없이 그 산에 버려지게 될 터였다. 작은 텐트에서 시간이 지날수록 보이테크는 완전히 버려질지 모른다는 걱정으로 인해 짜증을 넘어 비통한 마음까지 들었다. 마침내 화를 참아낸 그는 마지막 결단을 내렸다. 만약 그곳에 버려진다면 훨씬 더 위험한 상황을 맞으며 죽을 것이다. 그는 마음을 진정시키고 이렇게 선언했다. "안돼, 유레크. 난 여기에 혼자 머무를 수 없어. 좋아, 네가 정상을 그토록 원한다면 나도 함께 갈게." 유레크는 어깨를 들썩 올려 보이는 것으로 동의를 표시했다.

그들은 다음 날 아침 일찍 일어나 이전의 루트보다 훨씬 더 아래쪽에서 횡단을 시작했다. 유레크가 앞장섰다. 그때 갑자기 놀란 듯한 외침이 들렸다. 보이테크는 위로 소리쳤다. "왜? 왜 그래, 유레크?"

"찾았어. 네 크램폰. 여기 있다!" 보이테크가 그를 따라잡아 소중한 그 크램폰을 다시 등산화에 붙잡아매려 하자 유레크는 득의에 찬 욕지거리를 내뱉었다. 크램폰은 거의 500미터를 떨어졌지만 기적적으로 눈에 걸렸다. 이제 크램폰을 신은 그들은 남쪽 능선으로 방향을 틀어 가파른 바위의 혼란스러운 지형을 계속 올라갔다. 그곳은 군데군데 굳지 않아 흘러내리기 쉬운 눈으로 덮여 있었다. 오후 2시 30분 그들은 정상에 올라섰다.

카라코람의 장엄한 풍경이 그들 발밑에 펼쳐졌다. 그리고 수많은 바위의 침봉들이 고딕 성당 같은 모습으로 운해를 뚫고 하늘 높이 치솟아 있었다. "나는 대단한 그리고 무한한 평온 같은, 기억은 희미하지만 익숙한 친밀감을 느꼈다. … 아주 강렬하게." 훗날 보이테크는 그때의 감정에 대해 이렇게 썼다.[31] 그는 마치 영원과 교감하는 것 같았다. 그러나 먼 곳의 풍경을 바라보던 보이테크의 눈에 어떤 것, 즉 아래쪽 계곡에서 스멀스멀 밀려오는 구름이 보였다. 이제 그들은 내려가야 했다.

비박 텐트에 도착할 때쯤 눈이 하염없이 내렸다. 그들은 남은 음식을 먹고 가스가 얼마 남지 않은 스토브에 불을 붙여 차를 마셨다. 그리고 나서 깊은

위 좌: 1983년 가셔브룸1봉의 정상에 오른 후 고소에서 비박을 준비하는 예지 쿠쿠츠카
(보이테크 쿠르티카)

위 우: 카트만두에서 보이테크 쿠르티카가 남아도는 힘을 자랑하고 있다. (보이테크 쿠르티카 컬렉션)

아래: 파키스탄 카라코람에 있는 8,080미터의 가셔브룸1봉. 1983년 보이테크 쿠르티카와 예지 쿠
쿠츠카는 이곳 남동벽에 알파인 스타일로 신루트를 개척했다.
(보이테크 쿠르티카 컬렉션, 루트 개념도: 표트르 드로지치)

잠에 빠졌다. 다음 날의 하강은 두 짝의 크램폰이 있는데도 길고 고됐다. 그들은 위험천만한 지형을 거의 대부분 다운클라이밍 했다. 그러나 몇 번의 로프 하강은 피할 수 없었다. 하강용 피톤을 박기 좋은 곳도 발견했지만, 때로는 얇은 크랙에 블레이드_blade_ 하켄을 간신히 때려 박고 하강하기도 했다. 7월 24일 그들은 베이스캠프로 비틀비틀 돌아왔다.

다행히 포터들이 기다리고 있었다.

며칠 후 유레크와 보이테크는 관광성 사무실에 들렀는데, 그 관리의 책상 위에 피르 사디크의 편지가 있었다. 보이테크는 웃으며 무니우딘 씨에게 장단을 맞추기 시작했다. 전폭적으로 도와줘서 고맙다. 피르 사디크의 조언은 훌륭했다. 그 덕분에 가셔브룸1봉의 위험스러운 상황을 피할 수 있었다. 자신들이 가셔브룸2봉으로 대상지를 변경한 것은 피르 사디크의 명령에 따른 어쩔 수 없는 선택이었다. 그리고 추가된 가셔브룸2봉 허가에 대한 비용은 PZA가 지불할 것이기 때문에 바르샤바에 도착하는 즉시 보고하겠다. "비용은 걱정하지 않으셔도 됩니다." 보이테크는 무니우딘 씨를 안심시켰다. "그들은 기꺼이 지불할 겁니다. 왜냐하면 그들은 우리가 한 번의 원정등반으로 두 개의 8천 미터급 고봉에 두 개의 신루트를 개척한 걸 대단히 기쁘게 생각하고 자랑스럽게 여길 것이고, 현재의 폴란드 상황에 용기를 주는 좋은 일이기 때문입니다." 그는 모든 일이 4,000달러 정도로 끝난 것을 조용히 자축했다. 훗날 그는 이렇게 말했다. "상당히 저렴한 루트들이었습니다."

그럼에도 PZA에 대한 그의 자신감은 오판이었다. 사실 PZA는 두 명의 스타 클라이머들이 두 개의 8천 미터급 고봉에 두 개의 신루트를 개척한 것에 대해 대단히 기쁘게 생각했다. 그런 성취는 역사상 처음이었기 때문이다. 잘했어, 친구들! 그러나 예상치 못한 추가 비용은 어떻게 하지? 그건 합의된 게 아니잖아. PZA 사무실에 모인 운영위원들은 두 번째 허가서의 비용 문제를 놓고 설왕설래했다. 폴란드 등반의 훌륭한 성취에 비해 그 비용이 그렇게

1983년 가셔브룸1봉을 신루트로 오른 다음 베이스캠프로 돌아온 보이테크 쿠르티카와 예지 쿠쿠
츠카 (보이테크 쿠르티카 컬렉션)

크지 않다는 데에는 대부분 동의했다. 그러나 모두가 찬성한 것은 아니었다. PZA의 임원 하나는 두 사람이 위원들 앞에서 자신들의 성공을 과시하는 모습이 오만하고 무례하다며 불쾌해했다. 보이테크와 유레크는 자신들의 생각이 폴란드에서 받아들여지지 않을 수도 있다는 걱정을 하게 되었다. 당국은 보이테크와 유레크를 단순 경고 조치하면서 두 번째 허가서에 대한 비용을 마지못해 지불했다. 그러나 보이테크는 그 과정에서 새로운 별명을 얻었다. 그것은 PZA의 비서 한나 비크토로브스카Hanna Wiktorowska가 지은 것으로, 그는 이제 '말썽꾸러기'로 불렸다.

보이테크와 유레크의 가셔브룸 등반 25년 후 러시아 알피니스트 발레리 바바노프Valery Babanov와 빅토르 아파나시에프Viktor Afanasiev가 한 시즌에 8천 미터급 고봉 두 곳에 신루트를 개척했다. 브로드피크 서벽과 가셔브룸1봉. 그들의 등반은 인상적이었다. 그러나 바바노프는 자신들의 등반을 되돌아보며 자신들의 시대보다 훨씬 앞선 보이테크와 유레크의 등반에 존경을 표하지 않을 수 없었다. "그들이 등반한 지 어느덧 25년이 지났지만, 그 산군에서 그와 비슷한 등반을 한 사람은 아무도 없습니다. 그렇다면 세계 알피니즘의 진보는 어디로 간 것일까요? 그 둘은 창의적 사고로 시대를 훨씬 앞선 등반을 해냈습니다."[32]

보이테크는 가셔브룸 등반을 여전히 생생하게 기억하고 있다. 그 등반은 어려웠고, 루트 파인딩도 만만치 않았으며, 게다가 크램폰을 떨어뜨리기까지 했다. 그러나 가장 강렬한 기억 중 하나는 그가 완전한 자유와 함께 육체적·정신적으로 깊은 행복을 느낀 베이스캠프에서의 긴 시간이었다. "난 전혀 외롭지 않았습니다." 그가 말했다. "알죠? 악천후로 베이스캠프에 머물면 항상 그와 같은 기쁨을 느낍니다. 그렇다고 시간 낭비도 아니었습니다. 내게는 휴일 같은 것이었으니까요. 책을 읽고, 음악을 듣고…. 우린 매일 주방담당을 서로 교대했습니다. 그래서 하루는 내가 음식을 만들고, 다음 날은 식사를 대접받

왔죠. 우린 믿을 수 없을 정도로 맛있는 음식을 만들어 먹었습니다."

　한껏 게으르게 보낸 그 긴 나날들에 대한 그의 기억은 일본의 젊은 클라이머 다니구치 케이슴□ﾙﾆﾚい가 쓴 문장과 일맥상통한다. 그녀는 홋카이도에서 죽기 얼마 전 이렇게 썼다. "나는 헬기를 이용해서 짧은 시간 안에 베이스캠프에 도착한 다음, 곧바로 등반에 들어가는 무례를 범하고 싶지는 않다. 나에게 그런 어프로치는 더러운 신발을 신고 누군가의 집 안으로 들어가는 것과 같다. 대신 나는 산의 문 앞에 서서 노크하고 싶다. 인사를 나누며 서로를 더 잘 이해할 때까지. 그래야만 그의 마음속으로 더 깊이 들어갈 수 있으니까."[33]

　그 당시 보이테크가 손으로 쓴 등반일지는 사뭇 다른 이야기를 전한다. 좌절과 권태. 그러나 기억은 변하기 마련이고 선별적이다. 관점은 시간에 따라 변한다. 그렇게, 가셔브룸에서의 경험에 대한 보이테크의 인식도 변했다. 결국 그에게 가장 중요했던 것은 까마귀와 함께 놀고, 혼자 명상에 잠기고, 그러면서 가셔브룸을 서서히 알아간 시간이었다.

9

—

하늘과 맞닿은 등반선

나는 이 초월이 순간이라는 것을 잘 알고 있다.
그러나 그 순간 나는 길을 따라 내달린다.
마치 해방이라도 된 것처럼.

피터 마티에슨Peter Matthiessen, 『눈표범The Snow Leopard』

—

무더운 이슬라마바드의 한 호텔 방에서 보이테크는 비닐이 덮여 있는 의자를 펴고 앉았다. 의자는 끈적거렸지만 그는 우편엽서를 쓰며 콧노래를 흥얼거렸다. 수백 장의 우편엽서. 그 당시에는 히말라야 원정대가 친구나 후원자들에게 우편엽서를 보내는 것이 하나의 관행이었다. 물론 지금은 신기하게 여겨질지 모른다. 기분 좋은 분위기에 젖은 그는 콧노래를 흥얼거리며 우편엽서를 한 장씩 들어 목재 테이블 위에 깔끔하게 쌓아놓았다. 모든 일이 순조로웠다. 1984년 6월 2일이었다. 브로드피크 허가서는 이미 확보해놓았고, 가셔브룸 4봉 등반허가는 순조롭게 진행되고 있었다. 트럭에 실린 그의 짐도 폴란드를 떠나 발칸반도, 터키, 이라크를 거쳐 파키스탄까지 소위 '폴란드의 실크로드'

를 따라 터덜거리며 남쪽으로 내려오고 있었다. 이제 그에게 남은 일은 파트너인 유레크를 만나는 일뿐이었다.

문에서 노크 소리가 들렸다. 보이테크는 의자에서 풀쩍 일어나 문으로 다가갔다.

"누구세요?" 그가 문을 열면서 물었다.

"보이테크 선생님, 프런트에 전화가 와 있습니다. 지금 곧바로 내려오세요. 중요한 메시지랍니다."

그는 프런트로 내려가 전화기를 넘겨받았다. 유레크였다.

"보이테크, 안 좋은 소식이 있어. 트럭이 사고가 났대."

"뭐라고? 어떻게 된 거야?"

"도로를 벗어나 아주 가파른 둑 아래로 미끄러져 굴렀어. 상당히 멀리."

"얼마나 부서졌어?"

"앞바퀴축이 부러지고 바퀴 하나가 완전히 떨어져 나갔어."

"그럼 사람들은? 우리 장비는? 우리 짐은?" 보이테크는 원정등반 전체가 자신의 눈앞에서 사라지는 듯한 느낌을 받았다.

"장비는 괜찮아. 사람들도 무사하고. 부상자는 없어."

좌절에 빠진 보이테크는 낮은 목소리로 욕지거리를 내뱉었다. 허가서를 두 장이나 받아냈는데 트럭이 개울에 빠지다니. 그의 이례적인 행운은 언제나 재앙으로 끝나는 것 같았다. 그는 몇 시간 동안 답답한 방 안을 왔다갔다했다. 그 끔찍한 상황을 어떻게 해야 할지 갈피를 잡을 수 없었다. 우선 사실을 직시하면 이렇다. 트럭은 자신의 소유가 아니다. 차 값은 7,000달러 정도 할 것이다. 그렇다면 어떤 가능성이 남아 있을까? 파키스탄에는 물건을 팔 시장이 있고, 물건을 팔기도 쉽다. 특히 서양 제품이라면. 분명 누군가는 이 망가진 트럭을 원할 것이지만 값을 제대로 받을 수는 없을 것이다. 아니면, 트럭을 수리할 수도 있겠지. 파키스탄에는 훌륭한 정비사들이 있을 테니까. 그들은 고물도 새 차로 바꿔놓을 수 있을지 모른다. 화려한 장식과 요란한 소리를 내는 뿔피리까지 완벽하게 달아서.

그는 좌절로 머리를 쥐어뜯었다. 이런 악몽이라니! 그러나 태양은 여전히 빛났고, 그는 건강했으며, 카라코람의 아름다운 봉우리들도 여전히 그곳에 있을 터였다. 그들을 기다리며. 그는 마침내 그 트럭을 정비공장으로 견인하도록 조치했다. 산에서 돌아오면 확인하겠다고 약속하고.

보이테크와 유레크는 6월 19일 베이스캠프에 도착해 폴란드 팀의 동료들을 만났다. 야누시 마이에르, 리샤르드 파브워브스키, 발렌티 피우트 그리고 크지슈토프 비엘리츠키. 천만다행으로, 고장 난 트럭에 가져온 모든 물자는, 유레크가 준비한 특별한 식량을 포함해, 모두 그곳에 있었다. 어쨌든 그는 폴란드 내의 지하조직망을 가동해 완벽하게 처리된 최상급 햄과 시큼한 양배추를 준비했다. 그것들은 보통의 폴란드 사람들이라면 사족을 못 쓰지만 계엄령으로 강요된 내핍생활 때문에 쉽게 살 수 없는 것들이었다. 유레크는 인맥이 두터워서 계엄령에도 불구하고 많은 양을 확보할 수 있었다. 원정대원들은 물론이고 여분으로 가족들과 친구들 것까지.

여전히 많은 사람들은 보이테크와 유레크를 이상한 듀오라고 여겼다. 서로의 개성이 사뭇 달랐기 때문이다. 폴란드에서 함께 어울려 다니지 않았고 타트라에서 함께 등반한 적도 없었다. 그들이 함께 뭉친 곳은 히말라야와 카라코람이었다. 그곳에서는 아무도 그들을 따라잡을 수 없었다. 폴란드의 드림팀이었다. 그들은 브로드피크의 연봉 3개를 모두 횡단한다는 대담한 목표를 가지고 있었다. 10킬로미터가 넘는 아찔한 리지가 3개의 정상 — 8,510미터의 주봉과 8,011미터의 중앙봉과 7,490미터의 북봉 — 을 잇는 그것은 어떤 이유에서인지 그냥 '브로드피크'라고 불렀다. 보이테크와 유레크의 계획은 소규모의 기동력 좋은 팀이어야만 가능한 것이었다. 고도가 높은 리지에서 10여 킬로미터에 걸쳐 고정로프를 거미줄같이 설치하며 극지법으로 횡단등반을 시도하는 것은 우스꽝스러운 짓일지 모른다.

횡단등반을 끝내고 하산하면서 부딪치게 될 지형을 더 잘 이해하기 위해 그 듀오는 남쪽 리지에서 고소순응을 시작했다. 6,400미터까지 올라간 보이테크는 그 계획에 문제가 있다는 것을 알았다. 그 위 400미터가 총알처럼 단단하고 번들거리는 얼음으로 반짝반짝 빛나는 모습을 볼 수 있었다. 남쪽 리지의 7,000미터 지점부터 안전한 하산을 하기 위해서는 고정로프를 설치하며 가파른 얼음과 혼합지대를 네 번 오르내려야 할 터였다. 그것도 완벽한 날씨 속에 오랫동안 고생해야 가능할 것 같은데, 그러기에는 너무나 긴 시간이었다. 더욱이 그런 고정로프는 횡단등반을 알파인 스타일로 한다는 취지에도 맞지 않았다.

그리고 혹시 횡단등반을 북쪽에서 시작해야 할지도 모를 것에 대비해서 고소순응 장소를 노멀 루트로 옮겼다. 그러나 유레크는 남쪽 리지를 포기하고 싶어 하지 않았다. 그래서 이렇게 제안했다. "남쪽으로 가서 횡단등반을 거기서부터 시작하는 게 어때?"

"아냐, 유레크. 그건 좋지 않아. 우리의 최우선 목표가 브로드피크 연봉 3개를 횡단하는 거잖아? 그건 누구도 하지 못한 거야. 남쪽 리지부터 시작하면 너무 많은 시간과 노력을 허비하게 될 거야."

유레크는 쉽게 설득당할 사람이 아니었다. "하지만 남쪽 리지가 더 좋아 보여."

보이테크는 자신의 입장을 고수했다. "이봐, 유레크. 만약 우리가 남쪽에서 출발하면 정상까진 닷새가 걸려. … 피톤도 더 많이 필요하고. 60개쯤. 식량은 열흘 치를 준비해야 돼. 그럼 배낭이 무거워서 빨리 움직일 수 없을 거야." 그는 속도가 이 프로젝트의 열쇠라고 생각했다.

유레크는 동의하지 않았다. 그는 남쪽을 통한 신루트를 원했다. 1984년 유레크는 이미 6개의 8천 미터급 고봉을 완등한 상태였다. 그는 원대한 계획

1988년 브로드피크에서 고소적응 훈련을 하는 보이테크 쿠르티카. 그와 예지 쿠쿠츠카는 결국 그 산을 '비공식적'으로 등정하고 말았다. (예지 쿠쿠츠카)

을 염두에 두고 있었다. 8천 미터급 고봉 14개를 모두 오르자! 유레크의 계획 은 라인홀드 메스너의 계획과 같은 것이었다. 그러나 모두 신루트나 동계에 오른다는 점에서 유레크는 메스너와 달랐다. 브로드피크를 남쪽에서 오른다 면 그는 자신의 신루트 목록에 하나를 더 추가하게 될 터였다.

그들은 논쟁을 이어갔다. 보이테크는 자신의 계획이 최상이라고 주장했 다. 더구나 횡단등반에 대한 아이디어 자체가 그의 것이었다. 유레크가 마침 내 양보를 해서 7월 초순 며칠 동안 그들과 그 팀의 동료들은 브로드피크의 노멀 루트에서 7,400미터까지 올라가며 고소적응 훈련을 했다. 그들은 산을 오르내리며 체력을 기르고 체내의 적혈구 숫자를 늘렸다. 아주 높은 고도에서 여러 날 밤을 보낼 것이기 때문에 훌륭한 고소적응이야말로 그들 계획에 탄탄 한 밑거름이 될 터였다.

7월 8일, 날씨가 나빠졌다. 눈과 비로 인해 그들은 텐트를 벗어나지 못했다. 보이테크의 등반일지는 루트나 산 또는 고소순응이 아니라 아름다움에 대한 것으로 시작된다. "아름다운 사람, 아름다운 체스게임, 아름다운 이야기, 아름다운 음악. 모든 것이 아름답다. 그러나 아름다움이 실제로 의미하는 것은 무엇일까?" 30년도 더 지난 뒤 보이테크는 그때의 기억을 더듬어 다음과 같은 시를 썼다.

아름다운 사랑과 아름다운 죽음에 대해
우리가 이야기할 수 있는 것은 무엇일까?

사막의 아름다움과 모성의 아름다움
둘 사이를 아름답게 잇는 것은 무엇일까?

있을 수 있을까?
우주의 아름다움과 아름다운 춤을 측정할
일반적인 척도가?

그리고 아름다운 인생의 승리가
아름다운 죽음일까?

아니면, 이 모든 것이 환상에 불과한 것일까?

브로드피크의 횡단등반을 K2에 가까운 북쪽에서 시작하기로 했기 때문에 보이테크와 유레크는 7월 11일 K2 베이스캠프로 이동했다. 그런데 그곳에서 그들은 기분 좋은 반전을 겪었다. 반다와 그녀의 동료들을 만난 것이다. 반다는 K2를 시도하려고 또 다른 여성 팀을 이끌고 K2로 돌아와 있었다. 그러나 슬프게도 보이테크와 유레크는 횡단등반에 필요한 식량만 가지고 있어서 더 머물지 못하고 떠나야 했다. 두 사람은 그곳을 벗어나 등반을 준비하기 위해

브로드피크에서 바라본 K2 (보이테크 쿠르티카)

브로드피크의 북쪽 베이스캠프 사이트로 갔다.

밤새 바람이 불어닥쳤다. 그러더니 아침이 되자 거의 허리케인급으로 변했다. 그들은 날씨가 호전되기를 바라며 출발을 늦추고 또 늦추었다. 오후도 반나절이 지나자 하루 전체를 허비한 것이 분명하게 드러났다. 하루 치의 식량이 출발도 하기 전에 없어진 것이다. 그것은 좋은 징조가 아니었다.

금요일인 7월 13일, 춥지만 청명한 날씨와 함께 새벽이 밝아왔다. (보이테크는 가끔 13일의 금요일이 행운의 날이라고 주장했다) 그들은 처음부터 끝까지 쇠사슬처럼 얽힌 피너클을 머리 위에 두는 위협 속에 '걸리의 더러운 협곡'을 각자 올라갔다. 리지에 올라서서 헐떡거리는 숨을 가라앉힌 그들은 높이 치솟은 검은색의 장다름gendarme이 숲을 이룬 곳을 이리저리 헤쳐 나가다 완벽한 비박지를 발견했다. 오목하게 들어가 안락한 그곳은 어깨처럼 튀어나온 리지가 쑥 꺼진 곳으로, 가까이에 아주 작은 물웅덩이도 얼어붙어 있었다. 날씨는 여전히 좋았다.

7월 14일, 그들은 혼합지대를 계속 각자 올라갔다. "우리는 고정로프를 사용하지 않았다. 그런 로프는 문제를 일으킨다." 보이테크는 이렇게 기록했다. 그들은 서로 앞서거니 뒤서거니 했다. "각자의 문제는 스스로 해결하면서 우리는 마치 서로 다른 두 개의 길을 헤매는 것처럼 천천히 외롭게 올라갔다."[34] 후에 보이테크는 유레크가 앞장서 나갈 때 그가 자신의 파트너에 대해 전혀 신경을 쓰지 않는 듯 보여 실망했다고 밝혔다. "그는 아주 가끔 뒤돌아봤습니다. 아마 나만의 감정인지 모르겠지만, 그는 나에게 관심을 전혀 두지 않는 것처럼 보였습니다." 그때 그는 2년 전 자신의 행동이 떠올랐다. 브로드피크를 불법적으로 등정하고 하산할 때 유레크는 뒤로 처졌었다. "솔직히 얘기하면, 캠프에 먼저 내려와서 그가 내려오기만을 기다렸었죠." 그리고 이렇게 덧붙였다. "가끔 유레크는 고소순응에 애를 먹었습니다. 그러나 그의 육체적·정신적 강인함과 열의는 타의 추종을 불허했습니다. 등산역사를 통틀어서요."

1984년 브로드피크 트래버스 중 북봉과 중앙봉 사이의 콜에서 비박하는 모습 (보이테크 쿠르티카 컬렉션)

보이테크는 로프가 필요하고 몹시 주의를 기울여야 하는 힘든 침니에 도착했을 때 기분이 풀렸다. "얼마나 아름다운 등반이었는가!" 그는 이렇게 기록했다. 그들은 계속 위로 올라갔다. "정말 멋져. 2,000미터를 발아래에 두고 있다니." 보이테크는 감탄하는 말을 쏟아냈다. 그들은 1,000미터를 올라가고 나서야 적당한 비박지를 찾아냈다. 후에 그는 그때의 상황을 시적 색채감으로 그려냈다. "태양이 히스파르Hispar의 능선을 어루만지고, 긴 그림자 속에 서리가 느릿느릿 기어간다. 하지만 푸른빛이 감도는 어둠이 계곡에 짙게 드리울 때쯤 우리는 눈으로 이루어진 작은 능선마루 위로 올라선다. 그곳에서 우리의 둥지를 만든다."[35] 보이테크는 자신의 일기에 더 간략하게 적었다. "저녁시간: 기적은 계속된다. 날씨는 여전히 아름답다."

아름다운 날씨처럼 시야도 좋았다. 그들은 둥지에서 브로드피크 중앙봉으로 이어지는 능선을 뚜렷이 볼 수 있었다. 무서워 보였다. 등반이 불가능하다는 생각이 들며 희망이 사라졌다. 폴란드에서 사진을 보고 연구한 것보다 훨씬 더 어려웠다. 보이테크는 편치 않은 잠자리에서 꿈속을 헤맸다. 이 괴물과 맞서 싸울 힘을 어디에서 얻지? 산이 우리들을 살짝 놀라게 하는 정도로만 시험한다면 얼마나 좋을까.

등반 사흘째인 7월 15일, 그들은 오후 3시 북봉 정상에 올라섰다. 그리고 북봉과 중앙봉 사이에 있는 7,278미터의 콜로 내려서는 데 1시간이 걸렸다. "이제 우리는 함정의 한가운데로 들어선다. 여기서는 후퇴할 수 없다. 우리는 산과 하나가 된다."[36] 비박을 하기에는 이른 시간이었지만, 콜은 등반을 멈추고 쉬기에 이상적인 장소였다. "우리는 환상적인 산들로 둘러싸였다. 사방이 구름도 거의 없는 산들로 끝없이 펼쳐졌다." 그는 기록을 이어갔다. "나는 저 작은 구름들이 커질까 걱정하지 않는다."

그곳, 브로드피크 두 정상 사이의 높은 콜에서 보이테크는 알피니스트로서의 전 생애를 통틀어 천상에 가장 가까이 다가가는 경험을 했다. 그는 완벽한 자신감과 믿음 그리고 우주와 빛이 하나가 되는 느낌을 받았다. "마치 정신착란을 일으킨 것 같았다. 끝없이 주위를 돌아다니는. 나는 그냥 텐트 안으로 들어갈 수 없었다. 그것은 순도가 아주 높은 환상적인 경험이었고, 대단히 영적인 것이었다. 물론 산은 언제나 아름답다. 하지만 그때는 달랐다."

그는 자신의 강렬한 경험을 유레크에게 이야기하지 않았다. 이제 그들은 말이 필요 없을 정도로 서로에게 익숙해져 있었다. 유레크는 물과 음식을 만들며 텐트 안에 있었고, 보이테크는 미학적 무아지경에 빠져 주위를 돌아다녔다. (공정하게 말하면, 유레크가 음식을 만들 차례였다) 빛을 받는 방향에 따라 산의 모습은 더 깊고 신비한 아름다움을 드러냈다. 자연의 힘에 크게 감동한 보이테크는 딱히 표현할 방법을 찾지 못했다. "말하자면, 더 높은 세계와 레이저로 연결된 아름다움 같은 것. 그것이 내가 횡단등반을 하면서 두 정상 사이에 있을 때 느낀 것이다." 그중 가장 아름다운 광경은 브로드피크 중앙봉으로 이어진 능선이었다. 유레크와 보이테크는 이제 다른 각도에서 칼날같이 날카로운, 끔찍할 정도로 무서운 능선을 볼 수 있었다. 그것은 겨우겨우 가능할 것 같았다. 그 능선은 거대했지만 이전처럼 사뭇 겁을 주지는 않았다.

다음 날도 하루 종일 그들은 오르고 또 올랐다. 얼음, 세락, 수직의 바위, 침니 그리고 더 가파르고 단단한 얼음. 그리고 마침내 길고 부드러운 능선 위로 올라섰다. 모두가 8,000미터 이상인 아주 긴 능선. 바람의 영향을 받은 설사면은 발을 내디딜 때마다 쿵쿵 울렸다. 불길한 울림에 신경이 예민해진 그들은 로프를 꺼냈다. 들쭉날쭉 구불구불한 능선은 그들의 인내심을 시험하며 길이로써 고문하는 것 같았다. "수치심이 들 정도로 인내심이 바닥난다. 영혼도 없는 하얀 둔덕이 우리 앞에 다시 나타난다."[37] 갑자기 보이테크의 눈에 앞서가던 유레크가 마치 바람과 싸우기라도 하는 것처럼 머리 위로 팔을 들어 미친 듯이 내젓는 모습이 보였다. 그러나 그런 것이 아니었다. 그가 브로드피크 중앙봉 정상에 올라선 것이다. 시간을 보니 오후 3시였다.

이제 날씨가 나빠졌다. 날카로운 바람이 그들의 육체를 갉아먹으며 뼛속까지 깊이깊이 파고들었다. 검고 음울한 구름떼가 솟아올라 몰려들 때쯤에야 그들은 콜로 하강하기 적합한 장소를 찾기 시작했다. 구름이 휘몰아치는 가운데 혼란스러운 미로에 둘러싸여 흐리고 어둡고 가파른 벽을 넘어설 수 없었다. 어디로 내려가야 하는 것일까? 그들은 피톤을 박을 만한 단단하지만 부서지기 쉬운 바위를 찾았다. "얼어붙은 팔로 붙잡은 뾰족한 바위를 돌풍이 낚아채 지옥으로 던져버린다."[38] 그들은 다섯 번 하강을 하면서 불안할 정도로 몸이 흔들려 매번 그것이 마지막일지 모른다는 느낌을 받았다. 훗날 보이테크는 그때의 생생한 공포를 이렇게 썼다. "동쪽은 지옥의 문이다. 그곳은 바닥이 드러나 보라색 얼음으로 변한 발작적인 설선으로 구불구불 이어져 있다. 얼음처럼 차가운 악마가 울부짖으며 서리와 바람으로 고통스럽고 증오스러운 형상을 만든다."[39]

3시간 후인 오후 6시, 콜에 도착한 그들은 브로드피크 주봉으로부터 100 미터 떨어진 그곳에서 안락하게 비박할 수 있을 만큼 넓은 터를 발견했다. 돌 풍에 날리는 눈 조각들이 그들의 살레와 텐트를 뚫고 안으로 들어왔다. 이제 보이테크가 음식을 만들 차례였다. 그는 스토브에 불을 붙이려고 사투를 벌 였다. 몇 시간이나 애쓴 끝에 그 스토브는 비로소 부드러운 소리를 냈고, 그는 마실 수 있는 물을 세 코펠이나 의기양양하게 만들어냈다.

등반 닷새째인 다음 날 새벽 4시, 그들은 아침식사를 만들기 시작했다. 차를 두 코펠이나 마셨지만 입 안은 모래처럼 깔깔했다. 입술은 추위로 갈라 지고, 갈증은 말도 못 할 정도로 심했다. 보이테크와 유레크는 빈약한 소지 품을 배낭에 쑤셔 넣고 나서 딱딱하고 아픈 손가락으로 크램폰의 끈을 잡아 맨 다음 텐트 밖으로 기어 나왔다. 오전 7시, 그들은 능선을 터벅터벅 걸어 올 라가기 시작했다. 그리고 오전 9시 30분 마침내 정상에 올라섰다. 놀랍게도 8,000미터에 달하는 고도에서 5일 동안이나 등반해낸 것이다. 그곳은 그 5일 동안 오른 세 번째 정상이었다. "아, 산이여!" 보이테크는 그 순간 대단하고 완 벽한 세상에서 모든 기대가 충족될 때 찾아오는 만족감을 음미하며 짧게 탄식 했다.

이제 익숙한 지형을 넘어 그들은 천천히 노멀 루트를 내려오기 시작했 다. 1시간 후 걸음을 멈추고 차를 끓여 마셨다. 그런 다음 노멀 루트를 통해 2 캠프로 곧장 내려갔다. 그들이 목적지에 닿기 바로 전 보이테크는 거의 목숨을 잃을 뻔했다. 캠프 위쪽을 횡단하던 그는 낡은 고정로프를 우연히 발견하고 균 형을 유지하기 위해 그것을 붙잡았다. 그런데 아뿔싸 그것이 끊어진 것이다. 그 는 공중으로 붕 떠서 빠르게 추락했다. 그러나 곧 그의 크램폰 한쪽이 얼음에 걸리자 그는 총알처럼 단단한 얼음에 피켈을 때려 박아 절벽 아래로 나가떨어 지는 참사를 모면했다. 제자리로 올라온 그는 하산을 계속했다.

유레크와 보이테크는 7월 18일 챔피언처럼 베이스캠프로 걸어 들어갔

파키스탄 카라코람에 있는 브로드피크 트래버스 개념도. 1984년 보이테크 쿠르티카와 예지 쿠쿠츠 카는 북봉(7,490m)-중앙봉(8,011m)-주봉(8,051m)을 신루트 알파인 스타일로 트래버스 했다. (보이테크 쿠르티카 컬렉션, 루트 개념도: 표트르 드로지치)

다. 몹시 지치기는 했지만, 그들의 젊은 육체는 강건했고 걸음은 용수철처럼 탄력이 있었다. 베이스캠프는 승리감에 차 있었다. 그 팀의 세 사람이 노멀 루트로 브로드피크를 올랐을 뿐만 아니라, 믿을 수 없을 정도로 부드러운 목소리와 세상을 걱정하는 듯한 얼굴 그리고 자유분방한 콧수염에 작지만 에너지가 넘치는 체구를 가진 크지슈토프 비엘리츠키가 그 산에서 최단시간 기록까지 세운 것이다. 그는 3,000미터를 21시간 30분 만에 왕복했다. 그것은 역사상 8천 미터급 고봉에서 이루어낸 가장 빠른 등반이었고, 하루 만에 정상에 오른 최초의 기록이었다. 그런데다 보이테크와 유레크까지 불가능에 가까운 등반을 해냈다. 브로드피크 연봉의 완전한 횡단등반. 그것은 히말라야 등반역사에 유례가 없는 성취였다.

다른 사람들이 그 둘에게 축하를 건넸다. 그들은 그 듀오가 휴식을 취하리라 짐작했다. 그러나 유레크는 배가 고팠다. 그는 주방텐트로 가서 캠프에 있는 모든 사람들이 먹을 수 있을 만큼 많은 스파게티를 커다란 코펠에 만들었다. 그날 밤 늦게 그는 텐트로 돌아가 편히 쉬는 대신 다음 날 아침까지 이어진 카드게임에 끼어들었다. 그는 술도 마셨다. 놀라움을 금치 못한 크지슈토프는 고개를 절레절레 흔들었다. "육체적으로, 그는 도저히 이길 수 없는 사람입니다." 그러자 보이테크도 고개를 끄덕여 동의를 표시했다.

유레크와 보이테크는 둘 다 아찔한 횡단등반을 하면서 평온한 마음을 유지했고 산이 자신들에게 요구하는 모든 요소를 기꺼이 받아들였다. 오직 그들의 티끌 같은 한줌 생명만 이리저리 떠돌았다. 그들은 10킬로미터의 긴 리지를 닷새 반 동안 등반했다는 그 사실만을 소중히 여겼다. 보이테크는 1986년 『클라이밍Climbing』 잡지에 그 등반을 차분하게 다시 풀어냈다. "브로드피크의 북쪽 리지를 통한 초등 이야기는 간단하며, 드라마틱한 모험과는 거리가 멀다. … 결국 수천 미터의 거칠지만 사랑스러운 바위와 파란 얼음의 불길한 지대를 넘어 정상으로 힘들게 걸어가는 단조롭고 지루한 일을 사람들은 거의 이해하지 못할 것이다."[40] 이 낯선 표현은 감정을 배제한 것이며, 콜에서 그가 겪은 영적인 경험을 인정하지 않은 것이다.

그 리지가 재등된 것은 11년 후로, 이번에는 일본 팀이었다. 그리고 나서 강력한 바스크 팀이 그 리지를 다시 완주했다. 1984년, 1995년 그리고 2000년. 브로드피크 횡단등반은 결코 인기 있는 목표가 아니었다.

브로드피크 북봉과 중앙봉 사이의 콜에서 겪은 감정 변화를 통해 보이테크는 등산이라는 행위가 자신에게 천상에 가장 가까이 다가가는 경험을 제공한다는 믿음을 갖게 되었다. 그는 며칠 동안 날씨가 좋아지기를 기다렸고, 영적으로 고조된 그 정신 상태를 유레크와 다음 목표인 미등의 가셔브룸4봉 서벽으로 갈 때까지 유지했다. 많은 사람들은 거대하고 가파르고 기술적으로 어려운 그 벽은 2인조로서는 불가능하다고 믿었다. 하지만 보이테크는 그곳에 오를 만한 루트가 있다고 유레크를 설득했다.

　그들이 가셔브룸4봉 앞의 빙하에 도착하자 보이테크의 열정이 사그라졌다. 6,000미터 위쪽은 구름에 가려 보이는 것이 하나도 없었다. 그 사이에 날씨가 따뜻해지는 바람에 매일 오후 눈이 마치 소낙비처럼 내렸다. 따라서 잘 보이지는 않지만 그들은 벽이 눈으로 뒤덮여 있을 것으로 생각했다. 그들은 장차 어떻게 할 것인지 상의하기 위해 걸음을 멈추었다. 여러 가지 상황을 고려한 보이테크는 벽에 붙는 것은 너무 위험하다고 선언했다. 그러나 유레크는 가고 싶어 했다. 그는 일단 마음을 굳히면 포기하는 법이 없었다. 더욱이 그들은 허가서도 손에 쥐고 있었다. 보이테크는 위험의 냄새를 맡았고, 유레크는 신루트의 냄새를 맡았다. 그러나 그들은 마침내 산을 대하는 자신들의 견해가 다르다는 데 의견일치를 보았다. 그들 두 클라이머는 각자의 외로운 길을 따라 그 지역을 떠났다.

　보이테크는 사뭇 고통스러워 보이는 이 이별을 너그러운 시각으로 바라보려 노력했다. "1984년 유레크와 나는 비록 좋은 관계를 유지하고 있었지만 서로에게 조금 싫증이 나 있었습니다." 그들은 브로드피크에서 오랫동안 함께 지냈다. 보이테크는 그들의 유일한 공통 관심사가 등반과 먹을거리였다고 주장했다. 그래도 그들은 미래를 위한 자신들의 꿈을 이야기했다. 그리고 이제 유레크의 야망은 8천 미터급 고봉 14개를 완등하는 것이라는 사실이 분명하게 드러났다. 보이테크는 그의 목표를 존중하지 않았다. "봉우리 사냥은 감정을 좀먹는 행위고, 등산이 사냥하고자 하는 욕망에 휩싸이게 되는 신호다." 그는 이렇게 썼다. "영적 유물론 같은 것이 존재하게 되면 신비를 풀어헤쳐 받아들이기보다는 산을 소유하고 싶은 욕망에 휩쓸리게 된다."[41]

　또한 보이테크는 유레크의 꿈이 메스너의 계획과 정면으로 충돌한다고 확신했다. 훗날 보이테크는 그 주제를 놓고 메스너와 논쟁을 벌이기도 했다. "난 당신이 이루고자 하는 목표를 좋아합니다. 그러나 당신이 말하는 건 이해하지 못합니다. … 당신은 이렇게 말하지요. '난 결코 다른 사람과 경쟁해본 적이 없다. … 다른 사람이 나와 경쟁할 뿐이다. …' 그러나 당신은 또한 이렇게 말합니다. 나 메스너가 최초로 해냈어!'"[42]

경쟁은 ─ 적어도 등산이라는 맥락에서 보면 ─ 자신에게 정말 혐오스러운 것이라는 입장을 보이테크는 고수했다. 그는 자신이 최고라는 것을 증명해 보이려 한다면 이미 인간성을 잃어버린 것이나 마찬가지라고 주장했다. '스포츠적' 접근에 내재하는 경쟁적인 양상이 필연적으로 초래할 고통을 그는 걱정했다. 그것은 육체적인 고통의 문제가 아니었다. 보이테크는 이미 그런 것들이 낯설지도 않았다. 오히려 그는 감정적이며 지적인 고통을 언급했다. 그는 야망과 자아를 버리고 오히려 고통을 추구했다. 그리고 등반을 통해 스스로 인식하게 된 강한 자아로부터 벗어났다. 그러나 경쟁심을 느끼며 등반할 때는 달랐다. "하나의 활동으로서 그것(등산)은 자기보호 욕구와 죽음을 시험할 필요성의 고전적인 대립을 드러낸다. 자신의 운명을 스스로 통제할 수 있다고 느끼면 그와 동시에 정신은 죽어 없어지는 육체로부터 자유롭다. 이렇게 한계를 넘어서는 동안 등산가는 대단한 기쁨을 경험한다."[43]

받아들여서는 안 되는 위험의 아우라를 보이테크는 유레크로부터 감지하기 시작했다. 그는 위험 신호들을 무시하고 성공적인 결과를 위해 힘으로 밀어붙이려 하는 것 같았다. "난 위험의 냄새를 맡았습니다." 보이테크가 말했다. "난 송장 냄새를 맡았습니다."

그 두 클라이머는 결국 자신들의 견해 차이를 인정했다. 유레크는 8천 미터급 고봉을 등반할 것이고(사실 그는 그해 하반기에 2개의 동계초등을 이룩했다) 보이테크는 자신에게 흥미로운 등반선을 찾을 것이다. 그렇게 드림팀은 끝이 났다. 그들은 더 이상 2인조로서 함께 등반하지 않았다. 보이테크는 그 상황을 이렇게 요약했다. "우리의 파트너십은 파탄 난 결혼생활이나 마찬가지였습니다. 우리는 더 이상 서로에게 매력을 느끼지 못했습니다."

보이테크가 자신들이 이별한 이유를 실용적으로 설명하기는 했지만,『클라이밍』잡지에 실린 횡단등반에 대한 그의 글에는 환상적인 파트너십의 종말을 암시하는 슬픈 흔적이 있었다.

1984년 여름
나는 친구와 함께 방랑했다.
사막 같은 황무지에서.
그곳은 3개의 장엄한 산에 가로막혀 있었다.
바로 그곳에서 우리는 그 산들을 넘었다.
풍경은 바뀌었지만
먼 지평선은 그대로였다.[44]

보이테크가 이슬라마바드에 도착하자 별로 유쾌하지 못한 일들이 그를 기다리고 있었다. 일단 그는 트럭이 수리되었다는 사실을 알고 안심했다. 그러나 트럭을 살펴본 운전기사는 그 차가 폴란드까지 제대로 돌아가지 못할 것이라고 우려했다. 보이테크는 차를 팔아야 했다. 파키스탄에서 위스키를 파는 것은 쉽지만, 트럭을 파는 것은 — 특히 암시장에서 거래가 이루어지지 않는다면 — 훨씬 더 어려운 일이 될 터였다. 거래절차는 끝이 없었다. 그는 마침내 팔기는 했지만 2,000달러나 손해를 보았다.

보이테크는 유레크와 함께 브로드피크의 연봉 3개를 한 번에 밀어붙여 최초로 횡단하는 위업을 달성했다. 그런데 과거를 되돌아본 그는 그 3개의 봉우리 전부에 대해 허가를 신청하지 않았다는 사실을 깨달았다. "난 나머지 2개의 봉우리에 대한 허가서가 없다는 것을 그다지 심각하게 받아들이지 않았습니다. 난 그것들이 주봉으로 가는 '길목'이라고 생각했습니다. 운이 좋게도 그들은 우리에게 추가 입산료를 요구하지 않았습니다." 그리하여 '불법적인'

정상 두 개가 그의 등반목록에 추가됐다.

11년 후 보이테크는 일본인 클라이머 하토리 토루服部徹로부터 엽서 한 장을 받았다. 그는 브로드피크 횡단의 재등을 막 끝낸 상태였다. "새해 복 많이 받으세요. 브로드피크에서 멋진 시간을 보냈습니다. 우리는 브로드피크와 우정을 느낄 수 있었습니다. 단출한 등반은 환상적입니다. 왜냐하면 신의 목소리를 많이 들을 수 있기 때문이죠. 조언에 대하여 다시 한번 감사의 말씀을 드립니다." 보이테크는 그 엽서를 기분 좋게 읽었다. 토루는 그가 북봉과 중앙봉 사이 높은 콜에서 경험한 것과 비슷한 산과의 유대감을 느낀 것이 틀림없었다. 그 조그만 보물은 기억이라는 가상공간에 저장됐다.

브로드피크를 횡단한 지 30년이 지난 후 다니구치 케이는 아찔한 능선을 횡단하고, 새로운 지형을 탐험하고, 높은 곳에서 자고, 높은 곳에서 먹고, 일종의 고도 반데룽wanderung이라는 감성에 빠져 느긋하게 지내며 보낸 나날들의 기쁨에 관한 비슷한 향수를 다음과 같이 표현했다. "알피니즘에서는 속도가 중요하지만, 자신이 사랑하는 산과 조금 더 많은 시간을 보내는 것도 그렇게 나쁘지는 않다."[45]

브로드피크 횡단 같은 등반은 보이테크의 인생을 송두리째 바꾸었다. 그가 그 높은 봉우리에서 겪은 초자연적 경험은 강렬함에서 차이가 났다. 공포와 근심걱정, 극도의 심리적 탈진, 절망, 허기, 갈증은 모두 브로드피크 횡단등반의 일부분이었다. 비록 대부분이 부정적인 것들이지만, 그런 감정 하나하나는 상대적으로 가능성의 문을 열어주었다. 득의와 확신, 평온과 평화. 그것은 통찰력이라는 문이 활짝 열린 것과 같았다. 이 모든 것이야말로 고소 클라이머의 특권이 아닐까?

10

빛나는 벽

다른 어디에도 없다고 생각하는 곳이 바로 천국이다.

피코 아이어Pico Iyer, 『고요의 예술The Art of Stillness』

보이테크 쿠르티카와 떼려야 뗄 수 없는 산이 가셔브룸4봉이다. 더 구체적으로 말하면 그곳의 2,500미터 서벽이다. '빛나는 벽'으로 불리기도 하는 그 서벽은 저녁햇살을 받으면 은은한 빛을 발산하는 대리석지대가 중간을 가로지르고 있다. 미국인 알피니스트 마이클 케네디Michael Kennedy는 그 벽을 이렇게 묘사했다. "완벽한 그 모습을 보면 당장이라도 등반하고 싶은 벅찬 유혹을 느낀다."[46] 야누시 쿠르차프의 1976년 K2 원정대원이었을 때 보이테크는 가셔브룸4봉을 처음 보았다. 그는 기하학적으로 완벽한 삼각형에 매료당했다. 완전하면서도 우아한 그 산은 깎아지른 서벽의 비밀을 풀어내면서 보이지 않는 정상에 오르고자 하는 욕망을 끊임없이 유발한다.

6개의 산으로 이루어진 가셔브룸 산군에서 네 번째로 높은 7,932미터의 가셔브룸4봉은 대단히 도전적인 등반이 요구되는 곳이며, 높이가 아니라 어려움과 아름다움이 더 숭배되는 '클라이머들의 산'이기도 하다. 마법의 8천 미터에 살짝 못 미치는 그 산은 인근에 있는 더 높은 산들, 즉 가셔브룸1봉과 2봉, 브로드피크, K2의 그늘에 가려져 있다. 하지만 그 산의 사방에서 발견되는 지속적인 어려움은 그곳을 둘러싼 아우라를 만들어낸다. 오직 몇 팀만이 그 산의 높은 곳까지 올랐으며, 그중 세 팀만이 정상을 밟았다. 발토로 빙하의 북동쪽 끝에 위치한 그 산은 1958년 리카르도 캐신Riccardo Cassin의 이탈리아 원정대가 초등했다. 그때 정상에 오른 발터 보나티Walter Bonatti는 그 산을 이렇게 묘사했다. "호리호리하고 바위가 많으며, 마치 공중에 떠 있는 듯하다."[47] 최종적으로 그와 카를로 마우리Carlo Mauri가 정상 공격에 성공했는데, 그들의 길고 복잡하며 위험한 루트는 여전히 미등으로 남아 있다.

1970년대 후반과 1980년대 초반에 영국 및 미국과 일본의 몇 팀이 서벽과 남서릉으로 정상에 도전한 역사가 있다. 스티브 스벤슨Steve Swenson이 이끄는 미국 팀은 1983년 남서릉에 도전해, 네 번의 시도 중 두 번이나 7,000미터를 넘어섰지만 깊고 불안정한 눈으로 발길을 돌렸다. 그때 그 팀의 일원이었던 마이클 케네디와 머그스 스텀프Mugs Stump는 알파인 스타일로 서벽에 도전했었다. 그 둘은 6,900미터까지 올랐지만 악천후와 눈사태, 식량 부족으로 돌아섰다. 이듬해에는 베르너 랜드리Werner Landry가 이끄는 미국 팀이 북서릉에 붙었지만, 능선의 상단부인 7,350미터쯤에 있는 바위지대에 막혀 되돌아오고 말았다.

유레크와 보이테크가 1984년 그 산을 보러왔을 때 그들은 미등의 서벽에 마음을 두었다. 그러나 그 계획은 등반을 상의하는 과정에서 결판이 나고 말았다. 일부 목격자들은 유레크의 등반선에 대해 보이테크가 전체적으로 걱정을 많이 했다고 생각했고, 다른 사람들은 날씨가 한계상황인데도 불구하고 유레크가 앞으로 나아가자고 황소같이 고집을 부렸다고 느꼈다. 보이테크의 기억은 분명했다. 매일 계속되는 폭풍설이 서벽을 위험천만한 상황으로 만들

발토로를 지나는 그 옛날의 포터들 (보이테크 쿠르티카)

1985년 이탈리아의 트렌토산악영화제에 참가한 보이테크 쿠르티카 (버나드 뉴먼Bernard Newman)

었고, 그곳을 등반하고자 하는 욕망이 눈사태의 위협으로 짓눌렸기 때문에 가셔브룸4봉의 서벽을 시도하기에는 시기가 적절치 못했다는 것이다.

보이테크가 그해에 신중을 기했다고 해서 서벽을 아예 포기한 것은 아니었다. 전혀! 벽을 외우다시피 하며 구조를 분석한 그는 중앙의 오른쪽에 있는 긴 쿨르와르를 오른다면 적어도 몇 가지 문제는 피할 수 있으리라고 결론지었다. 그곳을 통한다면 곧바로 빠르게 벽의 한가운데로 진입할 수 있을 것 같았다. 그 쿨르와르는 눈사태의 분명한 깔때기였으므로 안전한 등반을 할 수 있을 정도로 조건이 완벽해야 했다. 1984년은 적당한 해가 아니었다. 그리하여 그는 기회를 기다렸다.

1985년 보이테크는 환한 얼굴과 그보다 더 환한 미소를 지닌, 키가 크고 건장한 로베르트 샤우어Robert Schauer와 가셔브룸4봉으로 돌아왔다. 1953년 오스트리아의 그라츠Graz에서 태어난 로베르트는 젊은 축에 속하는 알피니스트였지만 이미 화려한 등반경력을 자랑하고 있었다. 푸마리 키시Pumari Chhish(7,492m) 등정으로 히말라야라는 무대에 신고한 그는 가셔브룸1봉과 낭가파르바트 신루트에서 경험을 쌓은 다음, 에베레스트와 마칼루, 브로드피크를 등정했고, 아이거 북벽 동계등반이라는 업적을 세우기도 했다. 그들은 처음에 3인조로 팀을 만들기로 했었다. 그러나 다른 한 명의 오스트리아인인 게오르그 바흘러Georg Bachler가 로베르트와의 의견 차이로 마지막 순간에 물러났다. 가장 중요한 등반 파트너를 어떻게 선택했느냐는 질문에 보이테크는 담백하게 대답했다. "그 전해에 브로드피크 베이스캠프에서 잠깐 만난 걸 제외하면 로베르트를 잘 알지 못했습니다. 그는 가셔브룸4봉에 대해 긍정적인 자세와 열정을 보여주었는데, 그건 무시되어선 안 되는 확실한 자산이었고, 그를 초청하게 만든 가장 중요한 요인이었습니다. 게다가 난 8,000미터를 등정한 경험이 있는 사람이 필요했습니다. 그는 훌륭한 경력을 가지고 있었습니다. 물론 현금 때문에 그가 필요하기도 했습니다. 어떻게 보면 그는 아주 적절

위: 가셔브룸4봉 베이스캠프 인근에서 볼더링을 즐기는 보이테크 (보이테크 쿠르티카 컬렉션)
좌: 가셔브룸4봉에서 보이테크의 파트너였던 오스트리아 클라이머 로베르트 샤우어
(보이테크 쿠르티카 컬렉션)

한 파트너였습니다."

　　그 둘은 유레크와 시도했을 때보다는 훨씬 더 많은 31개의 식량과 장비 꾸러미를 가지고 1985년 6월 9일 베이스캠프에 도착했다. 보이테크가 인정한 바와 같이 로베르트가 돈을 넉넉히 가지고 와서 그들은 안락한 캠프생활을 즐길 수 있었다. 보이테크와 로베르트는 벽을 정찰했다. 그해 시즌 초의 오랜 가뭄으로 벽에는 눈이 거의 없었다. 따라서 1985년은 등반하기에 안성맞춤

인 것처럼 보였다.

　7월 14일 그들은 서벽의 왼쪽이자 북서릉의 콜에서 수직으로 밑에 있는 쿰까지 올라가며 고소순응을 시작했다. 그다음 날은 콜을 향해 올라갔다. 그들의 등반선은 그 전해에 미국 팀이 시도한 곳이었다. 그들은 겨우 로프 한 동 길이의 콜 밑에서 악천후를 만나 베이스캠프로 내려왔다. 그리고 며칠 동안은 꼼짝도 하지 못했다. 6월 28일 다시 훈련에 나선 그들은 쿰에 텐트를 하나 쳤다. "인도보다도 더 더웠습니다." 보이테크가 말했다. 그들은 쫓기듯 내려와, 햇볕에 피부가 타는 것을 막으려고 스키폴 위에 펼쳐 친 천막 밑으로 몸을 숨겼다. 그다음 날 그들은 6,400미터의 콜까지 올라갔다.

　6월 30일, 숨이 턱턱 막히게 했던 태양이 사라지고 눈발이 강하게 날렸다. 이틀 밤 동안 콜에서 옹송그린 그들은 7월 1일 미국 팀이 일부 남겨놓은 고정로프를 따라 위로 올라갔다. 그러나 루트가 안개와 눈에 휩싸이고, 이어 바람이 강풍으로 변했다. 결국 6,700미터 지점에서 콜로 후퇴했고, 다음 날(7월 2일) 위험한 걸리를 따라 쿰에 있는 텐트로 돌아온 다음, 베이스캠프까지 내쳐 내려왔다. 보이테크는 이렇게 기록했다. "하산은 위험해."

　안개가 자욱이 낀 그다음 4일 동안 그들은 베이스캠프에 머물렀다. 보이테크의 등반일지에 간단하게 적힌 몇 단어를 보면 그의 심정이 어떠했는지 알 수 있다. "불확실. 피로. 고독." 그런 고독의 일단은 알렉스에 대한 추억 탓이었다. 로베르트의 표현, 특히 웃음은 알렉스를 생각나게 만들어 그가 그리웠던 것이다.

　7월 6일, 베이스캠프를 출발해도 될 만큼 날씨가 좋아져 그들은 콜까지 1,600미터를 한 번에 올라갔다. 그리고 다음 날은 거의 7,000미터까지 더 높이 치고 올라갔다. 7월 8일, 100미터를 더 올라가 정상에서 내려올 때를 대비해 비상식량을 숨겨놓았다. 그러나 날씨가 다시 나빠지는 바람에 콜까지 어려운 후퇴를 해야 했다. 7월 9일에는 허리케인급 강풍이 엄습했고, 어쩔 수 없

가셔브룸4봉 베이스캠프의 보이테크 쿠르티카와 로베르트 샤우어 (보이테크 쿠르티카 컬렉션)

이 베이스캠프로 쫓기듯 내려왔다. 보이테크의 암울한 기분은 여전했다.

마침내 날씨가 괜찮아 보였다. 그들은 기상예보를 접할 수 없어 본능, 즉 보이테크의 표현대로 자신들의 '코'를 믿었다. 7월 12일 오후 3시, 그들은 서벽 밑으로 과감하게 걸어 들어갔다. 배낭이 납덩이처럼 무겁게 느껴졌지만, 그 안에 들은 것이라고는 옷가지와 로프 두 동, 몇 개의 등반장비, 침낭, 비박색, 약간의 식량, 연료와 스토브가 전부였다. 그날 오후 벽 밑으로 걸어 들어가는 어프로치는 4시간 동안이나 깊은 눈을 헤쳐야 해서 예상보다 시간이 많이 걸렸다. 벽 가까이에 비박텐트를 친 다음 10시까지 저녁을 해 먹고, 2시간 동안 눈을 붙인 다음, 자정에 일어나 다시 스토브에 불을 붙였다. 깊은 생각에 빠진 그들은 거의 말을 하지 않았다. 좋은 날씨가 계속됐다. 7월 13일, 사방이 여명 전의 은빛에 물들어 있을 때 벽 밑의 베르크슈룬트를 넘어 쿨르와르로 들어갔다. "그곳은 알 수 없는 검은 얼음의 협곡으로, 깊이 파인 지옥 같았다." 보이테크는 이렇게 기록했다. 날이 밝아오자 미리 보아둔 걸리의 형상이 눈에 들어왔다. 17킬로그램의 배낭을 멘 그들은 로프를 쓰지 않고 빠르게 올라갔다.

쿨르와르 끝에서 한 첫 번째 비박은 비교적 편안했다. 다음 날은 혼합지대였다. 보이테크는 등반일지에 이렇게 기록했다. "50도. IV급. 일부 바위와 얼음의 혼합지대. IV, IV, V." 7월 14일 밤, 7,000미터쯤의 두 번째 비박지에 도착했다. 그곳은 돌출바위의 작은 턱이어서 비박색을 칠 수 없었다. 따라서 침낭을 펴놓고 자리에 앉아 그냥 쉬었다. 불편하기는 했지만 어쩔 도리가 없었다.

다음 날 보이테크는 로프를 넘겨받아 여섯 피치 중 다섯 피치를 선등했다. 그들은 이제 은은하게 빛나는 벽으로 들어섰는데, 그곳의 난이도는 V급과 VI급 사이였다. 빛이 반사되면서 우윳빛 색조를 띤 파도의 물결 같은 바위는 확보물을 설치할 만한 크랙이 거의 없었다. 그들의 확보는 '정신적 위안'을

223

위한 형식적인 것이었다. 보이테크와 로베르트는 추락할 경우 확보물이 버티지 못한다는 것을 잘 알고 있었다. 피톤 사이의 거리가 보통 40미터 ― 거의 로프 한 동 길이 ― 나 되었다. 따라서 동작 하나하나를 정교하게 계산하면서 위로 또 위로 계속 올라갔다.

　　보통 팽팽한 긴장의 순간에 대한 클라이머들의 기억은 각자의 관점에 따라 사뭇 다르기 마련이다. 후에 로베르트는 보이테크가 안전한 앵커와 확보물 설치에 지나치게 집착한 나머지 시간만 낭비하고 있는 것은 아닌지 걱정했다고 말했다. 보이테크는 다르게 기억했다. 그는 조심스럽고 꼼꼼한 클라이머지만, 확보물 사이의 거리가 길다는 경고 ― 그러나 필요한 ― 를 충분히 인지하고 있었다. "얼마나 아름답습니까? 긴 로프가 허공에서 뱀처럼 하늘거리는 아찔한 장면이!"[48] 일련의 동작을 이어가며 미지의 영역으로 들어간 보이테크는 후퇴 같은 것을 고려하지 않았다. 그는 어려운 상황에도 계속 위로 올라갔다. 그리고 공포를 이겨낼 때마다 순간적인 흥분과 감사의 기분을 느꼈다. 하지만 곧바로 다음 장애물과 싸우며 다시 한번 악마와 맞닥뜨려야 했다. 그것은 일종의 정신적 테러리즘이었다. 보이테크는 그날 등반을 끝내고 나서 이런 문구로 등반일지를 써내려가기 시작했다. "7,200미터에서 세 번째 비박. … 난이도 VI급. 무섭기 짝이 없는 비박. 바닥의 울퉁불퉁한 돌멩이들을 해머로 평편하게 다져야 한 돌출바위에서 비박." 그러나 날씨는 평온했다. 카라코람의 바람은 보이테크와 로베르트에게 적어도 고통을 안겨주지는 않았다.

　　등이 배기는 바닥에서 불편한 밤을 보낸 그들의 상황은 더욱 안 좋아졌다. 반반한 바위를 다섯 피치 오르고 나니 하루해가 저문 것이다. 그들이 벽에서 전진한 거리는 겨우 100미터에 불과했다. 로베르트가 선등으로 나선 30미터의 미묘한 A0 구간에만도 고통스러운 3시간이 걸렸다. 등반이 극도의 긴장을 요구하는 것이었다면, 춥고 지루한 확보는 마음을 꽁꽁 얼어붙게 만들었다. 그들은 7,300미터에서 눈구덩이에 반쯤 앉은 자세로 비박에 들어갔다. 점점 더 악화되는 상황에 대해 보이테크는 이렇게 기록했다. "재앙. 허리케인. 끔찍할 정도의 수면 부족. 몰아치는 눈보라. 떨어져가는 식량. 일조량 부족."

그다음 날 그들은 혼합지대를 열 피치 올라 7,600미터 정도에 도달했다. 다시 위험의 수준이 아주 높아졌다. 부드러운 눈은 그들의 무게를 지탱하지 못했다. 눈 밑은 바위였지만, 확보물을 박을 장소도 찾지 못했고, 설령 찾았다 해도 박을 수도 없었다. 등반은 어색하고 불안하게 느껴졌고, 확보는 아무리 잘해도 믿을 수 없었다. 보이테크는 그 상황을 이렇게 묘사했다. "고산의 술수이다. 확보는 위험스럽고 나쁘다. 확보물은 거의 설치할 수 없다. 식량이 많지 않다. 물을 많이 마시지도 못한다." 어느덧 벽에서 닷새를 보낸 터라 체력은 물론이고 식량도 바닥나고 있었다. 그러나 힘이 가장 빠지는 것은, 또 다른 장애물이 곧 나타나리라는 것을 분명히 알면서도, 이렇게 하면 문제를 풀어 잠시라도 안도감을 느낄 수 있지 않을까 하는 결정을 내려야 할 때마다 고통스럽게 느껴지는 마음속의 의구심이었다. 이제 그 미지의 지대는 — 그들이 가장 매력을 느꼈던 곳인데 — 잘게 쪼개서 한 번에 한 발을 옮기고, 한 피치를 오른 다음 또 한 피치를 오르는 것으로 다루어야만 했다.

가셔브룸4봉 서벽의 상단부를 등반하는 보이테크 쿠르티카 (로베르트 샤우어, 보이테크 쿠르티카 컬렉션)

1985년 가셔브룸4봉 서벽 등반 장면 (로베르트 샤우어, 보이테크 쿠르티카 컬렉션)

7월 18일 보이테크와 로베르트는 7,800미터에 도달했다. 마침내 정상으로 이어지는 마지막 슬랩과 설원에 도착한 것이다. 그러나 오후가 되어 본격적으로 내리기 시작한 눈이 밤까지 계속되어, 아찔한 비박지에서 밀려 떨어지지 않으려고 힘겨운 싸움을 벌여야 했다. 이제 그들에게는 식량도 가스도 없었다. 따라서 이제 더 이상 물을 마실 수 없게 되었다. 눈보라는 텐트 밖으로 고개를 내밀지도 못할 만큼 심했다. 다음 날 폭풍설이 잦아들기를 하루 종일 기다렸지만, 그럴 기미는 전혀 보이지 않았다. 눈은 그들 주위에 위험한 수준으로 쌓였다. 보이테크는 이렇게 기록했다. "폭풍설. 7,800미터의 감옥. 먹을 것도 마실 것도 없음." 그곳에서 거대한 벽을 하강해 내려가려면 남아 있는 10개의 피톤으로는 턱도 없이 부족해 후퇴를 할 수도 없었다. 따라서 그들의 유일한 선택은 폭풍설보다 더 오래 견디는 것이었다.

잠을 못 자고, 허기가 지고, 목이 마르고, 거기에 저산소증과 스트레스까지, 그들은 반의식 상태를 오락가락하고 있었다. 극한의 상황에서 보이테크와 로베르트가 어떤 것, 즉 산에 있는 또 다른 존재를 감지한 것이 바로 그 시점이었다. 로베르트는 산을 점점 더 불길하게 여겼지만, 눈송이가 얼굴에 닿을 때마다 그 상황이 현실이라는 것을 깨달았다. 그들은 눈에 보이지 않는 '제3의 인물'로부터 어떤 신호나 행동을 무턱대고 기다릴 정도로 환각이 심했다. 로베르트는 자신들의 발걸음을 붙잡는다며 그 상상 속의 동료를 비난하기 시작했다. 눈사태가 그들을 아슬아슬하게 비껴 떨어지자 로베르트는 그 제3의 인물이 자신을 벽에서 밀어내 흔적도 없이 없애버리려 한다고 확신하게 되었다.

그와 같이 심각한 상황에서 보이지 않는 어떤 사람이 나타나는 것이 별난 것은 아니다. 그러나 대개 그렇게 출현하는 자는 도움을 주고, 제안과 지원을 하고, 동료애를 보인다. 스티븐 베너블스Stephen Venables가 캉슝 벽Kangshung Face을 등반한 다음 에베레스트에서 하산할 때 그는 정상 근처에서 비박을 해야 했다. 그러나 그는 혼자가 아니었다. 상상 속의 한 늙은이가 그날 밤부터 지친 몸을 이끌고 내려오는 다음 날까지 그의 동료가 되어주었다. 스티븐과 그 늙은이가 남봉에 도착했을 때 그들은 상상 속의, 그리고 오래전에 죽은, 에릭 십튼Eric Shipton을 만났는데, 그는 스티븐의 손을 따뜻하게 주물러주었다. 설명할 수 없는 생물체에 의한 그런 종류의 놀라운 사례는 고소에서 셀 수 없이 많다. 그러나 로베르트의 제3의 인물은 이상하게 악의로 가득 차 있었다.

보이테크는, 그들의 새로운 파트너를 강렬하게 인식하면서, 허벅지를 꼬집거나 자신이 죽음에 가까이 다가가면 고통이 사라지지 않을까 궁금해하는 것과 같은 이상한 실험에 사로잡혀 있었다. 그는 그 고통을 즐기기도 했는데, 그것이야말로 자신이 살아 있다는 것을 확인시켜주었기 때문이다. 자신이 좁은 턱 위에서 생명이 없는 얼음덩어리로 변해 눈보라 속에서 천천히 사라져갈 수 있다는 분명한 가능성을 보이테크는 벌써부터 상상하고 있었다.

질식하지 않기 위해 가끔 그들은 비박색의 한쪽 끝에 쌓인 눈을 밖으로 파내기도 했다. 그리고 오들오들 떨면서 어떻게 할까 고민했다. 다시 한번 후퇴를 하자는 아이디어가 논의되었지만 곧바로 폐기됐다. 그런 폭풍설 속에서는 위로 올라가는 것 역시 불가능했다. 가장 고민스러운 수단이긴 한데 기다리는 것이 유일하게 실현 가능한 선택이었다. 춥고 배고프고 참을 수 없을 정도로 목이 탔지만 그들은 기다렸고, 때때로 서로를 빈말로 안심시켰다.

"기분이 좀 어때, 로베르트?"

"아, 예. 저는 좋아요."

로베르트는 그때의 상황을 '희망이 꺼지기 딱 알맞은 분위기'[49]였다고 묘사했다. 보이테크는 등반을 하면서 그렇게 많은 '자유 시간'을 가진 적이 없었다고 회상했다. "우린 그곳에서 이틀 반나절이나 있었습니다. 그냥 앉아서. 스토브가 있었지만 가스가 떨어져, 오직 생각만 할 뿐 달리 할 일이 없었습니다." 시간은 마음대로 늘어나기도 하고 줄어들기도 하면서 뒤틀렸다. 1시간이 하루 같았다. 헐떡이는 그들의 폐를 어둠이 온통 뒤덮으며 밀려닥쳤다. 어둠은 마치 그들을 삼키기라도 할 것처럼 몹시 공격적이었다.

보이테크의 생각은 위험천만한 영역을 떠돌았다. 과거에 죽음은 그가 천착한 주제였지만, 지금은 너무나 불가피해서 걱정할 필요조차 없는 것이었다. 그에게 가장 중요한 것은 경험을 완벽하게 이해하는 것이었다. 죽음의 과정을 제대로 인식하는 것도 — 특히 그토록 외지고 야만적인 장소에서 — 흥미로울 것 같았다.

자신의 종말을 심사숙고하던 보이테크는 로베르트를 염려하기 시작했다. 이 끔찍한 장소, 아니 이 환상적인 장소에서 우리들이 죽음과 얼마나 가까이 있는지 그도 알고 있을까? 로베르트가 지금 일어나고 있는 것, 즉 신성한 경험을 서로 공유하고 있다는 것을 이해하는 것은 그에게 엄청나게 중요한 일이었다. 그러나 그것은 미묘한 주제여서, 보이테크는 로베르트에게 말을 해야 할지를 놓고 고민했다. 결국 그는 더 이상 참을 수 없었다. 그의 목소리는 피로와 추위로 쉿소리를 냈다. "로베르트, 나… 나… 나는 말이야… ."

로베르트가 조용히 그러나 단호하게 고통스러운 속삭임으로 말을 막았다. "무슨 생각을 하고 있는지 압니다. 난 준비됐어요. 난 이런 거에 대비해왔습니다. 걱정 마세요."

그날 밤 하늘이 깨끗해지면서 기온이 뚝 떨어졌다. 그들은 젖은 침낭이 추위를 거의 막아내지 못해 사시나무 떨 듯 떨었다. 그러나 그런 현상은 살아 있다는 느낌이 들어 기분 좋은 일이었다. 7월 20일 새벽이 밝아왔을 때 보이테크와 로베르트는 여전히 살아 있었다. 그들은 뻣뻣한 다리를 구부리고, 움츠러든 어깨를 펴고, 얼어붙은 손가락과 발가락을 주물렀다. "목이 너무나 건조해 아픈 데다 목소리까지 쉬었는데, 춥기만 할 뿐 먹지 못했어도 배가 고프지 않았다."[50] 로베르트는 이렇게 설명했다.

그들은 서서히 자신들의 눈 덮인 관에서 빠져나왔다. 얼어붙은 손가락으로 크램폰 끈을 묶자니 30분이 걸렸다. 이제 그들은 어드레째를 맞이하고 있었다. 그러나 그들이 가지고 온 식량과 연료는 5일 치뿐이었다. 납덩이같이 무거운 다리와 허기진 배로 그들은 사태로 눈이 쓸려나간 얼음의 통로를 올라 갔다. 이때 보이테크는 뜻밖에 기분이 좋았다고 한다. 수시로 쉬어야 하기는 했지만, 늘어난 비박으로 너무 쉬어버려 움직이고 싶은 마음이 간절했기 때문이다. 두 피치를 올라 눈이 무릎까지 빠지는 함몰지역으로 들어갔는데, 그 위쪽 벽은 마치 요새처럼 그들 위로 솟아올라 있었다. 그들은 계속 올라갔다.

그날 이른 오후 주능선으로 접근해 나갔다. 깊은 눈을 천천히 리드미컬하게 헤쳐 올라갈 때는 기쁘기까지 했다. 보이테크는 그 순간을 이렇게 묘사했다. "그날은 시간이 많이 남았다. 사실 우리 앞에는 무한의 세계가 펼쳐져 있었다. 나는 그것을 놀라울 정도로 명료하게 이해했다. 그러나 한 발을 움직일 때마다 그나마 남은 생명의 힘이 빠져나갔다. 우리는 무한의 세계를 원치 않았다. 한 발을 위로 내딛는 것이 무한의 세계로 들어가는 한 발이라는 것을 그토록 확신한 적이 없었다." 그들은 정상까지 이어진 쉬운 능선이 나타나자 그곳을 한 번 흘끗 바라보았다. 그 순간 말이 필요 없었다. 그 등반에서 자주 그랬던 것처럼, 그리고 엄청난 피로와 상상할 수도 없는 스트레스에도 불구하고, 그들의 판단력만큼은 남달랐다. 정상의 콜까지 곧바로 치고 올라가는 대신 — 아주 가까워 보였음에도 — 그들은 왼쪽으로 돌아섰다. 위로 올라가지 않고 내려갈 작정이었다. 30년 후, 보이테크는 그 순간을 선명하게 기억하고 있었다. "놀랍게도 우린 그 고도에서 아주 현명하게 판단했습니다. 하지만 난, 비록 긍정적이긴 했지만, 우리가 정상에 오르면 돌아오지 못하리라는 걸 알고 있었습니다."

그들이 북서릉을 내려오기 시작하자 며칠 동안 그들을 짓눌렀던 불길한 예감이 슬그머니 사라지고, 유령 같은 존재는 환상적인 신기루로 바뀌었다. 한 발을 앞으로 내디디려면 여전히 엄청난 노력이 필요했다. 깊은 눈으로 인해, 눈덩어리 중에서 좀 약한 곳, 바람에 날려 굳은 눈 밑에 있는 약간 부드러운 곳을 찾아 불가능할 정도의 각도로 다리를 들어 올리는 이상하고 어색한 동작으로 휘청거리며 전진해야 했다. 가파른 능선을 따라 내려가면서 그들은 몇 미터를 전진할 때마다 작은 승리의 찬가를 불렀다.

로베르트가 발걸음을 멈추더니 피켈에 기대어 숨을 헐떡거렸다. 그는 몸을 일으키면서 발아래에 두었던 시선을 거두어 하늘을 올려다보았다. 까마귀 한 마리가 그의 머리 위에서 맴돌고 있었다. 그는 만신창이가 되어 겨우 생명이 붙은 채 가셔브룸4봉의 북서릉에 붙어 있는 사람을 가볍게 솟아올라 내려다보고 있는 까마귀가 자기 자신이라고 상상하면서, 멍하니 그 까마귀를 쳐다보았다. 기적처럼 로베르트가 까마귀가 된 것이다. "나는 내가 날아오르는 것을 강렬하게 느꼈다. 얼굴에 닿는 바람과 살을 에는 추위와 무중력 상태."[51]

보이테크의 뇌는 두 개의 채널로 나뉘어졌다. 1채널에서는 이미지와 소리가 통제 불능으로 쏟아져 나오는가 하면 익숙한 얼굴들이 횡설수설하며 불쑥 나타났고, 바위와 구름이 사람과 얼굴로 변했다. 2채널에서는 1채널의 활동을 관찰하고 회상하면서도 확보와 로프, 피켈, 하강에 초점을 맞추었다. 그는 자신이 환각에 빠지려 한다는 것을 알고 있었다. 그러나 그런 상태가 흥미로웠다. 형상과 목소리가 사라지자 나중에는 그것들이 그리울 정도로….

로베르트를 조금 앞서가던 보이테크는 '제3의 인물'이 다시 나타났다는 것을 알아차렸는데, 그 느낌이 로베르트의 그것보다 훨씬 더 생생했다. 눈 위에 쓰러진 보이테크는 뒤를 돌아보며 소리쳤다. "로베르트, 할 얘기가 있어. 아주 이상한 거야." 걸음을 멈춘 로베르트가 까마귀를 쳐다보았다. 그리고 그는 한 번 더 피켈 위로 쓰러졌다.

"무슨 말인지 알아요." 그는 숨을 헐떡거렸다. "다시 나타났지요?"

"그래!"

제3의 인물은 이제 더 이상 위협적이지 않았다. 그는 보이테크와 로베르트에게 자신감을 심어주었다. 그들은 그 친구의 도움을 받아 시련으로부터 살아남을 수 있을 것 같았다. 로베르트의 생각은 먹을 것으로 바뀌었다. 맛있는 소시지와 버터를 듬뿍 바른 바삭바삭한 빵. 그는 배가 아플 정도로 허기를 느꼈고 피로로 눈꺼풀이 내려앉았지만 행복감으로 충만했다. 보이테크는 심한 갈증을 느꼈다. 헛바늘이 돋은 그의 입은 통증은 물론이고 불쾌한 냄새까지 났다. 그는 따뜻한 차 한 잔이 몹시 그리웠다. 그들은 북서릉의 7,600미터까지 내려와 비박에 들어갔다.

다음 날인 7월 21일, 숨겨놓은 비상식량을 찾아 계속 내려갔다. 그들은 7월 18일 이후 물을 한 모금도 마시지 못했다. 사흘, 그러니까 72시간 동안이나. 움푹 들어간 쿨르와르 안으로 보이테크가 먼저 들어갔다. 위쪽에서 로베르트의 확보를 받은 그는 무릎까지 빠지는 눈을 헤치며 40미터를 내려갔다. 눈은 두려움이 들 정도로 불안정했다. 로프가 다돼 확보가 끝나는 것은 언제일까? 이제 그들은 의심스러운 사면을 함께 내려가야 했다. 피로와 싸우던 보이테크가 발걸음을 돌려 로베르트가 있는 곳까지 눈을 파헤치며 다시 올라왔다. 그리고 겉보기에는 쉬운 사면인 곳이 사실은 죽음의 함정이며 오른쪽으로 떨어진 곳에 있는 일부 노출된 바위들이 경사는 가팔라도 더 안전하다고 설명했다. 한 번 결심을 하면 쉽게 흔들리지 않는 보이테크가 그 순간, 즉 그의 몸의 모든 세포조직이 틀림없이 아래로, 아래로, 아래로 하고 외쳤을 바로 그 순간에 왜 다시 올라가기로 했는지는 쉽게 상상이 가지 않는다.

오른쪽으로 횡단한 그들은 하강로프를 설치해 능선을 안전하게 내려왔다. "다른 사람들도 그렇게 할까요?" 30년이라는 세월이 흐른 뒤 그는 웃으며 말했다. "장담컨대, 유레크 쿠쿠츠카는 아닙니다. 그는 계속 내려갔을 겁니다. 그는 예수 그리스도를 믿었습니다. 그러나 난 아닙니다. 난 이렇게 생각했습니다. '예수님, 당신은 우릴 돌보지 않는다는 걸 수백만 번이나 증명했습니다. 난 당신을 믿지 않습니다." 대신, 보이테크는 산에서의 자신의 판단을 믿었다.

6,900미터에서 그들은 변변치 않은, 그러나 믿을 수 없을 정도로 소중한

비상식량을 찾았다. 가스 카트리지 1개, 차와 치즈 덩어리 몇 개 그리고 사탕 30개. 등반하는 내내 보이테크는 새들이 자신들의 나일론 주머니를 쪼아 보잘 것 없는 내용물을 훔쳐 먹었을까 봐 걱정했었다. 비상식량이 멀쩡하다는 것을 알고 안심했지만 급경사의 지형에 행복하지 않은 그들은 다시 수백 미터를 내려간 다음, 잠시 멈추어 스토브를 켜고 차를 끓여 마셨다. 어느덧 한밤중이었다. 나흘 동안이나 자양분을 공급받지 못한 그들의 위는 많은 것을 받아들이지 못했다. 차 몇 모금과 사탕 몇 개 정도. 침낭은 축축했고 배낭은 꽁꽁 얼어붙어 있었다. 그때의 비박을 보이테크는 매우 짧았다는 것 외에 다른 것은 거의 기억하지 못했다.

　　그들은 콜에 도착해 1시간 반 동안 쉬며 다시 차를 끓여 마시고 간식을 조금 먹었다. "차로 목을 축이며 사탕을 서른 개나 먹으니 살 것 같았다." 보이테크는 자신의 등반일지에 이렇게 기록했다.[52] 날이 어두웠지만 졸린 눈을 비비며 쿨르와르를 프런트포인팅 자세로 계속 내려갔다. 보이테크는 그날 밤을 이렇게 묘사했다. "이런 움직임이 기억난다. 잠이 들었다가 움직이고, 또 잠이 들었다가 움직이고, 우리는 반쯤 무의식 상태였다." 그들은 루트가 일직선이라는 것을 알고 있었기 때문에 콜에서 한밤중에 내려가는 것을 걱정하지 않았다. 그러나 그전 열흘 동안 눈이 오고 햇빛을 받아 얼었다 녹기를 반복하는 바람에 그 사면은 급격히 변해 있었다. 사실 그것은 이제 더 이상 '사면'도 아니었다. 그곳은 일련의 깔때기들로 변형돼 있었는데, 사람의 키보다도 더 깊었다. 이제 산에서 열흘째를 맞이한 그들은 그런 지형을 헤드램프로 비춰가며 힘들게 내려갔다. "피곤하다고 느낄수록 더욱 조심했습니다. 집요할 정도로 난 피로와 위험의 교집합을 계산했습니다." 보이테크는 결코 끝나지 않을 것 같았던 그날 밤을 이렇게 기억했다.

　　깔때기 사이사이의 운행은 복잡했다. 한 곳에서 그들은 로프를 꺼내기로 했다. 이제 둘 다 지쳐 깔때기를 프런트포인팅으로 내려가며, 능선에서 깔때기로, 다시 깔때기에서 능선으로 확보도 제대로 받지 못하고 왔다갔다했다. "두려웠습니다." 보이테크가 당시를 회상하며 말했다. "극도로 지쳐 있어서 만약 우리 중 하나만 추락해도 둘 다 추락하리라는 건 자명한 사실이었습니다. 그렇게 되었다면 우린 아마 그 밑에서 비프스테이크, 아니 햄버거가 되었을지 모릅니다." 깔때기에서 깔때기로 옮겨가는 것이 몹시 위태롭게 되어갈 즈음 그들은 특별히 커다란 깔때기의 입구로 내려서게 되었다. 그러나 그곳 역시 위험스럽기는 마찬가지였는데, 만약 산에서 무언가 굴러떨어진다면 그 밑에 있는 깔때기는 틀림없이 그 통로가 될 터였다.

그 지점에서는 오히려 위험하기 때문에 이제 로프를 거두어야 했다. 그러나 누가 로프를 가져갈 것인가? "난 지쳐 있었기 때문에 내가 모두 들고 가고 싶진 않았습니다." 보이테크가 설명했다. "그러나 로베르트에게 주고 싶지도 않았습니다. 그 역시 지쳐 있었기 때문이었죠. 그래서 난 로프를 풀었지만 그걸 버리고 싶진 않았습니다. 만약 깔때기가 까다롭게 되면 다시 필요할지도 몰랐으니까요. 그래서 난 로프를 이빨로 물고 다운클라이밍을 했습니다." 그는 '이상하지만 완벽한' 그 기술을 설명하며 웃었다. 따라서 그들이 이제 함께 추락할 위험은 없었다. 그러나 로프 하강을 해야 하는 비상상황을 대비해 로프를 느슨하게 끌고 내려갔고, 실제로 몇 번 쓰기도 했다. 기분이 한껏 고조된 로베르트는 자신의 로프가 보이테크의 이빨과 연결되어 있다는 사실은 알아차리지도 못했다.

이런 식으로 그들은 사면을 수백 미터 내려갔다. 그러나 이제 그들의 피로가 극에 달해 있었다. 시간이 흐르면서 확보지점에서 기다리던 보이테크는 깜빡깜빡 졸았다. 공포로 잠에서 깨어난 그는 자신이 추락하는 줄 알고 확보슬링을 움켜잡았다. 그러나 스스로 마음을 다잡으며 멈추어 쉬기를 거부했다. '만약 주저앉으면 영원히 잠이 들고 말 거야.' 보이테크는 경험을 통해 피로에 의한 죽음은 고통도 없을뿐더러 희열까지 느낀다는 사실을 알고 있었다.

7월 23일 새벽 2시 45분 그들은 쿰에 도착했다. 그곳에서 1시간 반 동안 몸을 옹송그린 채 차를 끓여 마시고 간식을 먹었다. 어둠이 채 가시지 않은 새벽 5시, 가까스로 자리에서 일어나 계속 내려갔다. 보이테크의 머릿속은 다양한 소리들로 가득 찼다. 지저귀는 새소리, 속삭이는 목소리 그리고 음악소리. 마음을 사로잡힌 그는 그 소리들이 어디서 들려오는지 알기 위해 신경을 곤두세웠다. 대부분의 경우 그 소리들이 바람에서 나온다든가, 또는 옷이 바스락거리거나 눈이 휙휙 소리를 내며 움직이는 소리라는 사실을 추론할 수 있었다. 주의를 환기시키는 그 소리들 덕분에 그들은 피로와 불편으로부터 잠시나마 벗어날 수 있었다.

시간이 지나면서 그 소리들이 점점 더 커지고 명료해지기 시작했다. 그때 그의 하산을 찬양하는 한 여성의 목소리가 너무나 아름다워 보이테크는 발걸음을 멈추었다. 하지만 그가 멈추자 그녀의 목소리 또한 들리지 않았다. 흥미를 느낀 그는 앞으로 계속 전진했다. 그러자 그 목소리가 다시 들렸다. 그것은 분명 바브라 스트라이샌드Barbra Streisand의 목소리였다. 그는 멈추었다. 그러자 그녀의 목소리 또한 들리지 않았다. 그녀는 왜 그를 놀리는 것일까? 그녀의 목소리는 너무나 아름다웠다. 그녀는 편안한 멜로디로 노래를 부르고 있었다. "난 비틀거리다 쓰러집니다. / 하지만 난 당신께 모든 걸 드릴 수 있습니다." 1채널에서 노래를 듣는 동안 2채널에서는 그 음원을 찾고 있었다. 그는 마침내 그 음악적 세레나데가 자신의 발자국이 만들어낸 거친 눈의 표면 위로 끌리는 로프 소리라는 것을 알아차렸다. 그의 상상까지 더해진 그것이야말로 그가 가다가 멈추기를 반복한 것에 대한 유일한 변명거리였다. 그는 「사랑에 빠진 여인Woman in Love」이라는 서정적인 노래를 들으며 가셔브룸4봉에서 하산을 계속했다. "인생은 한순간 / 꿈이 사라지면 / 쓸쓸함만 남지요."

오전 9시 그들은 베이스캠프에 도착했다. 로베르트는 보이테크의 모습을 보고 놀랐다. 그의 얼굴이 벌그스름하게 부어올라 있었기 때문이다. 그러나 보이테크는 로베르트가 부종浮腫 따위에 신경을 쓰지 못하도록 스트라이샌드와의 경험 이야기로 관심을 돌렸다. 도대체 그 위에서 그의 뇌에 무슨 일이 일어났던 것일까? 그는 결국 그 일을 '인간이라는 기계가 망가지는 소리'[53]로 묘사했다. 그리고 극단의 상황에서만 접근 가능한 곳이 뇌의 한구석에 있다고 확신하게 되었다. 가셔브룸4봉은 비밀의 장소로 통하는 문을 열었고, 그는 그런 통찰을 산이 주는 또 하나의 선물로 받아들인 셈이었다.

보이테크는 가셔브룸4봉 정상까지 올라가지 못한 것을 못내 아쉬워했다. "나는 그 벽을 정말 사랑합니다. 그러나 그 봉우리는 나에게 정상을 허락하지 않았습니다. 그것은 매우 중요한 신호였습니다. 그런데 나는 어리석게도 그 신호를 여전히 이해하지 못합니다." 그가 『아메리칸 알파인 저널(AAJ)』에 쓴 마지막 단락을 보면 애끓는 마음이 드러난다. "비록 등반은 아름다웠고 신비스러웠지만, 정상에 오르지 못해 안타깝기 그지없다. 그 아름다운 봉우리와 빛나는 벽이 너무나 멋지고 완벽해 가장 필수적인 것, 즉 정상 등정도 하지 못한 등반을 완등이라고 여길 수 없다는 확신을 거두어들일 수 없다."[54] 가셔브룸4봉은 보이테크에게 대단한 성공이었지만 역설적으로 그의 실망 또한 그만큼 컸다.

반면 로베르트는 이상하리만치 만족했다. 베이스캠프로 귀환한 직후부터 그는 자신들의 성취에 긍지를 느꼈다. 그는 다른 잣대, 즉 정상 등정이 벽 등반만큼 중요치 않다는 인식으로 거벽등반을 받아들이는 현대적 접근을 일찍이 수용했다. 호주의 알피니스트 그렉 차일드Greg Child 역시 그 등반을 긍정적으로 받아들였다. 하지만 그의 이유는 달랐다. "그들은 벽을 다 오른 다음, 살아남기 위해 정상을 포기했을 뿐 올바른 결정을 내렸다. 그러므로 그 등반은 통제 불능이 아니었다."

시간이 지나면서 보이테크의 고통스러운 실망감도 긍정적으로 변했다. 그는 심지어 감사하는 마음을 갖기까지 했다. "그토록 대담한 감행이 때로 정점을 찍지 못하는 경우가 있습니다. 그것은 인간이 나약하다는 신호인데, 오히려 그럼으로써 인간은 더 아름답습니다." 마치 슈베르트의 '미완성 교향곡'처럼 그 등반은 완전무결한 등반에서 얻어지는 것보다 더 대단한 신비와 아름다움의 아우라를 얻었다. 그 등반을 통해 보이테크는 알피니즘을 스포츠 그 이상의 예술로 받아들이게 되었다. "예술의 세계에서만, 사라진 것을 찾아내 연결하는 것이 작품에 의미를 부여합니다." 그가 말했다. 한 번 더 다니구치 케이의 세계가 그의 철학과 일치했다. 그녀는 말했다. "등반가에게 알피니즘의 예술적 기교나 아름다움이 없다면 죽은 거나 마찬가지다."[55]

그들의 도전은 치열한 사투였다. 벽에서 열흘을 보냈으며, 6,900미터에서의 비박이 두 번, 7,000미터 이상에서의 비박이 일곱 번이었는데, 그중 두 번은 잠도 자지 못했고, 세 번은 먹지도 못했으며, 두 번은 물도 마시지 못했다. 그런 다음 24시간 동안이나 강행군을 해 베이스캠프로 귀환했다. 그들은 심연의 가장자리에서 간신히 되돌아왔다. 전 세계 산악계는 그들의 도전을 '세기의 등반'이라고 칭송했다. 보이테크는 더 구체적으로 표현했다. "창조의 위대한 기쁨, 완벽한 함정, 환각과 가시나무." 그는 등반에 대한 지나친 칭송을 경계했다. "세기적인 한 편의 시라고 선언하는 것이 무슨 의미가 있을까요? 세기적인 여성 한 명을 고를 수 있을까요? … 그 등반에 대한 우리들의 환상을 확인하기 위해 누가 GIV(가셔브룸4봉)를 다시 오를 수 있을까요?"[56] 보이테크는 그 등반이 가져온 명성이라는 함정을 경계했다. 그리고 무엇보다도 그런 명성을 피하고 싶어 했다. 훗날 그는 그에 대해 이렇게 분명히 표현했다. "알다시피 등반은 우리에게 심리적으로 도움도 주고 똑같이 상처도 준다. 우리는 우리의 '별처럼 총총한 운명'에 가까이 다가갈 수 있다. 아니면 정반대로, 성취에 넋을 빼앗긴 나머지 오만으로 쉽게 바뀔 수 있는 시건방진 자만에 빠질 수도 있다."[57]

그는 끝내 정상에 오르지 못한 것을 심사숙고하면서 점차 실패와 겸손의

파키스탄 카라코람의 가셔브룸4봉(7,932m) 서벽의 신루트 개념도. 1985년 보이테크 쿠르티카와 로
베르트 샤우어는 알파인 스타일로 10일 동안 등반했지만 정상에 도달하지는 못했다.

(보이테크 쿠르티카 컬렉션. 루트 개념도: 표트르 드로지치)

239

미덕을 받아들이기 시작했다. 그리고 그런 것들을 통해 인생이 숙명적으로 갖고 있는 실망, 즉 약점과 질병 그리고 상실에 대해 스스로 대비할 수 있었다. 결국 보이테크가 가셔브룸4봉 등반에서 얻은 가장 큰 보상은 죽음을 제대로 이해했다는 것이다. 그 서벽의 높은 곳에서 감행한 비박을 통해 그는 죽음에 직면했을 때조차 위엄과 평온을 유지했다. 그리고 이러한 경험은 그의 나머지 인생에 힘이 되었다.

보이테크와 로베르트는 가셔브룸 베이스캠프에서 며칠을 쉬고 나서 K2로 건너갔다. 그래, K2야!(그때는 분명 겸손이라는 부분의 효과가 나타나기 전이었다.) 그들은 산을 올라가기 시작했고 아브루치 능선의 1캠프에 도착했다. 보이테크는 자신들의 계획을 이렇게 설명했다. "우린 그 등반을 가셔브룸4봉의 보너스 정도로 여겼습니다. 물론 처음엔 좀 더 어렵고 새로운 걸 계획했었습니다. 하지만 아브루치 능선으로 계획을 변경했습니다. 우리가 너무 지쳤다는 걸 그제야 깨달은 겁니다. 움직임이 너무 둔했습니다." 바람과 눈 그리고 극도의 피로로 그들은 K2에서 발길을 돌렸다. 사실 그들은 등반 허가서도 없었다.

보이테크와 로베르트는 두 번 다시 함께 등반하지 않았다. 원정에서 돌아온 지 얼마 지나지 않아 로베르트는 산악잡지 『데르 베르그슈타이거Der Bergsteiger』에 등반기를 썼다. 그 글을 읽은 보이테크는 실망감을 감추지 못했다. 그리하여 둘 사이에 균열이 생겼다. 슬프게도, 가셔브룸4봉의 빛나는 벽 높은 곳에서 임박한 죽음을 함께 맞으며 서로의 영혼을 깊이 탐구하는 동안 형성된 유대감이 낮은 고도에서의 압력을 견디지 못하고 깨질 위험에 처하고 말았다. 훗날 서로의 소원한 관계가 좀 나아졌는데, 그것은 아마도 제3의 인물이 그들을 지켜본 때문인 것 같았다.

보이테크와 로베르트가 빛나는 벽을 등반하고 10년이 지난 후, 불가능할 정도로 대담한 단독등반으로 유명한 슬로베니아 알피니스트 슬라브코 스베티

치치Slavko Svetičič가 서벽에서 그들의 등반선보다 훨씬 더 왼쪽으로 단독등반을 시도했다. 그러나 그는 7,100미터쯤에서 사망했다. 그로부터 2년 후인 1997년 한국 팀이 서벽의 중앙 스퍼를 극지법으로 공략해 정상에 올랐다. 그러나 등반 역사가 린제이 그리핀Lindsay Griffin은 2008년 『알피니스트』 온라인 판에 이렇게 썼다. "둘이서 밀어붙인 그들(보이테크와 로베르트)의 대담한 알파인 스타일 등반은 히말라야와 카라코람의 역사에서 가장 위대한 성취 중 하나로 기록될 것이다. 그 루트는 오늘날까지도 재등이 되지 않은 채 남아 있다."

내로라하는 중량급 산악인들이 가셔브룸4봉 등반에 대해 한마디씩 했다. 라인홀드 메스너는 탁월했다고 평가했다. 더그 스콧은 그 고도에서 그때까지 이루어진, 기술적으로 가장 어려운 바위와 얼음에서의 완전무결한 알파인 스타일 등반이었다고 묘사했다. 그 이듬해 북동릉으로 가셔브룸4봉 정상에 오른 그렉 차일드는 이렇게 말했다. "보이테크와 로베르트의 등반선은 과거는 물론이고 현재도 알피니즘에 대해 내가 가장 많이 영감을 받는 루트다."

그로부터 25년도 더 지난 후, 영국산악회 회장을 맡은 린제이 그리핀은 다시 이렇게 언급했다. "직관적으로, 알파인 스타일이야말로 가장 순수하다. … 정말로 높은 고도에서 이 스타일이 최고의 사례가 된 것은 아마도 1985년의 가셔브룸4봉 서벽 등반일 것이다."[58]

슬로베니아 알피니스트 안드레이 슈트렘펠Andrej Štremfelj은 등반의 심리적 요소에 대해 흥미로운 관점을 제시했다.

과감한 알파인 스타일 등반의 일관된 특성은 클라이머를 완전히 지치게 만드는 강렬한 심리적 압박이다. 그런 등반을 하면 클라이머들은 보통 몇 년 동안, 아니면 영원히 비슷한 난이도의 등반을 하지 못하는 경향이 있다. 그렇게 과감한 등반의 가장 아름다운 사례가 1985년 보이테크 쿠르티카와 로베르트 샤우어의 가셔브룸4봉 서벽 등반이다. 알파인 스타일 중 보석 같은 그 등반은 시대를 훨씬 앞선 것이었다. … 동시대의 클라이머들에게 그렇게 위험천만한 등반은 용기를 주기보다는 오히려 장애가 될 수 있다. 왜냐하면 그런 등반을 뛰어넘을 사람이 거의 없기 때문이다.[59]

대단히 존경받는 차세대 알피니스트인 라파엘 슬라빈스키Raphael Slawinski는 그런 딜레마를 이해하며 이렇게 말했다. "그리고 논쟁의 여지없이, 보이테크 쿠르티카와 로베르트 샤우어가 가셔브룸4봉의 빛나는 벽에서 해낸 초등을 능가하는 알파인 스타일 등반은 없다. … 그렇다면 보이테크 쿠르티카가 한 사람의 클라이머로서 역량을 발휘해 등반을 한계상황까지 밀어붙인 지금 우리는 도대체 어디로 가야 하는 것일까?"[60]

에라르 로레탕Erhard Loretan은 다음과 같이 선언했다. "가셔브룸4봉에서 내려왔을 때 보이테크는 이미 살아 있는 전설이 되어 있었다. 그것은 평범한 사람들이 죽음과 직면했다 살아 돌아온 사람들을 위해 남겨둔 칭호이다."[61]

여전히 재등이 되지 못한 그들의 등반에 대한 높고도 광범위한 존경은 그들이 극복한 육체적·심리적 도전을 바탕으로 하고 있다. 거대한 산군에서 지금까지 이루어진 가장 대담한 성취 중 하나인 그 등반은 기술적인 어려움, 끝을 알 수 없는 불확실성, 결정적인 감행 그리고 무시무시한 루트의 길이를 포함하고 있다. 보이테크는 결국 등반의 이런 요소들을 이해하고 있었지만, 가셔브룸4봉의 서벽에 도전하고자 한 그의 첫 동기는 평소처럼 미학적 열망에 뿌리를 두고 있다. 그 산의 구조는 그의 넋을 완전히 빼앗았고, 벽의 신비가 그를 유혹했다. 그리고 우아한 등반선은 그를 기쁘게 했다. 그 긴 벽에서의 등반에 필요한 모든 동작, 모든 문제, 모든 해결은 그에게 창조 행위나 다름없었다. 알파인 스타일로 등반하겠다는 그의 결심은 알파인 스타일만이 산과 궁극적이고 창조적인 관계를 맺을 수 있게 해주기 때문에 어떻게 보면 뻔한 결론이었다. "터무니없이 아름다운 산을 신뢰할 때 우리는 진정한 소명의식을 느낄 수 있다. 그것이 내가 인생에서 등반을 가장 고무적이고 신나는 노력으로 보는 이유이다. 그것이 바로 등반의 마약, 즉 해방감이다."[62] 가셔브룸4봉의 서벽에서 그는 무한한 해방감을 느꼈다.

11

갈림길

목표를 추구하는 사람은 그것을 달성하는 순간 마음이 허전하다.
그러나 길을 찾는 사람은 마음속에 항상 목표가 있다.

네이츠 자플로트니크Nejc Zaplotnik, 『길Pot』

보이테크는 알피니스트로서 전성기를 달리고 있었다. 하지만 그의 사생활은
잘 풀리지 않았다. 그는 어떤 면에서 자신의 행위가 받아들여지지 않는다는
것을 이해했다. "알피니즘은 어느 정도 이기적인 사고와 행위를 필요로 한다.
… 산에 빠진 알피니스트는 자신과 자신의 주변 사람들을 외롭고 고통스럽게
만드는 염치없고 불쌍한 자이다. 그렇다 해도 등반은 우리 안의 사랑이라는
감정을 휘젓는 산과 교감하게 해준다."[63] 그의 결혼생활은 만만치 않았다. 13
년이 지난 후 보이테크와 에바는 갈라서기로 했다. "1월의 어느 추운 날 아침,
나는 침대와 옷장과 책장 등을 가지고 그녀의 아파트에서 조용히 나와 발리체
Balice 공항 외곽에 있는 단독주택으로 갔다."[64] 공항 가까이에 산다는 것이 그
나마 위안이 되었다. 산으로 돌아가기가 더 편할 테니까.

공식적인 싱글에 등반에만 전념할 수 있는 클라이머가 되었지만 보이테크에게 1986년은 힘든 한 해가 되었다. 그해 초 그는 일본 클라이머 세 명과 트랑고 타워 동벽에 도전했지만 실패했다. 그러나 대개의 원정대와 달리 적어도 그들은 모두 안전하게 돌아왔다. 그해 반다 루트키에비치는 K2를 여성 최초로 오르는 쾌거를 이루었다. 그러나 그녀의 파트너 셋 중 둘인 릴리안 바라르Liliane Barrard와 모리스 바라르Maurice Barrard가 하산 도중 사망하고 말았다. 또 다른 폴란드 클라이머인 야누시 마이에르가 이끈 K2 원정대는 '매직 라인Magic Line'이라는 신루트에 도전했지만, 보이치에흐 브루시Wojciech Wróż가 하산 도중 추락사했다. 폴란드 알피니스트 므로브카 미오도비츠 볼프Mrówka Miodowicz-Wolf 역시 K2에서 하산 도중 죽음을 맞이했다. 비록 유레크가 그 산의 남벽에 놀라운 신루트 — 여전히 재등이 되지 않은 — 를 개척하는 성공을 거두기는 했지만, 그의 파트너인 타데크 표트로브스키Tadek Piotrowski 역시 하산 중 추락사하는 비극을 맞이했다. 그해는 폴란드 고산 등반가들에게 운이 따르지 않은 해였다.

유레크가 8천 미터급 고봉 수집을 계속하는 동안 보이테크는 신루트, 소규모 팀 그리고 또 빼놓을 수 없는 알파인 스타일이라는 자신만의 철학을 고수하고 있었다. 하지만 추구하는 방향은 서로 달랐어도 그들의 길은 히말라야로 이어져 있었다. 따라서 그들이 다시 만나는 것은 피할 수 없는 운명이었다.

유레크가 K2에서 비극적인 등반을 끝내고 폴란드로 돌아왔을 때 젊은 히말라야 클라이머인 아르투르 하이제르Artur Hajzer가 그를 마중하러 바르샤바 공항으로 나왔다. 유레크가 오랫동안 선호한 파트너는 보이테크였다. 그러나 파트너십이 흔들리자 유레크는, 보이테크도 마찬가지였지만, 상황에 따라 파트너를 바꾸었다. 비록 열네 살이나 차이가 나도 유레크는 아르투르와 강한 유대감을 느꼈다. 이제 유레크만큼 히말라야에서 활발한 활동을 펼치고 있던 아르투르는 매년 두세 개의 원정등반을 해나갔다.

그들은 공항에서 조용히 만났다. 아르투르는 타데크의 치명적인 추락에 관해 유레크를 추궁하지 않았다. 유레크 역시 그 비극에 대해서는 한마디도 입 밖에 내지 않았다. 오직 그다음 원정등반에만 집중하려는 듯 유레크가 입을 굳게 다물었다고 아르투르는 회상했다. 아르투르가 고속도로로 차를 몰아 남쪽의 카토비체로 향하자 유레크가 침묵을 깼다. "마나슬루 준비는 어떻게 되고 있니?"

약간 놀란 아르투르가 대답했다. "모든 게 잘되고 있습니다."

유레크는 전방을 주시하며 고개를 끄덕였다. "짐은 다 꾸렸어?"

"예! 3주 후면 떠납니다." 아르투르가 대답했다. 물론 완전히 끝난 것은 아니었다.

유레크는 잠시 침묵을 지키더니 고개를 끄덕였다. "좋아, 나도 갈게."

그해 보이테크는 가을에 히말라야로 떠날 원정대를 찾고 있었다. 그래서 유레크가 마나슬루 원정대에 합류하라고 제안했을 때 그는 별 다른 고민 없이 동의했다. 성향이 차이 나는 데다 1984년에 고통스럽게 갈라서기도 했지만, 보이테크는 유레크를 그리워했다. "그에게 옛정을 느꼈습니다. 우리가 과거에 '손에 손을 잡은 동료애'는 가치가 있었습니다. 난 그의 묵묵한 인내와 용기를 좋아했고, 산에서 그가 보여준 듬직한 동료애를 그리워했습니다." 보이테크가 말했다. "난 우리의 길이 서로 갈라진 게 안타까웠습니다. 내가 유레크와 함께 마나슬루에 가기로 한 건 그런 후회에 대한 반향이었습니다. 그의 초청은 우리 사이에 진정한 유대감이 계속되고 있다는 내 믿음을 새롭게 했습니다." 그들의 팀에는 아르투르와 더불어 히말라야에서 인상적인 명성을 쌓아가고 있던 젊은 멕시코인 알피니스트 카를로스 카르솔리오가 있었다. 카를로스는 그의 재능 때문에 초청하기는 했지만, 어느 정도는 그가 가져올 외화 때문이기도 했다. 폴란드 클라이머들에게 외국인과 함께 등반하는 것은 '복권 당첨'이나 다름없었다고 아르투르는 설명했다. 그와 카를로스는 그 등반에서 보이테크와 유레크의 지도를 받는 문하생이었다.

아르투르는 유레크에 대해 친밀감을 느끼는 만큼이나 보이테크에 대해서는 경계심을 드러냈다. 그 둘은 함께 등반한 적이 없었다. 그러나 곧 아르투르는 보이테크의 멋진 매력에 감탄했다. 그는 델리의 폴란드대사관에서 있었던 첫 만남을 이렇게 회상했다.

폴란드 알피니즘의 별들이 모두 그곳에 모여 있었다. … 위대한 선배들과의 만남은 공식적이라 느껴질 만큼 딱딱했다. 특히 보이테크 쿠르티카에게서 그런 느낌을 받았는데, 그에게는 좀체 뚫기 어려운 벽 같은 것이 있었다. … 그는 가냘픈 얼굴에 검은 안경을 끼고 워크맨을 귀에 꽂고 있어, 자신을 스스로의 영역 안에 가두어놓으려는 아름다운 남성의 다양한 면모를 지니고 있었다. 외모적으로나 음성적으로나 육체적으로. 그는 하루 종일 말 한마디 없이 수영장 곁의 야외용 의자에 앉아 자신이 좋아하는 재즈 뮤지션 키스 자렛Keith Jarrett과 그의 쾰른Köln 공연 실황녹음을 듣고 있었다. 자신의 아름다운 몸을 태닝하면서. … 보이테크에 대한 그 이미지는 그다음 몇 년 동안 나를 떠나지 않았다.[65]

히말라야 등반의 파트너에 대한 인상을 이보다 더 절묘하게 묘사할 수 있을까?

그 팀은 마나슬루 동봉의 '비공식적인' 등정은 물론이고 마나슬루 주봉의 북동벽에 있는 신루트에 시선을 집중했다. 거의 8,000미터에 달하는 호리호리한 그 피너클은 네팔에 남아 있는 가장 높은 미등의 숙제였다. 유레크에게 마나슬루는 그해 가을에 계획된 두 개의 8,000미터급 고봉 중 첫 번째 목표였다. 그리고 그 두 번째가 안나푸르나였다. 마나슬루는 그의 8천 미터급 고봉 14개 중 12번째가 될 터였다. 그는 메스너와의 경쟁에서 — 비록 둘 다 경쟁이라는 말을 꺼리기는 했지만 — 간발의 차이로 뒤지고 있어 시간이 없었다. 메스너도 또한 유레크에게 신경이 쓰였다. 왜냐하면 그가 공개적으로 인정한 바와 같이 폴란드 클라이머들은, 그리고 특히 유레크는 야심만만하고 대단히 강인했기 때문이다. 그 이탈리아인, 그러니까 메스너가 마지막에서 두 번째인 마칼루를 올랐다는 말이 베이스캠프에 전해졌을 때 승부는 이미 기운 것이나 다름없었다. 메스너는 이제 하나만을 남겨두고 있었다.

그런 소식에도 유레크는 용기를 잃지 않고 오히려 새로운 자극으로 삼았다. 그는 주방텐트를 빠져나가 잠시 혼자만의 시간을 가진 후 다시 돌아와 위로 올라갈 때가 되었다고 선언했다. "이제 올라갈 때가 됐어!"

보이테크는 유레크의 열정을 따라가지 못했다. 따뜻하고 축축한 날씨가 계속되는 바람에 불안정한 눈이 엄청 쌓여 조금만 건드려도 눈사태를 일으킬 가능성이 높았다. 날씨가 좋아졌지만 루트는 여전히 위험했다. 카를로스는 폴란드어로 진행되는 회의에 끼지 못하고 참관만 했다. "내겐 그들이 마치 싸우는 것처럼 보였습니다." 그가 웃으며 말했다.

마나슬루 베이스캠프로 걸어 들어가면서 그는 조금씩 보이테크를 알게 되었다. "얘기를 나눌 시간이 많았죠. 문화와 기술, 철학에 대해 우린 깊은 대화를 주고받았습니다." 후에 카를로스는 말했다. 그러나 보이테크와의 깊어가는 유대감에도 불구하고 카를로스는 유레크와 가까웠다. 낭가파르바트에서 이미 함께 등반한 경험이 있는 그들은 서로의 강인함과 의지를 인정했다. 그들은 이미 고통을 견디는 공통의 능력을 서로에게 보여주었다.

카를로스는 보이테크와 유레크를 가까이서 지켜보았다. "그들은 나의 우상이었습니다." 그가 말했다. 그는 히말라야의 그 선배들에게 경외심을 가지고 있었으며, 그들을 절대적으로 믿었다. 그는 많은 것을 배울 수 있었다. "보이테크와 유레크는 서로 사뭇 달랐지만 좋은 관계를 유지하고 있었습니다." 그가 훗날 이렇게 말했다. "유레크는 조용한 편이었지만 소신이 뚜렷했습니다. 마치 슈라우프Šrauf(슬로베니아의 유명한 알피니스트 스타네 벨라크Stane Belak)처럼. 인생에 대해 훨씬 더 폭넓은 지식을 가진 보이테크는 보다 유연했습니다. 그는 좀 더 외교적이었지요." 카를로스는 다른 차이점들도 알아차렸다. "그 당시 보이테크는 컨디션이 아주 좋았습니다. 유레크는 이미 체중이 불어 있었지만 그래도 아주 강인했습니다." 카를로스는 보이테크가 유레크보다 유머감각이 뛰어나다고 생각했다. "그는 우리 젊은 후배들의 농담을 잘 받아주었습니다. 아르투르는 빈정대는 투의 농담을 즐겼는데, 보이테크는 그런 유머까지도 받아주었습니다. 반면 유레크는 아르투르의 농담을 좋아하지 않았습니다."

마침내 회의와 농담을 끝낸 그들은 산을 올라가기로 결정했다. 처음부터 눈사태의 위험이 상당했다. 6,000미터쯤에서 그들은 자신들이 있는 능선의 양쪽에서 눈사태가 쏟아져 내리는 것을 지켜보았다. 이제 능선 위쪽의 한가운데 사면을 제외하고, 그들이 올라가려 하는 모든 곳에서 눈사태가 발생했다. "불길하게 반짝거리는 수백만 톤의 눈이 뜨거운 햇볕을 받으며 조용히 기다리고 있었습니다." 보이테크가 그때를 회상하며 말했다. "마치 러시안룰렛처럼 권총이 머리를 겨누고 있는 듯했습니다. 조금 다른 점이 있다면 한 발이 아니라 세 발의 총알이 장전됐다는 정도였을 겁니다."

"보이테크, 올라간다고 말했으면 우린 이미 위험을 받아들인 거나 마찬가지야." 짜증이 난 유레크가 아래로 소리쳤다. "이럴 줄 알고 있었잖아."

그들은 그 상황을 논의하기 위해 어깨를 잔뜩 웅크린 채 모여들었다. 그들 위로 숫아오른 200미터 높이의 설사면은 눈이 잔뜩 쌓여 있었다. 만약 눈사태를 일으키지 않고 그 설사면을 올라간다면 일단 그 능선의 보다 안전한 지역으로 들어가는 셈이었다. 그러나 보이테크와 유레크는 위험의 수준을 보는 눈이 달랐다. 카를로스는 그들의 논쟁을 이렇게 회상했다. "난 그때 스물네 살이었습니다. 보이테크와 유레크는 열다섯 살쯤 위였고요. 따라서 대선배와 젊은 애송이의 관계였습니다. 물론 당연히 우린 그렇게 취급받았습니다. 그들

위: 1986년의 마나슬루 등반 모습. 빨간 헬멧을 쓴 클라이머가 아르투르 하이제르이고, 그다음이 카를로스 카르솔리오, 그리고 마지막이 예지 쿠쿠츠카다. (보이테크 쿠르티카)

아래: 1986년 마나슬루에서 눈사태의 위험을 논의하는 보이테크 쿠르티카와 예지 쿠쿠츠카
(아르투르 하이제르)

이 모든 결정을 내렸으니까요." 논쟁에 진절머리가 난 유레크가 투표를 제안했다.

"난 내려갈 거야." 보이테크는 단호했다. "어리석은 짓이야. 계속 올라가고 싶으면 그렇게 해. 난 혼자서 내려갈 테니까. 걱정하지 마. 능선에 발자국이 있어서 안전해." 그의 목소리는 착 가라앉아 있었다. 이렇게 해서 한 사람이 내려가는 것을 선택했다.

그러자 아르투르가 맞장구쳤다. "내가 여기서 제일 어립니다. 아주 위험하다는 것도 사실이고요. 젠장! 능선의 어느 쪽으로 추락할지 알면 올라가는 것쯤은 아랑곳하지 않을 텐데요. 하지만 눈사태가 어느 쪽에서 일어날지 몰라 내겐 무척 어렵군요." 아르투르는 올라가는 것을 택했다.

이제 한 사람은 올라가기로, 한 사람은 내려가기로 했다.

유레크가 올라가는 것에 투표하리라는 것은 모두가 알고 있었다. 그래서 올라가는 사람이 둘, 내려가는 사람이 하나가 되었다. 이제 모두의 시선이 카를로스에게 쏠렸다. 팽팽한 긴장감이 흘렀다. 카를로스는 아주 위험하다는 보이테크의 주장에 동의했다. 그러나 진지하고 침착한 어조로 그는 이렇게 말했다. "멕시코 경제가 빠르게 나빠지고 있어 이건 분명 내 마지막 히말라야 원정이 될 겁니다. 그런 이유로 난 계속 가겠습니다. 난 젖 먹던 힘까지 다해 정상에 오르도록 하겠습니다."[66] 그러자 무거운 분위기에도 불구하고 모두 웃음을 터뜨렸다.

그들은 다시 조 편성을 하기 위해 베이스캠프로 내려갔다. 자신뿐만 아니라 파트너들까지 위험에 빠뜨리려는 유레크가 불합리하고 부주의하다고 느낀 보이테크는 당황스럽기도 했고 침울하기도 했다. 그러나 보이테크의 감정적 혼란은 꼭 유레크의 무모함 때문만은 아니었다. 그는 유레크에 대한 애정이 전혀 다른 것, 즉 경멸로 변하고 있음을 느꼈다. "유레크의 위대하고 '영웅적인' 등반이 눈에 보이는 듯했습니다. 내 마음을 휘저어놓은 그 이미지들이 죽음으로 낭자했습니다. 스코루파는 유레크와 손만 뻗으면 닿을 수 있는 거리에서 죽었고, 타데크는 8,000미터 이상에서 치명적인 사흘 밤을 보낸 후 K2 정상을 향해 비정상적으로 밀어붙이다가 죽었으며, 초크Czok는 유레크가 칸첸중가 정상을 향해 출발한 마지막 캠프를 불과 100미터 앞두고 죽었는데, 낭가파르바트에서 죽은 표트르 칼무스Piotr Kalmus에 대해 유레크는 아무 관심도 없는 것 같았습니다. 그런 그의 행동이 내게 반발을 불러일으켰습니다." 보이테크가 그때의 심경을 털어놓았다. 그들 사이의 침묵은 북극만큼이나 거대하고 차가웠다.

"우린 두 거장 사이의 팽팽한 긴장감을 느낄 수 있었습니다." 카를로스는 말했다. "그곳에 오래 머무르는 바람에 우린 돈도 식량도 떨어지고 있었습니다. 따라서 분위기가 좋지 못했습니다. 거기다 눈까지 내리고 있었으니. 하루인가 이틀이 지난 후 마침내 보이테크가 날렵한 고양이처럼 재빨리 떠났습니다. 다툼 같은 건 없었습니다. 그가 그냥 떠났으니까요."

몇 번의 시도 후에 유레크와 아르투르, 카를로스는 마나슬루 동릉으로 돌아왔다. 깎아지른 아레트arête는 보이테크가 격분한 것과 동일한 종류의 얇은 눈이 위험스럽게 켜켜이 쌓여 있었다. 아웃사이더인 카를로스는 배낭 위에 앉아 유레크와 아르투르가 그 상황에 대해 폴란드어로 의논하는 것을 들었다. 그는 그들의 말이 궁금했다. "알아듣지 못해 끼어들 수도 없었습니다. 그들은 손짓을 섞어가며 오랫동안 대화를 나누었습니다."

갑자기 카를로스가 벌떡 일어나 입을 열었다. "기가 막힌 아이디어가 하나 있습니다. 내 인생 최고의 아이디어죠." 그것은 거의 자살행위나 마찬가지였기 때문에 그의 뇌파는 미쳐도 단단히 미쳐 있었다. 그는 한 사람이 위험천만한 설사면으로 올라가 눈사태를 촉발시키자고 제안했다. 즉 능선의 반대쪽에서 그 사람을 로프로 안전하게 확보한 다음 일부러 눈사태를 일으키자는 말이었다. 그렇게 하면 이론적으로는 쓸려 내려가는 눈으로부터 안전할 터였다. "우린 피치를 끊어 올라갈 때마다 그렇게 할 수 있다고 생각했습니다." 그러자 유레크와 아르투르도 괜찮은 아이디어라고 맞받았다.

"네가 먼저 가, 카를로스." 유레크가 말했다.

카를로스는 설사면을 발끝으로 올라갔다. 눈의 표면은 바람에 의해 딱딱하게 굳어 있었다. 그 밑 1미터가량은 부드러운 눈이었다. 그리고 솜털 같은 그 눈 밑은 바위처럼 단단한 얼음이었다. 카를로스는 두려움에 떨며 입을 꾹 다물고 잰걸음으로 설사면을 가로질렀다. "아르투르가 날 확보하고 있었습니다. 유레크는 심각한 표정을 지으며 말이 없었습니다. 우린 미친 짓을 하고 있었습니다." 카를로스는 웃으며 그때의 상황을 회상했다. 10미터를 가자 갑자기 눈이 갈라지며 설사면이 부서지기 시작했다. "눈사태를 직감했습니다." 카를로스는 말했다. "커다란 눈사태였지만 난 확보 받고 있었습니다. 로프에 매달린 난 쓸려 내려가는 눈덩어리들을 피했습니다. 안전했습니다. 그건 절망에 가까운 기술이었지만, 눈사태의 위험을 벗어난 우린 애들처럼 기뻐했습니다." 그는 초조한 미소를 지으며 능선으로 기어 올라왔다.

이제 적어도 그 지역에서는 눈사태의 위협으로부터 벗어났기 때문에 유레크는 능선을 앞장서서 올라갔다. 그러나 또 한 번 그들은 수백 톤의 눈이 그대로 쌓여 있는 구간과 마주쳤다. 이번에는 아르투르 차례였다. 그들은 다시 임시방편의 시도를 감행했다. 불길한 침묵 속에 설사면을 가로지르자 무시무시한 균열이 일어나며 눈사태가 발생했고, 그 순간 아르투르는 로프에 매달려 진자운동으로 눈덩어리들로부터 벗어난 다음, 정신없이 능선으로 기어 올라왔다. 세 번째 시도에서는 설사면 전체가 떨어져 나가면서 훨씬 더 큰 눈사태가 일어났다. "마침내 너무 위험하다는 걸 깨달은 우린 그 시도를 포기했습니다." 카를로스는 말했다. "우린 산을 너무나 좋아했는데 그에 반하는 행위를 하고 있다고 느꼈습니다." 그것이 바로 보이테크가 내려가겠다고 고집부리며 반대한 것이었다. 그는 눈사태 위험에 대해 그런 식의 러시안룰렛 같은 접근을 좋아하지 않았다. 그런 게임을 자주 하면 결국 총알에 맞을 수도 있다는 것을 그는 알고 있었다.

8천 미터급 고봉을 계속 수집하겠다는 유레크의 집념에서 보이테크는 어떤 가치를 찾지는 못했지만, 동료에게 기대한 바가 있었기 때문에 몹시 실망했다. "좋게 보이진 않았지만, 독약과 같다고 생각한 그 게임에서 그가 성공하길 여전히 바라고 있었습니다." 보이테크는 말했다. "그와 내가 로프를 사용해 산을 올라가는 두 마리의 짐승인 이상, 등반 예술을 허영의 장터로 변형시키려는 그의 개입을 난 애써 무시했습니다. 그와의 감정적 공감이 우리를 갈라놓은 사상보다 더 강하다고 생각했으니까요. 심장은 하인이 아닙니다."

그러나 그는 틀렸다. 그들이 산을 대하는 방식의 간극은 서로가 받아들일 수 없을 만큼 넓었다. 보이테크는 베이스캠프를 떠나면서 이제 유레크와는 끝장이라고 생각했다. "우리도 그렇게 느꼈습니다." 카를로스는 말했다. "아르투르와 난 아무 말도 하지 않았습니다. 하지만 사태가 심각하다는 건 알고 있었습니다. 유레크는 화가 났지만 능선으로 관심을 돌려 화를 풀었습니다. 그는 이렇게 말했습니다. '등반하러 가자.'" 카를로스는 두 거장의 그런 차이점으로 인해 그들이 한 팀으로 성공하지 못했다는 사실을 알게 되었다. "유레크는 그런 종류의 고통에 익숙했습니다. 보이테크는 단단했지만 달랐습니다. 그는 예술가의 단단함을 지니고 있었습니다. 즉 더 합리적이었죠. 그에 반해 유레크는 동물 같았습니다. 다시 말하면 본능적이었죠. 보이테크는 꼼꼼하고 기술적이었습니다. 우아했죠. 그는 배낭조차 우아하게 꾸렸습니다." 카를로스는 웃으며 말했다. 그리고 덧붙였다. "걸음걸이도 그랬습니다. 하지만 유레크는 달랐습니다. 보이테크는 언제나 돌아설 준비가 되어 있었습니다." 그런 다음 슬픈 표정을 지으며 이렇게 말했다. "유레크는 그렇지 않았습니다."

보이테크의 다울라기리 파트너인 루드비크 빌치인스키는 언제나 돌아설 준비가 되어 있는 그의 의지를 '재빠른 피난'이라고 정의했다. 그리고 그는 되돌아서는 보이테크의 능력을 이렇게 분석했다.

유감스럽게도 산사나이의 인생에 흔히 따라다니는 것이, 불멸에 대한 주관적인 생각까지 더해져, 여러 종류의 위험에 대한 감각이 점차 무뎌지는 것이다. "아찔한 루트도 별 것 아냐."라든가 "공포는 언제나 환영하지." 따위의 자긍심에 매몰된 말들을 우리는 자주 들을 수 있다. 이것은 알코올 중독인 사람이 알코올에 점차적으로 관대해지는 것과 비슷하다고 할 수 있다. 이것은 스포츠적인 특성을 가진 장애물을 제거하는 데 일조하지만, 동시에 생명과 죽음의 경계선을 넘어가는 결과도 초래한다. 사실 쿠르티카에 의해 고취된 알피니즘의 중요한 정신적 요소는 본능적인 감각을 스스로 지키려는 것과 관련이 있다. 그리고 그중 일부가 생명이라는 가장 소중한 선물을 잃지 않으려는 두려움이라는 것은 말할 필요도 없다.[67]

그 세대의 폴란드 클라이머들 중 드물게 살아남은 루드비크는 보이테크가 몇 번 후퇴를 결정함으로써 자신은 물론이고 파트너들의 생명까지도 구한 사실을 이해하고 고맙게 생각했다. 캐나다 알피니스트 배리 블란샤드Barry Blanchard는 — 그도 공정한 선택을 몇 번 한 다음 후퇴했는데 — 그런 결정에 전적으로 동의했다. "나는 되돌아 내려가는 것을 그 게임을 제안한 사람과의 계약을 지키는 행위로 간주한다."[68]

보이테크를 비롯한 많은 산악인들은 등반 도중 내려가기를 거부하는 유레크를 회의적인 시각으로 바라보았다. 그 당시 히말라야를 찾은 서유럽 원정대원들은 보통 장비도 좋고 훈련도 잘 되어 있었지만, 유레크와 같은 클라이머들은 산에 계속 머물러 있었기 때문에 서유럽의 경쟁자들보다도 뛰어났다. 물론 희생이 뒤따르지 않은 것은 아니었다. 고향에는 남겨진 가족들이 있었고, 부상과 동상에 시달렸으며, 사망자의 숫자도 꾸준히 늘어났다.

어떤 이들은 겉으로 드러나는 폴란드인 특유의 강인함이 깊은 열등의식에서 비롯되었다고 보았다. 그러나 보이테크는 그런 이론을 비웃었다. 비록 1970년대와 1980년대 초에는 폴란드의 장비들이 보잘 것 없었을지 몰라도, 1980년대 중반에는 서유럽 수준과 거의 비슷했다는 것을 알고 있었기 때문에 심지어 그는 폴란드의 장비들이 조악하다는 생각 자체를 아예 묵살했다. "사실 난 히말라야에서 알파인 등반을 하는 데 내 가벼운 장비들이 다른 어느 누구의 것들보다도 더 좋았다고 생각합니다." 그가 말했다. "가끔 난 경량이라는 개념을 잃어버린 듯한 서유럽 클라이머들에게 실망하기도 했습니다." 보이테크는 자신의 파트너들 중 알렉스만이 등반에서 경량을 추구한 것으로 기억했다.

폴란드인들이 산에서 보인 강인함에 대한 또 다른 이론은 그들의 역사에서 기인한다. 수많은 전쟁과 점령 그리고 빈곤. 폴란드 클라이머들은 그런 불리함을 딛고 국제 산악계로부터 인정받기 위해 자신들을 더욱 담금질했다. 그러나 유레크의 경우는 다르다는 것이 보이테크의 견해였다. 그의 말에 따르면 폴란드 클라이머들은 자긍심이 대단했는데, 그것은 독일과 러시아 사이에서 '망치와 모루'의 삶을 사는 수세기 동안의 억압에 뿌리를 둔 것이었다고 한다. 유레크를 비롯한 폴란드 클라이머들은 인내와 용기와 힘이 있다는 생각으로 충만해 있었다고 그는 주장했다.

후퇴를 거부한 유레크에 대한 그럴듯한 또 하나의 이론은 사무라이에 비견될 수 있는 그의 마음가짐이었다. 즉, 사람이 타인이나 자연에 의해 압도되면 자신이 본래 가지고 있는 것보다 더 강한 힘이 나오게 되는데, 그 결과 위엄이나 명예를 상실하는 비극으로 귀결된다는 것이다. 보이테크는 그런 마음가짐이 일본 특유의 봉건제도에서 나온 무사도武士道와 일맥상통한다고 보았다. 문제는 무사도가 신하에게 무조건적인 충성심을 요구한다는 것인데, 그것은 주로 선종과 유교사상으로부터 기인한 것이다. 다시 풀어서 표현하면, 무사도는 충성심과 자기희생, 고통에 대한 인내 그리고 심지어 순교까지 요구한다. 그런 행위의 핵심은 기사의 영예를 중요시하는 폴란드의 전통과 비슷한데, 보이테크는 유레크가 살아나가는 방법이 그것과 똑같다고 느꼈다. 명예에집착한 그는 후퇴 따위를 고려하지 않았다. "장담컨대, 그런 자세로 말미암아결국 유레크가 비극을 맞이한 겁니다." 보이테크는 말했다. "유레크는 거의 실패하지 않았습니다. 따라서 정작 실패를 했을 때 뼛속까지 흔들린 겁니다. 지극히 종교적으로, 그는 자신이 믿는 신에게 따졌을지 모릅니다. '도대체 저에게 왜 이러시는 겁니까? 전 인생에서 잘못한 게 없습니다. 전 당신이 이끄는대로 따랐습니다. 전 받아들일 수 없습니다. 왜? 왜?'"

보이테크는 또한 유레크의 행위에 대해 다음과 같은 분석도 내놓았다. "유레크가 남달리 대담하다는 건 누구나 아는 사실인데, 그건 용기를 중요시하는 폴란드의 전통을 따라야 한다는 일종의 강박관념에서 비롯된 것 같습니다. 하지만 유레크가 맹목적으로 밀어붙인 데는 또 다른 이유가 있었습니다. 그는 예민하지도 상상력이 풍부하지도 않았습니다. 결국 상상력이 부족한 그는 맹목적으로 위험에 뛰어들었습니다. 심지어 그런 위험을 인지하지도 못했습니다. 그는 자신의 주위에서 사람이 죽어가고 있다는 사실을 알아차리지도못했습니다. 죽음이나 너무나 분명한 위험의 신호조차 그의 머릿속에서 치명적인 어떤 일이 일어날지 모른다는 인식을 일깨우지 못했습니다." 보이테크는공평과 공감으로 자신의 옛 파트너를 평가하려고 노력하면서 결국은 이렇게요약했다. "유레크는 용기에 대한 지나친 의무감과 심각하게 결여된 세심함의혼합체였습니다."

보이테크는 가셔브룸1봉 7,200미터 지점에서 유레크가 한쪽 크램폰만신은 자신을 로프도 없이 남겨놓으려 했을 때 그의 세심함 부족이 적나라하게드러난 것으로 기억했다. 완전히 구름에 휩싸인 채 매일 분설 눈사태가 쏟아지는 가셔브룸4봉의 서벽으로 무작정 들어가려 했던 유레크의 고집 또한 그는 여전히 기억하고 있었다. 마나슬루에서도 놀랍도록 비슷한 사례가 있었는데, 유레크는 눈사태의 위험을 알아보려 하지도 않았다. "과거에도 터무니없이 억지 부리는 걸 가까스로 막으면서 난 그의 무감각을 용서한 적이 있었습니다." 보이테크는 말했다. "우린 작은 상처 따위는 신경 쓰지도 않았습니다만, 이젠 상황이 달라졌습니다. 우리가 함께 등반하는 걸 그만두었을 때 통제되지 않는 그의 열정이 미쳐 날뛰었습니다. 그로부터 2년도 채 지나지 않아 그는 파트너를 셋이나 잃었습니다. 그럼에도 그는 그런 끔찍한 기록에 무덤덤했습니다. 파트너의 죽음을 거의 아랑곳하지 않는 것 같았습니다. 이제야 비로소 난 용서라는 단어에서 한 발짝 뒤로 물러서게 되었습니다."

하지만 보이테크는 유레크에게 그런 것들을 한 번도 말하지 않았다. 훗날 보이테크는 이렇게 말했다. "지금에 와서야 그의 행동이 과거의 그런 비극과 은연중에 연계되었다는 걸 내가 베이스캠프를 떠나기 전에 유레크에게 말하지 않은 건 실수였다는 사실을 깨달았습니다." 그런 순간을 놓친 그들은 두 번 다시 대화를 나누지 않았다.

보이테크는 더 이상 유레크와 함께 등반하지 않았다. 그것은 슬픈 일이었지만 유례없는 히말라야 파트너십을 향한 피할 수 없는 종언이었다. 유레크는 주로 자신의 제자인 아르투르와 함께 8천 미터급 고봉 수집을 마저 끝내고자 했고, 보이테크는 아름다움과 어려움, 스타일과 자유에 의해 똑같이 동기부여를 받을 수 있는 파트너를 훨씬 더 먼 곳에서 찾으려 했다. 보이테크는 그 이유를 다음과 같이 설명했다. "산과 사랑에 빠지는 나의 성향이 유레크에게는 낯설었는데, 특히 그런 내 사랑의 대상 중 일부는 8,000미터가 안 되는 산들이었다. 그는 기술적 어려움에 대한 내 흥미를 이해하지 못했을뿐더러 오히려 그런 것들을 피하려고까지 했다. 그의 관심은 죽음의 지대, 즉 높은 고도에서 살아남는 것이었다."[69]

보이테크의 새로운 파트너는 스위스 알피니스트 장 트로이에Jean Troillet와 에라르 로레탕Erhard Loretan이었다. 그들은 가끔 히말라야의 봉우리들을 가장 직선적인 루트로 번개같이 오르는 데 있어서 첨단을 달리고 있었다. 1987년 그들 셋은 믿을 수 없을 정도로 야심 찬 목표를 세웠다. 결코 만만찮은 K2 서벽에 도전장을 내민 것이다. 에라르가 등 부상으로 중도에 포기하자 장과 보이테크는 둘이서라도 해보기로 결정했다. 그들은 56일 동안 노력했지만, 악천후로 인해 3일을 제외한 대부분의 날들을 베이스캠프에서 보내야 했다. 그해 여름 K2에 있었던 그렉 차일드 역시 강풍으로 좌절을 겪었다. 베이스캠프에서 그는 장과 보이테크를 '이상한 듀오'라고 재미있게 묘사했다. 장은 곰 같은 모습인 반면 보이테크는 갈대처럼 삐쩍 말랐다는 것이다.

어느 날 저녁, 보이테크의 텐트 근처를 어슬렁거리던 그렉은 그 안에서 촛불이 비치는 모습을 보게 되었다. 보이테크는 악천후에도 아랑곳하지 않고 프랑스어 공부에 여념이 없었다. 그는 혼자 조용히 있는 것을 좋아하는 것 같았다. 좋은 날씨, 좋은 컨디션, 좋은 등반도 환상적이었지만, 그들에게는 아름다운 산기슭에서 텐트에 혼자 남아 조용한 저녁의 평화롭고 만족스러운 시간을 보낼 기회가 거의 없었다. 그런데 이제 베이스캠프에서 여러 주를 보내게 되자, 비가 텐트의 지붕에 타닥거리고, 눈이 텐트 폴을 지나며 쉿 소리를 내고, 바람에 텐트 천이 펄럭거리는 가운데 보이테크는 주위를 둘러싼 작고 이국적인 아름다움에 감사하는 법을 익히고 있었다.

악천후의 또 다른 혜택은 느긋하게 보내는 시간이 우정과 동료애를 쌓을 기회를 제공한다는 것이다. 그럴 때 장과 함께 있으면 종종 웃기 바쁘다. 농담을 하거나 누구를 즐겁게 하려는 듯 그의 얼굴은 언제나 웃음기가 가득하다. 그리고 그가 웃으면 얼굴이 둘로 갈라진다.

보이테크는 베이스캠프에서 보낸 어느 날 저녁을 소상히 묘사했다. 평온했던 그날 두 사람이 차를 마시며 이러저런 이야기를 나누고 있었다. 그러다

장이 텐트에서 기어 나와 조금 떨어진 곳으로 걸어가더니 안도의 탄성을 내지르며 소변을 보기 시작했다. 그때 잔뜩 흐린 하늘에서 눈송이들이 나풀나풀 떨어져 장의 눈썹과 입술에 닿았다. 그는 소변을 계속 보았다. 멀리서 눈사태 소리가 으르렁거렸지만 위협적으로 들리지는 않았다. 그는 여전히 소변을 보았다. 보이테크는 이제 자세히 관찰하기 시작했다. "소변을 보던 장의 탄성이 점점 더 커지더니, 마침내 기쁨을 넘어 희열까지 배어나오는 것 같았습니다." 보이테크는 의아하게 생각했다. 그는 한두 가지 심중 중에서 이렇게 결론을 내렸다. "음, 이곳에서의 생활이 힘들 텐데 저건 작은 기쁨이겠네."

장은 소변을 계속 보았다. "그런데 어찌된 일인지 뭔가 문제가 있는 것 같았습니다." 보이테크는 그때의 생각을 더듬었다. "그는 벌써 2~3분이나 소변을 보고 있었습니다. 그렇게 오랫동안 소변을 보는 사람은 아무도 없습니다. 신체적으로 그건 불가능하니까요." 멀리서 눈사태 소리가 들려오는 가운데 장의 탄성이 훨씬 더 커졌다. 그러는 사이 안개가 밀려왔다. 보이테크가 장의 뒷모습을 주의 깊게 지켜보고 있을 때 그가 갑자기 돌아섰고, 얼굴에는 웃음기가 가득했다. 그는 낄낄거리며 다운재킷 밑에 숨겨둔 고무 물병을 꺼내 들었다. 미스터리는 그렇게 풀렸다. "실패로부터 영감을 얻는 능력은 드문 재능입니다." 보이테크는 말했다. "장에게서 난 많은 걸 배웠습니다. 그리고 이제 그게 도움이 되고 있습니다. 고마워, 장."

K2 서벽 시도 이후 경량 스타일과 어려운 신루트를 고집하면 실패할 가능성이 매우 크다는 사실을 보이테크는 뼈저리게 느꼈다. 또한 안전한 후퇴와 위험한 승리 사이에서의 불안한 선택은 좋은 싸움이며, 그중 하나만이 받아들일 가치가 있다는 사실도 그는 깨달았다. 그런데 이 싸움에 대한 해결책은 내면의 성찰로부터 충고를 받을 뿐 규칙도 틀도 없는 자신의 '길'을 고수하는 것이었다.

성공이나 실패와 상관없이 원정 모험에서 돌아온 보이테크는 새로운 관점을 언제나 일상생활에 적용했다. "마치 거대한 빗자루처럼 산은 쓰레기와 하찮은 일들 그리고 부담스러운 일상의 짐들을 싹 쓸어버렸습니다. 난 이런 산에서 순수하고 깨끗한 사람이 되어 돌아왔습니다." 일상의 아름다운 면과 자신을 둘러싼 환경을 이해하게 되자 그는 삶의 현실을 받아들일 수 있게 되었다. 사람은 결국 점점 더 약해지고 늙고 병드는 존재가 아닌가. 그는 슬로베니아 클라이머 토마주 휴마르Tomaž Humar의 말에 감명 받았다. "난 내 영혼을 위해 등반합니다. 모든 등반은 나름대로 의미가 있는데, 사람들은 등반에 나설 때마다 변화된 모습으로 돌아옵니다. 그러면서 이런 의식이 자라게 됩니다. '이게 가장 중요하지. 어떤 등반이든 즐길 수만 있다면, 그 나머진 쓸 데 없는 거야.'"[70]

보이테크는 자각에 대한 이런 감정 역시 일시적이라는 사실을 깨달았다. 결국 그는 자신을 정화시키고 정신을 가다듬기 위해 또 다른 모험이 필요했다. 그는 이런 카타르시스를 정원을 가꾸거나 자연을 사랑하는 등의 다른 활동에서 찾으려고 애썼다. 하지만 궁극적으로, 아니면 적어도 일시적으로, 그것은 등반과 더불어 산에서 그가 느끼는 힘과 동력이었는데, 그것이야말로 그자신에게는 영적인 혹은 정신적인 경험이었다. 등반을 통해 그는 자신 속 가장 깊은 곳에 숨어 있는 진실을 찾아낼 수 있었다. 나는 누구인가? 나는 어떤 존재인가? 인생에서 가장 중요한 것은 무엇인가?

그의 신념 대부분은 철학적이고 종교적인 동양의 전통으로부터 나왔다. 그는 특히 일본 문화에 강한 친밀감을 느껴 '중용'이라든가 '무사도'를 종종 언급하기도 했다. 이 두 가지는 육체적·정신적 무결점은 물론이고 엄격한 규율과 집중력을 요구한다. 그리고 이것들은 산에서 죽음을 맞이하는 문제를 다룬다. 또한 이 둘은 막역한 목적의식, 즉 선악을 판단하는 양심이나 도덕에 대해 분명한 기준점을 제시한다. 그리고 육체 운동의 중요성을 강조한다. 보이테크는 주장했다. "정신을 가다듬는 가장 좋은 방법이 육체를 단련하는 것이다. 육

정원사 보이테크 쿠르티카 (야첸티 뎅데크Jacenty Dędek, 보이테크 쿠르티카 컬렉션)

체적 노력은 정신과 뇌를 위한 가장 훌륭한 양식이다."

　'길'이 윤리의 규범뿐 아니라 먹고 생각하고 숨 쉬는 것과 같은 실용적 고려의 체계에 의해 결정되는 삶의 방식을 어떻게 나타내는지 그는 자신의 에세이 「산의 길The Path of the Mountain」에서 설명했다. 이런 가이드라인을 지키면 사람은 자각의 더 높은 경지에 이르는 길을 따를 수 있다는 것이다. 결국 등산은 보이테크가 자아실현의 문을 열면서 육체적·정신적으로 성장할 수 있도록 안내한 '길'이었다.

12

트랑고 타워

나는 아름다운 등반선을 가능하면 간단하게 그리고 싶다.
가능하면 말없이.

다니구치 케이, 『산과 함께Being with the Mountain』

———

트랑고 타워는 보이테크가 순전히 심미적인 이유로 고른 대상이었다. 그곳은 끔찍할 정도로 높지도 특별히 유명하지도 않았다. 하지만 그렇게 아름다울 수가 없었다. 황금색으로 빛나는 바위기둥과 유혹적인 일련의 크랙들. 그 표면에 드리워지는 신비한 그림자들 속에는 무엇이 숨어 있을까? 신선하다는 느낌을 주는 하얀 점들은 비박이 가능한 곳들일 것이다. 트랑고 타워는 두말할 필요가 없을 정도로 아름답다.

  그 우아한 첨탑은 파키스탄 카라코람 산군의 발토로 빙하 북쪽에 있는 화강암 봉우리들 중 하나이다. 1976년 영국 팀에 의해 초등된 트랑고 타워(네임리스 타워Nameless Tower라고 불리기도 한다)는 해발 6,239미터로, 그곳에 있는 봉우리들 중 가장 높지는 않다. 보이테크는 그해 K2로 가던 중 그 봉우리를 처음

보게 되었다. 그때 영국 알피니스트 마틴 보이센Martin Boysen과 전설적인 암벽 등반가 조 브라운Joe Brown을 만났었는데, 그들은 초등에 성공하고 나서 철수하는 중이었다. 하지만 트랑고 타워가 그를 온전히 사로잡은 것은 그로부터 한참 뒤인 1983년으로, 유레크와 함께 가셔브룸1·2봉에서 돌아오다 둔게 빙하Dunge Glacier에 캠프를 쳤을 때였다. "우와, 저렇게 인상적일 수가! 그 봉우리는 태양의 첫 햇살을 받자 마치 하늘을 향해 타오르는 불꽃 같은 모습을 연출했다. 그런 광경을 보는 사람이라면 누구나 제발 더 가까이 다가가게 해달라고 애원할 것이다." 보이테크는 사무라이의 검처럼 하늘을 뚫고 치솟은 그 거대한 화강암 덩어리에 그만 넋을 잃고 말았다. 그리고 그는 다시 돌아오리라고 다짐했다.

그 타워는 얼핏 보기만 해도 등반이 만만치 않다는 것을 알 수 있다. 사방이 깎아지른 절벽에 얼음이 끼어 있고, 낙석과 카라코람의 폭풍에 노출되어 있으며, 바늘처럼 뾰족하기 때문이다. 보이센은 『마운틴』에 이렇게 썼다. "터무니없을 정도로 기묘한 그 암탑은 발토로 빙하를 따라 올라오는 모든 원정대에 눈구덩이를 파고 들어앉아서라도 한 번 해보자는 도전의식을 불러일으켰을 것이 틀림없다."[71]

그로부터 9년이 흐른 뒤 가셔브룸4봉 서벽을 등반한 후 K2를 노리고 베이스캠프에 머물던 보이테크와 로베르트는 야마다 노보루山田昇와 요시다 겐지吉田憲司라는 일본의 유명 알피니스트들을 만났다. 보이테크와 로베르트는 그들의 주방 텐트에 자주 놀러가 이국적인 음식을 즐겼는데 분위기가 아주 좋았다. 보이테크는 그들의 관습에 놀랐다. "텐트에 들어오는 사람은 누구나 대장에게 깍듯이 인사했습니다. 그곳, 궁극적인 자유와 진실의 공간에서조차 그들은 자신들의 인간관계를 지배하는 수직적 구조의 기능을 유지하고 있었습니다."

어느 날 밤 그와 로베르트는 일본인들의 호의에 보답하고자 그들을 텐트

야마다 노보루, 로베르트 샤우어, 보이테크 쿠르티카가 K2 베이스캠프에서 약간의 '의료적 정화'를 즐기고 있다. 보이테크는 술에 취한 노보루를 설득해 다음해 트랑고 타워 합동등반 약속을 받아냈다. (보이테크 쿠르티카 컬렉션)

로 초청해 폴란드식 술자리를 열었다. "술을 거나하게 마셨습니다." 보이테크가 웃으며 말했다. "그들은 술과 폴란드 햄을 무척 좋아했습니다. 으깬 감자와 양파를 조금 넣고 소금과 설탕으로 간을 맞춘 골롱카golonka(돼지족발)가 안주였는데 맛이 기막혔습니다." 보이테크가 폴란드-일본 합동 팀으로 1986년에 트랑코 타워를 등반하자고 제안하자 노보루와 겐지는 좋다고 대답했다.

하지만 온갖 노력을 기울였음에도 보이테크는 이 대담한 프로젝트에 관심을 갖는 폴란드 클라이머를 찾는 데 실패했다. 그리하여 그는 일본인들에게 한 사람을 더 데려오라고 요청했다. 그들은 사이토 가스히로斎藤安平를 추천했다. 그들은 모두 히말라야 경험이 풍부한 명성 있는 클라이머들이었다. 가능성이 높아 보였다.

그들이 그곳에 도착했을 때 보이테크는 무언가 잘못되고 있다는 것을 느껐다. 일본인 파트너들이 최적의 베이스캠프 자리로 널따란 모레인 끝에 있는 평편한 모래지대를 고집한 것이다. 보이테크는 이의를 제기했다. "내가 그들에게 말했죠. '이봐요 친구들, 이곳은 걸리에서 떨어지는 낙석으로 죽을 수도 있는 위험한 장소입니다.'" 그들은 보이테크의 우려를 공손하게 듣더니 역시 공손하게 아니라고 대답했다. 보이테크는 혼란스러웠다. 사전에 논의도 협의도 없었기 때문이다. 그들은 치명적으로 오목한 길목에 텐트를 치려는 것이 분명했다. 주위에는 온통 낙석 잔해들이었다. 따라서 눈사태라도 일어나면 꼼짝없이 당할 수밖에 없었다.

'체면'이라는 일본인들의 전통을 이해한 보이테크는 더 이상 밀어붙이지 않았다. 그들은 캠프를 쳤다. 오후의 태양이 시야에서 사라지자 그들의 캠프 역시 어둠에 잠겼다. 그리고 하늘이 점차 시퍼렇게 변해가면서 트랑고 정상이 부드러운 장밋빛깔로 물들었다. 그는 캠프 자리에 대한 근심걱정을 잊고 아름다운 트랑고에 넋을 놓고 있었다. 하지만 그날 저녁 늦게 자신의 텐트로 기어들어간 보이테크는 그토록 경험이 많은 알피니스트들이 내린 의심적은 결정을 곱씹어 생각했다. 어떤 이의도 제기되지 않는 것으로 볼 때 그들은 대장이 모든 결정을 내리는 대규모 원정에 익숙한지도 모르는 일이었다. 그런데 지금은 사정이 다를뿐더러 보다 민주적인 상황이 아닌가? 그는 몸을 뒤척이며 쉽게 잠을 이루지 못했다.

다음날 밤, 비가 억수같이 퍼붓자 날씨가 축축해지고 눈이 질척해졌다. 아침이 되자 그들의 평편한 텐트 사이트는 흘러내리는 물로 온통 난장판이었다. 매트리스가 물에 잠겨 침낭이 쓸모없게 되었고, 옷이든 무엇이든 모든 것이 엉망진창이 되었다. 조용히, 그리고 한 번 더 아무런 상의도 없이 그들은 모레인 꼭대기로 텐트를 옮겼다. 보이테크는 옷과 장비를 바위에 널고 침낭을 줄에 걸어 말릴 뿐 아무 말도 하지 않았다.

6월 8일 그들은 식량과 장비 등 100킬로그램의 짐을 타워 밑 5,200미터

지점으로 옮겼다. 그리고 그다음 이틀 동안 보이테크가 VI, A2 난이도의 다섯 피치를 선등했다. 레지에 도착한 그와 야마다는 그 벽에서의 첫 번째 비박에 들어갔다. 6월 20일까지 그들은 식량과 장비를 모두 끌어올리고 나서 다음 등반을 준비했다. 처음 이틀은 일본인들이 선등에 나섰고, 이어 보이테크가 선등을 맡았다. 그런데 그가 아주 멋진 피치를 끝내고 등반이 가능한 루트를 찾으며 지형을 관찰하고 있을 때 아래쪽에서 소리가 들려왔다.

"보이테크, 내려와요. 지금 당장!"

"왜 그래요? 아무 문제도 없는데. 좋아요. 바위가 좋단 말입니다. 루트도 보이고."

"아니요. 우리에겐 상황이 그렇지 않습니다. 우린 이걸 끝낼 수 없어요. 우린 내려가야 합니다."

보이테크는 놀라지 않을 수 없었다. 그들은 농담을 하고 있는 것이 분명했다. 아마도 누군가 몸이 좋지 않은 모양이었다. 등반은 이제 막 시작이었고, 루트는 환상적이었다. 크랙이 잘 갈라진 바위는 멋지기 이를 데 없었다. 그는 혼란스러웠지만, 파트너들을 만나러 비박지로 내려갔다. 보이테크가 하강을 끝냈을 때 팽팽하게 긴장된 분위기가 그를 기다리고 있었다.

"왜 그래요? 무슨 문제인데? 내 등반 속도가 너무 느려서 그래요? 이해하세요. 등반이 어려워 속도가 느린 겁니다. 예상한 바입니다. 완벽합니다. 이건 너무나 완벽한 바위기둥입니다."

"그게 아닙니다." 노보루가 말했다. "잘못 알고 있어요. 우린 이 등반을 할 수 없을 것 같습니다. 너무 어려워요." 보이테크는 놀라서 고개를 가로저었다. 노보루가 누구인가? 그는 일본 최고의 고소 등반가였다. 또한 이미 K2와 에베레스트를 무산소로 등반한 경력이 있었다. 하지만 보이테크는 그가 훌륭한 고소 등반가일 뿐 암벽등반을 잘하지 못한다는 사실을 알지 못했다. 더구나 트랑고 타워는 주로 암벽등반 무대였다.

1986년 트랑고 타워 동벽에 도전한 보이테크 쿠르티카와 야마다 노보루가 휴식을 취하고 있다.
(보이테크 쿠르티카 컬렉션)

이제 절박한 심정이 된 보이테크는 다른 방법으로 그들을 설득했다. "좋아요. 당신들이 이 등반을 원치 않는다는 걸 인정합니다. 그러나 겐지, 당신은 훌륭한 암벽 등반가입니다. 함께 계속 등반합시다. 우린 해낼 수 있다고 자신합니다."

"그렇지 않습니다, 보이테크." 겐지가 대꾸했다. 그는 보이테크에게 팀이라는 개념과 각자의 입장을 차분히 설명했다. "우린 하나의 팀입니다. 당신은 우리의 정신을 알 겁니다. 우린 4명으로 구성된 하나의 팀으로 이곳에 왔습니다. 난 팀워크를 깨뜨릴 수 없습니다. 이게 규칙입니다. 미안합니다."

보이테크는 이제 희망이 없다는 사실을 깨달았다. 자정쯤 그들은 베이스캠프로 내려왔는데, 이상하게도 그곳에서는 분위기가 좋아지면서 긴장이 사라졌다. 그들은 농담을 주고받으며 즐겁게 식사했다. 서로에 대한 불편한 감정은 전혀 찾아볼 수 없었다. 그리고 마치 아무 일도 없었던 것처럼 그들은 2~3일을 푹 쉬었다.

후에 보이테크는 『아메리칸 알파인저널American Alpine Journal』에 실은 공식 보고서를 이런 놀라운 말로 시작했다. "지금까지도 나는 트랑고 타워에서 있었던 일을 이해하지 못한다. 날씨도 환상적이었고, 식량도 충분했으며, 타워는 더할 나위 없이 매혹적이었다." 보이테크는 자신이 일본 클라이머들에게 너무 가깝게 다가가 공식적인 위계질서를 깨뜨리면서 그들을 진실하고 자발적인 친구로 만들려고 한 것은 아닌지 궁금하게 생각했다. 시간이 지나자 그는 자신의 희망이 지나치게 야심만만했다는 사실을 수긍하게 되었고 이렇게 썼다. "나는 이전보다 더 커진 사랑을 갖고 평지로 돌아왔다. … 트랑고와 일본 친구들. 패배는 오히려 좋은 약이었다."[72] 그는 트랑고에서 자신이 경험한 패배가 일본 등산가들을 완벽하게 이해하고 그들과 잘 어우러지는 데 실패한 것과 밀접한 관계가 있다고 느꼈다. "솔직히, 난 여전히 그 일본인들을 좋아합니다. 만약 누군가 그 산에서의 가장 큰 실패가 무엇이냐고 묻는다면, 난 서슴없이 그 일본인 친구들과 끈끈한 관계를 구축하지 못한 나의 무능력이라고 말할 겁니다."

하지만 보이테크는 여전히 트랑고 타워를 오르고 싶어 했다. 그는 폴란드 내에서 파트너를 물색했지만 1980년대 후반에는 그런 능력을 가진 알피니스트가 거의 없어 헛수고였다. 그는 「폴란드 신드롬The Polish Syndrome」이라는 에세이에서 그때의 슬픈 상황을 이렇게 반추했다.

최근의 연이은 사고로 인해 폴란드의 히말라야 등반이 침체됐다. 끔찍한 이야기지만, 산에 일생을 바치다시피 한 전도유망한 클라이머들이 목숨을 잃었다. 그들 중 헤인리흐Heinrich, 흐로바크Chrobak, 표트로브스키Piotrowski, 루트키에비치Rutkiewicz, 브루시Wróż는 저항할 수 없는 목소리를 오랫동안 따르다 50세를 전후해 죽었다. 그중 어느 누구라도 자신의 죽음이 진실의 목소리일 뿐 공허한 환상이 아니라는 사실을 확신했다면 얼마나 좋을까! 내 머리가 연속적인 방황과 산에 대한 두려운 꿈으로 꽉 차서 나는 마치 덫에 걸린 듯한 느낌이다. 거의 물리적인 법칙에 따라, 나는 위대한 산에 대한 폴란드의 영감이 가라앉았다고 느낀다. 나는 그것이 새로운 시대의 부담스러운 경고와 수요에 부응하려는 필요에 의해 대체되고 있다고 믿는다.[73]

2년 후 그는 트랑고 타워로 돌아왔다. 그러나 이번의 파트너는 스위스인이었다. 1959년에 태어난 에라르 로레탕은 캐비닛 제작공이며 등산 가이드였다.

스위스 알피니스트 에라르 로레탕 (보이테크 쿠르티카 컬렉션)

보이테크가 그와 팀을 이루었을 때 그는 이미 히말라야의 전설이었다. 그는 8천 미터급 고봉을 9개나 올랐는데, 그중에는 장 트로이에와 에베레스트를 43시간 만에 오르내린 경량 속공등반도 포함돼 있었다. 에라르는 작은 체구로 날렵하고 호리호리했다. 인상적일 정도로 머리숱이 많고 눈썹이 두드러졌으며 코가 유난히 큰 그는 애교 있는 웃음을 짓는 사람이었다. 에라르는 장난꾸러기 같은 미소를 지으며 때로는 짓궂게 상대방에게 상처를 줄 정도로 심한 유머를 구사했는데, 보이테크는 오히려 그것을 더 좋아했다.

그 둘은 보이테크가 할리나 시에카Halina Siekaj와 결혼한 지 채 한 달도 되지 않은 1988년 6월 1일 라왈핀디에서 만났다. 할리나와 크라쿠프산악회Krakow Mountain Club에서 알게 된 보이테크가 그녀와 우연히 다시 만난 것은 1987년 바르샤바에서 크라쿠프로 가는 기차 안에서였다. 그 시절의 기차는 느려서 그들은 오랫동안 서로에 대한 이야기를 나눌 수 있었다. "아주 긍정적인 경험이었던 걸로 기억합니다. 난 할리나에 대해 많은 걸 알게 됐는데, 런던에서 일하는 그녀는 말에 대해 관심이 많고 동물에 대해 민감하며 정직하고 공정했습니다." 그들은 자주 만나면서, 가정을 꾸려 새로운 인생을 살고 싶어 했다. 그리하여 1년 뒤 살림을 차렸다. 할리나는 클라이머인 보이테크가 등반에 대한 열정으로 자주 집을 비운다는 사실을 알고 이해했기 때문에 그가 다시 트랑고로 갔어도 그다지 놀라지 않았다.

보이테크와 에라르는 가격이 저렴한 가트멜스모텔Gatmells Motel에 묵었다. 원정등반에 대한 보이테크의 모토는 싼 곳에서 자는 대신 잘 먹어야 한다는 것이었다. 그는 오베로이호텔Oberoi Hotel의 맛있는 뷔페에서 실컷 먹자고 제안했다. 하지만 걸어가기에는 너무 멀어 택시를 불렀다. 택시가 오베로이호텔에 도착하자 보이테크는 사전에 합의한 50루피를 택시기사에게 주었다. 그러자 기사는 "슈크리야Shukriya(고맙습니다)!"라며 그 돈을 받았다. 그날 밤 늦게 모텔로 돌아온 보이테크와 에라르는 다음 날 그 택시기사에게 장난을 치기로 했다. 그것은 사악하고 비열한 장난이었다. "파키스탄인들은 아주 점잖습니다." 보이테크가 그 장난에 대해 설명했다. "그들이 돈을 요구할 때 곧장 대답을 안 하면 그들은 이렇게 말합니다. '친구, 걱정하지 말고 그냥 가요.' 우린 이 고상한 전통을 놀려주기로 했습니다."

다음 날 밤 그들은 저녁을 먹으러 오베로이로 향했다. 보이테크가 택시기사에게 요금을 건넸는데, 이번에는 45루피였다. 그는 다른 말은 하지 않고 "슈크리야."라고만 했다. 신기하게도 마치 밤새 요금이 바뀐 것 같았다. 보이테크는 그때부터 이어진 밤들을 이렇게 묘사했다. "사나흘은 계속됐던 것 같다. 우리는 점차 그 장난에 빠져들었다. 나는 5루피씩 줄여갔다." 그런데 35루피가 되자 조금 문제가 생겼다. 돈을 받아든 택시기사가 잠시 보이테크를 노려본 것이다. 이번에는 보이테크가 그곳을 벗어나기 전에 "슈크리야."라고 말했다. 어린애 같고 무감각한 이 놀이에서 침묵을 지킨 파트너는 에라르였다. 하지만 택시기사가 들을 수 없는 곳에 이르자마자 그가 말했다. "점잖지 못한 장난이에요."

그 장난은 30루피에서 끝났다. 점잖게 굴던 택시기사가 마침내 항의를 한 것이다. "친구들, 공정하지 않아요. 이건 돈도 안 됩니다." 보이테크는 곧장 인정하고 나서 최초의 50루피보다 훨씬 더 많은 돈을 주었다. 훗날 보이테크는 멋쩍게 웃으면서 이렇게 인정했다. "우리가 나쁜 놈들이었지요. 정말."

그 두 알피니스트는 라왈핀디에서 훨씬 더 중요한 또 다른 게임을 벌였다. 그 게임은 자신들의 등반을 통째로 위협하는 것이었다. 보이테크도 전혀 들어보지 못했는데, 그전 겨울 언젠가부터 파키스탄 관리들이 4명 이하의 원정대를 금지한다는 새로운 조항을 들고 나온 것이다. 보이테크와 에라르가 트랑고 타워에 대한 허가서를 가지러 무리야무 씨Mr. Muriyamu의 사무실에 들어가자 프랑스 팀 역시 허가를 거부당하고 있었다. 이유가 뭐지? 그들이 2명으로 된 팀이기 때문이었다. 보이테크는 이마를 찡그리며 에라르를 쳐다보았다. 에라르 역시 무슨 일이냐는 눈빛으로 그를 바라보았다. 보이테크는 끔찍했던 그 순간을 이렇게 회상했다. "우린 할 말을 잃고 그 두 프랑스 친구들을 지켜봤습니다. 집으로 돌아가야 하는 그들은 완전히 풀이 죽어 있었습니다."

무리야무 씨는 프랑스 클라이머들에게 규정을 이해하고 존중하는 것이 얼마나 중요한지 장광설을 늘어놓았다. "외국인들을 산에서 죽게 내버려둘 순 없습니다." 끈기 있는 웃음을 지어 보이며 그가 말했다. "바로 그런 이유로 우리가 새 규정을 만들었습니다." 그는 몸을 돌려 보이테크에게 팔을 뻗었다. "여기 있는 쿠르티카 씨는 원정대의 대장으로 우리나라에 여러 번 왔기 때문에 규정을 아주 잘 알고 있습니다."

보이테크는 쓴웃음을 지으며 고개를 끄덕였다.

"쿠르티카 씨, 프랑스의 이 젊은 클라이머들에게 그 규정이 어떤 건지 설명 좀 해주시겠습니까?"

"예, 예! 전 그 규정을 완전히 이해하고 지지합니다." 보이테크는 프랑스인들을 동정어린 표정으로 쳐다보며 화답했다. 하지만 그와 에라르도 같은 처지였다. 단 둘이서 트랑고에 대한 허가를 얻고자 한 것이다. 그들은 적당한 핑계를 둘러대고 46도의 열기 속으로 도망쳐 나왔다.

"메르드Merde(빌어먹을)!" 에라르가 말했다.

"샤이서Scheisse(젠장)!" 보이테크가 중얼거렸다.

이제 그들은 트랑고 타워에 함께 갈 두 명의 클라이머를 나틀 안에 찾아야 했다. 보이테크는 그의 훈자 친구들에게 연락해 허가서에 이름을 넣자고 제안했다. 그때 에라르에게 좋은 아이디어가 떠올랐다. "보이테크, 들어봐요. 스위스 원정대가 낭가파르바트에 들어간다고 하던데. 그들에겐 뒤따라 붙는 트레커들이 몇 명 있어요. 바로 우리에게 필요한 사람들이죠. 트레커들! 그들의 트레커들을 좀 빌리면 어떨까요? 가는 길이 비슷할 거예요. 그들이 우리와 함께 등반할 사람들이 아니라는 걸 아는 사람은 아무도 없을 테고."

보이테크는 시도해볼 만한 가치가 있다고 판단했다. 그리하여 에라르가 낭가파르바트 팀에 가서 사정을 설명했다. 실제로 그 팀에는 트레커들이 있었다. 두 명의 예쁜 스위스 아가씨들. 그들은 파란 눈의 금발이었다. 1시간도 안 걸려, 대단히 기쁘게도, 그는 그들을 트랑고 팀에 합류한 것처럼 가장하도록 설득하는 데 성공했다. 그들은 별 것 아닌 문제 하나를 제외하고는 아주 좋아하는 것 같았다. 그 원정대는 사흘 후에 떠날 예정이었고, 보이테크와 에라르가 무리야무 씨와 다시 만나기로 한 것은 나흘 후였다. 보이테크와 에라르가 허가서에 대한 문제를 협의하기도 전에 그들은 이미 낭가파르바트로 향하고 있을 터였다. 어떻게 하지?

보이테크는 바로 행동에 들어갔다. 그는 두 스위스 아가씨를 데리고 에라르와 함께 무리야무 씨의 사무실로 갔는데, 이틀이나 빨랐다. "안녕하십니까? 친절한 무리야무 씨, 이제 팀이 전부 구성돼 서류를 제출합니다. 미리 보내지 못해 미안합니다."

"아…, 반갑습니다." 무리야무 씨가 미소를 지으며 반겼다. "어서 오세요. 어서 오십시오. 만나서 너무나 반갑습니다." 그는 건강과 행복을 발산하는 두 스위스 아가씨에게 말했다. "서류를 두고 가세요. 그리고 사흘 후에 오세요. 모든 일이 잘될 겁니다. 그때 서류를 가져가세요."

"대단히 고맙습니다." 감사를 표하는 보이테크의 얼굴에 조랑말 같은 미소가 번졌다.

그다음 날 그들 넷이 다시 나타났다. "또 오셨군요. 오늘은 웬일인가요?" 부리야부 씨가 스위스 아가씨들에게 눈길을 보내며 물었다.

"아, 선생님. 상황이 좋지 않네요." 보이테크가 슬픈 표정을 지으며 말했다. "너무 더워요. 그리고 이 아가씨들은… 견디질 못합니다." 그들은 이마의 땀을 닦아내고, 흐물흐물해진 장식용 수술을 만지작거리며 눈물마저 보였다. "무리야무 씨, 이 아가씨들을 스카르두로 가게 해줄 순 없습니까? 사실 이들은 더위에 익숙하지 않습니다. 여기 더 있다간 무슨 일이 일어날지 모릅니다. 우리가 이틀 후에 그들을 따라잡으면 되니까요. 그렇게 해주신다면 정말 고맙겠습니다."

파키스탄 신사라면 넋을 잃을 정도로 아름다운 금발의 두 스위스 아가씨를 거절하지 못하리라 보이테크는 확신했다. 그의 판단이 적중했다. 무리야무 씨가 그 제안에 동의해 그들은 낭가파르바트로 떠났다.

이틀 후, 보이테크와 에라르는 무리야무 씨를 한 번 더 찾아갔다. "그 아가씨들은 어떻게 됐습니까?" 그가 물었다.

"아주 좋아졌습니다. 호의를 베풀어주셔서 대단히 고맙습니다." 보이테크는 고개를 숙이며 허가서를 집어 들었다.

그들은 그 아가씨들을 두 번 다시 보지 못했다.

1988년 6월 20일, 그들은 6일간의 행군 끝에 둔게 빙하에 도착했다. 그리고 이번에는 4,000미터가 조금 넘는 모레인 지대 꼭대기에 안전하게 베이스캠프를 쳤다. 그들 주위를 둘러싼 환상적인 봉우리들이 마치 화강암 손가락들처럼 하늘을 향해 제멋대로 솟아오른 모습을 연출했다. 그중 가장 아름다운 것이 단연 트랑고 타워였다. 그런 장관을 처음 본 에라르의 눈동자가 기대감으로 빛났다. 연락장교 사지드Sajid의 눈동자 역시 빛났지만, 그의 눈동자에는 두려움이 묻어 있었다. 펀잡Punjab의 평야지대 출신으로 체구가 큰 그는 이 미친 등반을 따라다녀야 하는 자신의 임무를 언제나 증오하며 이렇게 애원했다. "저 벽들이 무슨 의미가 있습니까? … 누가 좀 빙하에 버릴 순 없나요? 녹여서라도 말입니다."[74]

비록 그런 극적인 풍경이 사지드에게는 공포심을 불러일으켰을지 모르지만, 보이테크에게는 그곳과의 일체감을 심어주었다. 그는 그곳으로 접근해 가며, 트랑고 타워의 장엄하고 웅대한 아름다움을 다음과 같이 감수성 있게 풀어냈다.

빙하의 표면은 얼핏 보면 평편하고 단조로워 보이지만, 사실 그 속은 맑은 실개천이 졸졸거리는 수많은 얼음의 통로들로 갈라져 있다. 그리고 가끔 섬뜩하고 기이한 소리가 빙하의 깊은 곳에서 울려 나온다. 한없이 적막한 가운데, 잔디가 있는 곳을 따라 지그재그로 흘러내리는 시냇물이 반짝이는 빛과 뒤섞인다. 이 광활하고 청명한 공간은 사방이 밝은 바위 장벽으로 둘러싸여 있고, 풍요로운 정원을 채우는 풀들이 난 길을 따라 올라가는 우리들 주위의 빈 공간은 창백한 반짝거림으로 되살아난다. 우리 2,000미터 위로 트랑고의 거대한 황금빛 오벨리스크가 솟아 있다. 까마득히 높은 그 봉우리의 상단부를 한 줄기 작은 구름이 휘감는다. 그 아찔한 바윗덩어리의 아귀로부터 벗어나려 끊임없이 흔들어 헐겁게 하려는 것처럼. … 내 안의 어디에서인가 떨림이 시작되고, 조용한 절망감이 뒤따른다. 나는 특별한 어떤 것에 가까이 다가가고 있다는 느낌을 받는다. 하지만 그것을 향해 손조차 뻗을 수 없다.[75]

감정적 불꽃의 근원에 다가가려는 그의 갈망은 11년 전 반다카 베이스캠프에서의 경험을 상기시켰다. 그때 그는 산에 대해 이렇게 말했었다. "너무나 가까이 있는데도 산은 나에게 응답하지 않았다."

그들은 다른 클라이머들과 마찬가지로 장비를 챙기며 마음을 진정시켰다. 그리고 커다란 너럭바위 위에 120킬로그램의 장비와 식량을 깔끔하게 늘어놓았다. 그러나 타워 밑까지 가려면 여전히 1,200미터의 고도를 올라야 했다. 물론 거기까지 짐을 날라야 하는 그들을 도와줄 사람은 아무도 없었다. 보이테크는 삐쩍 말랐고, 에라르는 더욱 심해 체중이 기껏해야 60킬로그램밖에 나가지 않았다. 짐에 대한 계산을 마친 보이테크는 각자 30킬로그램 이상을 져 날라야 한다는 사실을 깨달았다. 더구나 에라르는 이미 두 번이나 허리를 다친 상태였다. 그럼에도 6월 24일 이른 새벽, '짐승'이라고 부르는 배낭을 메

1988년, 트랑고 타워 동벽의 희미하게 빛나는 화강암 (보이테크 쿠르티카 컬렉션)

고 그들은 위로 향했다.

에라르는 꾸준히 속도를 유지하며 힘들게 올라가는 동안 말이 없었다. 그는 심란한 마음으로 지난 몇 년간의 삶을 되돌아보았다. 초오유에서 죽은 파트너 피에르-알랭 스타이너Pierre-Alain Steiner. 그는 바로 눈앞에 있었다. 알프스에서 북벽 13개를 연결 등반하던 중 다친 척추, 그리고 패러글라이딩을 하다 두 번째로 등을 다친 사고. 에라르에게는 어두운 시기였다. 하지만 그는 이제 카라코람에서 정교한 화강암 오벨리스크를 등반할 태세를 취하고 있었다. 보이테크도 고통과 피로와 갈증에 비틀거리며 힘들게 발걸음을 옮겼다. "이상할 정도로 상황이 비슷했습니다." 보이테크는 이렇게 말하며 생각에 잠겼다. 사실 그 벽 밑에 먼저 도착한 사람은 등을 다친 에라르였다. 그는 훈련과 알프스에서의 끊임없는 가이드 활동으로 고통과 고역을 이겨냈다.

오전 9시쯤 첫 번째 버트레스 밑에 도착한 그들은 정오까지 휴식을 취했다. 에라르는 자신들이 희망하는 목표를 이렇게 묘사했다. "6,257미터(최근의 측정은 6,239미터)의 요새 같은 종탑과 1,200미터 높이의 오르간을 가진 화강암 성당을 생각해보라. 그리고 비율을 더 잘 이해해야 하는데, 두 명의 사나이가 어슬렁거리고 있는 곳이 네이브nave*다." 일단 바위의 촉감을 느낀 그들은 거부할 수 없는 유혹을 느꼈다. 그들은 바로 그날 등반을 시작했다. 누가 먼저 오르지? 동전을 던졌는데 보이테크가 이겼다. 그가 첫 피치를 올랐고, 에라르가 뒤따랐다. 그들은 로프를 고정시킨 다음 아래로 내려와 비박을 준비했다. 보이테크는 바위에 붙은 기념으로 폴란드에서 가져온 캐비어 통을 땄다. 철갑상어의 작은 알들이 입안으로 들어가자 '마치 돼지처럼 걸신들린 듯 먹었다'고 보이테크는 그때를 회상했다.

다음 날인 6월 25일, 그들은 고약하게 사선을 이룬 일련의 크랙을 올라갔다. 그곳은 물이 흘러나오지는 않았지만 반짝이는 얼음 리본들이 끼어 있었다. 이전의 시도 덕분에 보이테크는 그 크랙 구간을 잘 기억하고 있었다. 그곳은 미끄럽고 지저분해 확보물을 설치하기가 까다로웠다. 그리고 이제 그는 그런 등반을 전부 다시 해야 했다. 그는 그 등반에 대해 이렇게 썼다. "우리 왼쪽으로 검은색과 노란색이 섞인 음침한 침니가 있었는데 그곳으로 물이 폭포수처럼 흘러내리고 있었다."[77] 바위가 잔물결을 일으킬 정도로 얇은 물의 피막으로 뒤덮여 그들은 속까지 흠뻑 젖었다. 보이테크가 이끼를 걷어내 넉넉한 레지를 만들자, 그곳에서 그와 일본인이 그 벽을 탈출하며 남겨놓은 볼트가 나왔다. 그곳은 그와 에라르가 그 벽을 등반하면서 가장 중요한 비박지로 삼으려 한 곳이었다. 그곳에서부터 그들은 한 피치씩 위로 치고 올라가다 밤이 되면 그 둥지로 로프를 타고 내려오는 소위 캡슐 스타일을 구사할 작정이었

---

* 성당 입구에서 안쪽까지 통하는 중앙의 주요 부분 |역주|

트랑고 타워 동벽에서 비박을 준비하는 모습 (에라르 로레탕, 보이테크 쿠르티카 컬렉션)

다. 하지만 그들이 레지에 도착했을 때 실수로 짐을 떨어뜨려 그들은 출발지
점까지 로프를 타고 다시 내려왔다.

6월 26일 그들은 미끄러운 로프에 주마를 걸고 둥지로 짐을 끌어올린 다
음, 그 위쪽 한 피치에 로프를 고정시켰다. 이제 꼭대기까지 어떤 방해물도 없
이 거의 수직으로 치솟은 타워의 본체에 붙을 준비를 끝낸 것이다. 7월 2일,
불안정했던 날씨가 좋아지자 그들은 본격적인 등반에 나섰다. 그리하여 이번
에는 25킬로그램의 짐을 메고 베이스캠프를 떠났다. 작은 체구의 그 두 사람
은 두서너 번에 걸쳐 모두 113킬로그램의 짐을 비박지로 옮겼다. 그럼에도
그들은 단거리 경주의 결승선을 향하는 것처럼 힘이 넘쳤고 열정적이었다. 하
지만 에라르는 좀 다르게 느꼈다. "그것은 열흘 내지 보름이 걸리는 것이어서
단거리 경주가 아니라 마라톤이었다."[78]

한 번 더 그들은 한밤중에 출발했다. 첫째 날 늦게 눈이 쌓인 레지에 도착한 그들은 그곳의 눈을 긁어내 공간을 만든 다음, 등반에 필요한 장비와 식량을 단단히 비축해놓았다. 그날 밤, 까마득히 치솟은 동벽을 올려다보자 그들의 정신은 불안과 흥분 사이를 탄환처럼 튀며 오갔다.

크랙이 늘 그렇듯 그 등반은 육체적인 힘을 요구했다. 가느다란 손가락 크랙은 그들의 기술을 시험했고, 주먹만 한 크기의 크랙은 확보물에 매달리게 만들었으며, 사선으로 된 크랙은 균형을 깨뜨렸고, 넓은 크랙은 그들의 힘을 점차 약화시켰다. 지붕처럼 튀어나온 바위가 태양을 가렸다. 그리고 가끔 얼음조각들이 그들의 머리를 때리는가 하면 위쪽 먼 어디에서인가 치명적인 고드름이 따뜻한 햇볕에 녹아 떨어졌다. 황금빛으로 물든 바위는 환상적이고 우아한 기하학적 모습을 연출했는데, 바위의 질감이 끊임없이 거친 가운데 수정처럼 희미하게 빛나는 얼음들이 곳곳에 달라붙어 있었다.

"우린 자유등반을 끝까지 고집하진 않았습니다." 보이테크는 말했다. "등반이 어려우면 우린 언제나 인공등반을 했습니다." 그들은 주로 프렌드나 너트, 혹은 가끔 피톤을 써가며 인공등반을 했다. 그리고 이틀에 한 번씩 하루 종일 선등에 나섰다. 이런 식으로, 확보를 보는 사람은 따뜻한 다운파카를 입고 체력을 비축했다. 모든 피치가 알 수 없는 모험이었고, 모든 동작이 거대한 퍼즐을 맞춰가는 하나의 조각이었다. 보이테크는 일단 벽에 붙자 두려움이 사라졌다고 설명했다. "각도로 보나 모서리로 보나 희미하게 빛나는 표면으로 보나, 거대한 수정 타워의 추상적 구조가 너무나 유혹적이고 신비해서, 위로 올라가는 하나하나의 동작은 미지의 위험과 대면하는 것이 아니라 매혹적인 아름다움과 조우하는 것이었습니다. 모든 동작은 내가 지쳐 있을 때조차도 그럴 만한 가치가 있었습니다."

보이테크의 눈에 그늘진 크랙 안쪽에 숨어 있는 어떤 물체가 보였다. 그것은 회색에다 털이 있었다. 그리고 살아 있는 것같이 보였다. 그는 순간적으로 놀라 움찔했다. 하지만 자세히 보니 그것은 고산에 서식하는 꽃이었다. "마치 날 쳐다보고 있는 것 같았습니다." 그가 웃으며 말했다. "그 꽃을 본 난 마음이 포근해지며 힘이 났습니다." 보이테크는 가끔 짓궂은 농담을 즐기는 자신의 파트너로부터도 격려를 받았다. 그는 에라르의 세심한 배려를 높이 평가했다. "그는 날 걱정하는 것 같았습니다. 그래서 날 보호하려는 듯한 태도를 취했는데, 내겐 색다른 경험이었습니다. 그는 내가 시간을 끌어도 기다렸고, 동작을 머뭇거려도 격려해주었습니다. 아주 좋았습니다."

하루는 안쪽으로 코너를 이룬 곳에서 보이테크가 추락했다. 그것도 두 번씩이나. 에라르는 확보자의 관점에서 그 경험을 이렇게 묘사했다. "확보자의 손을 빠져나가는 로프를 보면 선등자의 상태를 알 수 있다. 머뭇거리는지, 잘 나가는지, 편안한지, 아니면 불편한지. 가끔 로프가 순간적으로 늘어지면, 그것은 선등자가 공중으로 날고 있다는 말로, 충격이 곧바로 손에 전해진다."[79] 보이테크는 천장을 넘어서는 순간 처음 공중으로 날았다. 그 위는 반반한 화강암 슬랩이어서, 그는 인공등반을 하기 위해 작은 바위 턱에 스카이훅을 설치해 사다리를 건 다음 체중을 싣고 그다음의 작은 레지로 올라섰다. 그렇게 등반하던 중 작은 바위 턱 하나가 부스러지며 깨져, 마치 가을철의 낙엽처럼 바위에서 나가떨어졌다. 그는 추락하면서 거칠고 날카로운 바위에 손을 긁혔지만 지혈을 하고 심장박동을 낮춘 다음, 손을 걱정하면서 계속 위로 올라갔다.

그다음 피치에서 그는 크랙에 캠을 박고 사다리를 걸어 체중을 실었다. 하지만 그것마저 빠져 다시 3미터를 떨어졌다. 하루에 두 번씩이나 떨어지다니! 당연히 마음이 흔들렸다. 그들의 위치가 너무 외떨어진 데다 벽이 가팔라, 조그만 사고라도 일어나면 그것은 곧 재앙이 될 터였다. 불안한 건 에라르도 마찬가지였다. "우리는 아이거나 마터호른에 있는 것이 아니었다. 그렇다고 호텔의 발코니에 매달려 이리저리 돌아다니는 것도 아니었다."[80]

그날 저녁 보이테크는 팔꿈치가 까지고, 손가락이 아프고, 관절이 시큰거

트랑고타워 동벽의 보이테크 쿠르티카 (에라르 로레탕, 보이테크 쿠르티카 컬렉션)

리는 고통에 신음했다. 무엇보다도 그는 의기소침했다. "너무 자만해서 벌을 받았습니다." 보이테크는 훗날 이렇게 자책했다. "등반의 순결을 잃어버렸다는 느낌이 들었습니다. 난 이런 봉우리에서 추락해본 적이 없었습니다. 그런데 하루에 두 번씩이나 떨어졌습니다." 계곡 바닥에서 거의 2,000미터나 떨어진 이 두려운 벽에서 완전히 무방비가 되었다고 느낀 보이테크는 희미해져 가는 빛을 바라보며 우울한 기분에 빠졌다. 그리고 이렇게 결론지었다. "이건 완전히 미친 짓이야."

그의 절망을 알아차린 에라르가 위로하듯 말했다. "걱정하지 말아요. 내가 저녁을 준비할 테니 여기 앉아서 푹 쉬어요." 식사 준비는 아주 간단했다. 바싹 긴장한 상태로 16시간 동안이나 바위에 매달렸기 때문에 그들의 식욕은 좋다고 해도 변덕스러웠다. 에라르는 간단한 치즈 퐁듀를 만들기 전에 워크맨을 꺼내 헤드폰을 보이테크의 귀에 씌워주었다. 그는 볼륨을 조정한 다음 음악을 틀었다. 「다이어 스트레이츠Dire Straits」의 서정적인 음악이 흘러나오자 보이테크는 눈물을 글썽거렸다.

안개 낀 이 산들이
지금은 내 고향이네.
…
넌 날 버리지 않았어.
우리는 친구요 형제니.

"에라르, 고마워!" 보이테크가 속삭였다.

다음 날은 에라르가 선등을 맡을 차례였다. 웅장한 오버행 밑에서 숨어 있는 완벽한 홀드를 찾아낼 때마다 그는 프랑스어로 귀청이 찢어질 듯한 환호성을 내질렀는데, 그런 모습은 보이테크를 즐겁게 했다. 그다음 날 보이테크는 부어오른 손가락에 테이프를 감고 선등에 나서, 피라미드를 닮은 타워의 마지막 구간에 도달했다. "헤드월은 사방이 반반한 바위였습니다. 마치 요세미티처럼 빈틈없는 방패 같았습니다. 그곳이 타워에서 가장 큰 미지의 구간이었기 때문에 나는 잔뜩 걱정하면서 에라르에게 로프를 타고 내려갔습니다. 만약 그 방패가 등반을 할 수 있는 구조가 아니라면, 우리는 달리 도리가 없었습니다." 그들은 고정로프를 다 써버려 이제는 그것들을 회수해야만 했다. 그리고 계속 등반을 하기 위해서는 비박지도 좀 더 위로 올려야 했다.

로프를 타고 내려가던 보이테크는 자신의 잠금 카라비너가 열리지 않는다는 사실을 알게 되었다. 그는 꼼짝없이 하네스에 갇히고 말았다. 비박지에 도착해 카라비너를 이리저리 두드리고 비틀어보았지만 아무 소용이 없었다. 좌절한 그는 그날 밤 용변을 볼 일이 없기를 바라며 침낭 속으로 기어들어갔다. 바로 그때 계곡에 폭풍설이 불어 닥쳐 트랑고를 하얗게 칠해놓고 레지에 있는 그들의 작은 둥지를 묻어버렸다. 그러자 밤이 다 지나가기도 전에 그들의 작은 비박텐트 속으로 한기가 파고들었다. 이제 어떻게 하지?

에라르는 내려가자고 주장했다. 그러나 보이테크는 결정을 내리지 못했다. 보이테크 역시 내려가는 현명한 길을 곧 선택할 것이라고 확신한 에라르는 로프로 다가가 내려갈 준비를 했다. 그러나 비박지로 돌아온 그는 침낭 속에서 여전히 꼼짝도 하지 않는 보이테크를 발견했다. 의구심을 품으면서도 은근히 기뻐한 에라르는 그다음에 일어난 일을 나중에 이렇게 묘사했다. "그는 마실 것을 주문했다. 나는 4일 동안 깎지 못한 수염과 바위로 지저분해진 손가락이 소블리에게 어울리는지 어떤지 알지 못했다. 그러나 보이테크는 마실 것을 원하고 있었다. 가능하면 뜨거운 것으로. 나는 그에게 아침 뷔페를 아직 열지 않아 오늘 우리 집은 시원한 이소스타!sostar*만 서비스가 가능한데, 아

---

* 파워에이드나 게토레이와 같은 스포츠음료로 주로 유럽에서 판다. |역주|

마 그것은 결심을 내리는 데 좋을 것이라고 말했다. 올라갈 것이냐, 아니면 내려갈 것이냐?"[81]

보이테크는 결국 내려가기로 했다. 그리고 로프를 타고 내려가면서 다시 올 수 있을지 걱정했다. 그는 또한 자신의 배 속에 대해서도 걱정했다. 여전히 하네스의 포로였기 때문이다. 베이스캠프로 걸어가는 도중 똥이 마려울까 봐 그는 걱정이 이만저만 아니었다.

베이스캠프는 날씨가 사뭇 달랐다. 구름이 타워를 감싸 거대한 그 모습을 감춘 가운데, 대기는 훈기가 가득하고 촉촉했다. 이제 그들은 편히 쉴 수 있었다. 그러나 우선 보이테크는 귀찮은 하네스에서 탈출해야 했다. 그는 해머로 카라비너를 두드렸다. 그리고 금속 손잡이로 잡아 돌렸다. 그런 다음 금속을 팽창시켜 서로 물리는 부분을 풀어주려고 스토브 위에 올려놓고 열을 가했다. 그러나 아무런 소용이 없었다. 결국 펜치와 톱을 찾아내 카라비너를 부쉈다. 마침내 하네스에서 해방된 그는 화장실로 달려갔고, 마음껏 먹고 자고 쉬었다. "나는 좋아하는 음악에 푹 빠져, 에라르 옆에 말없이 앉아 있었다. 그리고 내 동료로부터 영감을 받아 조용한 기쁨을 만끽했다." 폭풍이 물러가기를 기다리는 동안의 시간을 보이테크는 이렇게 썼다.

그때에 대한 에라르의 회상은 어둡고 걱정으로 가득 찬 것이었지만, 그 역시 짧은 휴식을 감사하게 생각했다.

베이스캠프로 돌아온 우리는 3일 동안 중력의 법칙에서 해방됐다. 우리에게는 그 법칙이 심한 압박이었다. 우리는 추락의 공포에 떨었으며, 어느 것 하나 떨어뜨리지 않으려고 온 신경을 곤두세웠다. 우리 주위를 둘러싼 것은 온통 허공으로, 우리가 붙잡고 있지 않으면 어느 것이나 그 속으로 빨려 들어갔다. 스토브나 부츠 또는 크램폰을 떨어뜨리면 치명적이 될 터였다. 우리가 갖고 있는 것은 우선 다른 것과 연결시켜 놓아야 했다. 따라서 우리는 끊임없이 주의를 기울여야 했다. 무엇을 떨어뜨릴지 모른다는 이런 공포 뒤에는 우리 자신의 추락이 숨어 있었다. 피톤이 뽑히거나, 헐거운 바위가 빠지거나, 힘이 다하거나, 확보에 실패하면 마치 스토브나 부츠처럼 우리 역시 허공 속으로 사라질 터였다.[83]

7월 9일 자정쯤, 잘 먹고 휴식을 충분히 취한 그들은 세 번째로 베이스캠프를 떠났다. 어둠을 헤치며 위로 올라가자, 구름이 갈라지면서 별이 총총히 박힌 하늘의 어스레한 빛을 받은 타워가 희미하게 빛나며 주위가 밝아졌다. 200미터를 올라가니 고정로프가 나왔다. 그리고 그곳에서 600미터를 주마로 올라가자 이전의 비박지가 나왔다.

에라르가 먼저 올라갔다. 그는 작은 바위 탑 뒤쪽에 있는 틈새로 기어들어 갔다. 하지만 그가 사라졌는데도 로프가 움직이지 않았다. 더욱이 소리도 들리지 않았다. 그가 바위 사이에 끼었나?

"에라르, 어때?"

여전히 대답이 없었다.

마침내 에라르가 모퉁이를 돌아 다시 나타났다. 그는 만면에 웃음을 지으며 승리의 두 팔을 들어올렸다. "환상적입니다! 환상적이라고요." 그가 외쳤다.

"뭐가 그런데?" 보이테크가 소리쳤다.

"크랙이 있어요. 환상적인 크랙. 비박지도 있고요."

그것은 사실이었다. 에라르는 벽과 피라미드로 분리된 플레이크 사이의 침니같이 좁은 통로를 따라 몸을 겨우 끼워 올라갔는데, 그 위가 완벽하게 평편한 바위였다. 벽과 떨어진 그곳은 가로가 2미터, 세로가 1.5미터였다. 따라서 비박지로서는 안성맞춤이었다. "두 사람에겐 환상적이었습니다." 보이테크가 그때의 열광을 떠올리며 말했다. "믿을 수 없었습니다. 지상에서 2,000미터나 떨어진 수직의 지형에서 완벽할 정도로 편안한 바위를 찾았으니까요."

위: 1988년, 트랑고타워의 환상적인 크랙 시스템 (보이테크 쿠르티카 컬렉션)
아래: 트랑고타워 동벽의 마지막 비박지에 누운 에라르 로레탕 (보이테크 쿠르티카)

그리하여 그곳은 정상을 향한 마지막 시도를 하려는 그들에게 아주 좋은 터전이 되었다.

그다음 며칠간의 등반에 대한 자세한 내용은 보이테크의 보고서에 드문드문 나타난다. 그러나 정상 바로 직전의 헤드월과 맞닥뜨린 그들의 등반에 대한 설명은 그것으로 충분했다. 그곳에는 계속적으로 이어지지는 않지만 크랙들이 나란히 나 있었다.

7월 10일
헤드월에 붙는다. 내가 첫 두 피치를 올라간다. 80미터.

7월 11일
에라르가 다음 두 피치를 선등한다. 거의 90미터는 될 정도로 길다. … 그는 비박지 위의 다섯 번째 피치를 출발하지만 반반한 벽에서 머뭇거린다. … 그는 펜듈럼 할 곳을 찾아낸다.

7월 12일
내가 에라르의 피치를 끝낸다. 다섯 번째 피치. 장비가 부족하고 확보가 위험스러워 등반이 까다롭다. 거의 매달리다시피 한다. 나는 사선으로 펜듈럼 한 다음 20미터를 올라가 확보물을 설치한다. 일곱 번째 피치는 아주 고약하다. 볼트 두 개와 폴란드에서 만든 '납작한' 피톤들을 이용해 인공등반으로 아슬아슬하게 넘어간다.

7월 13일
정상으로 올라가는 날. 에라르가 두 피치를 대부분 자유등반으로 올라간다. 그다음 두 피치는 아주 쉬운 눈과 얼음이다. 그리고 마침내, 그동안 벽에서 다 써버려 장비도 거의 없이 가볍게 정상까지 마지막 25미터를 오른다.

하나의 사건 또는 행위를 두 가지 버전으로 보는 것은 숨어 있는 것이 드러나 즐겁기까지 하다. 왜냐하면 경험이 제각기 다르기 때문이다. 정상으로 올라가는 날의 등반에 대한 보이테크의 기술은 '두 피치를 대부분 자유등반으로 아주 쉽게'라며 간결하지만, 에라르의 기억과는 사뭇 대조적이다. 아마도 그날은 에라르가 선등을 섰기 때문이었을 것이다.

안에는 없었지만 가장자리에 얼음이 있어 크랙이 어려웠다. … 분위기가 바뀌고 있었다. 우리가 있는 곳은 6,000미터 위. 바위 대신 얼음이었다. 잠옷을 입고 냉장고 안으로 걸어 들어간 기분이랄까. … 사방에서 찬바람이 몰아쳤다. 지난 14일 동안 등반에 집중하면서 이용한 모든 크랙과 안쪽 코너와 홈통이 한 곳으로 모이는 지점에 이제 나는 가까이 있었다. … 그리고 공포 중의 공포. 밖으로 튀어나온 100미터의 거대한 바위가 정상으로 가는 길목을 막아선 것이다. 어느덧 오후 3시. 나의 무기는 하네스에 달린 3개의 피톤과 몇 개의 너트. 돌멩이를 들고 골리앗과 맞선 다윗의 심정이 이러했을까. … 내 위로 유고슬라비아 팀의 유물인 피톤이 하나 보였다. 그곳까지만 올라가면 안전할 텐데. 나는 바위틈 사이에 작은 피톤을 하나 때려 박은 다음 그 구멍에 슬링을 걸고 체중을 실었는데, 아뿔싸 플레이크 전체가 깨지고 말았다. … 소위 스프링 작전을 가동할 시간이었다. 희망과 공포. … 나에게 그것은 온갖 위험을 무릅쓴다는 의미였다. 결코 잘 박히지 않은 것 같은 너트 한두 개에 내 생명이 걸린…. 마침내 크랙을 넘어섰다! 마지막 3미터는 완전한 수직의 얼음. 나는 피켈 하나만으로 어떤 어려움도 돌파하는 등반의 위대한 전통을 부활시켰다. 30분 후 우리는 트랑고 타워의 정상에 올라섰다.[84]

결코 쉬운 등반이 아니었다.

트랑고타워 동벽 정상 직전에 있는 버섯 형태의 눈을 오르는 에라르 로레탕 (보이테크 쿠르티카)

보이테크는 정상 등반 날짜에 의미를 부여했다. 7월 13일. 행운이 깃든 날. 그는 가셔브룸4봉 등반을 13일에 시작했고, 브로드피크 트래버스도 13일에 시작했으며, 트랑고 타워를 13일에 끝냈다. "악마의 아들: 행운의 13. 내가 기독교를 좋아하지 않아서 악마의 덕을 본 건지도 모릅니다." 보이테크가 장난스러운 표정으로 말했다.

그들이 정상에 앉아 트랑고 산군의 유례없는 장관과 그 주위를 둘러싼 빙하와 지구에서도 가장 황량한 그곳 풍경들을 감상하고 있을 때 새털구름들이 머리 위로 몰려들었다. 그리고 태양 주위에 푸른빛을 띤 회색 테두리가 생겨 폭풍에 대한 우려가 커지자, 그들은 몇 개의 피톤을 더 챙긴 다음 로프를 타고 하강하기 시작했다. 피치마다 로프 두 개를 하나로 연결해 하강했고, 곧 가장 위쪽 비박지에 도착했다.

마지막 날, 피할 수 없는 폭풍설 속에서 하강을 계속했는데, 100미터씩 하강하는 동안 오버행에서는 뱀처럼 흐느적거리는 가는 로프에 매달려 허공 속에서 대롱대기도 했다. 그들은 10킬로그램의 배낭을 등에 메고 20킬로그램의 장비를 하네스에 매단 채 한 번에 100미터씩 하강했다. 오후 중반 베이스캠프에 도착했는데, 흠뻑 젖고 체력이 바닥나기는 했어도 무척 만족했다.

보이테크에게는 만족 그 이상이었다. 안도감도 느꼈다. 그것은 두 번 만에 성공한 등반이었다. 그는 성공을 거듭한 알피니스트였지만 그 등반은 특히 더 달콤했다. 그래서 보고서에 이렇게 썼다. "성공한 것 하나 없이 2년이라는 세월이 흘렀다. 나는 성공을 간절히 원했다. 그리고 나 자신에 대한 약간의 격려도 필요했다. 그렇지 않으면 나는 미쳤을 것이다." 훗날 자조적인 듯한 이 말에 대해 해명하라는 압박을 받자 그는 이렇게 주장했다. "농담이 아니라 진심이었습니다. 좋습니다. 농담이었을지도 모르지만 그 속에 진심이 들어 있었습니다."

보이테크와 에라르는 트랑코 타워의 1,100미터 동벽에 스물아홉 피치에

파키스탄 카라코람에 있는 6,239미터의 트랑고 타워. 1988년 보이테크 쿠르티카와 에라르 로레탕은 캡슐 스타일로 그 동벽에 신루트를 개척했다. (보이테크 쿠르티카 컬렉션, 루트 개념도: 표트르 드로지치)

트랑고타워 밑에서 포즈를 취한 보이테크 쿠르티카와 에라르 로레탕 (보이테크 쿠르티카 컬렉션)

달하는 우아한 등반선을 새겼다. 그들의 등반은 그 타워에서 2인조가 이룩한 최초의 성취였다. 그 벽에서 등반에만 14일을 보낸 그들은 루트의 난이도를 5.10, A3로 매겼다. 에라르도 보이테크도 고도나 난이도에 상관없이 알파인 스타일을 고수하는 사람들이었지만, 그들은 결국 트랑고에 600미터 정도의 고정로프를 설치했다. 보이테크는 훗날 그 이유를 조심스럽게 설명했다. "카라코람에서 좋은 날씨가 길게 이어지길 바라는 건 현명치 못합니다." 그들은 계획대로 캡슐 스타일을 좇아 벽에 있는 두 곳의 비박지로 하강했고, 피할 수 없는 폭풍 속에서는 베이스캠프까지 후퇴하기도 했다.

몇 년이 지난 후 보이테크는 미국산악회의 연례회의에 참석차 조지아주의 애틀랜타를 방문했다. 그때 미국의 암벽 등반가 토드 스키너Todd Skinner가 기조연설에 나섰다. 일러스트레이션을 곁들인 그의 이야기는 요세미티의 엘 캐피탄에 있는 살라테 윌의 자유등반에 대한 것이었다. 보이테크는 그 젊은 클라이머의 빅월 자유등반에 대한 집념과 실행에 흥미를 느꼈다. 그날 밤 군중들을 헤치고 그에게 다가갔다. "이봐, 토드. 네게 보여줄 게 있어." 토드는 보이테크를 무한히 존경했는데, 그를 히말라야의 등반가로만 알고 있었다. 눈과 얼음 사진을 보여줄 것이라 생각하니 호기심도 별로 없었지만 토드는 보이테크가 자신에게 꼭 보여주고 싶어 한 몇 장의 사진을 거절하지 못했다.

"보이테크 쿠르티카와의 그 우연한 만남에서 가장 기억나는 건 그의 야성적인 눈동자였습니다." 토드가 말했다. "그에게서 동지의식을 느꼈습니다."[85] 보이테크는 트랑고 동벽의 사진 몇 장을 꺼내 테이블 위에 펼쳤다. 토드는 놀랐다. "햇빛을 받아 아름답게 빛나는 화강암, 레이저로 자른 듯한 크랙들 그리고 아찔한 고도감." 그는 열광했다.

사진을 본 토드의 얼굴이 밝게 빛나자 보이테크는 평소처럼 이런 말을 던졌다. "가서 자유등반 한번 해봐." 히말라야 경험이 없었지만 토드는 그것이야말로 미래의 프로젝트라는 사실을 깨달았다. 다만 그가 미처 알아차리지 못한 것은 한 번 꽂히면 그 이미지를 쉽게 떨쳐버릴 수 없다는 사실이었다. 그것은 그의 미래를 위한 프로젝트였다.

그들이 우연히 만나고 7년이 지난 후인 1995년, 토드와 그의 팀은 트랑고에서 60일을 보내며 그 타워를 자유등반으로 초등했다. 그들은 남남동벽에 있는 '슬로베니아 루트Slovenian Route'에서 등반을 시작한 다음, 숄더 위에서부터는 보이테크-에라르 루트를 따라갔다. 그들은 등반의 난이도를 Ⅶ급, 5.13a로 매기고, '카우보이 다이렉트Cowboy Direct'라는 이름을 붙였다.

보이테크는 자신의 트랑고 타워 모험에 큰 의미를 부여했다. 훗날 그는 그 등반을 8천 미터급 고봉에 대한 자신의 2인조 등정과 비교하면서, 스포츠적인 관점에서는, 등반의 질이 최소한 어느 정도는 더 높은 것으로 평가했다. 트랑고 타워의 등반이 육체적이고 기술적인 면에서 더 도전적이었다는 것이다. 그런 경험을 즐긴 에라르는 그 등반을 감사하게 생각했다. 그리고 자신의 등반을 되돌아보며 난이도를 낮추기로 유명한 그의 자세는 이런 말에서 더욱 도드라졌다. "8천 미터급 고봉이 주는 스트레스가 없어서 나는 트랑고 타워 동벽 초등을 좋아했다. 물론 기술적인 어려움은 나의 히말라야 정상들보다도 훨씬 더 컸지만, 이번의 고도는 호의적이었고 자비로웠다. 그 등반은 벌을 받지 않고는 모험을 벌일 수 없는 죽음의 지대와는 달랐다. 그것은 아주 편안하고 느긋한 원정이었다. (등반용) 슬리퍼를 거의 벗지 않고 즐긴 휴가라고나 할까."[86] 자서전에서 그는 건방지게도 트랑고 챕터에 대한 소제목을 이렇게 붙였다. "트랑고 타워에서 슬리퍼를 신고 보낸 휴가"

암벽등반 전문가이면서 빙벽등반에서도 완벽하게 자유롭고, 고소에 대한 경험도 많고, 도전을 즐기는 보이테크와 에라르 같은 알피니스트에게 트랑고에서보다 더 훌륭한 등반을 상상하기는 어렵다. 훗날 보이테크는 그와 같은 등반을 이렇게 묘사했다. "빛과 공간의 마술 속에서 이루어진 아름다운 예술. 거대한 벽이나 능선에서 클라이머가 새기는 등반선으로 이보다 더 인상적인 것이 있을까?" 그들의 루트가 나타난 사진은 꼭 그렇지만도 않다는 것을 보여준다. 그러나 미학을 좋아하는 보이테크는 트랑고에서 벗어날 수 없었다. 그것은 그냥 너무나 아름다웠다.

13

한밤중에 벌거벗기

네가 내 친구가 되면 내가 널 책임질게.

앙투안 드 생텍쥐페리Antoine de Saint-Exupéry, 『어린 왕자The Little Prince』

—

책장을 넘기던 보이테크의 시선을 한 장의 사진이 사로잡았다. 초오유의 신비스러운 남서벽. 그는 바위 버트레스의 미로와 숨겨진 얼음 쿨르와르에서 눈을 떼지 못했다. 『초오유 ― 신들의 은총을 받다Cho Oyu: By Favour of the Gods』는 오스트리아 산악인 헤르베르트 티히Herbert Tichy가 쓴 책으로, 남서벽이 아니라 해발 8,188미터인 그 산의 정상을 오른 1954년의 초등 이야기였다. 그는 오스트리아 산악계가 아니라 함께 여행하던 셰르파 파상 다와 라마Pasang Dawa Lama로부터 그곳을 오르고 싶다는 동기를 부여받았다. 그들은 그 전해에 네팔을 탐험 여행하던 중 모닥불 곁에 앉아 이야기를 나누다 그 아이디어를 생각해냈다. 파상이 초오유 등반을 제안하자, 술과 담배를 몹시 즐기면서도 사회적으로 대단한 성공을 거둔 알피니스트 티히는 즉석에서 수락하고 팀 구성을 대부분 파상에게 맡겼다.

보이테크는 티히의 말에 빠져 들어가면서, 안경을 쓴 그 사람이 정상에 대한 자신의 열망보다도 동료에 대한 사랑을 더 소중하게 생각했다는 사실을 알게 되었다. 오랫동안 다양한 사람들과 등반해온 보이테크 역시 위대한 파트너의 가치를 이해하고 있었다. 파트너는 동료이자 동시에 친구였다. 책을 읽을수록 그는 티히를 더욱 존경하게 되었다. 그는 그 산의 초등이 무산소 알파인 스타일로 이루어졌다는 사실을 알고 놀라움을 금치 못했다. 1954년이란 그 옛날에! 그런데 그들의 등반에 눈에 띄는 것이 하나 더 있었다. 그것은 불법적인 등반이었다. 그들은 네팔에서 티베트로 가는 낭파 라Nangpa La를 몰래 넘어 서벽으로 접근했다. 서벽은 그들이 선택한 루트였다. 멋진 우정과 알파인 스타일과 불법. 너무 존경스럽지 않은가?

"티히가 내 흥미를 불러일으켰습니다. 그는 자신과 파트너에게만 의지한 채 완전한 모험을 추구한 최초의 인물이었습니다." 보이테크가 말했다. 정통을 벗어난 등반과 낭파 라, 그리고 눈길을 끄는 남서벽 사진이 보이테크의 뇌리에 각인됐다. 그는 그 사진에 자꾸 끌렸다. "그 사진을 보는 건 신비스러운 세계를 들여다보는 것과 마찬가지였습니다. 아직 탐험이 되지 않은 그곳은 너무나 아름답고 인상적이어서 내 마음과 가슴에 영원히 남았습니다. 등반 경력 전체를 통틀어 봐도 그랬습니다. 그건 신비하고 비밀스럽고 아름다웠습니다. 때때로 꿈을 실현하지 못하면 사람은 그 미완의 꿈을 가슴에 품고 죽습니다. 그렇게 되면 그 꿈은 그의 즐거운 일부분이 될 뿐입니다. 때때로 꿈에 다가가면 사람은 어떤 일이 일어나는지 압니다. 실망하거나, 아니면 인연을 맺거나 둘 중 하나죠."

결국 그 산에 대해 더 이상 저항할 수 없게 된 보이테크는 트랑고 파트너였던 에라르에게 접근했다. "에라르, 이 사진 좀 봐. 아름답지 않아? 대단히 야성적인 미지의 세계. 이 벽을 함께 등반하면 어떨까?"

"아, 좋지요. 그곳은 내가 좀 알거든요." 에라르가 무덤덤하게 대답했다.

"그곳에 갔었고, 낭파 라도 몰래 넘었었거든요."

보이테크는 놀랐다. 가슴에 품고 꿈을 꿔온 그 벽을 에라르가 이미 갔었다니! 에라르는 또 다른 스위스 알피니스트 피에르-알랭 스타이너와 함께 그 벽의 왼쪽에서 등반을 시도했었는데, 피에르-알랭이 그 산에서 죽고 말았다. 보이테크는 그 벽과 글로 관계를 맺었고, 에라르는 육체적으로 이미 그 산과 인연이 있었다. 이제 그 둘이 함께 등반하는 것은 피할 수 없는 운명이 되었다. 그리하여, 그 벽을 함께 등반하던 동료의 비극에 여전히 상심하고 있었지만, 그와 보이테크는 1990년 여름을 목표로 등반 계획을 세웠다.

계획이 구체적으로 진행되자, 보이테크는 자신들이 왜 초오유 남서벽으로 도전을 제한하는지 의구심을 품게 되었다. 8천 미터급 고봉 2개를 연달아 등반하면 안 될까? 보이테크와 에라르는 그것이 가능하다고 보았다. 한곳에서 고소적응이 완전하게 될 것이기 때문에 다른 곳은 쉽게 등반할 수 있을 터였다. 돈이 많아 헬리콥터로 접근을 하고 약간의 운만 따른다면 한 시즌에 14개를 완등하는 것도 가능할 것이라고 보이테크는 농담처럼 말한 적도 있었다. 그러나 1990년에는 2개로도 충분할 터였다. 보이테크는 두 번째 대상지로 시샤팡마 남서벽 왼쪽에 있는 쿨르와르를 제안했다. 두 곳 모두 벽 밑에서부터는 2,000미터, 베이스캠프에서부터는 2,500미터의 높이였다.

보이테크와 에라르는 등반 스타일뿐만 아니라 역설적인 유머감각과 함께 종종 자기 주도적인 면에서도 궁합이 잘 맞았다. 『마운틴』 잡지에 게재된 두 사람의 반농담조 인터뷰가 그런 일면을 잘 보여준다.

보이테크: 등반을 위해 훈련해?

에라르: (이마를 톡톡 치며) 아뇨, 최상의 훈련은 여기에 있어요.

보이테크: 담배를 피우거나 술을 마셔?

에라르: 꼭 그런 건 아니지만, 가끔씩.

보이테크: 약을 가져가?

에라르: 순한 수면제만. 혈액순환 보조제 같은 건 절대로.

보이테크: 고소등반에서 가장 원하는 게 뭐야?

에라르: 가능하면 어렵고, 높고, 빠르게. 물론 알파인 스타일이지요.[87]

에라르가 가장 좋아하는 파트너는 스위스의 동료 알피니스트 장 트로이에였다. 그 둘은 이미 다울라기리, 에베레스트 북벽, K2를 함께 등반했다. 보이테크와 장은 K2를 두 번 시도했다.(한 번은 에라르도 함께) 그들 역시 좋은 친구였다. 그들 셋이라면 초오유와 시샤팡마에서 드림팀을 구성할 수 있을 터였다. 1986년 보이테크가 카트만두의 한 카페에서 그들을 처음 만났을 때 등반에 대한 그들의 동기가 스포츠적인 요소를 훨씬 뛰어넘는다는 사실을 알았다. "허공과 어둠이라는 위험한 공유 공간을 여행하는 두 영혼을 내 상상 속에서 보았다." 훗날 보이테크는 장의 자서전 서문에 이렇게 썼다. 그는 그들의 표정과 이야기에서 그들이 산에서 선택한 위험한 여행이 그들의 인생을 예술작품으로 만들었다는 사실을 알 수 있었다. 그들은 그와 닮은꼴이었다. 그런 공통의 영역을 발견하기는 쉽지 않은 일이었다.

시작부터 그들은 빠른 속도로 대부분의 구간을 각자 오르기로 했다. 일단 고소적응이 되면 그들은 번개처럼 한 번에 치고 올라갈 생각이었다. 텐트도 침낭도 없이 식량은 아주 조금만 가지고, 그들은 각자의 옷과 제한된 장비만 챙기기로 했다. 그리고 대부분을 밤에 오르기로 했다. 밤에 오르면, 움직여야 하므로 침낭이나 여분의 방한복들이 필요 없을 터였다. 보이테크는 그 개념이 기존의 등반 행위와 정신을 완전히 파괴하는 것이라고 말했다. 사실 그 개념은 말도 안 되는 것이었다. 그러나 그는 어떤 예술이 새로운 형식에 도달하려면 불합리를 껴안아야 한다고 확신했다. 그래야만 등반이 기존의 질서에서 탈피해 또 다른 창조의 수준에 도달한다는 것이었다. 보이테크는 등반의 이 새

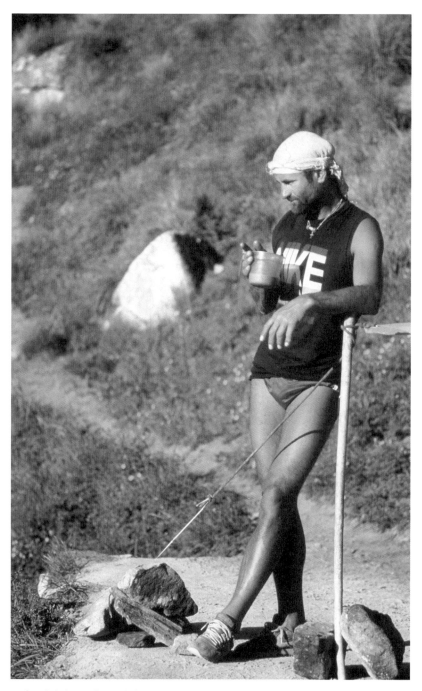

스위스 알피니스트 장 트로이에 (보이테크 쿠르티카 컬렉션)

좌: 소위 '한밤중에 벌거벗기'
팀. 스위스 알피니스트 장 트로
이에와 에라르 로레탕과 보이
테크 쿠르티카
(보이테크 쿠르티카 컬렉션)

아래: 1990년 초오유 베이스캠
프의 보이테크 쿠르티카
(보이테크 쿠르티카 컬렉션)

로운 예술적 경지를 "가벼움, 무방비 그리고 확신 … 보통은 의구심과 공포의 고통보다 앞서는 어떤 것"[88]이라고 표현했다. 그는 자신들의 전략을 '한밤중에 벌거벗기'라고 명명했다. 그는 그 거대한 벽들을 한밤중에 벌거벗고 등반해야만 커다란 장애물들이 자신들의 속도를 늦추는 일이 없을 것이라고 믿었다. 미등의 히말라야에서 그런 등반선을 찾는 것은 거의 불가능했다.

8월 28일 그들 셋은 5,700미터의 초오유 베이스캠프에 도착했다. 그들은 의기양양했다. 하지만 이상하게도 장의 몸이 좋지 않자 분위기가 바뀌었다. "화요일인 8월 30일, 그는 지구에 존재하는 종족으로서는 더 이상 알아볼 수 없는 상태에 빠졌습니다." 에라르는 회상했다. "그의 피부는 흰색도 아니고, 핑크색, 검은색, 노란색 그렇다고 빨간색도 아니었습니다. 그는 공상 과학 소설 『마션The Martian』의 주인공처럼 녹색이었습니다. 의심할 여지없이 고산병이었습니다." 그들 셋은 1,000미터 밑에 있는 중국 팀의 베이스캠프로 내려갔다. 그리고 장은 완벽하게 회복하기 위해 지프를 불러 더 아래로 내려갔고, 보이테크와 에라르는 자신들의 베이스캠프로 다시 올라갔다.

보이테크에게는 아들 알렉산더Aleksander(알렉스Alex)가 태어나고 나서 떠나온 첫 원정이었다. 자신의 미래에 대한 고민에 빠진 그는 새롭고 불안한 느낌을 받았다. 작은 일에도 감정이 예민해져서 수통에서 물 마실 때 나는 꼬르륵거리는 소리가 마치 어린 아들이 젖병을 빠는 소리처럼 들렸다. 마음은 온통 어린 아들 알렉스 생각뿐이었다. 알렉스를 '포동이'라고 부르기를 좋아했던 그는 집 생각에 마음이 편치 않았다. 가정과 책임감. 보이테크는 이전의 정체성이었던 '바위의 동물'로 돌아가려 애썼다.

완전히 회복한 장이 베이스캠프로 돌아오자 그들은 계획을 가동했다. 노멀 루트에서 고소적응을 끝낸 후 남서벽을 향해 짐을 꾸리기 시작했다. 에라르는 초경량 전략으로 유명했지만, 보이테크는 그가 가끔 지나치게 앞서간다고 느꼈다. 실제로 보이테크는 에라르와 피에르가 이전에 초오유에서 후퇴할 수밖에 없었던 불운은 그들이 피톤을 달랑 하나만 가지고 갔기 때문이라고 확신했다. 그리고 이제 장비 문제가 다시 불거졌다. 보이테크는 피톤을 넉넉하게 갖고 가고 싶어 했다. 에라르는 하나나 두 개만 원했다. 보이테크는 그 아이디어를 비웃었다.

"에라르, 피톤 하나를 어디에 써? 제발 이성적으로 생각해."

"보이테크, 이건 경량 등반입니다. 현대적인 등반이고요. 지난번에도 한 개만 갖고 갔어요."

"맞아, 그랬지. 하지만 피에르가 어떻게 됐는지 생각해봐." 보이테크가 되받았다. "피톤이 하나여서 바위지대를 오르지 못했잖아. 넌 결국 후퇴했고, 피에르는 죽었어."

그의 말은 아픈 곳을 찔렀다. 그러자 에라르는 몹시 화를 내며 말했다. "하고 싶은 대로 하세요. 결국 그렇게 할 거잖아요. 말도 안 듣고."

비록 그 문제는 피톤에 대한 것이었지만, 상황은 그것보다 훨씬 더 심각해서, 두 스타 클라이머 사이에 긴장감이 높아졌다. 보이테크와 에라르는 둘 다 등반의 선구자들이었다. 그들은 알피니즘에 접근하는 자세가 비슷했다. 그러나 이 상황은 입장이 서로 달랐다. 에라르는 보이테크보다 열두 살 아래였지만 경력은 차원이 달랐다. 그는 높고 빠르게 등반하는 것으로 히말라야에서 상상을 초월하는 기록을 세움으로써 이름을 날리고 있었다. 그는 산에서 따라갈 사람이 없을 정도로 몸이 좋았다. 보이테크 역시 믿을 수 없는 기록을 세웠지만, 최근의 기록이 아니었다. 몸도 말할 수 없이 좋았지만, 에라르만큼 그렇게 빠르지 않다는 것을 보이테크는 기꺼이 인정했다. 에라르는 산에서 살다시피 하는 프로 클라이머였다. 보이테크는 더 이상 전업 알피니스트가 아니었다. 그는 할리나와 어린 아들은 물론이고 수입 사업으로 폴란드에서 바쁘게 지내고 있었다.

또 다른 문제는 의사소통이었다. 장의 모국어는 에라르와 마찬가지로 프랑스어였다. 몇 개의 언어를 구사하는 보이테크는 '외교 언어'라고 불리는 프랑스어를 잘하지 못했다. 그 둘이 스위스 억양이 들어간 프랑스어로 수다를 떠는 동안 보이테크는 외톨이가 된 느낌이 들었다. 장은 즉석에서 통역을 하며 보이테크를 대화로 끌어들이려고 노력했지만, 에라르는 이상하게도 거리를 두는 것 같았다. 보이테크가 무언가 자신의 의견을 피력하면 에라르는 듣기만 할 뿐 별다른 반응을 보이지 않았다. 그는 장의 말에 대해서만 반응하며 프랑스어로 이야기를 이어갔다. '내 제안을 문제 삼는 걸까?' 보이테크는 그의 속내를 알 수 없었다.

"트랑고에서와는 전혀 달랐습니다." 보이테크가 슬픈 어조로 말했다. "그의 사생활에 무슨 문제가 있었을지 모른다는 생각이 들었지만, 그런 건 문제가 되지 않았습니다. 난 그를 좋아했습니다. 그리고 그건 상호적인 것이었습니다. 산에서 우린 좋은 경험을 공유했습니다. 그러나 그땐 서먹서먹했습니다."

그런 긴장 속에서 그들은 짐을 꾸렸다. 자신들의 페이스와 리듬에 맞춰 대부분 각자 움직이기로 했지만, 상단부의 바위지대에서 혹시 써야 할지 몰라 7밀리미터 더블 로프를 30미터 챙겼다. 너트도 3개 추가했는데, 하강용으로 피톤 몇 개를 배낭 속에 집어넣었다. 그리고 피켈 2자루와 스키폴 하나, 먹을 것을 조금 준비했다. 에라르는 자신들의 식량을 이렇게 묘사했다. "우리 식량은 안경집에 넣어도 될 정도였다. 오보 스포츠Ovo Sport 바 4개와 마스Mars 바 2개."[90]

짜증이 나는 날씨 패턴이 그들의 스트레스를 가중시켰다. 아침에 몇 시간 동안 맑았다가 정오경 눈이 내리기 시작해 저녁때까지 계속되고, 늦은 밤에 별이 나타나 밤새 하늘이 깨끗해지는 패턴이 반복됐다. 낮에 내린 눈이 꾸준히 쌓이는 것이 큰 문제였다. 벽이 거대해서 곳곳이 오목했는데, 눈이 위험스러운 사면에 쌓여감에 따라 언제 눈사태가 일어날지 모르는 상황이 되었다.

그들은 기다렸다. 1주일, 2주일, 3주일. 원정등반에서 그 정도는 보통이지만 그러면 인내심이 점점 더 바닥난다는 것이 문제였다. 결국 기다리다 지친 그들은 짜증 나는 날씨 패턴에 굴하지 않고 하늘이 깨끗해지기 시작하는 저녁에 출발하기로 했다. 그들은 베이스캠프에서 보아둔 지형을 밤새 등반할 작정이었다. 그러면 새벽쯤 벽의 높은 곳에 위치할 수 있어, 그곳에서부터는 미지의 지형을 헤쳐 나아갈 수 있을 터였다. 그리고 정오가 되면 정상에 올라선 다음 훨씬 더 쉬운 곳인 오리지널 루트를 통해 산의 반대편으로 내려가면 되는데, 그곳은 한낮의 폭풍이 그렇게 심하지 않은 곳이다. 멋진 계획이기는 했지만 그것은 초오유를 24시간 만에 오르내려야 한다는 의미였다.

9월 14일 오후 늦게 그들은 캠프를 떠나 벽 밑으로 다가갔다. 거기서 안락한 장소를 발견하고 둥지를 틀고 앉아 눈보라가 물러가는 저녁까지 기다렸다. 그리고 치즈 퐁듀를 만들어 뜨겁고 끈적끈적한 퐁듀를 입안에 넣을 때마다 날씨를 관찰했다. 날씨는 위험스러울 정도로 따뜻해 눈사태의 가능성이 높아 보였다. "퐁듀를 먹을 때마다 눈송이가 입안으로 들어왔습니다. 하지만 더욱 비참한 것은 그럴 때마다 눈사태 소리가 들렸다는 겁니다." 보이테크가 그때를 회상하며 말했다. 에라르와 장은 조용히 프랑스어로 대화를 나누었다. 눈사태가 떨어지는 소리가 계속 들려왔다. 보이테크는 입을 다물고 있었지만 마음이 편치 못했다. 동료들이 프랑스어로 대화를 나누는 동안 말 못할 외로움을 느꼈다. 위험을 예측하고, 그들의 끊임없는 잡담에 신경을 쓰면서, 벽 밑에 앉아 눈사태의 공포에 떨어야 했다. 마침내 아무런 도움이 안 된다는 감정이 엉뚱하게 폭발했다. 이제 화가 머리끝까지 난 그가 소리쳤다. "야, 이 자식들아. 할 말이 있는데, 난 안 갈 거야!"

에라르는 그 퉁명스러운 말을 못 들은 척했지만, 장은 놀란 것 같았다. 그들은 퐁듀를 계속 먹으면서 대화를 이어나갔다. 보이테크가 내려갈 짐을 거의 다 싸자 장이 말렸다. "예감이 안 좋아?"

"예감이 아니라 위험해서 그래. 정말 위험해. 눈사태 소리가 계속 나는 거 안 들려?" 그 두 스위스인들은 이야기를 계속 이어갔다. 무슨 이야기지? 하지만 보이테크는 알 수 없었다. 마침내 그가 물었다. "올라갈 거야?"

"그래!" 장이 대답했다.

보이테크는 돌아서서 베이스캠프까지 먼 길을 걷기 시작했다. 훗날 그는 그때의 감정을 이렇게 털어놓았다. "기분이 좋지 않았습니다. 이 등반은 내 아이디어였고 내가 가자고 한 것이었는데, 난 지금 여기서 내려가고 총명하고 용기 있는 그 둘은 올라가려 하고 있었습니다. 내 멋진 친구들이 말입니다. 내 기분이 어땠는지 아십니까? 엉망진창이었습니다." 그가 스크리 지대를 터덜터덜 걸어 내려갈 때 헤드램프 불빛이 어둠을 가르자 눈송이들이 환상적인 패턴을 그리며 얼굴 앞에서 떠다녔다. 눈송이들로 정신이 아찔해진 그는 비틀거렸다. 1시간이 지나고, 2시간이 지났다. 그는 자신의 감정을 다스리면서 패배를 받아들이려고 노력했다. 그는 그래야만 한다는 것을 알고 있었다. 에라르와 장이 올라가든 말든, 그는 자존심과 마음의 평안을 위해 스스로 내린 결정을 받아들여야만 했다. 하산하는 데 2시간이 넘게 걸리자 점차 지루해지기 시작했다. 그는 몹시 지친 자신의 상태를 믿을 수 없었다. 마치 정상에서 하산하는 것 같았다. 이런 상태에서 어떻게 저 벽을 등반한다는 말인가? 이제 그는 지쳤을 뿐만 아니라 망가져 있었다. 몸과 마음 둘 다.

그가 헤드램프를 끄자 멀리서 불빛 두 개가 보였다. 그곳은 아마도 몇백 미터 정도 떨어진 베이스캠프인 것 같았다. 잠시 후 그의 바로 앞쪽에서 무섭게 으르렁거리는 소리가 들렸다. 그는 뒤로 물러서서 바닥에 엎드렸다. 도대체 뭐지? 그는 바윗덩어리에 기어올라 헤드램프를 켰다. 그러자 얼굴에 털이 덥수룩한 커다란 물체가 길목에 서 있었다. 야크 한 마리가 그를 노려보고 있었던 것이다. 그놈의 반짝이는 눈을 보자 불빛 두 개에 대한 의문이 풀렸다. 주위를 둘러본 보이테크는 자신이 베이스캠프에서 몇백 미터나 떨어져 있는 것이 아니라, 바로 그곳에 있다는 사실을 깨달았다. 그는 이제 두려움에 떨 필요가 없었다.

그는 웃음을 터뜨렸다. 그러자 해방감이 들면서 마음이 놓였다. 마치 충격요법이라도 받은 듯, 그는 공포로부터 오는 긴장에서 벗어났다는 커다란 안도감을 느꼈다. "모든 게 환상처럼 느껴졌습니다. 방금 전까지만 해도 난 집에서 멀리 떨어진 이 낯선 곳에서 괴물에 의해 죽을지도 모른다는 두려움에 떨고 있었습니다. 그런데 그게 친근감이 느껴지는 야크라니…. 그리고 난 이제 안방에 있는 것이나 다름없었습니다." 그는 바위에 엎드린 채 완전히 새로워진 마음으로 초오유를 돌아다보았다. "도로 내려왔다는 게 더 이상 꺼림칙하지 않았습니다. 고통스럽고 마음이 찢기고 겁쟁이란 생각이 들었었는데 말이죠. 그 순간 모든 게 변했습니다."

보이테크는 일어나 몸을 털고 주방텐트 쪽으로 몇 걸음을 걸어갔다. 배낭을 벗고 스토브에 불을 붙였다. 그리고 평온한 마음으로 차를 한 잔 마셨다. '좋아, 난 졌어. 그게 더 좋지 않아? 야망으로부터 자유로워졌으니까. 그리고 모든 집착으로부터도. 이게 더 좋을지 몰라.'

그가 차를 한 잔 더 마시려고 할 때 텐트 밖에서 시끄러운 소리가 들렸다. 이미 자정도 훨씬 지난 터라 그는 누가 이렇게 늦은 시간에 텐트로 다가오는지 궁금해하지 않을 수 없었다. 그때 텐트 문이 열리면서 장과 에라르가 나타났다. 놀란 보이테크가 물었다. "야, 어떻게 된 거야?" 그들은 배낭을 벗어 텐트에 기대어 세워놓으면서도 말이 없었다. 그는 다시 캐물었다. "무슨 일이야?" 그래도 대답이 없었다. 단 한마디도.

그들의 침묵에 좌절하고 진저리가 난 보이테크는 몸을 돌려 차를 계속 마셨다. 그는 평화롭고 만족스러운 자신의 감정이 방해받는 것을 원하지 않았다. 에라르는 텐트를 나갔고, 장은 겉옷을 벗으며 텐트 안에 머물렀다. 보이테크가 다시 물었다. "장, 말해봐. 왜 내려왔어?"

"사실은 말이야, 눈사태가 나서 피켈 두 자루만 들고 간신히 탈출했어."

보이테크는 더 자세히 물었다. "어디서 일어났지?"

"베르크슈른트를 건너 100미터쯤 올라갔을 때."

다음 날 아침, 그들은 산이 좀 더 안정되면 다시 시도하기로 했다. 그로부터 5일 후인 9월 19일, 그들은 벽 밑의 같은 곳으로 다시 올라갔다. 훗날 에라르는 보이테크가 기분이 훨씬 좋아졌다며 이렇게 썼다. "보이테크는 우울한 기분을 떨쳐버린 것 같았다. 본래의 컨디션을 되찾은 그는 마치 「파리의 아메리칸An American in Paris」에 나오는 진 켈리Gene Kelly처럼 보였다."[91] 그들은 맛있는 스위스 퐁듀를 나눠먹은 다음, 작은 배낭을 메고 등반을 시작했다.

분설 눈사태가 벽에서 쓸어버릴 듯 위협적으로 쏟아져 내리면 그들은 각자의 피켈에 매달려 버티면서, 그 벽을 밤새 빠르게 올라갔다. 자정쯤 눈이 멈추더니 밤하늘에 별이 총총하게 나타났다. 기온이 뚝 떨어졌지만, 창백한 별빛을 받으며 계속 올라갔다. 여명이 밝아오기 직전 첫 번째 장애물과 맞닥뜨렸는데, 그곳은 60도 경사인 눈의 걸리가 고랑을 이룬 가파른 바위지대였다. 이른 아침 아찔하고 날카로운 바위 턱을 횡단한 후 또 다른 바위지대에 도달했다. 보이테크는 장에게 확보를 위해 로프를 던져달라고 요구했다. 그렇게 하면 속도가 느려진다고 우려했는지 장은 약간 짜증을 내는 것 같았다. 하지만 보이테크는 크게 신경 쓰지 않았다. 어쨌든 그들은 파트너였고, 그는 과거에도 자신의 파트너에게 그런 요구를 많이 했었기 때문이다. 위험스러운 구간을 벗어나자마자 그들은 로프를 사렸다.

그들은 바위로 둘러싸인 설원지대가 연속적으로 이어진 곳을 헤쳐 올라갔다. 그리고 이제 또 다른 바위지대로 접근해가려면 설원을 건너야만 했다. 사면이 오목한 지형이라 눈사태 위험이 크다며 보이테크는 로프를 쓰자고 주장했다. 그는 파트너들의 얼굴 표정을 보고 그럴 마음이 없다는 것을 알아차렸지만, 잠깐 동안만 단독등반을 참으면 위험으로부터 벗어날 수 있다고 주장

1990년 초오유 남서벽을 각자 오르는 장 트로이에와 에라르 로레탕 (보이테크 쿠르티카 컬렉션)

했다. 그리하여 그는 로프를 꺼내 짧은 구간을 앞장서 갔고 장과 에라르가 뒤를 따랐다.

정오경 IV급의 마지막 바위지대에 도착했다. 보이테크가 앞장서고 다른 사람들이 뒤따르고 있을 때 장이 자신의 앞선 조바심을 미안하게 생각한 듯 보이테크의 노력을 칭찬했다. 하지만 그들은 자신의 페이스에 따라 각자 움직이고 있어서 대화를 거의 나누지 않았다. "거대한 벽에서는 그냥 오르기만 하면 될 뿐 말이 필요 없습니다." 보이테크가 설명했다.

마침내 그들은 정상 능선과 이어진 설원으로 나왔다. 빠른 속도로 등반한다는 계획에도 불구하고, 초오유를 쿰부 쪽과 티베트 쪽으로 가르는 이 능선에 도착한 것은 저녁이 다되었을 때였다. 축축한 안개가 시야를 가리는 무형의 창백한 물질을 만들면서 몰려왔다. 이제 정상과 그들 사이에는 눈 덮인 플라토만이 완만하게 놓여 있었다. 하지만 탁 트인 그곳이 바람에 노출될 것이 뻔했기 때문에 그들은 계속 갈지를 놓고 망설였다. 현재의 화이트아웃 상태라면 높은 곳을 찾는 데만도 몇 시간씩 헤맬 가능성이 있었다. 더구나 하산길을 찾는 것은 더 치명적이 될지도 모르는 일이었다. 이제 해결책은 단 하나. 큰 바위 밑에서 눈을 파고 들어가 배낭을 깔고 앉은 다음 종이처럼 얇은 비박색으로 몸을 보호하는 것뿐이었다. 8,130미터에서 그들은 앉은 자세로 밤새 새벽을 기다리기로 했다.

그 비좁은 곳에는 자리가 세 개 있었다. 왼쪽, 오른쪽 그리고 가운데. 악천후로부터 보호받고 양쪽에서 따뜻한 체온도 받을 수 있는 가운데가 당연히 가장 좋은 자리였다. 장과 에라르와 보이테크는 그 자리에 대해서 만큼이나 서로에 대해서도 어색했다. 아무도 기꺼이 양보하려 하지 않았다. 결국 보이테크가 가장자리 한쪽을 차지했다. 그런데 장이 그를 가운데로 밀어넣었다. 보이테크는 그럴 생각이 없었지만 몸집이 더 큰 장을 뿌리칠 수 없었다. 그리고 두 클라이머 사이에 끼어 밤을 보낸 그는 원기를 회복해 다음 날의 등반을 준비할 수 있었다. 그날 밤 가장 괴로웠던 사람은 장이었다. 그 등반이 끝날 때쯤 그의 발가락은 동상으로 검게 변해 있었다.

다음 날 아침 그들은 1시간 만에 정상에 올랐다. 그리고 노멀 루트로 하산을 시작할 때쯤 그 등반에 고무된 보이테크는 시샤팡마에 도전하고 싶다는 유혹에 빠졌다. 그들은 달리듯 산을 내려와 오후 6시 베이스캠프에 도착했다. 보이테크는 포터를 고용하고 날짜를 정하는 등 시샤팡마로 캠프를 옮기는 계획을 즉시 논의하기 시작했다. 그런데 에라르는 이상하게도 입을 꾹 다물고 있었다. 훗날 그는 자신은 그 시점에서 시샤팡마에 대해 심각한 불안을 느꼈다고 보이테크에게 털어놓았다. "가고 싶지 않았습니다." 하지만 당시에는 자신의 우려를 내색하지 않았다. 하루가 지난 후 그들은 계곡으로 내려와 지프를 타고 두 번째 산으로 향했다. 보이테크의 열정이 그 팀에 넘쳐흘렀다. 그는 에라르의 상심을 알아차리지 못한 채 원정등반의 다음 무대에 흥분했다. 장은 반대도 하지 않았지만 열정을 보이지도 않았다.

이틀 후 그들은 시샤팡마 베이스캠프에 도착했다. 보이테크는 이제 시도하려는 루트를 단독 등반하려고 1987년 10월 할리나와 함께 그곳에 왔었기 때문에 그 지역을 잘 알고 있었다. 그때는 폭설이 캠프를 파묻다시피 하는 바람에 탈출했었다. 그러나 지금은 달랐다. 보이테크는 그 장면을 이렇게 묘사했다. "9월 29일 아침 우리는 5,400미터 고도에 있는 잔잔한 호숫가에 베이스캠프를 설치했다. 날씨는 완벽했고 달이 환하게 떠올랐다. 이끼가 낀 마른 풀들 덕분에 안락했고, 커다란 바위들은 바람의 방패막이 노릇을 했다. 벽은 상태가 아주 양호한 것처럼 보였다."[92]

불행하게도 보이테크와 에라르의 관계는 여전히 좋지 않았다. 에라르는 — 훗날 그가 그 원정등반에 대해 쓴 바와 같이 — 시샤팡마에서조차 보이테크를 배제하려는 듯한 태도를 보였다. "장과 나는 놀랄 만큼 단순한 선, 즉 지금까지 8,000미터에서 이루어진 가장 짧은 등반선을 따라 오른다는 계획을 세우고 있었다. 이틀만 날씨가 좋으면 우리는 그 초등을 해낼 수 있다고 생각했다."[93] 그러나 그곳에 보이테크에 대한 언급은 없었다.

1987년 아내 할리나와 함께 시샤팡마 남벽으로 들어가던 중 보이테크 쿠르티카 (보이테크쿠르티카 컬렉션)

네팔과 티베트 국경 사이의 히말라야에 있는 8,188미터의 초오유. 1990년 보이테크 쿠르티카, 장 트로이에, 에라르 로레탕은 이곳 남서벽에 소위 '한밤중에 벌거벗기'라는 알파인 스타일로 신루트를 개척했다. (보이테크 쿠르티카 컬렉션. 루트 개념도: 표트르 드로지치)

8천 미터급 고봉에 대한 이 두 번째 등반에서 그들은 다시 한번 '한밤중에 벌거벗기'를 할 작정이었다. 그래서 짐도 초콜릿 바 4개, 음료수 통 3개, 7밀리미터 로프 30미터 그리고 피톤 4개만을 챙겼다. 심지어 하네스조차 베이스캠프에 남겨두었다. 10월 2일 오전 9시 그들은 베이스캠프를 출발해 벽 밑으로 다가간 다음, 등반 전의 의식인 양 퐁듀를 먹었다. 에라르는 그 의식에 대해 이렇게 설명했다. "우리가 힘을 낸 것은 모두 퐁듀 덕분이었다. 그것만 먹으면 힘이 나고 활력이 솟았는데, 소화도 잘됐다. 그것이 우리의 정신과 실행에 플라세보 효과까지 일으켰던 것 같다."[94] 마지막 저녁햇살이 벽의 상단부를 붉게 물들이던 저녁 6시 등반을 재개했다. 밤새 벽을 오른 그들은 정상 근처에서 좁고 가파른 쿨르와르 구간과 마주쳤다. 그때 앞서 올라간 장과 에라르가 등반이 가능한 곳을 점찍어놓았다. 하지만 보이테크는 중앙봉과 서봉 사이의 콜로 곧장 이어진다고 생각한 더 가파른 등반선을 찾아냈다. 강인하고 자신감에 찬 그는 그 지름길로 올라가면 스위스 친구들을 따라잡을 수 있다고 생각했다. 게다가 그 등반선은 '흥미롭기'까지 했다.

하지만 그 등반선은 흥미 그 이상이었다. 얼마 후 보이테크는 그곳에 갇혔다. 그는 곧장 올라붙어 왼쪽으로 조금 이동하려고 했다. 하지만 그곳이 그곳이었다. 조금 더 올라갔지만 그곳은 막다른 골목이었다. 그는 까다로운 그곳을 다시 내려와야 했다. 내려올 때가 올라갈 때보다도 더 힘들었다. 조금은 불안감을 느끼면서 100미터를 도로 내려왔다. 잘못된 판단에 당황한 그는 장과 에라르가 이미 올라간 곳으로 넘어갔다. 그들은 그보다 이미 2시간 정도 앞서 있었다. 결국 그는 또 한 번 외톨이가 되고 말았다.

마침내 그가 동료들을 만났을 때 그들은 이미 하산하고 있었다. 그들은 16시간의 등반 끝에 오전 10시 시샤팡마 중앙봉에 올랐다. 하지만 이상하게도 그들은 서로 자세한 이야기를 나누지 않았다. 보이테크는 계속 올라갈 것이라고만 말했다. "그는, 일단 움직이기 시작하면 운동 에너지 법칙에 따라 어

티베트의 히말라야에 있는 시샤팡마 중앙봉(8,008m) 모습. 1990년 보이테크 쿠르티카, 장 트로이에, 에라르 로레탕은 소위 '한밤중에 벌거벗기'라는 알파인 스타일로 이 남서벽에 신루트를 개척했다.

느 정도는 계속 가야만 하는, 대형 트럭 같았다." 훗날 에라르는 이렇게 논평했다.[95] 그들은 그에게 행운을 빌고 계속 내려갔다.

오후 4시 중앙봉에 오르자 바람이 심하게 불어, 보이테크는 두 봉우리 사이에 있는 콜로 힘들게 걸어 내려가야 했다. 그런 다음 주봉으로 향했는데, 주봉은 중앙봉보다 19미터밖에 더 높지 않았지만 길고 기복이 심한 능선을 따라 올라가야 해서 훨씬 더 멀게 느껴졌다. 능선을 따라 매서운 바람이 몰아쳐 의기소침해졌다. 생각을 바꾸어 티베트 쪽을 따라가려 했으나, 단단한 눈의 표면이 무릎 깊이만큼 꺼져 들어갔다. 밤을 꼬박 새우고 하루 종일 등반한 후에 혼자서 길을 뚫고 나가려는 그에게는 희망이 없어 보였다. 그래서 그는 — 에라르와 장처럼 — 중앙봉 등정으로 만족하고 내려가기 시작했다.

베이스캠프까지는 아직 먼 길이 남아 있었는데 어둠이 내려앉기 시작했다. 이제 지친 그는 7,800미터쯤에서 눈이 의자처럼 푹 꺼진 곳에 앉아 다운재킷으로 몸을 최대한 감쌌다. '몇 시간이면 돼.'라고 생각했지만 그 시간은 밤새 이어졌다. 다행히 날씨가 따뜻해 고통을 받기보다는 오히려 안락한 휴식을 취할 수 있었다. 정말 멋진 곳이네. 비길 데 없는 고독까지! 이 벽과 이토록 아름다운 직선의 등반선에 대해 오랫동안 꿈을 꿔왔는데, 이제 그곳이 거의 끝나가고 있었다. 훗날 보이테크는 말했다. "정말 생소한 비박이었습니다."

그러나 다음 날 아침 하산을 하던 보이테크는 발걸음이 점점 더 무거워지는 것을 알고 놀랐다. 몹시 지친 그는 참을 수 없을 만큼 심한 갈증에 시달렸다. 그래서 어떻게 하면 물을 좀 만들 수 있을지 궁리하기 시작했다. 눈을 녹이려고 휴지를 조금 뭉쳐 라이터로 불을 붙이려고 했지만 불이 붙지 않았다. 혹시라도 불이 붙는 촉매 역할을 하지 않을까 하고 선크림을 휴지에 문질렀다. 그러나 아무 소용이 없었다. 마침내 그는 태양열에 눈이 녹을 것으로 기대하면서 물통에 눈을 쑤셔넣고 배낭 꼭대기에 매단 다음 50도의 사면을 프런트포인팅으로 내려갔다. 천천히 그리고 조심스럽게 5,800미터까지 내려가자 그곳에 작은 물웅덩이가 있었고, 보이테크는 그 물을 정신없이 들이켰다.

베이스캠프에 내려온 에라르와 장은 마음이 불안했다. 그들은 최악의 상황을 걱정하며, 생명체의 흔적이 있는지 벽을 뚫어져라 쳐다보았다. "보이테크와 같이 역량 있는 산악인이 그 벽에서 패배했다고 믿고 싶지는 않았다." 에라르는 나중에 이렇게 썼다. "시간이 계속 흘러감에 따라 나는 점점 더 긍정적인 결과를 자신하지 못하게 됐다. 마침내 비관론이 독배처럼 스며들자 내 상상의 장면들 위로 눈물이 쏟아졌다."[96] 장은 에라르를 안심시키려 애썼지만 소용이 없었다.

베이스캠프는 여전히 2~3시간 거리였지만, 보이테크는 그 자리에서 다시 잠이 들고 말았다. 하산 중 이루어진 두 번째 비박. 보이테크가 이렇게 느려보기는 처음이었다. 다음 날 아침 그는 느린 발걸음을 힘들게 옮겨 몇 시간 후 베이스캠프에 도착했다. 그런데 그곳에는 아무도 없었다. 보이테크는 텐트로 기어들어가 깊은 잠에 빠졌다.

보이테크를 몹시 걱정한 에라르와 장은 그를 찾으러 빙하 쪽으로 다시 올라갔다. 눈이 있는 곳에 도달한 그들은 그곳에 3명의 발자국이 있다는 사실을 알고 거의 기절할 정도로 안도했다. "보이테크가 얼마 전에 지나간 발자국이 있었다. 그는 우리가 부러워한 아디다스 부츠를 신고 있었기 때문에 금방 알 수 있었다." 에라르가 설명했다.[97] 장과 에라르가 약간 다른 루트로 그곳까지 올라가서 서로 엇갈린 것이었다. 안도의 한숨을 내쉰 그들은 뛰다시피 베이스캠프로 내려왔다.

보이테크는 누군가 자신을 부르는 소리를 어렴풋이 듣고 잠에서 깨어났다. "보이테크? 괜찮아?" 그는 그렇다고 중얼거린 다음 다시 잠에 빠졌다. 그가 마침내 깨어났을 때 그들은 함께 모여 그간의 이야기를 주고받았다. 보이테크는 말도 제대로 하지 못할 정도로 체력이 바닥나 있었다. 이틀 동안 먹지도 마시지도 못한 데다 탁 트인 고소에서 이틀 밤을 비박한 대가를 치르고 있는 중이었다. "보이테크는 얼굴이 몹시 수척하고 눈이 쑥 들어가 있었다. 그의 무감각과 무기력은 그가 무덤에서 살아 돌아왔다는 사실을 적나라하게 나타내주고 있었다."[98] 전혀 기대하지 않았지만 시샤팡마에서 보이테크는 완벽한 고통의 예술을 경험했다.

장과 에라르와 보이테크는 초오유를 등정한 지 13일 만에 시샤팡마 정상에 올랐다. 물론 이 둘 다 신루트로, 그것도 '한밤중에 벌거벗기' 스타일이었다. 그리하여 이제 알피니즘의 새로운 기준이 히말라야에 세워지게 되었다. 보이테크에게 시샤팡마는 거대한 산군에서 감행한 12번째(그중 6번이 8천 미터급 고봉) 신루트 알파인 스타일 등반이었다.

카트만두로 돌아온 그들은 마지막 식사를 함께 하기 위해 모였다. 비록 논쟁을 벌이기는 했지만, 보이테크는 그 여행을 기분 좋게 끝내고 싶었다. 그래서 그 스위스인 듀오에게 솔직하게 말했다. "야, 우리 원정등반은 좋았지? 사실이 그래. 솔직히 말하면 내겐 정말 힘든 등반이었어. 너희들과 어울리는 게 힘들었거든. 그런데 말이야. 난 이 등반을 정말 즐겼어. 무엇보다도 등반이 너무 어려웠기 때문에 난 너희들이 내 파트너였다는 게 자랑스러워. 우린 역시 우리야. 살아남았으니까. 우린 돌아왔고 여전히 친구지." 그리하여 긴장이 풀리면서 위기의 순간이 지나갔다.

우정을 강조하는 보이테크의 태도는 예전에도 있었다. 유레크와 고통스럽게 갈라설 때도 그는 똑같았다. 보이테크와 유레크는 — 비록 잠시 동안이기는 했지만 — 거의 형제처럼 지냈다. 하지만 누구와 등반하든 상관하지 않고 오직 또 다른 8천 미터급 고봉에만 집착해 대규모 원정대에서 다른 원정대로 야반도주하듯 옮겨가는 유레크를 보고 보이테크는 당황했다. 보이테크는 그런 행동이 위험을 기하급수적으로 높인다고 확신했는데, 역사를 보면 그의 판단이 옳았다. 그는 작은 팀에서 파트너와 함께해야 최상의 관계를 유지할 수 있다고 주장했다. "알파인 스타일 등정을 고수하는 건 아주 깊은 윤리적 이유에서다. 나는 아주 친한 누군가와 함께 가고 싶다."[99] 그래야만 서로를 진심으로 걱정하면서 챙길 수 있다는 것이다. 그것은 보이테크가 최상의 가치로 생각하는 것이며, 초오유에서 에라르가 한 행동에 대해 상처받은 이유이기도 하다.

그는 등반에 대한 에라르의 평가에 의해서도 상처받았을지 모르는데, 그것은 겸손과 오만 사이의 지표로 해석될 수 있는 것이었다. 그 스위스인은 시샤팡마 남서벽에 대해서는 '한손에 피켈을, 다른 손에는 스키폴을 잡고 그냥 걸어가면 되는 것'으로 평가한 반면, 초오유에 대해서는 '두세 개의 바위 구간이 있기는 하지만 역시 걸어 올라가는 것'으로 약간 더 어렵다고 보았다. 그 두 등반이 히말라야 등반의 중요한 이정표였다고 한 산악서적에 묘사되자 그는 이렇게 비웃었다. "정직하게 말하면 별 볼 일 없는 등반이었다."[100] 보이테크 역시 시샤팡마 루트에 대한 에라르의 평가에 동의하기는 했지만 이렇게 덧붙였다. "맞는 말이긴 합니다. 그건 8천 미터급 봉우리에 있는 가장 빠르고 짧은 루트니까요. 그래서 몇 시간 만에 하늘로 오르고자 하는 클라이머의 꿈을 실현시켜주는 곳이기도 하지요." 하지만 그는 초오유 남서벽에 대해서는 다르게 느꼈다. "초오유 루트는 훨씬 더 어렵고 복잡합니다. 난이도를 보면 알 수 있지요. IV급 암벽등반에 60도 빙벽등반. 하지만 그 루트의 가치는 그런 숫자를 뛰어넘습니다. 그건 정말 독특한 루트입니다. 아름답고 대담하지요. 난 그 루트가 히말라야의 8천 미터급 고봉에서 알파인 스타일로 등반할 수 있는 가장 우아한 것 중 하나라고 생각합니다. 경험자는 사진만 봐도 분명하게 알 수 있습니다." 보이테크는 '이정표니 전설이니 하는 의미 없는 말로 모든 것과 모든 사람을 평가하는 미디어의 상투적인 수법'이 에라르의 경시하는 듯한 발언의 동기가 되었을 것으로 의심했는데, 그 둘은 그런 것을 결코 좋아하지 않았다.

에라르와 보이테크 사이의 틈은 그것이 처음 생겼을 때와 마찬가지로 신기할 정도로 이상하게 사라졌다. 그리고 몇 년이 지나자 그들은 다시 함께 등반하러 다녔다. 에라르는 후에 공개석상에서 이렇게 언급했다. "보이테크와 함께라면 지옥에라도 가겠습니다. 보이테크가 날 부르면 난 어디든 가겠습니다." 지금까지도 보이테크는 그 등반에서 일어난 일을 잘 이해하지 못한다. "이상하죠. 그 전에도, 그 후에도 관계가 너무 좋았는데, 그때만 그렇지 않았습니다." 그는 자신이 개인적인 의견을 지나치게 내세우면서 그 등반을 밀어붙인 것이 아닌지 걱정했다.

그럼에도 불구하고, 그들의 초오유와 시샤팡마 등정은 고산등반의 새로운 기준을 한껏 높였다. 그들은 캠프를 치지 않았으며 침낭도 가져가지 않았다. 그리고 시샤팡마에서는 하네스까지도 베이스캠프에 두고 갔다. '한밤중에 벌거벗기' 스타일은 보이테크의 알파인 스타일을 한 단계 높이는 계기가 되었다. "그런 식의 등반은 끊임없이 변화하는 상황에 맞추어 춤을 춘다는 의미입니다. 그럼 자아의 모든 요소가 그 춤에 개입하게 됩니다. 춤은 아주 창조적인 행위입니다. 이것이야말로 대단히 매력적이지요."

차세대의 대표적 알피니스트인 미국의 스티브 하우스Steve House는 그 시대의 이 등반과 다른 등반을 돌아보며 이렇게 정의했다. "역사적으로 등반을 평가하는 최고의 기준은 알피니즘이었다. 그리고 알파인 등반이 스타일에 있어서 정점을 이룬 것이 1980년대 중후반이었는데, 그때는 8천 미터급 고봉들이 대부분 한 번에 치고 올라가는 식으로 등정됐으며, 가끔은 신루트로 오르기도 했다. 그런 등반을 충족한 것이 보이테크 쿠르티카에 의한 '한밤중에 벌거벗기'였다. 그와 장 트로이에, 피에르-알랭 스타이너와 에라르 로레탕이 비박을 하지 않는 이 스타일을 히말라야의 고봉에 적용한 선두주자였다."[101] 슬로베니아 알피니스트 안드레이 슈트렘펠도 이 말에 동의하면서 미래의 알피니스트들이 어떻게 이런 기준을 더 높일 수 있을지 궁금해한다. "이 세대는 세기가 끝날 때까지 히말라야에서 끊임없이 등반했으며, 미래 세대가 훨씬 더 훌륭한 업적과 훨씬 더 어려운 루트들이 가능할 수 있게 하기 위해 심리적 왜곡을 요구할 그런 극한으로 알파인 스타일을 이끌었다."[102]

보이테크에게 초오유와 시샤팡마는 아름답고도 고통스러운 곳이었다. 그는 감정의 모든 영역을 경험했다. 노여움과 모욕과 고독과 승리 그리고 마지막으로는 속죄까지도. "이런 종류의 등반을 끝내면 일종의 카타르시스를 느낍니다. 그저 행복한 존재가 되는 거죠." 그 등반을 끝으로 그는 8천 미터급 고봉과 작별을 고하면서 히말라야를 건강하고 우아하게 떠났다. 그가 그곳에서 얻은 것은 우정이라는 선물이었다. 그는 경량등반의 개념을 대단히 높은 수준으로 끌어올렸다. 그리고 모든 사람이 살아남았다.

14

—

언더크랙을 잡고 추는 춤

하나 또는 모두를 잃으면 생각이 달라지며 나중에 무엇이 남게 되는지 절실히 깨닫는다.

스티븐 얼터Stephen Alter, 『산과 하나 되다Becoming a Mountain』

—

이듬해 여름, 보이테크는 히말라야 정상보다는 다른 일들로 마음이 심란했다. 자유선거로 폴란드에 새 대통령이 탄생했고, 사업이 점점 확장되고 있었으며, 가을로 출산이 예정된 둘째를 할리나가 임신하고 있었기 때문이다. 이런 일들로 그는 스트레스를 많이 받았다. "마치 덫에 걸린 느낌이었다." 보이테크는 그때의 심경을 이렇게 표현했다.[103] 그는 '쥐를 먹어 살려야'할 필요가 있었다. 영국 클라이머 모 앙트완Mo Anthoine이 아주 적절하게 사용한 이 말은, 클라이머들이란 고통스러웠지만 좋았던 과거의 등반으로 자신의 상황을 타개하려는 경향이 있다는 뜻이었다.

보이테크는 서부 타트라의 코시치엘리스카Kościeliska 계곡으로 등반하러 갔다가 흥미로운 것을 발견했다. 라프타비차 스파이어Raptawica Spire. 그 침봉은 우중충한 가문비나무 숲 위로 송신소처럼 솟아 있었다. 100미터의 멋진 그 석회암이 그에게 손짓했다. 마치 나방이 불빛에 끌리듯 그는 그 침봉에 정신을 빼앗겼다. 그곳에는 이미 루트가 여러 개 있었지만, 보이테크는 특별한 그 바윗덩어리에 새로운 등반선을 그릴 수 있을지 모른다고 생각했다. 그렇다면 그 흥미진진한 새 루트는 그 시즌 히말라야에 가지 못한 것을 보상해줄 수 있을 터였다.

그는 파트너를 찾기 시작했다. 한 사람은 공부하기에 바빴다. 다른 한 사람은 새로운 사업을 막 시작한 상태였다. 세 번째는 몸이 따라오지 못했다. 그렇게 여름이 지나가자 보이테크는 초조해졌다. 그는 한껏 으스대는 젊은 스포츠 클라이머들 속으로 파고들었다. "안 돼요." 그들은 말했다. "우린 암장에서 훈련해야 해서 루트에 오래 매달릴 시간이 없습니다." 마침내 그는 나이가 그의 반밖에 안 되는 스물두 살의 젊은 클라이머 그제고주 자이다Grzegorz Zajda를 찾아냈는데, 그는 기꺼이 돕고 싶어 했다. 그들은 기존 루트로 등반한 다음 로프를 타고 내려오면서 사람의 손길이 닿지 않은 깨끗한 바위를 찾았다. 바위를 가까이서 관찰한 보이테크는 흥분했다. "대단해. 나는 혼자 중얼거리면서 아주 작은 카르스트 지형으로 된 그 하얀 바위를 쓰다듬었다."[104]

대부분이 수직인 그 벽은 몇 군데가 오버행이었고, 아래쪽은 대리석처럼 반질반질했다. 보이테크는 자신의 계획에 의구심을 갖기 시작했다. 그런데 자세히 보니 잡을 수 있는 홀드들이 있었다. 하지만 불행하게도 그것들은 아래쪽으로 향해 있었다. 그런 곳들을 등반하려면 언더크랙을 연속적으로 잡아야 한다는 의미였다. 그가 허공에 댕글댕글 매달려 그 침봉을 내려오며 보니 이 등반은 ― 만약 등반이 된다면 ― 언더크랙들로 정의될 것 같았다.

그 둘은 크라쿠프에서 3시간을 달려가, 몇 시간 동안 등반하고 다시 돌아오는 것으로 루트 작업을 시작했다. 끔찍한 일정이었다. 물론 카라코람에 가는 것만큼 힘들지는 않았지만 그래도 그들은 전력을 다해야 했다. 그때 새로운 문제가 생겼다. 그 침봉이 국립공원 안에 있어서 볼트를 박는 것이 금지되어 있었던 것이다. 눈치를 챈 공원 레인저들이 그 둘을 감시하기 시작했다.

그러자 술수가 뛰어난 보이테크가 전략을 바꾸었다. 그와 그제고주가 새벽 3시에 일어나 그 타워로 차를 몰고 가서 오전 6시와 8시 사이에 등반한 다음, 레인저들이 활동하는 낮 동안에는 일체의 활동을 중단하고 나무 그늘에서 눈을 좀 붙인 후 5시쯤 활동을 재개하기로 한 것이다. 그렇게 3~4시간 동안 다시 등반하고 나서 재빨리 차를 몰면 늦은 밤에는 크라쿠프로 돌아올 수 있을 터였다. 그리하여 차를 모는 것이 하루 중 가장 끔찍한 일이 되었다. 보이테크는 당시를 이렇게 기록했다. "20시간 동안 힘도 쓰고 흥분도 한 나는 헤드라이트 불빛이 교차할 때마다 마음이 쪼그라들었다. 나는 손으로 핸들을 꽉 잡고 깜빡깜빡 졸았는데, 유령 같은 트럭을 두 번이나 아슬아슬하게 피했다. 8천 미터급 고봉이라 하더라도 밤 9시와 11시 사이의 자코파네고속도로만큼 위험하지는 않을 것이다."[105]

할리나는 새로운 계획을 달가워하지 않았다. 남편이 — 그는 출산에 대비해 크라쿠프에 머물고 있는 것처럼 보였는데 — 집에 붙어 있지 않았기 때문이다. 그는 집에 있어도 마음이 딴 데 가 있었다. 멍하니 허공을 바라보기 일쑤였고, 왼쪽으로 홱 움직이는 이상한 동작을 흉내 내는가 하면 머리 위로 팔을 들어올리고, 그런 동작들이 필요한 곳을 알기라도 하는 것처럼 웅얼거리고, 그런 다음 '마술램프'가 나타난 것처럼 손가락을 뚫어져라 바라보았다. 하지만 사실은 그가 주장한 그런 사소한 노력의 열매들이 그의 첫 번째 결혼을 망친 것이나 다름없었다. 할리나는 이해할 수 없다는 듯 고개를 절레절레 흔들었다. 어린 알렉스는 아빠의 이상한 동작들과 일그러진 표정을 보고 킥킥거리기만 했다.

보이테크는 이제 손톱 너비의 바위 턱과 날카로운 언더크랙, 그리고 다이내믹한 런지 동작에 집중하며 그 루트에 매달렸다. 등반에서의 느린 진전에 낙담한 그는 그곳에 어울리는 유일한 이름이 '파괴자Breaker'라고 결론지었다. "그 이름이 딱 알맞다고 생각했다. 고문을 받는 온몸에서 그렇게 느꼈기 때문이다."[106] 동작을 반복해서 시도하며 조금씩 위로 올라가려 사투를 벌일 때마다 그의 손은 상처투성이가 되었고, 손가락 끝은 모두 갈라졌다.

이제 (잠재적인) 루트에 이름까지 생겨나자 그들은 피치에도 이름을 붙이기 시작했다. 첫 번째 피치는 "언더홀드에 도달하기", 두 번째는 "감촉이 좋은 언더홀드" 그리고 세 번째 피치는 "언더홀드여 안녕"이었는데, 아주 잘 어울렸다.

어느 날 밤 운전하여 집으로 돌아오다 깜빡 조는 바람에 거의 충돌할 뻔한 보이테크는 전략을 한 번 더 바꾸기로 했다. 낮에 그곳으로 차를 몰고 가 늦은 오후에 작업을 하고, 근처에 있는 산악구조대 건물에서 밤을 보내기로 한 것이다. 그렇게 하면 더 안전할 뿐더러 이른 아침에 그 침봉으로 갈 수 있을 터였다. 하지만 곧 그들은 바위까지 오가는 데 시간이 많이 걸린다는 사실을 알고 근처의 동굴에서 지내기로 했다. 등반에 대한 그들의 몰입은 거의 코믹한 수준에 이를 정도로 광적이었다.

여름이 한 주일 한 주일 지나갔고, 보이테크의 손가락도 조금씩 더 갈라졌으며, 할리나의 배도 점점 더 커져갔다. 9월 1일 한밤중에 할리나가 보이테크를 흔들어 깨웠다. "보이테크, 아기가 나오려고 해. 날 병원으로 데려가 줘."

믿을 수 없게도 보이테크는 화를 냈다. "뭐라고? 2주일 후라고 했잖아." 그가 자신의 등반을 끝내는 데는 적어도 2주일이 더 필요했다.

아그니에스카Agnieska(아그네스Agnes)는 다음 날 태어났다. 이제 보이테크는 시끄러운 집 안에서 왔다갔다했다. 아그네스는 울고, 알렉스는 소리치고, 할리나는 지쳐가고…. 그래도 그의 마음은 여전히 라프타비차 스파이어에 있었다. 그러자 할리나는 그를 내쫓았다. "가서 끝내."

아그네스가 태어나고 얼마 지나지 않아 보이테크는 자신의 등반으로 돌아왔다. (기록에 따라 하루에서 며칠씩 시간이 다르다) 그리고 2주일간의 노력을 기

보이테크 쿠르티카가 서부 타트라에 있는 '파괴자Breaker'를 개척하는 모습 (보이테크 쿠르티카 컬렉션)

울인 그들은 9월 17일 그 루트를 끝냈다. "그날 오후 1시에서 3시 사이에 '파괴자 RP'를 리코Riko가 즐겨 말한 '순수우한(순수한) 스타일'로 등반했다. 하지만 우리 외에 누가 그 뜻을 제대로 알까?"[107] 그 세 피치짜리 루트는 폴란드 등급으로 VI.5(프랑스 등급으로 7c+)였고, 오직 한 번만 재등이 되었는데, 그곳이 출입금지 구역이라는 이유도 있었다.

보이테크는 그 등반 후 수치심에 사로잡혔다. 그것은 딸이 태어난 후 곧바로 가정을 떠나서가 아니라 그 아름다운 신루트에 볼트를 박았기 때문이었다. 과거에 그는 볼트가 박힌 스포츠 루트를 등반하는 것은 일종의 '소비'에 불과하다고 말했었다. 하지만 실제로 그가 볼트를 박지 않았나? 변명의 여지가 없었다. "난 나 자신을 비난하고 나에게 손가락질 했습니다." 보이테크는 훗날 이렇게 실토했다. "바위에 박힌 그 쇳덩어리 때문에 괴로웠습니다. 바위가 많다면 또 모르겠습니다. 스페인이나 그리스처럼. 폴란드는 다릅니다. 우린 바위도 없는 데다 날마다 많은 사람들이 몰려들어 난이도가 낮아지고 있었습니다. 아주 붐비죠. 맞습니다. 물론, 나도 갑니다. 하지만 내가 나쁜 놈이라면 난 항상 이렇게 외치겠습니다. '난 나쁜 놈이야.' 그렇다고 해서 볼트를 박은 걸 내가 받아들이는 건 아닙니다." 그는 웃으면서 이렇게 결론지었다. "좋아, 난 나쁜 놈입니다. 그런데 난 그 등반을 즐겼습니다! 물론이죠!"

그 등반에 대한 후회에도 불구하고, 루트에서 작업하는 보이테크의 사진을 보면 그는 창피함을 드러내기보다는 행복을 발산하는 듯 활짝 웃는 얼굴을 하고 있었다. 그리하여 그는 그 시즌을 버텨내고, 흥미로운 것을 해냈다. 그리고 그는 자신이 — 적어도 그의 의견에 따르면 — 착하고 책임감 있는 남편과 아버지가 되었다는 자부심을 갖게 되었다. 몇 년이 지난 후 어느 인터뷰에서, 아버지가 된 후 보이테크의 행동이 얼마나 달라졌느냐는 질문을 받은 할리나는 카메라를 보고 웃었다. 그리고 고개를 흔들며 이렇게 말했다. "변한 게 전혀 없었어요. 조금도."

할리나의 말은 진실의 테두리 안에 있었다. 거대한 산군에 대한 원정을 포기하겠다는 맹세를 하기는 했어도, 보이테크가 K2에서 완전히 손을 뗀 것은 아니었다. 1992년 그는 에라르와 함께 그곳으로 돌아갔지만 성공하지 못했다. 그리고 다시 1994년 크지슈토프 비엘리츠키, 미국 알피니스트 카를로스 불러와 함께 눈에 띄지도 않는 어려운 서벽에 루트를 개척한다는 희망을 안고 그곳으로 돌아갔다. 서벽은 대단히 야심적인 대상지라서 그의 집착은 문제의 일부가 되었다. 1994년 그들은 빠른 등정을 위해 하단부의 얼음 사면에 고정로프를 설치한 다음, 상단부는 알파인 스타일로 등반한다는 전략을 세웠다. 새로운 전략에도 불구하고 서벽은 결코 만만치 않았다. 8월의 뜨거운 햇볕이 얼음 덮인 사면을 달구어, 그곳에 곧 물이 흘러내렸다. "8,000미터의 산이 그렇게 폭포로 변한 걸 본 적이 없었습니다." 그는 이렇게 회상했다. 그들의 고정로프 설치 전략은 희망이 없었다. 흘러내리는 물에 낮 동안 젖은 로프가 추운 밤이 되자 그 자리에 얼어붙은 것이다. 서벽에서의 가능성이 점차 사라지자 그들은 '바스크 루트Basque Route'로 횡단했다. 보이테크는 그 루트에 별다른 흥미를 느끼지 못했지만 동료들과 함께 4캠프까지 올라갔는데, 밤새 바람이 허리케인처럼 불어 닥쳤다. 새벽 2시, 텐트 안에서 아무도 움직이지 못할 정도로 바람이 강했다. 새벽 5시에 바람이 약간 잦아들었다. 그때 침낭 속에서 반쯤 잠이 든 보이테크의 귀에 부스럭거리는 소리가 들렸다. 그가 몸을 일으켜 보니 크지슈토프가 겉옷을 입고 장비를 차며 정상에 올라갈 준비를 하고 있었다. "아니, 제정신이야?" 보이테크가 물었다.

"다른 사람들도 움직이고 있어. 그래서 나도 갈 거야." 크지슈토프가 대답했다.

보이테크는 그 자리에 앉아 지켜보았다. 그는 정말 갈까? 다른 사람들을 따라서? "텐트는 여전히 바람에 펄럭거리고 있었습니다." 보이테크가 그때를 회상하며 말했다. "나는 과감해지고 싶었는데, 그게 마음을 괴롭혔습니다. 정

1994년 K2 베이스캠프의 보이테크 쿠르티카. 그때 그는 카를로스 불러Carlos Buhler, 크지슈토프 비엘리츠키와 함께 K2 서벽을 시도했다. (크지슈토프 비엘리츠키, 보이테크 쿠르티카 컬렉션)

1994년 K2 서벽을 등반할 때 베르크슈른트 안의 카를로스 불러 (보이테크 쿠르티카)

상을 공격하기에는 늦은 시간이었고, 바람도 심상치 않았습니다." 아니, 그는 가지 않을 작정이었다. 그는 텐트에 남아 다른 사람들을 지원해주고 싶었다. 그리하여 그는 다시 자신의 침낭 속으로 파고들었다.

크지슈토프는 카를로스, 뉴질랜드 클라이머 롭 홀Rob Hall과 함께 다른 두 사람 — 호주의 마이클 그룸Michael Groom과 핀란드의 베이카 구스타프손 Veikka Gustafsson — 을 따라나섰다. 7시가 되자 바람이 완전히 죽으면서 K2의 숄더가 햇빛에 반짝거렸다. 보이테크는 바보가 된 느낌이 들었다. '내가 뭘 잘못하고 있는 거지? 내가 왜 여기 캠프에 남아 있는 거지?' 그는 스스로 의문을 품지 않을 수 없었다. 그는 마음을 달래기 위해 텐트에서 200미터 떨어진 곳까지 부츠 끈을 질질 끌며 천천히 걸어갔다. 그곳까지는 발걸음이 가벼워 신이 났다. 자신의 상태가 환상적이라고까지 느꼈다. 컨디션도 좋고 고소도 적응됐으며, 강하고 건강했다. 그러자 상황이 우스꽝스러워졌다. 잠시 동안 그는 장비를 차고 그들의 발자국을 따라 산을 올라갈까 하는 고민에 빠졌다. 하지만 안 돼. 벌써 8시. 출발하기에는 늦은 시간이었다.

보틀넥Bottleneck 아래를 전진하는 그들의 모습을 지켜보던 보이테크는 무언가 잘못되고 있다는 이상한 느낌이 들었다. 그날 자신이 생각했던 것들에 대해 훗날 그는 이렇게 회상했다.

점차적으로 나는 그곳의 상황을 파악했다. 그리고 어떤 야망도 없는 나 자신에 대해 부끄럽게 생각하지 않았다. 또한 내가 다른 사람들과 함께 있지 못하다고 해서 실의에 빠지거나 실망하지도 않았다. 그들의 도전이 내 상황과는 무관하게 여겨졌다. 내 등반 인생에서 처음으로 나는 내 안의 변화를 분명하게 인지했다. 내 한계상황을 한 번 더 밀어붙인다고 해서 새로울 것이 없다는 사실도 깨달았다. 반면에, 내 인생의 이 단계에서, 고통의 예술을 집요하게 추구하는 것은 스스로를 깎아내릴 뿐이었다. 그럼 내가 소모적이고 타락한 사람이었다는 말인가? 나는 그렇게 느끼지 않았다. 좋다. 대중 앞에 나서는 것을 줄일 수 있다고 추측하기는 했지만 마치 거대한 은하계의 수정체 안에 있다는 느낌도 있었다. 내가 바로 그 일부분이었다. 따라서 내가 이곳에 있는 것은 의미가 있었다. 나는 나의 길에 머물러 있었다. 수정체의 가장자리로 가는 집착적인 여행은 마지막 도전이 안으로, 즉 수정체 안으로 향하는 여행이라는 예감이 들었기에 호소력이 있었다.

그는 다른 사람들이 계속 등반하는 모습을 지켜보고 있었는데, 그들의 발걸음은 더 높이 올라갈수록 점점 더 느려졌다. 그때 정상 근처에서 한 사람을 빼고 모두 돌아섰다. 계속 올라간 그 사람은 산소를 쓴 롭 홀이었다. 그리고 자정이 막 지난 시간 카를로스와 크지슈토프가 따뜻한 차가 기다리고 있는 텐트 안으로 쓰러지듯 들어왔다.

훗날 보이테크는 그날 K2에서 있었던 자신의 행동을 곰곰이 되씹어보았다. "만약 내가 K2 정상에 올라가기를 원했다면, 그것은 바로 그날이었다. 나는 그렇게 했어야 했다. 하지만 그것은 내가 원한 루트가 아니었고, 나는 그곳에 흥미를 느끼지 못했다." 한 번 더 그에게는 루트가 목적지보다 더 중요한 것으로 드러났다. 가끔 자신의 결정을 반추해본 그는 그것이 혹시 실수는 아니었는지 의구심을 품었다. 그냥 올라갔어야 하지 않을까? 그러나 자신의 가치와 자신이 선택한 루트에 대해 지독하다 싶을 정도로 정직한 그는 서벽에서의 실패가 바스크 루트를 통한 성공보다 더 중요하다는 사실을 알게 되었다. 루트는… 언제나 루트였다. 그런데 루트를 지킨 대가는 생각보다 훨씬 더 컸다.

그 시대보다 약간 앞선 다른 폴란드 클라이머들의 성공과 견주어보면 이것은 특히 더 사실에 가까웠다. 1986년 유레크와 아르투르는 마나슬루를 등정한 후 안나푸르나 동계 초등까지 해냈다. 그리고 유레크는 — 다시 한번 아르투르와 함께 — 그 이듬해 시샤팡마를 신루트로 등정함으로써 8천 미터급 고봉 14개를 완등하는 위업을 달성했다. 크지슈토프 역시 1988년의 마지막 날 로체 동계 초등과 다울라기리 동벽의 속도등반으로 불이 붙어 있었다. 그는 이 두 루트를 단독등반으로 올랐다. 그러나 1989년 폴란드의 최고 알피니스트 5명(에우게니우시 흐로바크Eugeniusz Chrobak, 미로스와프 동살Mirosław Dąsal, 미로스와프 가르지엘레브스키Mirosław Gardzielewski, 안드제이 헤인리히Andrzej Heinrich, 바츠와프 오트렝바Wacław Otręba)이 에베레스트 서릉에서 사망하고, 불굴의 유레크마저 로체 남벽에서 추락사함으로써 성공의 목록이 끝났다. 마치 폴란드인들 스스로가 멸종을 향해 등반한 것처럼….

1990년대 중반, 보이테크는 자신의 히말라야 기록이 변하고 있다는 사실을 알아차렸다. 실패가 성공보다 많았던 것이다. 그는 실패와는 멀찌감치 떨어져 있어서 그런 것에는 낯선 사람이었다. 하지만 1991년 이후에는 실망이 늘어갔다. "내 등반의 그 단계에서 실패를 거듭한다는 게 이상했죠. 놀랍기도 했고요." 그는 거의 편집증 상태가 되었다. "내 인생에서 지극히 좋았던 행운을 돌려줄 시간이었나 봅니다." 보이테크가 혼잣말을 하듯 중얼거렸다. "그리

2000년 K2를 마지막으로 시도한 보이테크 쿠르티카의 모습. 그때 그는 동벽을 목표로 야마노이 야스시, 야마노이 다에코와 함께 등반했다.
(보이테크 쿠르티카 컬렉션)

고 그땐 실패가 일상이었던 것 같습니다." K2에서 보낸 시간 — 110일 중 8일만 눈이 오지 않은 — 을 계산에 넣으려던 그는 당황했다. "빚을 갚을 시간이 되었나 하고 의심하기 시작했습니다."

그는 야마노이 야스시山野井泰史, 야마노이 다에코山野井妙子 부부와 함께 2000년에 K2를 한 번 더 시도했다. 이번에는 보이테크가 '지구상 또 하나의 걸작'이라고 선언한 동벽이었다. 동벽에 대한 이미지가 마음을 훔쳤기 때문에 그는 크지슈토프, 카를로스와 함께 마지막으로 도전했던 지난날을 거의 잊고 있었다. "나는 오랫동안 그 벽에 빠져들었죠. 마치 연애라도 하는 것처럼. 새로운 친구들과의 파트너십이 내 안의 희망을 일깨웠습니다." 새롭고 신선한 전략에도 불구하고, 그들은 전과 똑같은 날씨 패턴을 경험했다. 아무 쓸모도 없는 눈폭풍이 계속되면서 희망이 헛되이 낭비된 것이다. "어느 시점에서 결국 나는 K2에 진저리가 나 있었습니다." 그는 웃으며 말했다. 야마노이 야스시가 바스크 루트를 통해 정상에 도전하겠다는 결심을 굳히자, 보이테크는 고정로프를 힘들게 잡고 올라가는 여러 날을 견딜 자신이 없었다. 그는 이렇게 변명했다. "K2는 나의 대실패로 드러났습니다. 내 인생의 대단원이었죠. 그 산은 나의 모든 접근을 거부했지만, 결과적으로는 내 인생에서 가장 중요한 화해를 이끌어냈습니다."

그는 폴란드로 돌아가는 대신 다른 인생으로의 변화를 산에서 연장해가며 혼자 길을 떠났다. 후세Hushe와 낭파Nangpa 계곡을 돌아다니는 동안 K2와의 작별에 대한 아쉬움이 말끔히 사라졌다. "산이 위엄을 되찾았습니다. 그래서 나는 수정체 안으로의 여행을 계속했습니다."

야마노이 야스시는 남남동쪽 측면에 있는 바스크 루트를 통해 혼자 정상에 올랐다.* 그로부터 1년 후, 그들 셋은 라톡1봉Latok I을 시도하러 카라코람

* 48시간 만에 왕복했다. [역주]

으로 돌아왔지만, 라톡 대신 장엄한 비아체라시 중앙 타워Biacherashi Central Tower를 등반한 것에 만족해야 했다.

보이테크는 실패의 경험을 분석해보고 싶었다. 더불어 그럴 때마다 자신이 보인 반응까지도. "실패를 할 때마다 나는 달리는 썰매에서 나가떨어진 슬픈 강아지처럼 집으로 돌아왔다. 나에게 산은 점점 더 이상한 의미가 되었다. 내 등반은 의미를 잃게 되자 순례로 바뀌었다. 다음번에는 베일이 걷히고, 끊임없는 내적 긴장이 풀릴 것이라고 나는 계속 믿을 수밖에 없었다."[108]

순례는 계속 이어졌다. 1993년 그는 더그 스콧과 함께 낭가파르바트의 길고 험준한 마제노 리지Mazeno Ridge에 도전했는데, 1995년 더그 스콧 일행과 한 번 더 그곳에 간 후, 1997년에는 에라르와 함께 세 번째 도전에 나서기도 했다. 마지막은 그의 경험 중 가장 이상한 원정등반이었다. 날씨가 완벽했고, 컨디션도 완벽했으며, 파트너도 완벽했다. 하지만 어느 지점에서 그들은 이런 완벽함에도 불구하고 후퇴하기로 의견일치를 보았다. 그는 이렇게 설명하려고 했다. "나의 히말라야 마지막 무대에서 모든 것이 변했다. 원인도 변했다. 고백컨대 내 나약함 때문이었다. 마제노에서 그랬다. 우리는 후퇴를 다행으로 여기면서 그곳을 떠났다." 마제노에서의 이상한 날들을 떠올린 그는 웃었다.

실패를 거듭하면서 그는 후퇴를 받아들이는 능력을 유지하는 것이 필요하다고 생각했다. 산에서 뿐만이 아니라 인생에서도 실패가 많지 않은가? 경제적으로 실패하고, 사랑에 실패하고, 예술적인 노력도 실패하고…. 그는 대비하고 싶었다. "나는 이런 실패에서 완전히 벗어나야만 했다. 만약 그런 방법을 찾지 못한다면 정말 큰 문제가 생길 것 같았기 때문인데, 그것은 총체적인 실패를 의미했다." 시간이 지나면서 힘의 새로운 원천을 찾자 그는 후퇴에도 가치를 부여하고 자긍심을 갖기 시작했다.

이제 책임감이 막중해진 보이테크에게는 그 힘이 모두 필요했다. 그에게

위: 1995년 낭가파르바트의 마제노 리지를 등반하는 앤드루 로크Andrew Lock (앤드루 로크)

아래: 1995년 마제노 리지를 등반하는 앤드루 로크. 이 등반에는 보이테크 쿠르티카, 앤드루 로크, 더그 스콧, 샌디 앨런Sandy Allan과 릭 앨런Rick Allen이 참가했다. (보이테크 쿠르티카 컬렉션)

는 힘든 사업이 있었고, 집과 큰 정원도 있었다. 그리고 아내와 두 아이들이 있었다. 그는 가족에 대한 책임감을 느꼈다. 그는 더 좋은 아버지가 되기 위해 라이프 스타일을 끊임없이 바꿀 필요가 있다고 확신했다. 하지만 할리나는 이런 변화를 전혀 눈치 채지 못했다. 보이테크에 관한 영화 「산으로 가는 길Way of the Mountain」에서 그녀는 이렇게 말했다. "산을 대하는 보이테크의 자세가 많이 달라졌다고 생각하진 않습니다. … 우리와 함께 있어야 할지 아니면 원정을 가야 할지의 사이에서 그는 망설이지도 않았습니다."

그의 딸 아그네스는 아버지의 부재를 대부분 일 탓으로 돌리면서 평가에 조금 더 관대한 입장을 보였다. "이국적인 섬 등과 같은 곳으로 아버지와 함께 여행을 떠나면 아주 재미있을 것 같습니다. 하지만 그 반면에, 나는 그런 곳이 아버지에게는 휴가를 즐길 수 있는 곳이 아니라는 사실을 깨닫습니다." 아버지를 거의 보지 못했지만 아그네스는 현실적인 소녀라서 아버지의 장기 부재를 대수롭지 않게 받아들였다. 수입 사업에 전력투구한 그는 바삐 움직였고 자주 해외로 나갔다. "난 걱정하지 않았습니다." 그녀는 말했다. "아버진 사업으로 인도와 인도네시아에 자주 출장을 다녔습니다. 난 그런 출장과 등반 여행의 차이점을 잘 알지 못했습니다."

그런 차이점을 정확하게 구분한 보이테크의 아들 알렉스는 원정등반의 준비가 흥미진진했던 것으로 기억하고 있었다. "그 많은 장비들을 보고 우린 좋아했습니다." 알렉스가 더 또렷이 기억하는 것은 아버지가 돌아왔을 때였다. "원정이 끝나면 아버지는 활기가 넘치고 행복해 보였습니다."

그 당시 아버지에 대한 아그네스의 이미지는 클라이머도 아니고 사업가도 아닌 정원사였다. "다른 것보다 그게 더 중요했던 것 같습니다. 안개가 낀 냉랭한 가을날 아침들이 가장 많이 기억납니다. 아버지는 커피 잔을 들고 정원으로 나가 세 걸음을 디딘 다음 멈추어 서서 나무 한 그루를 바라보곤 했습니다. 그리고 다시 세 걸음을 걸어 다른 나무를 살펴보았습니다. 아버지는 정

캘리포니아 해변에서 포즈를 취한 보이테크와 할리나 쿠르티카 부부 (보이테크 쿠르티카 컬렉션)

집의 뒤뜰에서 훈련 중인 보이테크 쿠르티카. 그의 웨이트트레이닝 프로그램에 동참한 아들 알렉스와 딸 아그네스가 기뻐서 꿈틀거리며 소리를 지르고 있다. (할리나 쿠르티카, 보이테크 쿠르티카 컬렉션)

원에 있을 때 정말 행복해 보였습니다."

알렉스는 자신의 첫 번째 성찬식 때를 기억하고 있었다. 가족들이 테이블을 나르고 의자를 놓은 다음 먹을 것과 마실 것을 준비했다. 보이테크가 눈에 띄지 않았는데, 마침내 나타난 그는 사다리와 카메라를 들고 자신이 좋아한 나무 한 그루로 가서 사진을 찍었다. "아버진 자신만의 세계가 있었습니다." 이렇게 웃으며 말하는 알렉스에게서 어느 정도는 관대함이 엿보였다.

알피니즘이 이제는 더 이상 대단한 도전도 아니며 자신의 인생을 새롭게 하는 것도 아니라는 사실을 보이테크는 점차 이해하기 시작했다. 그는 그것이 자신 안에 있는 어떤 것을 발견해내는 데 도움이 되지 않는다는 사실도 깨달았다. "더 이상 의미가 없었습니다. 계속되는 고통을 감내하는데, 무엇을 위해 그렇게 하는 거죠?" 이제 보이테크는 고통의 예술 — 폴란드 알피니스트들에게는 특히 완벽했던 — 의 이면을 더 분명하게 알아차렸다. 먹을 것도 마실 것도 거의 없고, 장비도 끊임없이 소모되고, 그러면서 육체적인 노력도 무한히 확장되는 가운데 극한의 환경에서 살아남기 위해서는 어느 정도 무감각이 필요하다는 것을 그는 경험으로 터득하게 되었다. 히말라야 등반에서 이것은 미덕이다. 보이테크는 이 무감각이 존경할 만한 특징이거나, 아니면 최소한 필요 요소라는 데 동의했다. 그렇다면 밖에서 보았을 때는 어땠을까? 자주 그는 이기적일 정도로 냉담했다. 능력이 부족한 파트너를 동정하는 것보다는 자신의 탈진과 공포와 싸우는 것이 훨씬 더 쉬웠기 때문이다. 그런 생각을 의식한 듯 그는 이렇게 말했다. "이기심과 무심함 같은 것이 우리 산악계에 널리 퍼진 성격적 결함인데, 많은 사람들이 기꺼이 인정하는 것보다도 더 그렇다는 것을 슬프게도 나는 수긍할 수밖에 없다."[109]

보이테크에게 또 다른 등반은 이제 더 이상 의무사항이 아니었다. 그는 자신의 미래 경험을 정확하게 예측하고 있었다. "똑같은 얘기죠. 같은 피톤, 같은 무거운 발걸음, 같은 추측, 같은 미스터리. 새로운 건 하나도 없습니다.

전혀. 산을 사랑했지만, 난 같은 이야기를 되풀이하는 것에 흥미를 잃었습니다."

훨씬 더 근본적인 것은 산이 아니라 풍경을 대하는 그의 태도 변화였다. "똑같은 경이로움이 숲에서도 보이기 시작했습니다." 창문을 통해 가까운 곳의 숲을 응시하며 그가 말했다. 그의 딸 역시 숲속을 함께 걸었던 긴 산책을 떠올리며 그 말에 동의했다. "자연을 사랑하게 된 건 아버지 덕분이에요." 보이테크의 말 속에는 성숙함, 원만함, 완만한 풍경에 대한 열린 마음과 부드러운 라이프 스타일이 들어 있었다.

하지만 바위의 동물인 보이테크가 모험을 완전히 끝낸 것은 아니었다.

15

——

중국의 마하라자

아름다움을 발견하면 그대로 있어라.

로빈 로이드 존스Robin Lloyd-Jones의 『밝은 정상The Sunlit Summit』에서 W. H. 머레이Murray

——

크라쿠프산악영화제가 성황을 이룬 가운데, 천 명이 넘는 관객들이 클라이머들의 이야기를 듣고 스릴 넘치는 모험 영화를 보기 위해 극장에 몰려들었다. 프로그램이 끝나 관객들이 로비로 쏟아져 나왔을 때 클라이머 둘이 자신들이 본 보이테크 영화에 관해 이야기를 나누는 소리가 들렸다.

"정말 지적인 사람이야." 그들 중 하나가 말했다.

"맞아, 아주 훌륭한 클라이머야." 그의 친구가 맞장구쳤다.

"보이테크가 히말라야에서 등반한 줄은 몰랐어." 첫 번째가 약간 놀란 듯 생각에 잠기며 말했다. "암벽 등반가로만 생각했거든."

"그래, 나도 놀랐어. 멋져. 전천후야. 하지만 바위가 그의 전공이지. 확실해."

이것이 바로 폴란드의 젊은 세대에 퍼져 있는 보이테크의 이미지였다. 그는 대담한 암벽등반으로 명성이 자자했는데, 그중 많은 것들이 단독등반이었다. 사실 1990년대까지 그의 히말라야 경력이 폴란드의 젊은 암벽 등반가들에게는 어느 정도 잊혔거나, 아니면 제대로 알려지지 않았었다. 당시는 스포츠클라이밍이 그 나라에 유행하고 있었다. 암장에서도 더 이상 톱 로핑으로만 등반하지 않았다. 그리하여 볼트가 박힌 루트가 곳곳에 생겨났다. 젊은 클라이머들은 수준을 한껏 끌어올리고 있었는데, 그것은 유럽의 다른 나라들도 마찬가지였다.

그리고 그곳, 사냥개처럼 날렵한 20대들이 모인 크라쿠프의 암장에 이제 40대 후반이 된 보이테크가 있었다. 여전히 그는 춤을 추듯 자연스럽고 우아하게 등반했고, 암장에서 사는 특별한 종족들과 자연스럽게 어울렸다. 그는 그들을 '신봉자들'이라고 불렀는데, 그 역시 그들 중 하나였다. 바위를 만지는 것은 광신도라 불릴 정도로 그의 인생에서 필수적인 부분이었다. 그는 이렇게 말했다. "그 무리들 속에서 신봉자를 찾아내는 것은 어렵지 않다. 그들은 대부분 비쩍 말랐다. … 그러나 중요한 점은 구석진 곳을 두리번거리고 갈라진 틈에 열광하는 사람을 찾다가 손가락이 경박스러울 정도로 따로 움직이는 사람을 보면 가까이 다가가 관찰해야 한다는 것이다. … 만약 패드가 견과류 껍질처럼 딱딱하고 질긴 외피로 덮여 있고, 관절이 눈에 보일 정도로 튀어나와 있고, 손바닥이 맹수의 발톱 같은 모습이라면, 신봉자를 찾았다고 자신해도 좋다."[110] 그는 잘 발달된 팔뚝과 떡 벌어진 어깨와 깡마르고 다리가 호리호리한 사람을 말하려 했을 것이다. "이 사람의 눈을 봐." 그가 말을 이었다. "멍하니 허공을 두리번거리고, 막연한 무엇인가를 찾고, 그러면서도 특별한 동작을 취하고 얼굴을 씽그린다면, 그가 진정한 신봉자라고 확신해도 좋다."[111]

그런 신봉자들 속에서 보이테크는 자주 프랑스 등급 7c+와 8a(요세미티 등급 5.13a와 5.13b)까지, 그리고 가끔은 단독으로 열심히 등반했다. 그가 로프를 쓰지 않으려는 이유는 다른 단독등반가들의 그것과 다름없었다. 즉 거추장스러운 것이 없을수록 더 좋다는 것이다. 가정과 사업에 대한 책임감에도 불구하고 그는 여전히 자신의 한계를 밀어붙이고 싶어 했는데, 단독등반은 아시아에서 여러 달을 보내지 않고도 그렇게 할 수 있는 방법 중 하나였다. 그는 단독등반이 내포하고 있는 필연적 위험을 알고 있었지만, 거벽등반보다는 덜하다고 주장했다. 그가 로프를 쓰지 않으려는 이유는 자유 때문이었는데, 그것은 보이테크가 끊임없이 갈망한 것이었다. 그는 나약해지는 순간이 되면 — 정말 솔직하게 말하면 — 자신의 수준 높은 등반이 그 젊은 운동선수들을 어린아이로 만드는 충격요법을 즐겨 썼다. '원숭이를 놀라게 하다Shock the Monkey'(폴란드 등급 VI.5+/6, 8a/8a+, 5.13b/5.13c RP)와 같은 루트들은 아마도 그가 해낸 가장 어려운 스포츠클라이밍이었을 것이다. 1993년 그 루트를 등반했을 때 그는 마흔여섯 살이었다. 하지만 그의 가장 유명한 암벽등반은 의심할 여지없이 1993년의 '히인스키 마하라차Chiński Maharadża(중국의 마하라자)'

'무단출입 금지' 팻말을 무시하고 '원숭이를 놀라게 하다'로 들어가는 보이테크 쿠르티카. 걱정할 필요가 있을까? 20년 전부터 단독등반을 해온 그는 사실상 허가를 받은 것이나 다름없었다. (버나데트 맥도널드)

크라쿠프 인근의 프롱드니크Prądnik 계곡에 있는 '원숭이를 놀라게 하다'. 폴란드 난이도로 VI. 5+/6,
8a/8a+, 5.13b/5.13c인 이곳은 보이테크의 최고 난이도 루트였다. 1993년 그는 마흔여섯의 나이로
이곳을 등반했다. (버나데트 맥도널드)

(폴란드 등급 VI.5, 7c+, 5.13a) 단독등반이었다.

보이테크는 처음부터 단독등반을 잘했다. 그는 위험과 흥분을 즐기면서 동물적인 감각으로 자연스럽고 빠르게 올라갔다. "스릴을 느꼈습니다." 그는 아무렇지도 않게 말했다. 그러나 도마뱀처럼 요리조리 올라가기만 한 것은 아니었다. 단독등반 역시 두뇌게임이었다. 위로 올라가고자 하는 본능적 욕구가 꿈틀거릴 때마다 정신적 싸움이 시작되는 것이다.

보이테크는 크라쿠프에서 멀지 않은 곳에 있는 '중국의 마하라자'를 단독으로 올라보고 싶었는데, 더 중요하게는 볼트가 박힌 그 루트를 아주 편안한 마음으로 도전해보고 싶었다. 사실 이것은 그가 스스로 정한 조건이었다. "절대 침착해야 해." 그는 스스로 다짐했다. "정원에서 커피를 들고 다니는 정도로 태연하게. 나 자신에 대한 시험이 될 거야."

그는 자신이 피하고 싶은 것을 정확하게 알고 있었다. 1985년 '필라르 아바제고Filar Abazego'(프랑스 등급 7a+)에서는 이상한 일이 일어났었다. 그는 난이도가 조금 낮은 곳을 통해 크럭스 근처까지 올라갔다. "왼손이 결정적인 언더크랙에 닿았다." 보이테크가 그때의 경험에 대해 설명했다. "그 자세에서 힘이 많이 들어가고 긴장한 상태로 머리 위쪽에 있는 아주 작은 언더크랙을 손가락 끝으로 잡는 데 집중했다. 그런 다음 둥글고 미끄러운 바위에 왼발을 대고 미묘한 균형을 잡으며 언더크랙을 잡아당겼다. 하지만 그때 이상하게도 나는 익숙한 나약함에 빠졌다. 그것은 힘이 부족해서가 아니었다. 나는 곧 알아차렸다. 그것은 젤리같이 물렁물렁한 나약함이었다." 신체적으로 긴장이 이완되자 힘도 차츰 빠져 그의 몸은 흐느적거렸다. "패닉 상태에서 발밑의 허공과 아바즈Abaz 아래쪽의 바위투성이 초원이 느껴졌다. 그리고 옆쪽의 어느 곳에선가 계곡물이 콸콸 흐르는 소리가 들렸다."[112]

이 모든 일이 순식간에 일어났다. 언더크랙에 대한 집중, 미끄러운 바위, 신체적 긴장의 이완과 함께 발밑의 허공에 대한 인식. 그러면 그다음에는 어떻게 되었을까? 그는 자신이 '요구'한 통제를 되찾았다. "그 명령이, 마치 커다란 빗자루처럼, 놀란 내 생각의 파편들을 쓸어 없앴다. 그러자 그 파편들이 미숙한 절망과 함께 졸졸거리는 시냇물을 따라 떠내려가면서 그 자리를 공허가 채웠고, 나는 다시 언더크랙을 잡아당겼다."[113]

중국의 마하라자에서는 그런 경험을 하고 싶지 않았다. 보이테크는 집중력의 실패, 미끄러운 스탠스, 신체적 긴장의 이완, 그리고 무엇보다도 공포를 경험하고 싶지 않았다. 그는 절대적으로 침착하고 싶었다. 그는 자신의 의도를 어느 누구에게도 발설하지 않았다. 심지어는 할리나도 그가 무엇에 빠져 있는지 알지 못했다. 이상하고 규칙적인 가출에 마침내 의심을 품게 된 할리나가 그를 추궁했다. 맞다. 그는 무엇인가를 단독 등반할 작정이었지만 그것을 입 밖에 내지 않았다.

보이테크는 그곳을 단독 등반하기 전에 여러 번 사전연습을 할 필요성을 느꼈다. 그 등반은 몹시 어려웠는데, 단독등반이라면 특히 더할 터였다. 문제는 벽의 경사도가 아니라 정교한 동작이었다. 마하라자는 손가락 하나를 살짝 걸칠 수는 있지만 그것으로 버티기에는 충분치 않은 음각 홀드들이 널려 있었다. 그리고 그런 음각 홀드들이 없는 곳은 모두 욕이 나올 정도로 미끄러운 홀드들뿐이었다. 음각 홀드들과 미끄러운 홀드들. 이렇게 끔찍한 일이! 등반에 성공하기 위해서는 모든 정보를 양손에 새겨 넣을 필요가 있었다. 손가락으로 잡고, 손바닥으로 밀고, 홀드를 쥐어짜듯 잡고, 미세한 홀드를 잡고, 밀고, 잡아당기고….

그런 문제를 푸는 유일한 방법은 상상력이었다. 그런데 다행히도 보이테크는 상상력이 넘쳐났다. 그는 완벽한 균형감각과 절묘한 반동을 잘 조합하면 그 문제를 풀 수 있을 것으로 확신했다. 등반 중 완벽한 균형감각을 유지하는 것은 확실히 좋다. 물론 팔을 길게 뻗어 몸을 한쪽으로 기울이면서 다리를 반대편으로 움직이는 동작이 우아하지는 않을 것이다. 클라이머는 다이내믹한 반동을 이용해 위에 있는 크고 안전한 홀드를 잡고 나서 균형감각을 다시 찾을 수 있기 때문에 절묘한 반동은 홀드가 드문 가파른 벽에서 특히 더 유용하다. 하지만 마하라자에서는 다이내믹한 반동이 한 번만 필요한 것이 아니었다. 그리고 더 큰 문제는 크고 안전한 홀드들이 거의 없다는 것이었다. 보이테크는 얇고 미끄러운 홀드들 사이에서 다이내믹한 동작들을 몇 번 해야 할 필요가 있었다.

그런 곳에서는 통제가 매우 중요하다. 다이내믹하면서도 자연스러운 동작은 힘이 많이 들어가지 않기 때문에 보이테크는 순간적으로 벽에서 떨어져 다음 홀드로 뛰어 오를 수 있을 것이다. 단단한 스탠스까지 미끄러지지 않고 위로, 즉 하나의 음각 홀드에서 그다음의 것으로 올라가기 위해서는 적당한 압력을 이용해 다이내믹하게 움직일 필요가 있는데, 그런 일련의 동작들은 아주 복잡하고 미묘하다. 그가 그런 동작들을 머릿속으로 그려보자 손가락들이 마술 펌프라는 오랜 친구에 영향을 받은 듯 저절로 움직였다. "마술 펌프 때문에 화가 나고 당황했다." 생각에 골몰한 표정으로 그가 말했다. "그것은 내 육체와 영혼을 신비하게 연결하며 어디선가 작동하고 있었다."[114]

보이테크는 마하라자를 '여성 루트'라고 불렀다. 기교와 완력이 더 필요하다는 것이었다. 그런 등반은 훈련과 함께 동작을 연습할 때 도움을 줄 수 있는 확보자가 필요했다. 하지만 그는 자신의 프로젝트를 비밀에 붙이고 싶었다. 어떻게 들키지 않고 연습할 수 있을까?

등반을 구체화하자 가끔 그의 마음은 상상하기도 힘든 영역을 떠돌았다. 옆에서 벌이 윙윙거리면 어떻게 하지? 천둥이 치면 어떻게 하지? 옆에서 누가 소리쳐 집중력이 흐트러지면 어떻게 하지? 다리에 경련이 일어나면? 방귀를 뀌면? 코가 가려우면? 여러 가능성들은 끝이 없었다. 이런 일들이 하나라도 일어나면 그는 바닥까지 곧바로 내동댕이쳐질 터였다. 마하라자 단독등반을 생각하면 생각할수록 보이테크의 신경은 완전히 난파선이 되었다. 할리나 역시 신경과민인 남편을 이해하지 못하고 화를 냈다. 그가 하는 것이라고는 자신의 불쌍한 손가락들을 바라보며 걱정하는 것뿐이었다. 그는 걱정을 하거나, 아니면 훈련을 했다.

훈련의 핵심은 그가 말하는 '들어 올리기 대 비틀기', 즉 체중과 힘의 비율을 완벽한 관계로 만드는 것이었다. 목표는 비트는 것보다 더 많이 들어 올리는 것. 이것은 간단해 보이지만 사실은 그렇지 않다. 더 들어 올리는 것에 치중해야 할까, 아니면 덜 비트는 것에 집중해야 할까? 그는 그 딜레마를 이렇게 설명했다. "힘을 늘리는 것에 치중하다 보니 근육이 커져 결과적으로 몸집이 불어났다. 그리하여 힘이 분명하게 늘었는데도 불구하고 작고 미끄러운 홀드들이 널린 곳에서 한 줌의 옆구리 살 때문에 우아함과 가벼움을 잃고 말았다는 것을 알고 나는 낙심했다."[115]

이런 현상은 혼란스러웠다. "더구나 한 사람의 신봉자로서 나는 등반을 육체를 공중으로 끌어올리는 것이 아니라, 스스로의 한계를 뛰어넘는 시도라는 것으로 이해하고 있었다. 그렇다면 옆구리 살은 어떻게 되는가? 왜 체력 훈련으로 몸을 만들지 않는가? 몸을 끌어올리지도 못할 뿐더러, 설상가상으로 모든 노력에 짐이 되는데도 말이다."[116] 이제 그는 고민에 빠진 것 같았다.

보이테크는 옆구리 살에 집중하기로 했다. 단식을 했고 몸을 정화했다. 그는 깃털처럼 가볍고 날씬해졌다. 하지만 옆구리 살을 잘게 썰어 없애자, 같은 비율로 체력도 떨어져간다는 것을 알고 그는 충격을 받았다. 자주 피로를 느낀 그는 침체에 빠졌다.

보이테크는 체력으로 관심을 돌리고 턱걸이에 집중했다. 날마다 철봉에 팔을 굽힌 채 매달렸고, 무릎이 철봉 높이까지 되도록 다리를 쭉 폈다. 결과는 놀라웠다. "몸과 마음을 하나로 만드는 힘이 가슴 주위에 생겼다. 가벼움과 아름다움을 약속하는 힘이 허리에 생겼다. 그리고 균형을 이루며 팽팽해진 어깨가 꺾이지 않는 힘을 약속했다."[117] 그는 한 손 턱걸이 훈련을 마치고 벽에 만들어 붙인 캠퍼스보드에서 손가락을 단련했고, 숲속을 달렸다. 그의 몸은 이제 힘이 생기면서도 가벼워져 효율적인 기계가 되었다.

훈련도 훈련이었지만 더 중요한 것은 실제적인 동작을 바위에서 미리 연습하는 것이었다. 그는 자신의 계획을 들킬까 봐 잘 아는 친구들과는 함께 등반할 수 없었다. 따라서 그는 자신의 확보를 기꺼이 봐줄 초보자가 필요했다. 연습등반이 시작됐다. 우선은 마하라자를 톱로핑으로 등반하는 것이었다. 첫 번째 시도는 좋았다. 그는 자신감을 가질 수 있었다. 인내심 있고 순진한 확보자의 도움을 받으며 그는 두 번 더 연습했다. 세 번을 추락 없이 해냈다. 그리고 다섯 번까지. 그는 하나를 제외하고 만족했다. "거의 완벽에 가까웠지만, 크럭스 구간에서는 위로 향하려는 다이내믹한 반동과 몸을 바위에 붙이려는 장력 사이에 미묘한 균형이 절대적으로 필요하다는 사실이 마음에 걸렸다. 그곳에서는 완벽한 동작에서 조금만 삐끗해도 추락은 피할 수 없는 운명이 될 것 같았다." 그는 아무리 연습해도 그것을 바꿀 수 없다는 사실을 깨달았다. 그렇다면 마음을 졸여봐야 무슨 소용이 있을까?

보이테크는 몇 주 동안 마하라자 연습에 매달렸다. 그런데 마지막 연습을 앞두고 뜻하지 않은 일들이 생겼다. 사업차 인도로 출장을 가야 했고, 바위가 사람들로 붐볐으며, 가족에 대한 부담감이 생긴 것이다. 그는 완벽할 정도로 '만족스러운' 등반 준비에 몰두하는 동안 평정심이 이렇게 깨질 줄은 미처 알지 못했다. "당신 좀 이상해." 할리나가 말했다.

보이테크는 이제 더 이상 늦출 수가 없었다. 연습을 더 해보았자 실패할지도 모른다는 정신적 혼란만 가중될 것 같았다. 단독등반의 예술은 이런 종류의 생각을 머릿속에서 지우는 예술이다. 이제는 결행할 시간이었다.

날씨는 차분했다. 여름 하늘에는 작은 구름 한 점만 떠 있었다. 그는 정신을 가다듬었다. 주변의 모든 것에 대한 인식이 거의 참을 수 없는 수준으로 확대됐다. 가까운 곳에 있는 계곡물 소리가 요란하게 들렸고, 바위 뒤에서 나타난 달팽이가 땅으로 꿈틀꿈틀 기어갔다. 그는 톱로핑으로 한 번 더 연습하기로 했다. "함정은 없었다. 음각 홀드 안에는 달팽이가 없었지만, 구렁텅이로 빠지는 길은 그대로였다."[118]

그는 로프를 잡아 빼고 나서 하네스를 벗었다. 그리고 암벽화 끈을 조였다. 그때 젊은 클라이머 둘이 떠들며 올라왔다. 등반을 준비하면서 그들은 마하라자 밑에 혼자 서 있는 보이테크를 흘끗 쳐다보았다. 그 순간 그들은 그의 계획을 알아차렸고, 공포에 휩싸인 듯 입을 다물었다. 모든 것이 꿈속처럼 느리게 흘러갔다. 작은 이미지들이 장면마다 분명한 초점을 이루며 하나하나 넘어갔다. 그는 용수철처럼 반응했다. 하지만 이것은 그가 원한 것이 아니었다.

그는 초인적인 노력으로 현재에 완전히 집중했다. 초크를 바른 손가락들로 음각 홀드들을 정교하고 단단하게 잡고, 스탠스에 발을 정확하게 댔다. 그리고 망설임 없이 꾸준히 올라갔다. 그는 발을 먼저 대고 나서 홀드를 잡았다. "바위의 촉감이 너무 좋아 힘이 났습니다." 훗날 그가 말했다. "난 홀드를 꽉 붙잡아 당기면서 등반을 시작했습니다."

보이테크는 몇 번의 쉬운 동작을 통해 검은 천장에 도달했다. 그런 다음 허리를 뒤로 젖혀, 보이지는 않지만 이미 알고 있는 천장 위의 홀드를 붙잡았다. "이제는 되돌아 내려올 수 없는 천장을 나는 가볍게 넘어갔다. 그러자 그 순간 악몽에서 깨어난 듯한 기분이 들었다. 나는 안도했고, 내 마음속에는 평화가 가득했다."[119] 그의 신체적 긴장은 좋았다. 손가락에 땀이 배지 않았고, 발은 아주 작은 스탠스에서 그다음으로 조용하고 정교하게 움직였다. "물이 흐르듯 동작들이 가볍고 균형 있게 이어졌다. 내가 위로 올라가고 있다는 사실이 뿌듯하기만 했다. 내 자신의 배짱이 나를 기쁘게 하기 시작했다. 나는 그런 만족감을 더 원하고 있었다."[120]

아래에서는 그 두 클라이머들이 말없이 지켜보고 있었다.

보이테크는 그 등반 중에서 가장 어려운 곳을 쳐다보았다. 그런 곳의 단독등반은 처음이었다. 연습등반을 하면서 한 번도 위를 쳐다보지 않고 망설임 없이 부드럽게 올라갔었다. 쳐다볼 필요가 없었다. 하지만 그는 그만 쳐다보고 말았는데, 그 크럭스가 낯설어 보였다. 생각했던 것과 사뭇 달랐다. 그때 가늘게 떨리던 공포가 그의 온몸에 퍼졌다. "나는 놀라서 말이 안 나왔다. 그 놀람 바로 뒤에 공포가 도사리고 있었다. 만약 내가 약해지면 바닥까지 추락하리라는 것을 나는 알고 있었다. 그러나 현명한 한 마리의 동물인 몸은… 과열된 머리가 생각하고 있는 것을 반영하지 않았다. 왼손의 손가락 하나를 포켓 홀드에 걸고, 나는 돌아설 수 없는 곳으로 불안정하게 올라갔다. 그곳에는 파란 하늘을 배경으로 수직의 바위에 비스듬히 기울어진 작은 회색 바위들이 둥글게 튀어나와 있었다. 그런데 몹시 놀랍게도 코앞에 손가락 피부만큼 가는 에지가 나타났다. 됐어!"[121]

그는 몇 번의 동작을 통해 그늘진 벽에서 햇빛이 반짝이는 바위로 올라섰다. "환한 여름 하늘이 마치 파도처럼 나에게 넘실거렸다. 나는 기뻐서 웃었다. 미친 사람처럼. 내 몸 안의 모든 세포가 기쁨을 만끽했다."[122] 그는 따뜻해지도록 몸을 바위에 댔다. 그리고 계곡 건너편에 있는 자신의 집을 바라보았다. 가족과 정원과 크리스마스 장미들을 생각했다. "중국의 마하라자 단독등반을 마음속에 그리면서 나는 아주 평온한 마음으로 그것을 구상했습니다." 그는 훗날 이렇게 말했다. "나는 그곳에 도전해보고 싶었습니다. 바로 그런 마음 상태로. 나는 할 수 있다는 자신감이 들었습니다. 하지만 불행하게도 그럴 기회가 찾아오지 않았습니다. 마침내 마지막 단계가 다가오자, 그러면 안 되는데, 나는 마음이 불안했습니다. 등반을 감행하면서 실수를 하지 않은 것은 나에게 행운이었습니다."

그다음 몇 주 동안 보이테크는 고양된 기분과 멋진 자유의 감정을 마음껏 누렸다. 하지만 결국 그런 감정들도 사그라지고 공허와 불안이 찾아들었다. 그렇다면 마음을 괴롭히는 것이 이제는 사라졌다는 말인가? 그는 한여름의

중국의 마하라자. 1993년 보이테크 쿠르티카는 이 벽을 단독 등반해 사람들을 놀라게 했는데, 그루 트의 상단부에는 25미터의 반반한 슬랩도 있었다. 그때 그는 마흔여섯 살이었다. (표트르 드로지치)

60대 후반의 나이에도 불구하고 여전히 에너지가 넘치는 보이테크 쿠르티카 (표트르 드로지치)

열기에 시들해진 정원의 식물들을 바라보았다. 아끼는 것들이었는데… 그는 마음이 상했다. 그때 마치 기적처럼 비가 오더니 수풀과 나무와 꽃들이 미약한 생명의 힘을 다시 얻기 시작했다. "믿기 어려웠다. 하지만 나는 빗물 한 방울 한 방울, 아무것도 발산하지 않는 그 선량함이 내 안에 고이기 시작하는 것을 느꼈다. 그 빗줄기는 나를 채웠고, 새카맣게 탄 정원을 부드럽게 적셨다."[123]

도대체 무엇 때문에 보이테크는 마흔여섯의 나이에 중국의 마하라자 단독등반에 나섰을까? 그는 먹여 살려야 할 자식이 둘이나 있었다. 그리고 부인은 만삭이었다. 사실 그는 '끊어버린 탯줄'을 궁극의 수준으로 밀어붙여 인간의 한계를 뛰어넘고 싶었다. 그러나 다른 이유도 있었을 것이다. 그는 자신의 세대, 즉 이전의 세대(보이테크의 세대) 주위를 맴돌며 등반하는 세대의 도전을 받고 있었다고 고백했다. "그들은 과거의 성취를 뛰어넘는 등반을 하면서 우리를 아버지처럼 늙은이로 취급합니다." 보이테크가 웃으며 말했다. "그런데 아버지가 와서 아주 어려운 곳을 단독 등반한다면…. 음, 그것이 동기 중 하나 였습니다. 아주 약간. 내 마음 속에서. 그것은 일종의 자만심이었습니다."

보이테크는 나이를 의식하지 않고 젊은이들의 활동에 참가하는 드문 사람이었다. 그의 동료들 중 그렇게 하는 사람은 아무도 없었다. 그가 히말라야 경력을 끝내고 돌아왔을 때 폴란드의 젊은 클라이머들은 이미 5.13이나 그 이상의 루트들을 등반하고 있었다. 보이테크는 별다른 의도 없이 그들과 함께 어울렸다. 그는 비슷한 난이도를 등반했고, 타트라에서 '파괴자Breaker'를 개척했으며, 중국의 마하라자를 단독 등반했다. 그것은 경쟁을 싫어하는 보이테크에게 거부할 수 없는 도전이었다. 오늘날까지 폴란드에서 그보다 더 어려운 루트가 단독 등반된 예는 없다.

그는 예순의 나이에도 불구하고 여전히 높은 수준의 등반을 계속하고 있지만, 중국의 마하라자는 보이테크가 마지막으로 감행한 고도의 단독등반이었다. 그것은 그의 인생에서 시간이 변하고 있다는 신호였다. 새로운 시작과 슬픈 종말의 시간. 그에게는 위대한 창조의 시간과 사업 활동에서의 새로운 의욕이 시작됐다는 의미였다. 그리고 그것은 두 번째 결혼생활의 파국을 가져왔다.

16

형이상학적 싱크탱크

사형선고는 짧고 매우 단호하지만 무기징역은 그렇지 않다.
그것은 구문론이니 조건법이니 하는 복잡한 것들이 많아
늙을 때까지 오래도록 계속된다.

어슐러 르 귄Ursula Le Guin, 『마음의 파도The Wave in the Mind: 작가, 독자와의 대화와 에세이 그리고 상상력』

———

1970~1980년대 폴란드의 가장 위대한 수출품은 히말라야 등반가들이었다. 그들은 모두 개성이 있었다. 카리스마 넘치는 안드제이 자바다는 모든 세대의 알피니스트들에게 활력을 불어넣어, 8천 미터급 고봉을 동계에 도전하도록 가능성의 한계를 넓혔다. 그는 그들에게 폴란드인의 긍지를 심어주었으며, 세계에서 가장 훌륭한 산악인이 되도록 도와주었다. 크지슈토프 비엘리츠키는 정상까지 단숨에 뛰어올라가는 치타였다. 유레크 쿠쿠츠카는 산에서 최고가 되었으며, 산악인들뿐만 아니라 수많은 사람들에게 용기와 용맹의 상징이 되었다. 그와 똑같이 산에 빠져 시대를 앞섰던 반다 루트키에비치는 다른 여성이 15년간 따라잡지 못한 8천 미터급 고봉 기록을 세웠다. 그녀는 여성 고소

알피니스트들에게 영감을 주었고, 강력한 여성 단일팀을 이끌었다. 보이테크, 유레크, 반다, 크지슈토프, 안드제이와 그들에게 합류한 산악인 집단은 의미 있는 히말라야 유산을 만들어냈다. 그들은 돈을 제외하고는 모든 면에서 윤택한 방랑자의 삶을 살았다.

그들 중에서도 보이테크는 유별난 존재였다. 그는 유레크, 반다, 크지슈토프와 같은 방식으로 8천 미터급 고봉을 추구하지 않았고, 히말라야 동계 전문가도 아니었다. 대신 그의 특기는 거벽과 고소 트래버스였다. 그는 아름답고 어렵고 미래지향적인 등반선을 주시했다. 고정로프와 대규모 원정대에 등을 돌린 그는 작은 팀의 유연성과 독립성과 친밀성을 좋아했다. 그는 폴란드 산악계와 어느 정도 거리를 두고 있었는데, 그의 길은 다른 사람들이 쉽게 이해하지 못했다. 8천 미터급 고봉 14개를 스무 번째로 완등한 고소 전문가 표트르 푸스텔니크Piotr Pustelnik는 이렇게 설명했다. "정상 등정보다 어떤 벽이나 특정한 루트 또는 남다른 리지 등반을 더 중요하게 여기는 사람을 어떻게 이해해야 하나? 반다와 유레크의 정상 수집 프로그램 시대에 보이테크의 접근 방법은 너무나 기이해서 진지하게 받아들여지지 않았다. 하지만 지금 나는 바로 그런 이유로 보이테크의 카리스마가 폴란드에서보다는 오히려 외국에서 더 빛을 발했다고 생각한다."

엘리트적이고 직감적이며 예술적인 보이테크는 스타일과 경험의 미학적 총량, 그리고 위험을 무릅쓰지 않는 등반으로 자신의 자유를 규정했다. 여전히 총명한 그는 비록 일시적이었다 하더라도 자유에 대한 개념을 또 다른 차원으로 끌어올렸다. "만연하는 사회적 편의성과 상상력의 빈곤에 대한 신경치료제로서 아름다운 거벽보다 더 좋은 것은 없다. 그리하여 힘든 산행에서 돌아온 사람은 보다 현명하고 침착한 존재가 되어 내적으로 성숙해지면서 정신적 해방감을 느낀다."[124]

산악계와 거리를 두고 있었음에도, 폴란드의 거의 모든 알피니스트와 그

밖의 사람들은 보이테크에 대해 나름대로의 의견을 갖고 있다. 에베레스트를 동계에 초등한 두 사람 중 하나인 레셰크 치히Leszek Cichy는 보이테크에 대해 다음과 같이 평가했다. "히말라야에서의 업적은 물론이고 폴란드 암벽등반 역사에서 가장 위대한 인물이다. 보이테크는 자신의 등반을 둘러싼 신비주의의 아주 흥미로운 아우라를 발산했다." 미국 알피니스트 스티브 하우스는 보이테크를 '고산 등반 세계의 발광체'라고 불렀다. 그는 자신의 말을 이렇게 풀었다. "그의 등정은 — 정상에 간 적도 있었고 그렇지 못한 경우도 있었는데 — 세계에서 가장 어려운 봉우리들에서 멋진 스타일로 이루어진 힘든 등반의 신호등이었다. … 그는 전설이며 알피니즘의 거인이다. 그의 등반이 그것을 분명하게 말해준다."

루드비크 빌치인스키는 더 넓은 폴란드 산악계의 맥락에서 그를 바라보았다. "자바다가 폴란드와 국제 알피니즘 무대에서 활동했다면, 산악계의 형이상학적 싱크탱크인 보이테크는 혼자 높은 곳으로 올라가, 우리 모두에게 만족감과 독립심을 심어주었다. 사실 그곳의 다락방은 여권도 직업도 없다며 우울하게 노래 부르고, 비뚤어진 정신 상태로 술이나 마시는 불결한 옷차림의 아웃사이더들이 차지하고 있던 곳이었다."[125] 보이테크보다 거의 마흔 살 아래며 폴란드의 진지한 알피니스트인 카츠페르 테키엘리Kacper Tekieli는 폴란드 등반의 황금시대 이후 가장 의미 있는 롤 모델로 그를 꼽는다.

라인홀드 메스너는 보이테크에 대해 이렇게 말했다. "의심할 여지없이 최고였다. 그는 빛나는 등반을 아주 많이 했다." 그리고 한때 무적의 팀이었던 보이테크와 유레크를 회상하며 불가사의한 그들의 관계를 이렇게 평가했다. "유레크 쿠쿠츠카를 위대한 도전으로 이끈 사람이 바로 보이테크였다. 보이테크는 자신의 등반을 이해했으며, 쿠쿠츠카는 체력이 뛰어났다."

보이테크는 모든 사람들에게 영향을 주었다. 그는 친절하고 너그러웠지만 때로는 화가 날 정도로 과민하고 성급했다. 또한 너무나 완고하게 자기 방식을 고집했는데, 수가 틀리면 미친 듯이 폭발했다. 그는 놀라울 정도로 밝기도 하지만 한편으로는 말썽꾸러기였다. 일단 마음이 내키면 솔직하고 대담했으며, 카메라를 유혹하고 친밀감을 보이기까지 했다. 하지만 사생활과 고독에 대한 욕구는 불가침의 영역이어서 가끔은 가까이 다가가지 못하게 만들기도 했다. 그리고 때로는 냉담하고 거만하고 무시하는 태도를 보임으로써 자신을 방어했다. 그는 자기중심과 겸손 사이에서 폭넓게 변동을 거듭했다. 많은 사람들이 그를 존경한다고 말하지만, 친밀감을 느낀다고 하는 사람은 거의 없다. 비록 우정을 추구하기는 했어도 — 이 사실은 마지못해 인정하는데 — 결국 보이테크에게는 사람들로 하여금 거리를 두게 만드는 알 수 없는 면이 있었다.

이런 일은 한때 그의 가정에서도 있었다. "아이로서 난 아버지에게 가까이 다가가지 못했습니다." 그의 딸 아그네스가 말했다. "10대가 되어서야 아버지는 내게 관심을 가졌습니다." 가족과 떨어져 지내면서도 보이테크는 딸에게 관심을 가졌고 양육에도 깊숙이 개입하고 싶어 했다. "거의 매일 찾아왔습니다. 아버지는 나에게 철학과 종교는 물론이고 인생에 대해서도 가르쳐주려고 했습니다. 침대가 헝클어진 모습을 보면 이렇게 소리쳤습니다. '침대는 스스로 정리해. 그렇지 않으면 네 인생은 형편없어질 거야.'" 그녀는 웃으며 이렇게 덧붙였다. "물론 난 반항했죠."

알렉스는 아버지가 종교에 대해 매우 비판적이었던 것으로 기억했다. 보이테크 역시 신의 위협적인 유대교-크리스트교 비전, 즉 두 민족이 가장 중요하다는 비전에 대해 전폭적인 거부감을 공유하라고 강요한 것 같다며 알렉스 말에 동의했다. "공포와 자비와 품위를 더 유해하고 고통스럽게 만든 데는 공산주의보다 그런 독단이 크게 기여했다고 생각합니다." 그러나 보이테크는 명확했다. 즉 자신이 거절한 것은 영성이 아니라는 것이다. 그는 자식들에게 정신적 소양을 위해 훨씬 더 먼 미래를 내다보고 책을 읽고 또 읽으라고 격려했

보이테크와 딸 아그네스 (보이테크 쿠르티카 컬렉션)

다. 아그네스가 열여섯 살이었던 어느 날, 그녀는 눈을 반짝거리며 편지 한 장을 들고 보이테크에게 다가가 말했다. "여기 사인해주세요."

"뭔데?" 보이테크가 호기심을 보이며 물었다.

그것은 학교에 제출하려던 편지로, 종교수업을 참석하지 않아도 좋다는 부모의 동의를 구하는 것이었다. "싹이 자라고 있는 것 같아 기뻤습니다." 보이테크가 말했다. "유전자 원형이 파괴됐으니까요."

아버지가 교육을 시키지 않을 때는 산으로 트레킹이나 암벽등반에 데려갔다고 아그네스와 알렉스는 기억했다. 보이테크는 기대를 많이 했다. "아버지의 완벽주의에 따르기가 힘들었습니다." 아그네스는 한숨을 내쉬었다. 알렉스는 학교 성적에 대한 아버지의 실망을 기억하고 있었다. "아버진 이렇게 말했습니다. '이런, 넌 어떻게 중간밖에 안 되니?'" 하지만 후에 알렉스가 프랑스어와 영어, 독일어를 혼자 익히자 보이테크는 칭찬을 마다하지 않았다. 아버지의 완벽한 갑옷에 있는 작은 틈을 발견한 자식들은 함박웃음을 터뜨렸다. "기술에 대해선 아무것도 몰랐습니다." 이렇게 말하며 아그네스는 고소해했다. "눈먼 사람에게 색깔을 얘기하는 것과 같다고나 할까요."

그것은 결과적으로 아버지와 아들을 하나로 묶어주는 창조적 과정이었다. 이상주의자이며 꿈이 많은 알렉스는 이제 아버지와 강한 친밀감을 느낀다. 알렉스는 문학과 미술사와 영화에 관심이 많다. 그의 유일한 걱정은 영화 제작에 대한 아이디어를 공유하면 아버지가 너무 흥분한 나머지 그 프로젝트를 빼앗지나 않을까 하는 것이다. 좀 더 실용적인 아그네스는 수입 사업을 도와줄 때 멋진 직물과 이국적인 가구의 세계로 아버지와 함께 끌려들어가는 것을 좋아했다.

보이테크는 항상 사색하는 사람, 즉 일종의 형이상학적 싱크탱크였다. 하지만 나이를 먹어감에 따라 그는 자기 분석을 통해 더욱 분별력 있는 사람이 되었다. 그는 지독하게 정직했으며 경솔한 행동, 특히 자기중심적인 사고방식을 스스로 질책했다. 2015년, 그는 한 인터뷰에서 ─ 약간의 유머로 변화를 주기는 했지만 ─ 이렇게 설명했다. "나는 자기중심적인 사고방식을 좋아하지 않는데, 사실은 평생 동안 그것을 고민했다. 결코 만만치는 않았지만 나는 어떻게든 다루어왔다. 가끔 어떤 사람이 나보다 더 사랑스러워질 때가 있다. 그

보이테크 쿠르티카와 아들 알렉스
(표트르 부야크Piotr Bujak)

러면 나의 자아가 사라진다. 그렇지 않으면 나는 어떤 창조적 프로젝트, 즉 즐겁거나 정신 나간 것에 몰두하는데, 그러면 위축되었던 자아가 살아난다. 최악의 시나리오는 와인을 한 잔 마시는 것이다. 그러면 내 자아는 다리 사이에 있는 꼬리를 타고 달아난다."[126]

자아를 다루기 위해 보이테크는 효과적인 출구를 끊임없이 찾아왔다. 정원에서 땀을 흘리며 일을 한다든가, 사업을 위해 멋진 건물을 디자인하고 건설한다든가, 식물과 건축에 대한 공부를 한다든가, 그리고 더 중요하게는 글을 쓴다든가. 보이테크는 늘 글을 쓴다. 그에게는 그것이 지칠 줄 모르는 기쁨이다. 시, 짧거나 긴 에세이, 소설과 『치인스키 마하라차Chiński Maharadża(중국의 마하라자)』라는 책까지. 그는 문장과 구와 단어를 신중하게 선택한다. 그리고 놀랄 일이 전혀 아니지만, 그는 등반에 대한 글도 쓴다. 물론 그는 자신이 원하는 바가 아니라고 주장한다. "등반에 대해 강한 친밀감을 가질 때 나는 최고의 경험을 한다. 따라서 그것을 표현하는 것은 쉽지 않다."[127] 그렇다 해도

글을 쓰는 보이테크 쿠르티카 (보이테크 쿠르티카 컬렉션)

그의 책은 친밀한 경험들로 넘쳐난다. 그가 단독 등반한 '중국의 마하라자'가 대표적인 예이다. 야망, 긍지, 공포, 수치심, 순수함과 해방된 희열은 비길 데가 없다. 그는 히말라야 등정보다는 자신의 집 근처에서 한 등반에 더 집중했고, 일상의 맥락 속에서 등반의 의미를 찾는 데 주력했다. "사실 나에겐 그것이 훨씬 더 큰 도전이었습니다." 그가 말했다.

보이테크에게 가장 큰 도전은 글을 써서, 그것이 최종적으로 출판될 수 있도록 교정하는 일이었다. 『치인스키 마하라차』를 출판한 표트르 드로지치Piotr Drożdż는 이렇게 기억했다. "그가 쓴 단어를 보면 도의 경지를 터득한 것 같다. 그는 문장을 끊임없이 갈고 닦는다. 편집자조차 보이테크는 언어에 가장 민감한 작가라고 인정했을 정도다. 조금이라도 고치려면 논쟁을 벌여야 한다는 것이다." 아버지의 마지막 앨범 「더 어두어지길 원하시면You want it darker」을 낸 레너드 코헨의 아들 애덤Adam은 아버지가 시 하나를 끝내는 데 5년, 7년, 때로는 10년이 걸린 적도 있다고 농담처럼 말했다. 보이테크 역시 마찬가지였다. 그는 귀찮을 정도로 고치고, 편집하고, 수정하고, 마음을 바꾸고, 생각을 정교하게 다듬고, 고쳐 쓰고, 고쳐 쓰고 또 고쳐 썼다.

그의 작품은 등반과 인생에 대한 별난 지혜 덩어리들로 가득하다. 등반 난이도에 대한 그의 생각은 이렇다. "숫자에 대한 사악한 숭배가 등반이라는 고상한 예술 행위를 1차원으로 만들어 그 영혼과 예술성을 빼앗아버렸다"[128] 그런데 고소에서 산소를 쓰는 사람들에 대해서는 자애롭게도 이렇게 판정한다. "이웃이 안경이나 콘돔 또는 산소를 쓴다고 해서 그들을 비난해서는 안 된다." 그리고 고산에서의 가이드 등반에 대해서는 이렇게 일갈한다. "남녀 관계와 인간과 산의 관계는 가이드가 없는 편이 더 낫다." 한편 완벽주의에 대해서는 이렇게 고백한다. "나는 완벽주의를 좋아하지 않는데, 하필 내가 완벽주의자다."[129] 그리고 노화에 대해서는 이렇게 선언한다. "첫 번째 계명은 충분한 생각 없이 화장실을 지나치지 말라는 것이고, 두 번째는 발기를 낭비하지 말라는 것이며, 세 번째는 자신의 방귀를 지나치게 믿지 말라는 것이다."[130] 또한 야망에 대해서는 이렇게 생각한다. "꿈이 대중적 야망으로 바뀌면 그것은 최악의 꿈이다." 그는 동정에 대해서도 이렇게 평가한다. "다른 사람에 대해 진정한 동정이 생기면, 자기 자신의 불행을 무시하기 십상이다."

보이테크가 가장 두려워한 것은 지나치게 상투적인 자만이나 자기 영향력을 강화하는 자기 확장 스타일로 등반에 대해 글을 쓰는 것이었다. 2003년 그는 『알피니스트』에 이렇게 썼다. "등반이 예술이라는 사실을 이제야 분명히 깨닫는다. 선전은 독약인데, 자기선전은 인간의 영혼 속에 숨어 있는 가장 오래된 질병이다."[131] 미국의 알피니스트이자 빙벽등반의 선구자인 제프 로우 _Jeff Lowe_는 일찍이 이렇게 썼다. "자신의 일을 성심껏 하라. 그리고 정직과 겸손, 유머와 열정을 가지고 경험하고 배운 것들로 교감하라. 그러면 후배들에게 '자기' 스타일의 가벼움과 그들 스타일의 '불편함'으로 그들을 머리로 이기기보다 결과적으로 영향을 줄 것이다."[132] 보이테크는 우격다짐보다는 블랙 유머와 자기 조롱을 이용해 자신의 요점을 전달했다. 그러나 잘 알고 있었음에도 그는 어느 정도 '훈계'를 하고 자신의 주관적인 견해와 약간의 지혜를 강요했는데, 그런 뒤에는 그렇게 함으로써 함정에 빠지는 자기 자신을 질책했다.

보이테크는 알피니즘의 미래에 대해서도 명민하게 분석한다. 그는 현대 클라이머들이 다양한 기대를 갖고 있으며 새로운 것이 그들의 상상력을 지배하고 있다고 믿는다. 디지털 지식과 유전의 창조, 공간과 시간 여행과 불멸 등. 이런 아이디어는 거의 다 가상의 정신 영역으로 이어져왔다. 보이테크의 견해에 따르면, 그 영역이 산에 대한 상상력이 아니라는 것이다. 그에게 산에 대한 상상력은 낭만적인 것이다. "낭만적 상상력의 중심은 감성이며, 그 길은 피와 땀과 눈물이다. 그리고 그 끝이 신이다."

보이테크가 걸어온 길고 분명한 길에는 수많은 추억이 깃들어 있다. 어떤 것들은 슬픔을, 어떤 것들은 실망을, 그리고 다른 것들은 긍지를 상기시킨다. 그가 처음으로 마주친 비극은 폴란드 타트라의 디레티시마 루트에서 유레크의 파트너가 추락 사망한 것이었다. 그는 반다카 베이스캠프에서 지낼 때 끊임없이 굴러 떨어지는 낙석에 놀라 공포에 떨었다. 창가방에서 그가 크지슈토프 주레크Krzysztof Żurek가 있는 곳으로 올라가지 않은 이유는 어떤 말할 수 없는 이성적 공포 때문이었다. 더욱이 꼼짝달싹하지 못하는 크지슈토프를 보고 그는 어떻게 해야 할지 몰라 당황했다. 마나슬루에서 눈사태 위험에 대해 유레크와 벌인 끔찍한 말싸움은 또 어떤가? 초오유 남서벽에서 에라르, 장과 함께 올라가지 않고 베이스캠프까지 외롭고 먼 길을 혼자서 걸어 내려온 그날은? 이런 것들은 모두 파트너나 친구와의 일이어서 정신적으로 고통스러운 순간들이었다.

그리고 더 큰 상실감은 옛 친구들이 산에서 하나씩 죽어간 것이었다. 안나푸르나 남벽에서 죽은 매킨타이어, 로체 남벽에서의 유레크, 그리고 2001

년 4월의 에라르. 알프스에서 등반하다 비극적인 사고를 당한 에라르에 대해 그는 슬픔을 가누지 못했다. 그는 에라르가 상처가 많다는 것을 알고 있었다. 등반 파트너와 인생의 동반자와 어린 아들까지. 그리고 이제, 바위와 눈과 얼음의 세계에서 오랫동안 살아남은 에라르까지 죽고 말다니. "가슴이 터지는 것 같았습니다." 그 소식을 들은 보이테크가 말했다. "정말 혼란스러웠습니다. 그의 죽음을 어떻게 받아들여야 할지…." 죽음은 상처를 남겼고, 그 상처는 자국이 되었다.

하지만 즐거운 추억도 그만큼 많았다. 반다카 정상 근처에서 매킨타이어가 얼음의 세락 위로 빠져나갈 수 있는 통로를 발견한 날. 창가방에서 크지슈토프가 살아 있다는 것을 안 순간. 매킨타이어가 새로 산 자신의 워크맨에 테이프를 끼워 건네주었을 때. "멋진 일이죠." 먼 훗날 테이프를 들어 보이며 그가 웃었다. "잊을 수 없는 추억, 그게 매킨타이어가 준 선물입니다." 트랑고 타워에서 여러 번 추락한 자신을 돌봐주며 에라르가 먹을 것을 만들고 음악을 들려주었을 때의 그 감정. 장과의 우정. "장의 친근한 얼굴과 강인한 육체를 기억할 때마다 나는 그와 더 많이 등반하지 못한 걸 후회하게 됩니다. 자신의 가장 신비스러운 곳으로 종종 우리를 안내한 지구의 또 다른 신비스러운 구석을 우리는 왜 함께 더 많이 탐험하지 못했을까요?" 산에서의 우정은 최고의 순간들을 만들어주었다.

자신이 쓴 글들을 들춰보며 파트너들과의 수많은 나날들을 되돌아보던 보이테크는 가끔 후회스러운 양심의 가책을 드러내기도 했다. 오랫동안 잊고 지냈던, 하지만 자신에게는 분명하게 남아 있는, 그들과의 불화를 다시 떠올린 그는 자신의 감정을 설명하려 애썼다. "이제 보니 에라르는 천사였습니다. 유레크와는 아주 아주 좋았습니다. 마치 형제처럼. 매킨타이어도 마찬가지였습니다. 하지만 이야기를 파고들기 시작하면 우리에게 너무나 안 좋은 순간들이 있었다는 사실을 깨닫게 됩니다." 과거에 대한 기억은 정교한 과정을 통해 태어난다. 즉 선택된 기억은 살아남기 위해 자신의 형상을 다듬게 된다.

마지막에 유레크와 보이테크의 파트너십이 가장 심하게 부딪치는 글이 나왔다. 등반에 대한 철학이 서로 달라서 그렇기도 했지만, 그들이 폴란드에서 슈퍼스타였기 때문에 그랬을 확률이 훨씬 더 높다. "자신의 자아에서 완전히 자유로울 수는 없지만, 솔직히 나는 그를 질투한 적이 없다." 보이테크는 이렇게 주장했다. "사실이다. 그리고 그가 나를 대한 태도 역시 공정했다고 생각한다. 그의 마음이 나보다 더 순수했을 것이다. 물론 나는 대중과 미디어를 피했고 그는 그것을 추구했지만…. 그가 내면은 순수한 사람이었다는 것이 내 인상이다. 유레크는 나에게 진정한 파트너였다." 자신의 등반으로 국제적 명성을 얻었음에도, 유레크는 남이 따르는 자연스러운 태도를 결코 잃지 않았다. "그 점에 대해 나는 그를 무척 존경하고 사랑했다." 보이테크는 이렇게 밝혔다. "반면, 준비를 철저하게 하지 않고 맹목적으로 돌격하는 그의 모습은 나를 불편하게 만들었다."[133] 보이테크에게 그것은 불편 이상이었다. 그리하여 결국 그는 유레크와 멀어졌다. 보이테크는 이 '맹목적 돌격'이 유레크의 파트너들을 비극으로 몰고 갔다고 확신했다.

보이테크의 어떤 기억들은 그에게 나무랄 데 없는 안전기록을 포함해 자긍심을 심어주었다. 부르트고 까진 손가락들과 관절들을 빼고 그는 부상을 당한 적이 거의 없다. 극도로 어렵고 위험한 등반을 추구했지만, 그는 물론이고 파트너들까지도 사고와 비극을 피할 수 있었다. "난 지금까지도 여전히 그 이유를 알지 못합니다." 놀랍다는 듯 고개를 저으며 그가 말했다.

때때로 그는 자신의 안전을 행운이나 산과의 사이에 존재하는 상호 사랑의 이상주의적인 개념으로 돌리곤 한다. 하지만 잘 분석해보면 진실이 드러난다. 보이테크는 위험의 신호를 다른 사람들보다도 훨씬 더 예민하게 받아들였다. 예를 들면 초오유와 마나슬루에서의 눈사태 위험과 같은 경우는 징후가 명백했다. 그는 그런 조건에서의 등반을 거부했다. 기적은 일어나지 않았다.

하지만 그럴 때조차도 다른 사람들이 종종 그런 위험의 징후 — 그럼에도 가끔 살아남기는 하지만 — 를 무시했기 때문에 그의 일부는 뒤늦게 깨달을 지혜에 의존하거나 이성적 판단에 의구심을 나타냈다.

보이테크는 이런 종류의 행동이 지속될 수는 없다는 것을 알고 있었다. 위험 속으로 뛰어든 가장 명백한 사례가 유레크였다. "고소순응이 되면 그는 무적이었습니다." 보이테크가 설명했다. "베이스캠프에서 두 달을 있어도 그는 끄떡없을 겁니다. 그래도 여전히 잘 움직일 테니까요." 문제는 그의 파트너들이 쇠약해져 간다는 것이었다. "그런 조건에서 다른 사람들은 그를 따라잡지 못하고 죽어갔습니다. 아주 간단합니다. 그는 그걸 알지 못했습니다. 자신의 파트너가 약해지는 걸 모를 수 있나요? 파트너가 좀 이상하다 싶으면 난 무전기를 켜고 항상 그를 주시합니다. 물론 그럴 때의 등반은 나에게 문제가 있을 때보다도 훨씬 더 엉망진창이 되지만 말입니다." 그럼에도 불구하고 보이테크와 그의 파트너들은 언제나 살아서 돌아왔다.

가끔 유레크를 형제에 비유하기는 했지만, 보이테크는 자신의 말을 정당화했다. "파트너와 서너 번 심하게 다투고 나면 자연스럽게 형제 같은 사이가 됩니다. 하지만 그렇다고 해서 서로의 관계가 완벽해졌다는 의미는 아닙니다." 1986년 유레크와의 마지막 결별 이후 보이테크는 그에 대한 실망을 이렇게 설명했다. "고봉을 수집하며 파트너들을 하나씩 잃는 그의 모습을 보고, 무엇이 그 클라이머들을 죽음의 함정으로 몰아넣었는지 나는 너무나 잘 알게 됐습니다."

마침내 보이테크의 경멸은 유레크가 그의 파트너들과 맺은 관계보다도 훨씬 더 크게 작용했다. "그의 등반은 결국 나에게 지루한 예술 같은 것이 됐습니다. 베이스캠프에 도착해 완벽하게 준비된 고정로프와 캠프 등 별로 힘들이지도 않고 준비가 거의 끝난 산의 대접을 받는다면 영감 같은 게 있기나 할까요? 고소에 잘 적응된 그가 하는 일이라곤 로프에 주마를 끼우고 정상까지

터벅터벅 걸어 올라가는 것이었습니다. 다울라기리, 초오유, 칸첸중가 동계 등정이 바로 그랬습니다. 이런 종류의 등반은 모험과 기술적인 도전, 스타일에 대한 기본적인 가치를 상실한 겁니다."

하지만 그것보다도 보이테크가 유레크와 갈등을 빚은 이유는 삶에 대한 자신의 기본적인 접근 방법과 충돌한 일련의 가치들이 확장되면서 생긴 더 넓은 의미의 싸움이었다. 유레크가 죽어 이제는 더 이상 스스로를 방어할 수 없게 되었기 때문에 보이테크는 그 고통스러운 불협화음을 이렇게 설명하려 애썼다.

등반 차이 정도는 무시할 수 있었다. 하지만 유레크와의 충돌은 근본적으로 보편적인 가치, 즉 집단적 사고방식에 강력하게 주입된 그물망 체계로 구체화되는 가치에 대한 나의 충돌이다. 우리는 이 체계의 노예다. 그리하여 노예가 된 우리는 이 가치를 자발적으로 받아들이는 습성이 있다. 히말라야 왕관을 놓고 유레크가 메스너와 경쟁을 벌이면서 등반이라는 고상한 예술을 가치 없는 보여주기로 바꿈으로써 결국은 그가 이 그물망에서 챔피언이 되었다. 가장 소중하고 잠재적인 등반 전통을 겹겹이 쌓은 이 가치, 즉 낭만적이고 형이상학적이고 심미적인 가치들을 그들은 무시했다. 그리고 그것을 평범한 1차원의 세계로 축소했다. 등반 스타들을 위한 하나의 게임으로. 그들은 경쟁을 벌임으로써, 우리를 노예로 만들었고 오염시킨 그물망 속에 알피니즘을 집어넣는 우를 범했다. 그리하여 등반을 할 때 느끼는 감수성과 자유에 대한 가치가 그물망 가치로 대체되고 말았다.

보이테크가 유레크에 대해 지금까지 가지고 있는 이 강력하고 고통스럽고 감정적인 견해는 초기에 그들이 형성했던 건전하고 좋았던 관계와는 절망적으로 멀어 보인다.

감수성과 자유의 가치에 대한 추종과 더불어 안전을 담보하는 보이테크의 자세는 유명하다. 많은 클라이머들은 산에서 그가 기록적으로 안전할 수 있었던 것은 잘 발달된 직감 덕분이라고 입을 모은다. 러시아 고소 전문가 발레리 바바노프는 극한의 등반 상황에서 직관이 얼마나 중요한지에 대해 이렇게 썼다. "나에게 알피니즘은 언제나 자기 인식의 수단이었다. 그리고 이제 나는 혁명적인 다음 단계로 넘어간다. 불확실성을 최대한 확장시키는 인간 활동의 영역 안으로. 그곳에서 생존하기 위해서는 내적 준비물을 총동원해야 한다. 직관까지도."[134] 보이테크도 마찬가지일 것이다.

보이테크의 안전기록에 대한 하나의 이론은 그가 위험을 참지 못한다는 것이다. "브로드피크 트래버스를 시작했을 때, 가셔브룸 서벽으로 들어갔을 때 위험의 수준이 예사롭지 않았습니다. 그런 곳들로 다가감으로써 난 예측할 수 없는 위험을 받아들였습니다. 하지만 말도 안 되는 조건에서는 그렇게 하는 걸 거부했습니다. 반다카에서도 그랬습니다." 바로 이런 이유 때문에 그는 유레크에 대해 좌절했다. "유레크는 위험에 너무 많이 노출된 게 분명합니다. 파트너들이 수도 없이 죽었다는 게 그 증거 아닐까요?" 유레크가 파트너를 잃지 않은 것은 보이테크와 거의 붙어 다니다시피 한 4년간이 유일했다.

보이테크는 유레크의 창조적인 활동을 높이 평가했지만, 그가 로체 남벽에서 죽자 마음이 심란했다. 위험한 지형에서 유레크가 계속 치고 올라간 곳이 결국은 막다른 골목이었기 때문이다. 그가 추락하자 7밀리미터 로프가 끊어졌는데, 그것은 피할 수 없는 운명이었다. "그에게 후퇴란 없었습니다." 보이테크는 말했다. "그는 결코 도로 내려오려 하지 않았습니다. 그는 바로 그런 사람이었습니다." 일찍이 라인홀드 메스너는 이렇게 말했다. "최고의 산악인이란 가장 높은 수준에서 위대한 등반을 하고 나서 살아남는 자이다."

하지만 보이테크가 가장 큰 기쁨을 느낀 것은 불법 등정 기록(8천 미터급 고봉 수집에 대한 그의 버전)이다. 그는 다음과 같이 주장했다. "불법을 저지르는 것은 창조적인 삶의 한 방편입니다. 통제란 대부분 야만적인 사회가 강요하는 것으로, 그러면 우리의 삶이 노예의 삶으로 변하고, 우리는 자유라는 감각을 잃게 됩니다. 처음부터 싫어하진 않았는데, 그렇게 하는 게 내 의무라는 생각이 가끔 듭니다. 난 어떤 종류든 규제를 싫어합니다. 통관 규정을 어겼어도 문제가 된 적이 없습니다. 등반에 매진하다 보면 우린 직업을 제한받고, 때로는 잃을 수도 있습니다. 허가가 우리의 자유를 할당합니다. 난 그것 역시 싫어합니다. 출생등록은 우리에게 딱지를 붙이고 우리로 하여금 그에 종속되도록 만듭니다. 할 수 있다면, 난 이런 등록제도에 바이러스를 침투시켜 그걸 엉망으로 만들고 싶습니다."

그는 불법 등반과 관련된 정상 목록을 줄줄 말하며 매우 즐거워했다. "브로드피크 북봉과 중앙봉은 확실히 불법이었습니다. 주봉에 대한 허가서만 있었으니까요. 아, 맞습니다. 1982년 주봉 초등 역시 불법이었습니다. 하지만 그때 우린 고소순응을 하러 올라갔습니다. 그렇다면 별 문제 없는 것 아닙니까?" 물론, 그것은 문제가 된다. 그는 (살짝 스스로를 책망하면서) 자신의 목록을 이어갔다. "가셔브룸1봉과 2봉 사이에 있는 동봉 역시 불법이었습니다." 그는 잠시 생각에 잠겼다. 그리고 정당하다는 듯한 표정을 짓더니 이렇게 말했다. "아니, 그건 뚜렷하지 않았습니다. 봉우리인 듯 아닌 듯. 그렇다면 아주 그렇게 불법은 아니지 않을까요?" 그런 다음 그는 이렇게 말했다. "사실 그건 초등이었습니다." 가셔브룸 원정을 되돌아보던 그는 갑자기 가셔브룸1봉 역시 허가서가 없었다는 사실을 기억해냈다. 그렇다면 로베르트 샤우어와 함께 시도한 K2도? 샌디 앨런Sandy Allan, 에라르와 함께 도전한 말란풀란Malanphulan 도? 시샤팡마 남벽 초등 시도도? 반다카는? 2인조로 시도한 트랑고 타워는? 남체 바자르 위쪽에 있는 로사르Losar 빙벽은? "사실은 그들에게 허가서를 요청할 생각이었습니다." 그는 뒤늦은 변명을 했다. "하지만 그곳에 정상이 없자 그들은 몹시 당황했습니다. 고원 목초지까지 700미터의 얼음을 올라가고 싶다는 뜻을 설명할 방법이 없었습니다." 그래서 그는 허가서를 요청하지 않았다.

그렇다면 슬로바키아 타트라에서는 어땠을까? 보이테크와 그의 파트너들이 두 번 다시 붙잡히지 않기를 기원하면서 숲속으로 살금살금 기어들어가, 낄낄거리며 국경을 몰래 넘은 것이 수백 번은 될 것이다.

비록 불법이기는 했지만 그런 것이 위대한 업적의 일부였다. "결국 감옥에 갇히게 될지도 모르면서 산으로 간 게 한두 번이 아니었습니다. 우린 돈도 허가서도 없었습니다. 우린 그냥 2인조로 움직였습니다." 모르고 하는 것이 알고 하는 것보다 훨씬 더 소중하고 가치가 있다. 물론 그것이 진정한 모험의 공식이기도 하다.

보이테크는 등반 세계를 벗어난 곳에서도 규정을 깨고 싶어 했다. 그의 성공적인 수입 사업은, 물론 다 합법적이기는 하지만, 1970년대와 1980년대에 불법으로 밀수를 하면서 터득한 지식에 기반하고 있다. 국경 관리들의 귀찮은 검사를 통해 그는 수입절차의 소중한 요령을 터득했다. "모두가 밀수를 했습니다. 레흐 바웬사도 이걸 알고 있었습니다. 자유롭지도 않고 재산이나 돈을 모을 수도 없었던 사람들은 그렇게 해서 먹고 살았습니다. 아주 일상적이었는데, 폴란드는 결국 이런 활동을 통해 자유를 얻었습니다."

폴란드가 자유를 얻은 지금도 보이테크는 그런 성향을 버리지 못한다. 번잡한 도시에서 그는 보통 '주차금지' 표지판 바로 앞에 차를 댄다. 폴란드의 고속도로에서는 흰 색 실선을 넘나드는데, 이유를 묻자 그는 웃으며 이렇게 대답했다. "금지된 것이기 때문이죠." 아들 역시 가끔은 아버지를 따라한다. 그는 시에스타siesta 시간에 세네갈 장사꾼들과 카디스Cadiz 거리로 나가 수익성 좋은 티베트 보석을 판 재미난 이야기를 들려주었다. "경찰들이 그때 낮잠을 자잖아요?"

무엇보다도 규정을 깨는 것은 보이테크에게 창조적 행위였다. 그리고 그는 평생 동안 그런 행위에 몰두해왔다. '우리는 왜 산에 가는가?'라는 아주 오래된 의문을 풀기 위한 탐구조차 그에게는 창조의 의미를 깊이 파고드는 지적 여행의 시작이었다. 그 여행의 첫 번째 힌트는 그의 에세이 『산의 길The Path of the Mountain』이었지만 그것은 시작에 불과했다. 창조와 그가 등반을 하는 이유 사이의 관계를 계속 생각하면서 그는 자신의 생각을 가장 잘 표현할 수 있는 단어와 구를 사전에서 샅샅이 뒤졌다. 하지만 원하는 단어를 찾을 수 없자 자신의 의도에 맞는 새로운 단어를 만들어냈다. 그리하여 '츠레아Crea'는 모든 삶에서 그가 추구하는 핵심 사상을 나타내는 단어가 되었다.

오랜 심사숙고 끝에 그는 자신의 인생과 우주를 지배하는 츠레아의 개념을 정립했다. 그는 자연, 사회생활, 경제, 예술 그리고 정치의 모든 양상까지도 창조적 추진력, 즉 츠레아의 현상이라고 믿는다. "봄에 나무에 꽃이 피고, 토마토 줄기가 빛을 찾아 뻗어나가고…. 음악의 모티브를 구성하는 것도, 생각의 흐름을 엮어나가는 것도 츠레아입니다. 클라이머들로 하여금 벽을 올라가게 만드는 것도, 마사이족이 몸을 일으켜 사자에게 달려들게 만드는 것도 츠레아입니다."

개인적으로는 보이테크가 잘 풀린 것 역시 츠레아 덕분이다. 그것이 그를 지탱한다. "다른 게 필요 없습니다. 츠레아는 정신적 산소의 원천입니다. 츠레아의 추진력을 통해 변화가 일어나는데, 그 변화의 현상이 창조입니다." 보이테크에게, 창조 혹은 마지막 생산물은 그것에 대한 욕망, 즉 변화를 향한 내적 갈구와 어떤 변화만큼 중요하지는 않다. 그의 글쓰기는 가끔 책이나 에세이 같은 결과물로 나타난다. 하지만 종종 그 결과물은 개인적 결론, 즉 창조적 연습에 지나지 않는다. 레너드 코헨은 이렇게 말했다. "보석은 빛을 내뿜기 전에 연마를 끝내야 한다." 보이테크에게 최고의 행복이란 츠레아를 채우는 것이다. "츠레아가 안에서 작동하면 우린 살아 있는 겁니다. 그리고 그게 사라지면 우린 죽습니다. 파괴되는 거죠. 그리고 마침내 공허가 우리 안을 채우면 우리 좀비 같은 존재가 됩니다. 나태와 절망, 정신적 질병 그리고 끝내는 허무의 세계가 찾아오는 거죠." 츠레아가 없었다면 그는 이미 죽었을지도 모른다.

보이테크는 죽음에 대해서까지도 창조적 자세를 견지한다. 그는 50대에 암 진단을 받았는데, 처음에는 비통에 젖었지만, 곧 자신의 운명을 너그럽게 받아들이기 시작했다. 그는 이 마지막 싸움에 맞설 힘을 찾았다. 그는 운명을 피하지 않고 자신 안으로 눈을 돌렸다. 장기 출장을 마치고 인도에서 돌아와 의사의 편지를 뜯었을 때 그는 자신의 눈을 의심했다. "최근의 검사 결과가 아주 깨끗하게 나왔습니다. 따라서 첫 진단은 큰 오류였습니다." 그는 암에 걸린 것이 아니었다. 하지만 믿을 수 없게도 처음에 보이테크는 실망스럽다는 반응을 보였다. 그는 아주 철저하게 준비했었다.

보이테크는 단 한순간도 츠레아의 영향을 받지 않은 적이 없었다. 사업과 집과 정원과 글을 쓰고 음악을 듣고 숲속을 걷는 것조차도 호기심과 상상력이 가득 찬 변화의 경험이었다. 그리고 이런 창의적 변화를 얻고 싶어 하는 그에게 필요한 것이 바로 평온한 마음이었다. 피코 아이어Pico Iyer는 이렇게 말했다. "빈 공간과 휴식에 대한 갈망은 우리 모두가 원초적으로 느끼고 있는 어떤 것이다. 마찬가지로 공명과 형상을 만들어내는 것이 음악의 마지막 소절이다."[135]

보이테크가 커다란 의문, 즉 나에게 가장 중요한 것은 무엇인가, 내가 그것 없이 살 수 없는 것은 무엇인가라는 의문에 휩싸였을 때 그 대답은 — 비록 미칠 듯이 불완전하기는 했지만 — 결국 산에서 처음 경험한 공간과 빛의 세계로 그를 되돌아가게 만들었다. "창가방은 너무나 아름다웠습니다. 그리고 바윗덩어리인 트랑고도. 가셔브룸4봉의 빛나는 벽 역시 마찬가지였습니다. 모두 아름다운 곳들이었습니다. 그런 아름다운 곳에 갈 수만 있다면 나는 무슨 짓이라도 하겠습니다." 그 산들은 보이테크를 받아들였고, 그는 그 산들에 대한 믿음을 간직했다.

보이테크의 츠레아 탐험은 결국 등반으로 귀결된다. "인간의 창조적 행위가 츠레아라고 볼 수 있습니다." 보이테크가 설명을 시작했다. "등반은 인간의 창조적 행위의 한 갈래이고요. 그것이 가장 풍요로운 인생이라고 나는 믿습니다. 내 등반이 바로 츠레아 현상입니다. 일단 그 개념을 완벽하게 이해하게 되자, 우리는 왜 오르는가라는 의문에 대해 아주 만족할 만한 답을 얻을 수 있었습니다. 츠레아는 인간 세상에서 창의력으로 나타나는데, 등반은 클라이머들에게 맘껏 창의력을 발휘할 수 있게 합니다. 등반이라는 스포츠와 산에 대해 특별한 감수성을 부여받은 사람은 등반을 통해 자신의 창의력을 최대로 발휘할 기회를 자연스럽게 찾습니다. 따라서 그런 사람은 등반을 할 때 정신적 산소가 마음에 넘쳐흐릅니다." 그는 첼리스트와 댄서에게도 똑같은 논리가 적용될 수 있다고 덧붙였다. 사실 모든 창조적 노력이 다 그렇지 않을까?

하늘 높이 솟아오른 벽을 오르고 싶다는 것은 아름다운 춤과 마찬가지여서 거부할 수 없는 유혹이었다. 모든 등반선은 독특한 창조였다. 그리고 고통을 극복하는 것 역시 창조적인 순간이었다. 미지의 세계로 높이 올라가자 가끔은 놀라운 변화가 일어났다. "산과의 교감이 너무나 강해, 주위를 둘러싼 자연으로 색다르게 접근해가고 있다는 느낌이 들었습니다. 마치 하나가 된 듯이." 보이테크가 그 놀라운 순간에 대해 설명했다. "그야말로 축복받은 마음의 상태였습니다."

크럭스

나는 천사와 싸워왔는데, 빛으로 얼룩져서 부끄럽지는 않다.

메리 올리버Mary Oliver 『거슬러 오름─에세이 모음집Upstream: Selected Essays』

———

오전 7시 30분, 토스트를 먹으며 커피를 마시고 있는데 전화가 울렸다.

"안녕, 버나데트. 나예요, 보이테크. 지금 전화 받을 수 있어요?"

"예. 물론입니다. 무슨 일이죠?"

"음, 약간 어렵습니다. 바쁘지 않으면 내 호텔로 올래요? 오늘 저녁 행사에 대한 회의가 있는데 당신이 참석하면 좋겠습니다. 괜찮다면 말이죠."

나는 그의 목소리에서 걱정을 느낄 수 있었다. "좋습니다. 갈게요. 30분후에."

황금피켈상 행사로 우리는 프랑스의 라 그라브에 있었다.

많은 메일을 주고받은 보이테크는 황금피켈상 문제가 일단락된 것으로 생각했다. 하지만 크리스티앙 트롬스도르프는 쉽게 포기하지 않았다. 2016년, 크리스티앙은 보이테크의 의사와 상관없이 그에게 평생공로상을 수여하기로 결정했다. 그는 메일을 하나 더 보냈다. 이번에는 상이 '수여될' 것이라고 분명하게 못박으면서….

이제 서로의 싸움이 시작됐다. 여론에 항복하리라고 믿은 크리스티앙이 선정 발표에 대중적 지지를 몰고 감으로써 보이테크는 전략적 표류에 휘말렸다. 크리스티앙은 '산의 정신'과 '산의 심장'이라고 언급하는 등 자신의 표현까지도 더욱 다듬었다. 그는 보이테크의 심미적 성향에 호소할 셈이었다. 보이테크는 탈출이 불가능해 보이는 딜레마에 빠지고 말았다. 만약 그가 수상을 거절한다면 그것은 자부심이 강해 거만한 것으로 보이게 만들면서 그를 산악계와 멀어지게 할 터였다. 그들은 그가 상을 거절하는 이유를 전혀 알지 못했다. 하지만 수상은 자신의 신념과 배치되는 일이었다. 그에 대한 평가는 다른 사람들이 결정한 것이었지만, 그것은 사람들이 그를 대하는 태도에 영향을 끼칠 수도 있었다. 설상가상으로 이 과장된 대중적 이미지가 가치 있다고 믿게끔 스스로를 속일 실제적인 가능성을 그는 두려워했다. 이 상은 착각을 훨씬 더 거부하기 힘든 어떤 것으로 만들 터였다. 그는 명성의 노예가 되어 그에 빠질지도, 자신의 위엄과 자유를 잃을지도 모르는 일이었다. 그는 명성이란 아래쪽으로 획 하고 내려갈 위험성이 있는 펜듈럼이라는 사실을 잘 알고 있었다. 캐나다 작가 앨리스 먼로Alice Munro는 다음과 같이 말했다. "명성은 처음에는 얻으려 하고 나중에는 사양하려 하는데, 그것을 얻든 못 얻든 그는 비난에 직면하게 될 것이다."[136] 보이테크는 그녀의 말에 전적으로 공감했다.

보이테크는 메일을 읽고 또 읽었다. 마음이 혼란스러워진 그는 답장을 미루었다. 거절해야 하나, 아니면 배신자가 되어야 하나? '다른 사람들이 어떻게 받아들이든 상관없어. 다만 내가 그걸 바라지 않을 뿐이잖아.' 그는 탄식했다. '이게 내 개인적인 문제라는 건 잘 알아. 유레크라면 받아들였을 거야. 그는 거리낌 없이 상도 받고 그래서 인정도 받았으니까. 하지만 그는 자신의 양심에서 완전히 자유로웠잖아. 그런데 난 왜 이러지? 어떻게 해야 하나?'

마침내 보이테크는 이렇게 답장을 보냈다.

크리스티앙 씨,

행사가 계속되는군요. 물론 나에게는 쉽지 않은 일입니다. 내가 배신자처럼 느껴집니다. 나는 이렇게 말하곤 했습니다. "어떤 상도 바라지 마." 이제 나는 침묵을 지켜야 합니다. 그리고 스스로에게 충실하기 위해 내가 할 수 있는 유일한 일은 이 '피켈'을 거절해 많은 사람들을 불쾌하게 만드는 것일지도 모릅니다. … 그리고 더 나쁘게는, 내가 말도 안 되는 자만과 허영에서 비롯된 소위 속물이 되어 결국은 세계에서 가장 허영심 많은 클라이머가 되는 것입니다.

유일하게 남은 것은 내가 그 행사에 참석하는 것이 좋은 의도라고 믿는 것뿐입니다. … 물론 마음으로는 황금피켈상의 영예를 누리고 그것을 받아들여야 한다고 생각합니다. 우리 산악계에서 특별한 존재로 만들어주어 고맙습니다. 위원회의 다른 분들께도 감사의 말씀을 전해주십시오.

결국 그 싸움의 승자는 크리스티앙이었다. 그것은 크리스티앙뿐만 아니라 산악계 전체에도 경축할 만한 승리였다. 각국의 동료들이 선정한 보이테크는 미니멀리즘의 개척자로, 세계의 거대한 산군에서 이룩한 과감한 도전과 알파인 스타일의 등정을 인정받았다. 이것은 한 산악인에게 바치는 최고 수준의 인정과 존경의 표시였다.

그래서 바로 이 영광의 날 아침 우리가 라 그라브에 있게 된 것이다. 하지만 마음이 산란한 듯 옷차림이 헝클어진 보이테크는 상기된 표정이었다. 그는 기뻐하기는커녕 미디어와 상에 대해 결정적으로 불편한 기색을 내보였다. 그러나 그날 아침의 전화는 계속된 이런 불편함에 대한 것이 아니었다. 이제 사람들은 훨씬 더 정확하게 선발되는 그 상에 합리적 편안함을 느끼고 있었다.

완벽주의자인 보이테크는 자유분방한 시상식장의 분위기가 마음에 들지 않았다. 그가 그 행사의 일부가 되고자 한다면, 그것은 완벽해야 했다.

그는 주최 측에 몇 가지를 고쳐달라고 요구했고, 그들도 동의했다. 이제 모든 사람이 엄격하게 통제되는 그 행사의 예행연습에 상당히 만족했다. 하지만 우리가 호텔 로비로 내려갔을 때 한 무리의 사람들이 그를 에워쌌다. 보이테크는 흠칫 놀란 것 같았다. 그는 덫에 걸렸다는 표정을 지었다. 그것은 신경과민일까, 아니면 프리마 돈나의 연기일까? 마침내 내가 라 그라브 위쪽의 산록을 길게 산책하는 것으로 사람들을 피하자고 제안했고, 그는 그 기회를 놓치지 않았다.

마을 위쪽 높은 곳의 고원 목초지대에는 봄빛 아래 고개를 숙인 할미꽃들이 널려 있었다. 라 메이쥬La Meije 벽을 이고 짙은 그림자가 진 계곡을 바라보면서 보이테크는 자신의 행사 참가에 의문을 품었다. 미디어의 번쩍이는 플래시 세례, 무대, 집중조명이 자신에게는 아무런 의미가 없다는 것이었다. 나는 우정과 인정이라는 상호 수용을 다르게 보는 그의 스트레스를 이해할 수 있었다. 그는 인정을 받아들임으로써 영혼의 순수성을 위엄 있게 지키지 못하는 자신을 걱정하는 것 같았다. "대중의 선물은 어렵고 문제가 많습니다." 그가 말했다. 나는 그의 이런 주장을 오래전부터 들었다. 하지만 나는 그가 '가장 어려운 등반'이라며 자신의 딜레마를 헤쳐 나가는 동안 그의 말에 귀를 기울였다. 라 메이쥬의 쓸쓸해 보이는 검은 벽들과 유혹적인 얼음 걸리들이 손짓하는 동안, 그는 분명 스스로에게 배신자가 된 느낌이 들었을 것이다.

하지만 그는 여기에 있었다.

그날 저녁 전 세계에서 온 수백 명의 사람들이 둥근 텐트 안으로 몰려들었다. 대부분이 클라이머인 그들은 햇볕에 탄 손에 와인 잔을 들고 이리저리 몰려다니며 고산에서의 비박과 갈라진 크랙들에 대한 별난 이야기를 주고받았다. 그들은 웃음을 터뜨리며 와자지껄 떠들었다. 이것은 색다른 부족을 한

위: 2016년 프랑스의 라 그라브에서 재회한 보이테크 쿠르티카와 로베르트 샤우어 (안나 피우노바)
아래: 프랑스의 라 그라브에서 친구들과 담소를 나누는 보이테크 쿠르티카. (왼쪽에서 오른쪽으로) 린
제이 그리핀Lindsay Griffin, 보이테크 쿠르티카, 버나데트 맥도널드, 믹 파울러Mick Flower
(보이테크 쿠르티카 컬렉션)

위: 2016년 프랑스 라 그라브의 황금 피켈상 행사장에서 무언가를 응시하는 보이테크 쿠르티카 (보이테크 쿠르티카 컬렉션)

좌: 프랑스 라 그라브에서 자신의 등반 파트너 몇 명과 함께 황금피켈상 평생공로상을 받는 보이테크 쿠르티카. (왼쪽에서 오른쪽으로) 로베르트 샤우어, 샌디 앨런, 르네 길리니, 보이테크 쿠르티카, 존 포터 (보이테크 쿠르티카 컬렉션)

군데에 불러 모은 황금피켈상 행사였다.

사람들과 동떨어진 보이테크는 뒤편에서 무대로 호출되기를 기다리고 있었다. 그 순간은 그의 악령이 유순해진 듯했다. 몸에 잘 맞는 옷을 우아하게 차려입은 그는 영광의 순간을 기다리는 세계적인 알파니스트처럼 보였다. 그에 대한 소개가 거의 다 끝나갈 무렵 나는 몸을 기울여 그에게 물었다. "준비됐어요?"

그는 미소를 지었다. "쇼가 계속되는군요."

그와 동시에 그는 가젤gazelle같이 날렵한 동작으로 무대 위로 뛰어올라갔다. 그는 재미난 이야기와 미소와 감사하는 마음으로 청중들을 사로잡았다. 사람들 앞에 선 보이테크는 특유의 표정으로 스스로를 잘 방어하는 것 같았다. 하지만 자신의 가면을 완벽하게 이해하는 그를 보고 나는 배우가 따로 없다고 생각했다.

수상 소감을 마친 보이테크는 자신의 파트너들이 무대로 올라와 함께 상을 받아야 한다고 주장했다. 그것은 파트너들에 대한 감동적인 제스처였는데, 그 장면을 지켜보던 수백 명의 클라이머들은 그의 아량에 행복해하며 눈물을 글썽였다. 경험이 풍부한 그는 상황을 바꾸는 방식으로 대응했다. 산에서 온갖 고초를 겪은 손들이 황금피켈을 감싸 쥐자, 그는 마침내 커다란 기쁨을 인정했다. 영광스러운 등반을 함께한 파트너들의 손들. 반다카와 가셔브룸4봉, 마제노 리지, 다울라기리, 초오유, 시샤팡마, 창가방. 쿠쿠츠카와 매킨타이어, 에라르 로레탕이 함께 있었다면 얼마나 좋았을까….

보이테크는 등반을 통해 자신의 한계를 뛰어넘었고 나약함을 극복했다. 그리고 마침내 라 그라브로 와서 몇 년 동안 — 때로는 수십 년 동안 — 만나지 못한 파트너들을 만나고, 친구들과 어울리고, 미디어의 질문에 답하고, 무대 위에 올라 약점들에 정면으로 대응할 이상적인 기회를 잡았다. 자신의 믿음에 대해 배신자가 되었다는 외로운 불안 속에서, 그는 상을 받아들이는 위

2016년 프랑스의 라 그라브에서 재회한 보이테크 쿠르티카와 장 트로이에 (안나 피우노바Anna Piunova)

엄 있는 방법을 탐색했고 마침내 그것을 찾았다.

　보이테크는 이 전기를 함께 써나가는 과정에서도 위엄을 찾았다. 물론 항상 쉽지는 않았다. 인생에 대한 그의 이야기는 길게 이어졌고, 그런 다음 시간이 흐른 후에는 침묵이 깊어졌다. 하지만 말을 많이 하지 않으면 오히려 강조의 효과가 있고, 시간이 흐르면 그 내용이 점점 풍요로워진다. 보이테크가 쓴 글들을 몇 년에 걸쳐 처음으로 읽고 나서 그에게 정말 슬픈 일들이 많았다는 사실을 알게 되었다. 그 이유를 묻자 그는 생각에 잠기며 이렇게 말했다. "이제는 더 현명해졌으면 좋겠는데, 별 차이가 없는 것 같습니다." 그러더니 그는 웃었다. "결국 배고픈 날들을 이겨내지 않았습니까?"

　그의 글들은 산에서 보내며 겪은 강렬한 감정들을 드러낸다. 공포, 실의, 우정, 질투, 기쁨 그리고 분노까지. 그는 가끔 일부분에 나타나는 자신의 짜증스러운 표현을 보고 놀라면서 언짢아했다. 분노와 질투와 증오는 ─ 만약 한 사람의 마음속에 오랫동안 자리 잡게 내버려두면 — 사람을 불구로 만드는데, 보이테크는 그러고 싶은 마음이 전혀 없는 것 같았다. 어슐러 르 귄Ursula Le Guin은 이렇게 말했다. "자신의 것이 아닌 형태로 오래 머물수록 위험이 더 커진다."[137] 이제 보이테크는 생활과 우정, 그리고 자식들 인생에 간여하고, 창조적이고 감각적으로 아름다움을 추구하는 데서 더 많은 기쁨을 찾는다. 그는 행복해 보인다. 큰 기쁨의 더없는 행복을 누리고 있어서가 아니라, 단순한 만족과 슬픔과 우울에서 벗어났다는 안도감 때문에. 하지만 그의 아들 알렉스는 여전히 아버지를 걱정한다. "아버지는 자신의 세계에 갇혀 고립된 것 같습니다."

그의 딸도 걱정한다. "젊었을 때는 등반에 모든 걸 바쳤습니다. 아버지에게 가장 소중한 건 자유였습니다. 하지만 이제는 그렇게 할 수 없습니다. 그래서 아버지는 일에만 매달리지 말고 더 편안하고 재미있게 지내야 합니다." 하지만 아버지와 딸의 관점이 서로 달랐다. 보이테크는 반론을 제기했다. "요즘은 아주 평화롭게 지내고 있습니다. 적어도 인생과 노화와 죽음이라는 마지막 질문에 대해서만큼은. 난 단순한 생활에서 훨씬 더 큰 즐거움을 얻습니다. 인생이란 그런 게 아닐까요?"

이 전기를 쓰는 동안 보이테크는 전폭적인 협조를 아끼지 않았지만, 그에게 가장 힘이 들었던 것은 끊임없이 자신의 과거를 되돌아보는 지루한 과정이었다. "현재가 훨씬 더 매혹적이고 신비하고 가능성이 있는데도 왜 내가 과거에 매달려야 합니까?" 하지만 그는 글과 사진과 추억을 통해 자신의 인생을 되돌아보려 노력했다. 그리고 그런 회상을 통해 드러난 것은 그가 산을 떠난 이후에도 오랫동안 더욱 활기차게 인생을 살 수 있도록 해준 강력하고 아름다운 경험이었다. "가끔 나는 확장된 흠모의 — 얼마간은 아무것도 아닌 것에 대한 — 감정이 내 인생에서 가장 중요한 변화였다는 사실을 깨닫는다. 그것이 나를 더욱 강하게 만들었다. 아무것도 아닌 것으로 사는 사람이 더 강하지 않을까? 나는 내 안에서 그 변화를 키우려고 노력한다."[138]

그에게 가장 순수한 등반 경험은 말로 하는 형태를 뛰어 넘는 영역 안에 존재한다. 물론 그런 이야기까지 들을 수는 없다. 하지만 그는 아름다움과 우정, 그리고 무엇보다도 자유에 대한 개인적 통찰을 언어로 교감하는 가치를 이해한다. 그는 알피니즘이 산을 올라가는 것이 아니라 스스로를 올라가는 일이며, 그렇기 때문에 그 경험을 다른 사람과 공유해야 한다는 자신의 신념을 이해하고 있다. "산에서 얻은 힘과 사랑의 경험을 일상과 다른 사람들에게 전하는 것이 꼭 필요합니다."

등반을 그만둘 생각을 한 적이 없느냐는 질문에 보이테크의 대답은 분명했다. "상호작용하는 사랑을 버리는 것은 바보 같은 짓이 될 겁니다. 큰 기대를 하지는 않습니다. 따뜻한 바위의 감촉과 산이라는 공간에 대한 느낌만 있으면 충분합니다. 산이 내 숨결이니까요."[139]

감사의 말씀
———

아이들을 키우는 데는 마을이 필요하다는 말을 들은 적이 있습니다. 이 책도 마찬가지였습니다. 『Art of Freedom』의 경우는 그 마을이 지구촌이었습니다.

등산의 역사를 조사하고 연구한 많은 사람들의 소중한 자료가 없었다면 나는 감히 이 프로젝트에 도전할 꿈도 꾸지 못했을 겁니다. 봅 셸프하우트 오버티진Bob Schelfhout Aubertijin, 마이클 케네디Michael Kennedy, 캐머런 맥니시Cameron McNeish, 데이비드 시모나이트David Simmonite, 빅터 손더스Victor Saunders, 캐나다 로키의 화이트 박물관Whyte Museum, 그렉 차일드Greg Child, 후돌프 포피에Rodolphe Popier, 야누시 마이에르Janusz Majer, 야세크 트셰므잘스키Jacek Trzemżalski, 얀 키엘코브스키Jan Kielkowski, 린제이 그리핀Lindsay Griffin, 에베르하르트 유르갈스키Eberhard Jurgalski, 가비 쿤Gabi Kuhn, 카를로스 불러Carlos Buhler. 나는 이 모든 분들의 열정과 시간과 지식에 감사드립니다.

나는 지구촌 곳곳의 클라이머들과 흥미진진한 인터뷰를 많이 했습니다. 일부는 오래전에 『Freedom Climbers』를 위해 한 것도 있었지만, 그것들은 이 책에도 유용했습니다. 장 트로이에Jean Troillet, 르네 길리니René Ghilini, 로베르트 샤우어Robert Schauer, 존 포터John Porter, 샌디 앨런Sandy Allan, 그렉 차일드, 카를로스 카르솔리오Carlos Carsolio, 더그 스콧Doug Scott, 라인홀드 메스너Reinhold Messner, 카츠페르 테키엘리Kacper Tekieli, 루드비크 빌치인스키Ludwik Wilczyński, 스티브 스벤손Steve Swenson, 라파엘 슬라빈스키Raphael Slawinski, 크리스티앙 트롬스도르프Christian Trommsdorff, 스티브 하우스Steve House, 레셰크 치히Leszek Cichy, 크지슈토프 비엘리츠키Krzysztof Wielicki, 아루트르 하이

390

제르Artur Hajzer, 보그단 얀코브스키Bogdan Jankowski, 셀리나 쿠쿠츠카Celina Kukuczka, 야누시 쿠르차프Janusz Kurczab, 야누시 마이에르, 크리스티나 팔모브스카Krystyna Palmowska, 안나 오코피인스카Anna Okopińska, 알레크산데르 쿠르티카Aleksander Kurtyka 그리고 아그네스 쿠르티카Agnes Kurtyka, 고맙습니다.

나는 정말 멋진 사진들을 제공받았습니다. 모든 사진을 다 보여준 보이테크에게 감사드립니다. 그리고 존 포터, 로베르트 샤우어, 버나드 뉴먼Bernard Newman, 보그단 얀코브스키, 표트르 드로지치Piotr Drożdż, 안나 피우노바Anna Piunova, 할리나 쿠르티카, J. 바르치Barcz, 크지슈토프 비엘리츠키, 앤드루 로크Andrew Lock, 표트르 부야크Piotr Bujak, 야첸티 뎅데크Jacenty Dędek와 사진 자료의 사용을 허락해준 다누타 표트로브스카Danuta Piotrowska, 에바 발데츠크-쿠르티카Ewa Waldeck-Kurtyka, 예지 쿠쿠츠카Jerzy Kukuczka, 에라르 로레탕Erhard Loretan, 알렉스 매킨타이어Alex MacIntyre, 반다 루트키에비치Wanda Rutkiewicz, 야누시 쿠르차프와 아르투르 하이제르, 고맙습니다.

나의 좋은 친구이며 등반과 스키 파트너인 줄리아 풀비츠키Julia Pulwicki는 이 프로젝트에서 한 번 더 번역의 기적을 연출해주었습니다. 『Fressdom Climbers』에서도 수완을 발휘한 그녀는 한걸음 더 나아가 보이테크가 쓴 수많은 에세이와 정말 흥미로운 책 하나를 번역해주었습니다. 고마워, 줄리아.

편집의 가치는 아무리 강조해도 지나치지 않습니다. 이 책에서 나는 훌륭한 편집 지원을 받았습니다. 그리고 흥미를 가진 친구들이 비평을 해주었습니다. 존 포포비흐Jon Popowich, 해리 반더블리스트Harry Vandervlist, 메리 메츠Marry Metz와 봅 셸프하우트 오버티진Bob Schelfhout Aubertijn이 그들입니다. 제니퍼 글로소프Jennifer Glossop는 프로젝트의 초기에 나를 도와주었습니다. 나는 카오스 속에서 질서를 찾아내는 그녀의 능력에 너무나 감탄했습니다. 고마워, 제니퍼. 밴프센터에서 운영하는 '산과 자연 글쓰기 프로그램Mountain and Wilderness Writing Programme'에 참가할 수 있었던 것은 행운이었습니다. 그곳에서 나는 세계적 수준의 편집자 2명을 비롯해 5명의 공동 수강 생들로부터 도움을 받았습니다. 이전에 나는 마니 잭슨Marni jackson, 토니 휘톰Tony Whittome과 함께 프로젝트를 수행한 적이 있었는데, 그들의 환상적인 도움을 널리 알리지 않을 수 없습니다. 만약 이 글을 읽는 사람이 이런 프로그램의 조건에 알맞은 글쓰기 프로젝트를 고려하고 있다면, 웹사이트를 찾아 등록하기를 강력히 권합니다. www.banffcentre.ca/program-tags/wilderness-writing. 그러면 2명의 놀라운 편집자들을 비롯해 같은 뜻을 가진 소그룹과 함께 3주간 집중적인 작업을 할 수 있습니다. 더 이상 바랄 것이 있을까요?

로키 마운틴 북스Rocky Mountain Books(RMB)는 동유럽의 등산역사 부문 최고의 출판사가 되었습니다. 그들은 언제나 내 제안을 받아들였습니다. RMB의 모든 분들께 다시 한번 감사의 말씀을 드립니다. 발행인 돈 고먼Don Gorman, 편집자 미건 크레이븐Meaghan Craven, 디자이너 칠라 카디널Chyla Cardinal, 독수리의 눈을 가진 감수자 앤 리올Anne Ryall, 마케팅 팀의 릭 우드 Rick Wood, 조 윌더슨Joe Wilderson, 코리 매닝Cory Manning, 그리고 이 책에 도움을 준 그 밖의 많은 분들.

이 프로젝트를 전적으로 응원해준 나의 등산과 글쓰기 친구들에게 깊은 감사의 말씀을 드립니다. 더불어 이 여행을 하는 내내 다시 한번 놀라운 인내심을 발휘하면서 격려를 아끼지 않은 남편에게도 고맙다는 말을 전해야 합니다.

마지막으로 보이테크에게. 전기를 쓰는 것, 특히 살아 있는 클라이머에 대한 것은 때로 8천 미터급 고봉을 오르는 것만큼 어렵습니다. 그리고 보이테크처럼 복잡한 면을 가진 클라이머의 전기를 쓰자니 마치 '한밤중에 벌거벗기' 스타일 같다는 느낌이 들었습니다. 그의 관용과 믿음, 정직, 관대함 그리고 멋진 유머가 없었다면, 아마도 이 책은 세상에 나올 수 없었을 겁니다. 정말 고마워요, 보이테크!

2017년, 버나데트 맥도널드Bernadette McDonald

옮긴이의 말
——

보이테크 쿠르티카라는 산악인

보이테크 쿠르티카Voytek Kurtyka는 폴란드 출신 산악인으로, 일찍이 예지 쿠 쿠츠카와 함께 히말라야에서 활약했다.

알피니즘 세계에 폴란드 산악인들이 나타나기 시작한 것은 역사적으로 늦다. 같은 유럽에서도 폴란드는 동구권에 속해 있기도 했지만, 그곳이 여전 히 소비에트 공산권에 있어서 나라 밖으로 나갈 수 없었기 때문이다. 그 동구 권은 1990년대에 들어와서 비로소 자유를 찾게 되는데, 폴란드의 산악운동 은 그 어렵던 시절에 이미 싹이 트고 있었다. 쿠르티카가 본격적인 등반에 나 선 것은 1970년이었다. 그 1970년은 라인홀드 메스너가 세계무대에 진출한 해이기도 했다. 그런데 두 사람은 확연하게 다르다. 메스너는 서구의 자유롭 고 풍요로운 문화권 출신인데 반해 쿠르티카는 그와 정반대의 동구권 출신이 었다.

당시 동구권 산악인들이 어려운 환경 속에서도 알프스와 멀리 히말라야 에서 등반 활동을 벌인 것은 놀라운 일이다. 이것을 『Freedom Climbers』라 는 책으로 펴낸 사람이 있는데, 그 필자가 쿠르티카에 대한 평전을 썼다. 『Art of Freedom: The Life and Climbs of Voytek Kurtyka』가 바로 그 책이다.

내가 이 책을 옮길 때 유독 관심이 간 것이 쿠르티카의 등산관이다. 즉, 그가 어려운 환경에서 어떻게 그 엄청난 등반 활동을 벌였던가보다는 그가 등 반을 어떻게 생각하고 있었던가가 나의 관심이었다. 쿠르티카는 1980년대 초 몇 해를 유명한 예지 쿠쿠츠카와 짝이 되어 히말라야에서 어려운 등반을 했다.

쿠쿠츠카는 1979년부터 1987년 사이에 이른바 히말라야 자이언트 14 개를 완등하며, 당시 라인홀드 메스너와 함께 널리 돋보이게 되었지만, 그런 전성기 중간에 보이테크 쿠르티카가 쿠쿠츠카의 파트너였다. 그러나 두 사람의 유대는 오래가지 않았다. 쿠르티카가 스스로 쿠쿠츠카에게서 떠났던 것이다. 쿠쿠츠카와 쿠르티카라는 두 거인은 등산관에서 차이가 확연히 두드러지는데, 이점은 우리 산악인들로서 가장 중요한 문제로 깊이 관심을 가질 일이라고 나는 본다. 그러나 쿠쿠츠카는 놀라운 성취에도 불구하고 일찌감치 세상을 떴다. 발터 보나티는 쿠쿠츠카의 죽음을 애도하면서 쿠쿠츠카의 『14번째 하늘에서』에 서문을 남겼다. 그 보나티가 살았다면 훗날 보이테크 쿠르티카 평전에는 어떤 글을 썼을까 생각하면 그 또한 흥미로운 일이다. 쿠쿠츠카와 쿠르티카는 그만큼 동질적이면서도 또 다른 데가 있었다는 이야기다.

보이테크 쿠르티카의 등반에 대한 생각은 남달리 철저했으며 산악인으로 거의 독창적이었다. 그런 독창성은 이 책에 '츠레아Crea'라는 말로 자세히 나와 있다. '츠레아'는 물론 정확하게 옮기기가 쉽지 않은 단어인데, 이를 테면 보이테크 쿠르티카의 조어造語인 셈이며, 그의 인생관이기도 하다.

쿠르티카는 어려운 환경에서 등반 활동을 벌이고도 끝내 살아서 돌아왔다. 산악인은 살아서 돌아와야 한다고 메스너는 늘 강조했는데, 쿠르티카는 자기 나름대로 그런 생각으로 일관한 산악인이었다. 사고로 산악인이 생명을 잃는 일은 흔히 있다. 본인의 지식과 능력 부족이 원인이겠지만, 파트너와의 관계에서 오는 경우도 적지 않다. 그런 점에서 쿠쿠츠카와 쿠르티카의 경우도 차이가 난다. 다시 말해서 쿠쿠츠카는 자주 파트너를 바꾸었고, 적지 않은 파트너를 산에서 잃었다. 그런데 쿠르티카는 달랐다. 그와 함께 산에 간 친구들이 훗날 여럿 죽었지만 산에서 사고를 당한 사람은 별로 없었다. 그만큼 쿠르티카는 조심성이 많았고, 세심하게 파트너를 돌보았다. 한마디로 파트너를 아꼈던 것이다. 그는 무턱대고 나서서 밀어붙이지 않았다. 결국 이런 견해 차이로 쿠르티카는 쿠쿠츠카와 결별했지만, 그가 파트너로 있는 동안 쿠쿠츠카는 한 번도 인명사고를 경험하지 않았다. 그것은 인간성보다는 그들의 등산관에 기인했다.

쿠르티카는 산악인으로서의 쿠쿠츠카의 능력을 높이 샀다. 다만 그가 납득하지 못하고 불만을 가진 것은 언제나 정상만 생각하는 쿠쿠츠카의 사고방식이었다. 그에 반해 쿠르티카의 관심은 등로에 있었다. 즉 '정상'과 '등반선'의 문제였다. 쿠르티카는 산에서 '아름다운 등반선'에 늘 눈길을 주었다. 그것은 흔히 말하는 '변형루트'와도 달랐다. 물론 '아름다운 등반선'은 반드시 '변형루트'이지만 후자가 언제나 전자는 아니다. 그만큼 쿠르티카는 심미적 감각이 뛰어났다.

쿠르티카는 고교시절 하이킹에 나섰다 처음으로 산다운 산과 부딪쳤다고 한다. 마치 산이 살아 있는 것 같았고, 자기가 그의 일부처럼 느껴져서 그 산의 소리를 듣고 싶었다고 한다.

이런 쿠르티카는 아버지 때문에 훗날 끝내 전자공학도가 되어 학위까지 받았으나 그것으로 그 분야의 일을 한 적이 없다. 아버지는 폴란드의 장래에 과학적 두뇌가 필요하다고 생각했으나 아들의 생각은 끝까지 달랐다. 그야말로 천성이 산악인이었던 셈이다. 그는 산에 대한 감수성이 남달랐으며 행동에 못지않게 사색적이었다. 그리고 산에서 악천후를 만나는 경우 그는 텐트에서 프랑스어를 공부하기까지 했다.

도대체 쿠르티카는 실의와 절망을 모르는 인간이었다. 폴란드의 어려운 사회 환경에서 자라며 그런 일에 익숙했는지, 또는 그것과 싸우는 기질이 자연스레 자라났는지는 모르겠으나, 산에서 어려운 문제와 부딪치면 쿠르티카는 그것을 인간이 나약하다는 신호로 보는 한편 심미적인 요소로 받아들이기까지 했다. 대담한 감행에도 불구하고 정점을 찍지 못하는 등반을 그는 슈베르트의 「미완성 교향곡」과 같다고 말하기도 했다. 그는 산악인에게 예술성과 심미성이 없다면 제대로 된 인생이라 볼 수 없다고 생각했다. 그런 점은 리카르도 캐신을 닮았다.

보이테크 쿠르티카는 오늘날 이미 완등된 8천 미터급 고봉의 루트는 처녀성을 그대로 유지하고 있다고 말했다. 이런 그의 생각은 필경 등반 방식의 관점에서 오는 것이 확실하며, 그래서 그는 히말라야 자이언트 14개의 완등을 도중에 중단했다. 즉, 그렇게 올라서는 등반은 의미가 없다고 본 것이다.

쿠르티카의 등반 세계는 언제나 독자적이고 빈틈이 없었으며, 자신감이 가득 차 있었다. 그런 그에게도 비애와 실의의 때가 없었던 것은 아니며, 그럴 때마다 우정 어린 친구들이 있어서 그 시간을 무사히 넘겼다.

1988년 6월 쿠르티카는 에라르 로레탕과 파키스탄의 트랑고 타워 등반에 나섰다. 그런데 거기를 오르다 하루에 두 번이나 추락하고 여기저기를 다쳤다. 그때의 실망감은 대단할 수밖에 없었는데, 쿠르티카는 그 외진 불모지대에서 완전히 기가 죽었다. 이것을 파트너 에라르가 보고 "걱정하지 말아요. 내가 저녁을 준비할 테니 여기 앉아서 푹 쉬어요!"라며 자기의 워크맨을 꺼내 헤드폰을 쿠르티카의 귀에 씌워주고, 스위스의 유명한 치즈 퐁듀를 만들었다. 그러자 서정적인 노래가 흘러나왔다. 쿠르티카는 그 노래를 들으며 자기도 모르게 눈물지었다.

> 안개 낀 이 산들이
> 지금은 내 고향이네.
> …
> 넌 날 버리지 않았어.
> 우리는 친구요 형제니.

쿠르티카는 저녁을 준비하는 에라르에게 조용히 "고마워!"라고 말했다. 그리고 다음 날 그는 붕대를 감은 손으로 선등에 나섰다.

뛰어난 산악인들의 등반기에는 어려움과 싸우는 이야기가 많다. 그리고 그런 가운데 산사나이들의 우정 어린 이야기가 적지 않다. 나는 쿠르티카의 평전을 옮기며 이 부분에서 잠시 손을 놓았다.

2020년 5월, 김영도

주요 등반기록

보이테크 쿠르티카

1970

쿠티쿠브카Kutykówka, VI+, 마위 무이나시Mały Młynarz, 슬로바키아 타트라, 동벽, 초등. 폴란드 클라이머들이 타트라에서 한 VI급 이상의 최초 루트.

파트너 미하우 가브리엘Michał Gabryel(별도 표기가 없는 파트너는 모두 폴란드인임), 야누시 쿠르차프 Janusz Kurczab

1971

시치에크Ściek(하수관), VI, A3, 카잘니차 미엥구쇼비에츠카 벽Kazalnica Mięguszowiecka Wall, 폴란드 타트라, 동계초등.

파트너 미하우 가브리엘, 마레크 켕시츠키Marek Kęsicki, 야누시 쿠르차프, 안드제이 미에셰에브 스키Andrzej Mierzejewski, 야누시 스코레크Janusz Skorek

디레티시마Direttissima, VI, A2~A3, 카잘니차 미엥구쇼비에츠카 벽, 폴란드 타트라, 동계초등.

파트너 마하우 가브리엘, 타데우시 기비인스키Tadeusz(Teddy) Gibiński, 안드제이 빌루시Andrzej Wilusz

1972

파옹키Pajāki(거미), VI, A3, 카잘니차 미엥구쇼비에츠카 벽, 폴란드 타트라, 동계초등.

파트너 카지미에시 구아제크Kazimierz Głazek, 마레크 켕시츠키, 안드제이 빌루시

아케르 키오크 Acher Chioch(7,017m), 아프간 힌두쿠시, 북벽과 서쪽 리지, 신루트.

파트너 아담 레반도프스키Adam Lewandowski, 야체크 루시에츠키Jacek Rusiecki

코 에 테즈 Koh-e-Tez(7,015m) 초등, 아프간 힌두쿠시, 북쪽 리지, 신루트.

파트너 알리차 베드나시Alicja Bednarz, 리샤르드 코지우에Ryszard Kozioł

아케르 키오크 Acher Chioch(7,017m), 아프간 힌두쿠시, 북벽, 신루트, 알파인 스타일.

파트너 표트르 야시인스키Piotr Jasiński, 마레크 코발치크Marek Kowalczyk, 야체크 루시에츠키

1973

브와 프티 장 Voie Petit Jean, TD, VI, A1, 프티 드류, 프랑스 알프스, 북벽, 초등.

파트너 예지 쿠쿠츠카, 마레크 우카셰브스키Marek Łukaszewski

수페르시치에크Superściek(대형 하수관), V, A2, 얼음 90도, 카잘니차 미엥구쇼비에츠카 벽, 폴란드 타트라, 동계 신루트.

파트너 표트르 야시인스키, 크지슈토프 판키에비치Krzysztof Pankiewicz, 즈비그니에프 바흐 Zbigniew Wach

1974

프랑스 다이렉트, 트롤베겐 Trollveggen(트롤 월Troll Wall), 롬스달 계곡Romsdal Valley, 노르웨이, 북벽, 동계초등.

파트너 카지미에시 구아제크(일부분만), 마레크 켕시츠키, 리샤르드 코바레브스키Ryszard Kowalewski, 타데우시 표트로브스키Tadeusz Piotrowski

1975

로체(8,516m), 히말라야, 네팔, 안드제이 자바다가 이끈 최초의 동계 원정대. 쿠르티카는 7,800미터, 자바다와 안드제이 헤인리흐Andrzej Heinrich는 8,250미터까지 진출.

폴란드 루트, TD, V+, 60도, 800미터, 포앙트 엘렌Pointe Hélène, 그랑드조라스, 프랑스 알프스, 초등.

파트너 예지 쿠쿠츠카, 마레크 우카셰브스키

1976

K2(8,611m), 카라코람, 파키스탄, 야누시 쿠르차프가 이끈 폴란드 K2 북동릉 원정대. 쿠르티카는 7,900미터까지, 에우게니우시 흐로바크Eugeniusz Chrobak와 보이치에흐 브루시Wojciech Wróż는 8,400미터까지 진출.

필라르 아바제고 Filar Abazego, 폴란드 등급 VI.3+(7a+), 톱로핑, 돌리나 볼레호비츠카Dolina Bolechowicka, 그때까지 폴란드에서 이루어진 가장 어려운 자유등반.

1977

코 에 반다카 Koh-e-Bandaka(6,812m), 아프간 중앙 힌두쿠시, 북동벽, 신루트, 알파인 스타일.

파트너 알렉스 매킨타이어Alex MacIntyre(영국), 존 포터John Porter(영국)

1978

치제브스키-쿠르티카 Czyżewski-Kurtyka, VI+, A2+, 카잘니차 미엥구쇼비에츠카, 폴란드 타트라, 동계 신루트.

파트너 즈비그니에프 치제브스키Zbigniew Czyżewski

창가방(6,864m), 가르왈 히말라야, 인도, 남쪽 버트레스, 신루트, 알파인 스타일.

파트너 알렉스 매킨타이어(영국), 존 포터(영국), 크지슈토프 주레크Krzysztof Żurek

1979

다울라기리(8,167m), 히말라야, 네팔, 동벽 시도.

파트너 발렌티 피우트Walenty Fiut

1980

다울라기리(8,167m), 히말라야, 네팔, 동벽, 신루트, 알파인 스타일, 동남릉으로 7,500미터까지 진출, 그 후 북동릉으로 정상 등정.
파트너 르네 길리니René Ghilini(프랑스), 알렉스 매킨타이어(영국), 루드비크 빌치인스키Ludwik Wilczyński

칸트 필라라 Kant Filara, VII+, 카잘니차 미엥구쇼비에츠카 벽, 폴란드 타트라, 최초의 자유등반.
파트너 부아디스와프 야노브스키Władysław Janowski

1981

봄 시즌 마칼루(8,485m), 히말라야, 네팔, 서벽, 알파인 스타일로 시도, 6,800미터까지 도달.
파트너 쿤다 딕시트Kunda Dixit(네팔), 파담 구룽Padam Gurung(네팔), 코멜리우스 히긴스Comelius Higgins(영국)

가을 시즌 마칼루(8,485m), 히말라야, 네팔, 동벽, 알파인 스타일 시도, 예지 쿠쿠츠카, 알렉스 매킨타이어(영국)와 함께 7,900미터까지 진출. 그 후 쿠쿠츠카가 북서릉으로 단독 등정.

1982

브로드피크(8,051m), 카라코람, 파키스탄, 노멀 루트, 알파인 스타일.
파트너 예지 쿠쿠츠카

1983

가셔브룸2봉(8,034m), 카라코람, 파키스탄, 남동릉, 신루트, 알파인 스타일.
파트너 예지 쿠쿠츠카

가셔브룸1봉(8,080m), 카라코람, 파키스탄, 남서벽, 신루트, 알파인 스타일. 폴란드 알렉스 매킨타이어 추모 원정대. 한 시즌에 알파인 스타일로 2개의 신루트를 두 사람이 8천 미터급 고봉에 개척.
파트너 예지 쿠쿠츠카.

1984

브로드피크 트래버스, 카라코람, 파키스탄, 북봉(7,490m)-중앙봉(8,011m)-주봉(8,051m), 신루트, 알파인 스타일.
파트너 예지 쿠쿠츠카

1985

가셔브룸4봉(7,932m), 카라코람, 파키스탄, 서벽, 신루트, 10일 동안 알파인 스타일로 등반(정상에는 가지 않음), 미답의 북릉으로 하산.
파트너 로베르트 샤우어Robert Schauer(오스트리아)

필라르 아바제고 Filar Abazego, 폴란드 등급 VI.3+(7a+), 돌리나 볼레호비츠카, 프리솔로 등반.

1986

트랑고 타워(6,239m), 카라코람, 파키스탄, 동벽 시도.

파트너 사이토 가스히로斎藤和弘(일본), 야마다 노보루山田昇(일본), 요시다 겐지吉田憲司(일본)

1987

쿠르티카-마르치시 Kurtyka-Marcisz, IV, A2, 얼음 80~90도, 카잘니차 미엥구쇼비에츠카 벽, 폴란드 타트라, 동계 신루트, 26시간.

파트너 안드제이 마르치시Andrzej Marcisz

K2(8,611m), 카라코람, 파키스탄, 서벽 시도.

파트너 장 트로이에Jean Troillet(스위스)

1988

트랑고 타워(6,239m), 카라코람, 파키스탄, 동벽, ED+, VI, A3, 1,100미터, 신루트, 캡슐 스타일.

파트너 에라르 로레탕Erhard Loretan(스위스)

1989

K2(8,611m), 카라코람, 파키스탄, 서벽 시도.

파트너 에라르 로레탕(스위스), 장 트로이에(스위스)

1990

초오유(8,188m), 히말라야, 네팔-티베트, 남서벽, 신루트, '한밤중에 벌거벗기' 스타일.

파트너 에라르 로레탕(스위스), 장 트로이에(스위스)

시샤팡마, 중앙봉(8,008m), 히말라야, 티베트, 남벽(유고슬라비아 루트 오른쪽), 신루트, 한밤중에 벌거벗기 스타일.

파트너 에라르 로레탕(스위스), 장 트로이에(스위스)

1991

라마니에츠Lamaniec, 폴란드 등급 VI.5(7c+), 라프타비차 타워Raptawica Tower, 서부 폴란드 타트라, 신루트, 타트라의 볼트 루트 중 가장 어려운 곳.

파트너 그세고시 자이다Grzegorz Zajda

1992

가초피시 나우 Gacopyrz Now, VIII+, 카잘니차 미엥구쇼비에츠카 벽, 폴란드 타트라, 신루트.

파트너 안드제이 마르치시

K2(8,611m), 카라코람, 파키스탄, 서벽 시도.

파트너 에라르 로레탕(스위스)

1993

낭가파르바트(8,126m), 히말라야, 파키스탄, 마제노 리지 원정대. 스콧은 리지에 붙기도 전에 눈사태에 휩쓸려 발목에 큰 부상을 당함.

파트너 더그 스콧Doug Scott(영국).

치인스키 마하라차 Chiński Maharadża(중국의 마하라자), 폴란드 등급 VI.5(7c+) , 돌리나 볼레호비츠카, 폴란드 유라, 프리솔로 등반, 46세에 등반, 지금까지 폴란드에서 이루어진 가장 어려운 프리솔로 등반.

원숭이를 놀라게 하다 Shock the Monkey, 폴란드 등급 VI.5+/6(8a/8a+ RP), 포힐레츠Pochylec, 프롱드니크 계곡Prądnik Valley

1994

K2(8,611m), 카라코람, 파키스탄, 서벽 시도.

파트너 카를로스 불러Carlos Buhler(미국), 크지슈토프 비엘리츠키Krzysztof Wielicki

1995

로사르Losar, 남체 바자르 위쪽에 있는 700미터 빙벽, 히말라야, 네팔.

파트너 마치에이 리술라Maciej Rysula

낭가파르바트(8,126m), 히말라야, 파키스탄, 마제노 리지 시도.

파트너 샌디 앨런Sandy Allan(스코틀랜드), 릭 앨런Rick Allen(스코틀랜드), 앤드루 로크Andrew Lock(호주), 더그 스콧(영국)

1996~2002

말란풀란Malanphulan(6,573m), 히말라야, 네팔, 여러 명이 북벽 시도.

1997

낭가파르바트(8,126m), 히말라야, 파키스탄, 마제노 리지 시도. 그들은 하루 반만에 리지의 중간까지 돌파했지만 완벽한 날씨에도 돌아섬.

파트너 에라르 로레탕(스위스).

2001

비하체라히 중앙 타워 Biacherahi Central Tower(5,700m), 카라코람, 파키스탄, 남벽, 신루트, 5.9, A2.

파트너 야마노이 야스시, 야마노이 다에코山野井妙子 부부(일본)

2003

임페리움 콘트라타쿠예 Imperium Kontratakuje(제국이 배후를 치다), 폴란드 등급 VI.5+ (8a), 우아스카비에츠Laskawiec, 프롱드니크 계곡, 56세에 등반.

포니에콩드 도니콩드 Poniekąd Donikąd, V+, A2+, 250미터, 야송브코바 투르니아Jarząbkowa Turnia, 슬로바키아 타트라, 동계 신루트.

파트너 마르친 미하우에크Marcin Michałek

인용자료

———

1 Sylvie Simmons, *I'm Your Man* (Toronto: McClelland & Stewart, 2012), 459.

2 Voytek Kurtyka and Zbyszek Skierski, "View from the Wall," *Alpinist* 43 (Summer 2013): 68.

3 Bernadette McDonald, *Freedom Climbers* (Calgary: Rocky Mountain Books, 2011).

4 Ludwik Wilczyński, "The Polish Himalayan Boom 1971~1991," *Taternik* 3 (2012): 33.

5 J.A. Szczepański, "Dekalog," *Bularz* 91 (1991): 39.

6 The elevation of Kohe Tez was previously estimated at 7015 metres. Elevations quoted in this book are provided by Eberhard Jurgalski, whose website is 8000ers.com. His sources include the Gerald Gruber Survey and Finnmap.

7 Marek Brniak, "Troll Wall in Winter," *Climber and Rambler* (March 1976): 22.

8 Brniak, "Troll Wall in Winter," 25.

9 John Porter, *One Day as a Tiger* (Sheffield: Vertebrate Publishing, 2014), 107.

10 Ibid., 109.

11 A0 refers to an aid-climbing move that pulls on equipment – sometimes pitons – to gain upward progress.

12 Porter, *One Day as a Tiger*, 146.

13 Ibid., 148.

14 Alex MacIntyre, "Broken English," *Mountain* 77 (January 1981): 36.

15 Porter, *One Day as a Tiger*, 179.

16 MacIntyre, "Broken English," 37.

17 Ibid.

18 Ibid.

19 Ibid.

20 Jerzy Kukuczka, *My Vertical World* (Seattle: The Mountaineers Books, 1992), 36.

21 Ibid.

22 Porter, *One Day as a Tiger*, 179.

23 Doug Scott and Alex MacIntyre, *Shisha Pangma* (Seattle: The Mountaineers Books, 2000), 21.

24 Oswald Ölz, "Cho Oyu, South Face Winter Attempt," *American Alpine Journal* 25, no. 57 (1983): 233.

25 Wojciech Kurtyka, *Chiński Maharadża* (Krakow: Góry Books, 2013), 25.

26 Voytek Kurtyka, "The Polish Syndrome," *Mountain Review* 5 (November–December 1990): 44.

27 Voytek Kurtyka, "The Gasherbrums Are Lonely," *Mountain* 97 (May–June 1984): 38.

28 Kurtyka, "The Polish Syndrome," 46.

29 Kurtyka, "The Gasherbrums Are Lonely," 38.

30 Ibid., 42.

31 Ibid.

32 Valery Babanov, "Karakoram Doubleheader," *American Alpine Journal* 51, no. 83 (2009): 70.

33 Kei Taniguchi, "Being with the Mountain," *Alpinist* 52 (Winter 2015): 63.

34 Voytek Kurtyka, "Broad Peak North Ridge," *Climbing* 94 (February 1986): 41.

35 Ibid.

36 Ibid.

37 Ibid.

38 Ibid., 42.

39 Ibid.

40 Ibid., 40.

41 Voytek Kurtyka, "The Art of Suffering," *Mountain* 121 (May~June 1988): 35

42 A.V. Saunders, "Book Reviews," *Alpine Journal* 94, no. 338 (1989): 281.

43 Kurtyka, "The Art of Suffering," 35.

44 Kurtyka, "Broad Peak North Ridge," 40.

45 Taniguchi, "Being with the Mountain," 63.

46 Michael Kennedy, "Gasherbrum IV," *Alpinist* 2 (Spring 2003): 22.

47 Walter Bonatti, "Gasherbrum IV," *Alpinist* 2 (Spring 2003): 26.

48 Voytek Kurtyka, "The Shining Wall of Gasherbrum IV," *American Alpine Journal* 28, no. 60 (1986): 3.

49 Robert Schauer, "Shining Wall," *Climbing* 95 (April 1986): 42.

50 Ibid.

51 Ibid., 41.

52 Kurtyka, "The Shining Wall of Gasherbrum IV," 3.

53 Greg Child, *Mixed Emotions* (Seattle: The Mountaineers Books, 1993), 186.

54 Kurtyka, "The Shining Wall of Gasherbrum IV," 5.

55 Taniguchi, "Being with the Mountain," 63.

56 Voytek Kurtyka, "The Shining Wall," *Alpinist* 2 (Spring 2003): 31.

57 Kurtyka and Skierski, "View from the Wall," 71.

58 Lindsay Griffin, "Playing the Game," *Alpine Journal* 115, no. 359 (2010/11): 89.

59 Andrej Štremfelj, "Observations from the Roof of the World," *American Alpine Journal* 43, no. 75 (2001): 158.

60 Dave Dornian, "Mixed Messages," *American Alpine Journal* 46, no. 78 (2004): 122.

61 Erhard Loretan, *Night Naked* (Seattle: The Mountaineers Books, 2016), 130.

62 Kurtyka and Skierski, "View from the Wall," 69.

63 Ibid., 66.

64 Kurtyka, *Chiński Maharadża*, 21.

65 Artur Hajzer, *Atak Rozpaczy* (Gliwice, Poland: Explo Publishers, 1994).

66 Kukuczka, *My Vertical World*, 156.

67 Wilczyński, "The Polish Himalayan Boom 1971–1991," 43.

68 Dornian, "Mixed Messages," 122.

69 Kurtyka, "The Polish Syndrome," 46.

70 Bernadette McDonald, *Tomaž Humar* (London: Hutchinson, 2008), 235.

71 Martin Boysen, "Last Trango," *Mountain* 52 (November/ December 1976): 32.

72 Voytek Kurtyka, "Nameless Tower Attempt, Trango Towers," *American Alpine Journal* 29, no. 61 (1987): 283.

73 Kurtyka, "The Polish Syndrome," 47.

74 Voytek Kurtyka, "Trango Extremes," *Mountain* 127 (May/ June 1989): 22.

75 Ibid.

76 Loretan, *Night Naked*, 129.

77 Kurtyka, "Trango Extremes," 25.

78 Loretan, *Night Naked*, 133.

79 Ibid., 134.

80 Ibid.

81 Ibid., 136.

82 Kurtyka, "Trango Extremes," 26.

83 Loretan, *Night Naked*, 137.

84 Ibid., 139.

85 Todd Skinner, *Beyond the Summit* (New York: Portfolio, 2003), 61.

86 Loretan, *Night Naked*, 140.

87 Kurtyka, "The Art of Suffering," 36.

88 Kurtyka, "The Polish Syndrome," 44.

89 Loretan, *Night Naked*, 146.

90 Ibid., 148.

91 Ibid.

92 Voytek Kurtyka, "New Routes, Cho Oyu and Shisha Pangma," *American Alpine Journal* 33, no. 65 (1991): 16.

93 Loretan, *Night Naked*, 149.

94 Ibid., 150.

95 Ibid., 151.

96 Ibid.

97 Ibid., 152.

98 Ibid.

99 Child, *Mixed Emotions*, 184.

100 Loretan, *Night Naked*, 141.

101 Steve House, "Divided Interests and the Hope for American Alpinism," *American Alpine Journal* 42, no. 74 (2000): 57.

102 Štremfelj, "Observations from the Roof of the World," 156.

103 Voytek Kurtyka, "Breaker," translated by Jurek Kopacz, Lone Sail Far Away website, accessed January 2015. Originally published as "Łamaniec," *Góry* 1 (1991).

104 Ibid.

105 Ibid.

106 Ibid.

107 Ibid.

108 Voytek Kurtyka, "Losar," *Alpinist* 4 (Autumn 2003): 68.

109 Kurtyka, "The Art of Suffering," 32.

110 Kurtyka, *Chiński Maharadża*, 12.

111 Ibid.

112 Ibid., 11.

113 Ibid.

114 Ibid., 31.

115 Ibid., 52.

116 Ibid.

117 Ibid., 54.

118 Ibid., 115.

119 Ibid., 119.

120 Ibid., 120.

121 Ibid.

122 Ibid., 121.

123 Ibid., 129.

124 Voytek Kurtyka, "The Path of the Mountain," *Bularz* 88~89: 43.

125 Wilczyński, "The Polish Himalayan Boom 1971–1991," 36.

126 Kurtyka and Skierski, "View from the Wall," 67.

127 Ibid.

128 Kurtyka, *Chiński Maharadża*, 70.

129 Kurtyka and Skierski, "View from the Wall," 66.

130 Kurtyka, *Chiński Maharadża*, 81.

131 Kurtyka, "Losar," 79.

132 Dornian, "Mixed Messages," 121.

133 Kurtyka, "The Polish Syndrome," 46.

134 Babanov, "Karakoram Doubleheader," 65.

135 Pico Iyer, *The Art of Stillness* (New York: Simon & Schuster, 2014), 53.

136 Alice Munro, *My Best Stories* (Toronto: Penguin Random House, 2009), xvii.

137 Ursula Le Guin, *A Wizard of Earthsea* (Boston: Houghton Mifflin, 1968), 127.

138 Kurtyka and Skierski, "View from the Wall," 67.

139 Ibid., 75.

_____

───── **Books**

Alter, Stephen. *Becoming a Mountain*. New York: Arcade Publishing, 2015.

Buffet, Charlie. Erhard Loretan: Une vie suspendue. Chamonix: Editions Guérin, 2013.

Child, Greg. *Mixed Emotions: Mountaineering Writings of Greg Child*. Seattle: The Mountaineers Books, 1993.

Davies, Norman. *God's Playground: A History of Poland*. Rev. ed., Vol. 2, *1795 to the Present*. Oxford and New York: Oxford University Press, 2005.

Hajzer, Artur. *Atak Rozpaczy*. Gliwice, Poland: Explo Publishers, 1994.

Kukuczka, Jerzy. *My Vertical World: Climbing the 8000-Metre Peaks*. Seattle: The Mountaineers Books, 1992.

_____. *Moj Pionowy Świat, Czyli 14 x 8000 Metrow*. London: Wydawnictwo Arti, 1995.

Kurtyka, Voytek. *Chiński Maharadża*. Krakow: Góry Books, 2013.

_____. *Trango Tower*. Warsaw: Wydawnictwo Text Publishing Co., 1990.

Loretan, Erhard. *Night Naked*. Seattle: The Mountaineers Books, 2016.

McDonald, Bernadette. *Freedom Climbers*. Calgary: Rocky Mountain Books, 2011.

_____. *Tomaž Humar*. London: Hutchinson, 2008.

Pawłowski, Ryszard. *Smak Gor. Seria Literatura Gorska na Świecie*. Katowice, Poland: Grupa Infomax, 2004.

Porter, John. *One Day as a Tiger*. Sheffield: Vertebrate Publishing, 2014.

Porter, John. *One Day as a Tiger*. Calgary: Rocky Mountain Books, 2016.

Scott, Doug. *Up and About: The Hard Road to Everest*. Sheffield: Vertebrate Publishing, 2015.

Skinner, Todd. *Beyond the Summit*. New York: Portfolio, 2003.

Tichy, Herbert. *Cho Oyu: By Favour of the Gods*. London: Methuen, 1957.

Wielicki, Krzysztof. *Korona Himalajow: 14 "~ 8000*. Krakow: Wydawnictwo Ati, 1997.

───── **Journals, Newspapers and Magazines**

Alpine Journal, years: 1989, 2001, 2008, 2010~2011.

American Alpine Journal, years: 1983~1984, 1986~1987, 1989, 1991, 2000~2001, 2004.

Brniak, Marek. "Troll Wall in Winter." *Climber and Rambler* (March 1976): 22~25.

Child, Greg. "Between the Hammer and the Anvil." *Climbing* 115 (August~September 1989): 78~86.

Kurtyka, Voytek. "The Abseil and the Ascent." *The Himalayan Journal* 42 (1984~1985): 121~126.

_____. "The Art of Suffering." *Mountain* 121 (May~June 1988): 32~37.

_____. "Breaker." Translated by Jurek Kopacz. Lone Sail Far Away website. Accessed January 2015. Originally published as "Łamaniec" in *Gory* 1 (1991): 8~11.

_____. "Broad Peak North Ridge." *Climbing* 94 (February–March 1986): 40~42.

_____. "Die Leuchtende Wand (12/85)." Der Bergsteiger (June 1986): 30.

_____. "The East Face of Trango's Nameless Tower." *American Alpine Journal* 31, no. 63 (1989): 45~49.

_____. "Gasherbrum II and Hidden Peak: New Routes." *American Alpine Journal* 26, no. 58 (1984): 37~42.

_____. "Gasherbrum IV: Świetlistą Ścianą." *Taternik* 2 (1985): 61~62.

_____. "The Gasherbrums Are Lonely." *Mountain* 97 (May–June 1984): 38~42.

_____. "Losar." *Alpinist* 4 (Autumn 2003): 66~81.

_____. "New Routes, Cho Oyu and Shisha Pangma." *American Alpine Journal* 33, no. 65 (1991): 14~18.

_____. "The Path of the Mountain," *Bularz* 88~89: 37~43.

_____. "The Polish Syndrome." *Mountain Review* 5 (November–December 1993): 36~47.

_____. "The Shining Wall." *Alpinist* 2 (Spring 2003): 31~33.

_____. "The Shining Wall of Gasherbrum IV." *American Alpine Journal* 28, no. 60 (1986): 1~6.

_____. "Trango Extremes." *Mountain* 127 (May–June 1989): 22~26.

_____. "The Trango Tower." *Alpinism* 1 (1986).

_____. "Troje." MEM 3. Accessed January 2015. www.facebook.com/chinskimaharadza.

Kurtyka, Voytek, and Zbyszek Skierski. "View from the Wall." *Alpinist* 43 (Summer 2013): 65~75.

MacIntyre, Alex. "Broken English." *Mountain* 77 (1981): 36~37.

Porter, John. "Changabang South Buttress." *Climbing* 55 (1979): 2~6.

_____. "South Side Story." *Mountain* 65 (1979): 44~47.

Rogozińska, Monika. "Góry Pod Powiekami." *Gazeta Wyborcza*, March 7, 2009.

Schauer, Robert. "Erstdurchsteigung der Westwand des Gasherbrum IV." *Der Bergsteiger* (December 1985): 26~29.

_____. "The Shining Wall." *Climbing* 95 (April–May 1986): 41~44.

Szczepański, Dominik, and Łukasz Ziółkowski. "Wojciech Kurtyka: Igrzyska Śmierci." *Gazeta Wyborcza*, May 15, 2014.

Szczepański, J.A. "Dekalog." *Bularz* 91 (1991): 39.

Taniguchi, Kei. "Being with the Mountain." *Alpinist* 52 (Winter 2015): 62~63.

Wilczyński, Ludwik. "The Polish Himalayan Boom 1971~1991." *Taternik* 3 (2012): 32~44.

Films

Kłosowicz, Marek. 2007. *Himalaiści: Ścieżka Gory – Wojciech Kurtyka*. TVN S.A., Poland.

Porębski, Jerzy. 2008. *Polskie Himalaje: The First Conquerors*. Artica, Poland.

_____. 2008. *Polskie Himalaje: The Great Climbing*. Artica, Poland.

_____. 2008. *Polskie Himalaje: The Great Tragedies*. Artica, Poland.

_____. 2008. *Polskie Himalaje: The Ice Warriors*. Artica, Poland.

_____. 2008. *Polskie Himalaje: Women in the Mountains*. Artica, Poland.

찾아보기

세로 토레
등반사 史 시리즈 1

메스너, 수수께끼를 풀다

체사레 마에스트리의 1959년 파타고니아 세로 토레 초등 주장은 오랫동안 논란을 불러일으켰다. 라인홀드 메스너가 세로 토레 초등의 진실을 추적했다.

라인홀드 메스너 지음 | 김영도 옮김 | 26,000원

Fallen Giants
등반사 史 시리즈 2

히말라야 도전의 역사

높고 위험한 히말라야의 여러 산에서 기술과 담력을 시험하려 했던 많은 모험가들. 생생하고 풍부한 삽화, 사진과 함께 50년 만에 최초로 히말라야 도전의 방대한 역사를 정리했다.

모리스 이서먼, 스튜어트 위버 지음 | 조금희, 김동수 옮김 | 62,000원

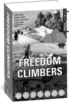

FREEDOM CLIMBERS
등반사 史 시리즈 3

자유를 찾아 등반에 나서는 폴란드 산악인들의 놀라운 여정

제2차 세계대전과 그에 이은 억압적 정치상황을 뚫고 극한의 모험을 찾아 등반에 나섰던 폴란드 산악인들. 이들은 결국 세계에서 가장 강인한 히말라야 산악인들로 거듭났다.

버나데트 맥도널드 지음 | 신종호 옮김 | 43,000원

중국 등산사
등반사 史 시리즈 4

중국 등산의 기원과 발전 과정에 대한 철저한 기록

다음 세대를 위한 역사적 근거와 간접 경험을 제공하고자 중국 국가 차원에서 기획하여 고대, 근대, 현대를 아우르는 등산에 관한 자료를 최대한으로 수집하여 정리했다.

장차이젠 지음 | 최유정 옮김 | 47,000원

일본 여성 등산사
등반사 史 시리즈 5

후지산에서 에베레스트까지 일본 여성 산악인들의 등산 역사 총망라

7년에 걸쳐 방대한 자료를 수집하고 정리하여 완성한 최초의 일본 여성 등산사이다. 부조리와 난관을 극복해가는 일본 여성 산악인들의 위대한 발걸음의 궤적을 확인할 수 있다.

사카쿠라 도키코, 우메노 도시코 지음 | 최원봉 옮김 | 31,000원

더 타워
등반사 史 시리즈 6

세로 토레 초등을 둘러싼 논란과 등반기록

자만심과 영웅주의, 원칙과 고생스러운 원정등반이 뒤범벅된 이 책은 인간의 조건을 내밀하게 들여다보게 하며, 극한의 노력을 추구하는 사람들의 존재 이유를 적나라하게 파고든다.

켈리 코르데스 지음 | 권오웅 옮김 | 46,000원

산의 전사들

등반사 史 시리즈 7

슬로베니아 알피니즘의 강력한 전통과 등반문화

국제적으로 명성이 자자한 산악문화 작가 버나데트 맥도널드가 슬로베니아의 알피니즘이 그 나라의 험난한 정치 역사 속에서 어떻게 성장하고 발전했는지 읽기 쉽게 정리했다.

버나데트 맥도널드 지음 | 김동수 옮김 | 37,000원

에베레스트 정복

등반기 記 시리즈 1

에베레스트 전설적인 초등 당시의 오리지널 사진집 〈흑백사진 101점 + 컬러사진 62점〉

에베레스트 초등 60주년 기념 사진집. 초등 당시 등반가이자 사진가로 함께했던 조지 로우가 위대한 승리의 순간들을 찍은 뛰어난 독점 사진들과 개인 소장의 사진들을 모아 펴냈다.

조지 로우, 휴 루이스 존스 지음 | 조금희 옮김 | 59,000원

꽃의 계곡

등반기 記 시리즈 2

아름다운 난다데비 산군에서의 등산과 식물 탐사의 기록

뛰어난 등산가이자 식물학자이며 저술가였던 프랭크 스마이드가 인도 난다데비 산군에서 등산과 식물 탐사를 하며 행복하게 지냈던 넉 달간의 이야기가 펼쳐진다.

프랭크 스마이드 지음 | 김무제 옮김 | 43,000원

캠프 식스

등반기 記 시리즈 3

에베레스트 원정기의 고전

1933년 에베레스트 원정대에 대한 따뜻한 기록. 프랭크 스마이드가 마지막 캠프까지 가져가서 썼던 일기를 토대로, 등반의 극적인 상황과 산의 풍경에 대한 생생한 묘사를 담았다.

프랭크 스마이드 지음 | 김무제 옮김 | 33,000원

하늘에서 추락하다

등반기 記 시리즈 4

마터호른 초등에 얽힌 소설 같은 이야기

동반자이자 경쟁자였던 장 앙투안 카렐과 에드워드 윔퍼를 주인공으로 하여, 라인홀드 메스너가 마터호른 초등에 얽힌 이야기를 소설처럼 재미있고 생생하게 들려준다.

라인홀드 메스너 지음 | 김영도 옮김 | 40,000원

무상의 정복자

등반가 家 시리즈 1

위대한 등반가 리오넬 테레이의 불꽃 같은 삶과 등반 이야기

그랑드조라스 워커릉, 아이거 북벽에 이어 안나푸르나, 마칼루, 피츠로이, 안데스, 자누, 북미 헌팅턴까지 위대한 등반을 해낸 리오넬 테레이의 삶과 등반 이야기가 펼쳐진다.

리오넬 테레이 지음 | 김영도 옮김 | 46,000원

나의 인생 나의 철학
등반가 家 시리즈 2

세기의 철인 라인홀드 메스너의 인생과 철학

칠순을 맞은 라인홀드 메스너가 일찍이 극한의 자연에서 겪은 체험과 산에서 죽음과 맞서 싸웠던 일들을 돌아보며 다양한 주제로 자신의 인생과 철학에 대해 이야기한다.

라인홀드 메스너 지음 | 김영도 옮김 | 41,000원

엘리자베스 홀리
등반가 家 시리즈 3

히말라야의 영원한 등반 기록가

에베레스트 초등부터 현재에 이르기까지 히말라야 등반의 방대한 역사를 알고 있는 엘리자베스 홀리의 비범한 삶과 세계 최고 산악인들의 이야기가 흥미롭게 펼쳐진다.

버나데트 맥도널드 지음 | 송은희 옮김 | 38,000원

RICCARDO CASSIN
등반가 家 시리즈 4

등반의 역사를 새로 쓴 리카르도 캐신의 50년 등반 인생

초창기의 그리냐와 돌로미테 등반부터 피츠 바딜레, 워커 스퍼와 데날리 초등까지 상세한 이야기와 많은 사진이 들어 있는 이 책은 리카르도 캐신의 반세기 등반 활동을 총망라했다.

리카르도 캐신 지음 | 김영도 옮김 | 36,000원

하루를 살아도 호랑이처럼
등반가 家 시리즈 5

알렉스 매킨타이어와 경량·속공 등반의 탄생

알렉스 매킨타이어에게 벽은 야망이었고 스타일은 집착이었다. 이 책은 알렉스와 동시대 클라이머들의 이야기를 통해 삶의 본질을 치열하게 파헤쳐 들려준다.

존 포터 지음 | 전종주 옮김 | 45,000원

마터호른의 그림자
등반가 家 시리즈 6

마터호른 초등자 에드워드 윔퍼의 일생

걸출한 판각공이자 뛰어난 저술가이며 스물다섯 나이에 마터호른을 초등한 에드워드 윔퍼의 업적에 대한 새로운 평가와 더불어 탐험가가 되는 과정까지 그의 일생이 담겨 있다.

이언 스미스 지음 | 전정순 옮김 | 52,000원

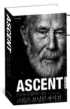

ASCENT
등반가 家 시리즈 7

알피니즘의 살아 있는 전설 크리스 보닝턴의 등반과 삶

영국의 위대한 산악인 크리스 보닝턴. 사선을 넘나들며 불굴의 정신으로 등반에 바쳐온 그의 삶과 놀라운 모험 이야기가 가족에 대한 사랑과 더불어 파노라마처럼 펼쳐진다.

크리스 보닝턴 지음 | 오세인 옮김 | 51,000원

프리솔로
등반가 家 시리즈 **8**

엘 캐피탄을 장비 없이 홀로 오른 알렉스 호놀드의 등반과 삶

극한의 모험 등반인 프리솔로 업적으로 역사상 최고의 암벽등반가 지위를 획득한 호놀드의 등반경력 중 가장 놀라운 일곱 가지 성과와 그의 소박한 일상생활을 담았다.

알렉스 호놀드, 데이비드 로버츠 지음 | 조승빈 옮김 | 37,000원

산의 비밀
등반가 家 시리즈 **9**

8000미터의 카메라맨 쿠르트 딤베르거와 알피니즘

역사상 8천 미터급 고봉 두 개를 초등한 유일한 생존자이자 세계 최고의 고산 전문 카메라맨인 쿠르트 딤베르거. 그의 등반과 여행 이야기가 흥미진진하게 펼쳐진다.

쿠르트 딤베르거 지음 | 김영도 옮김 | 45,000원

太陽의 한 조각
등반가 家 시리즈 **10**

황금피켈상 클라이머 다니구치 케이의 빛나는 청춘

일본인 최초이자 여성 최초로 황금피켈상을 받았지만 뜻하지 않은 사고로 43세에 생을 마감한 다니구치 케이의 뛰어난 성취와 따뜻한 파트너십을 조명했다.

오이시 아키히로 지음 | 김영도 옮김 | 30,000원

카트린 데스티벨
등반가 家 시리즈 **11**

암벽의 여왕 카트린 데스티벨 자서전

세계 최고의 전천후 클라이머로, 스포츠클라이밍, 암벽등반 그리고 알파인등반에서 발군의 실력을 발휘한 그녀의 솔직담백한 이야기가 잔잔한 감동으로 다가온다.

카트린 데스티벨 지음 | 김동수 옮김 | 30,000원

〈근간〉

PUSHING THE LIMITS
저자 **Chic Scott**
역자 장재현
• The Story of Canadian Mountaineering

Unjustifiable Risk?
저자 **Simon Thompson**
역자 오세인
• The Story of British Climbing

イラスト・クライミング 増補改訂新版(가제_일러스트 클라이밍)
저자 阿部亮樹(あべ.りょうしゅ), 岳人(監修)
역자 강진구

히말라야 미니멀리즘의 개척자 보이테크 쿠르티카

Art of Freedom

초판 1쇄 2020년 10월 19일

지은이   버나데트 맥도널드Bernadette McDonald
옮긴이   김영도

펴낸이   변기태
펴낸곳   하루재 클럽
주소   (우) 06524 서울특별시 서초구 나루터로 15길 6(잠원동) 신사 제2빌딩 702호
전화   02-521-0067
팩스   02-565-3586
이메일   haroojaeclub@naver.com
출판등록 제2011-000120호(2011년 4월 11일)

윤문   김동수
편집   유난영
디자인   장선숙

ISBN   979-11-90644-03-7 03900

* 책값은 뒤표지에 있습니다.